动车组系列培训教材·机械师

动车组辅助电气系统与设备

邱　成　主编
刘志明　张　英　副主编

北京交通大学出版社
·北京·

内容简介

本书主要介绍动车组辅助电气系统及设备的组成、结构、工作原理、性能指标、使用条件及维修方法。

全书共分为8章。第1章介绍动车组辅助电气系统的组成，动车组电气设备的分类、容量和布置；第2章介绍动车组配电系统的组成、电气线路的分类、各型动车组的配电系统；第3章介绍动车组辅助供电系统的构成与功能，辅助变流器的电路原理，各型动车组辅助供电系统的技术指标、工作原理及检修；第4章介绍蓄电池的工作原理与分类、各型动车组蓄电池系统的组成和维护、充电机的工作原理与使用；第5章介绍动车组照明系统的基本概念，照明系统的布置原则，各型动车组照明系统的组成、布置及维护；第6章介绍各型动车组火灾探测系统的组成与功能、工作原理、报警方式，火灾探测器及灭火器的布置；第7章介绍动车组其他电器的分类、结构与工作原理；第8章介绍电开水器和电热温水箱的结构、性能指标，各型动车组广播系统和旅客信息显示系统的组成、工作原理。

本教材是动车组机械师理论培训的专业教材，也可供高等学校铁道机车车辆类和轨道交通类专业师生、铁路高职和中职学校师生及从事机车车辆、动车组专业的工程技术人员学习参考。

图书在版编目（CIP）数据

动车组辅助电气系统与设备/邱成主编. —北京：北京交通大学出版社，2012.6（2018.9重印）

（动车组系列培训教材·机械师）

ISBN 978-7-5121-1031-1

Ⅰ.①动… Ⅱ.①邱… Ⅲ.①动车-电气系统-技术培训-教材 ②动车-电气设备-技术培训-教材 Ⅳ.①U266

中国版本图书馆CIP数据核字（2012）第125100号

策划编辑：贾慧娟　陈跃琴　吴桂林
责任编辑：陈跃琴　特邀编辑：卢亚杰
出版发行：北京交通大学出版社　　电话：010-51686414
　　　　　北京市海淀区高梁桥斜街44号　　邮编：100044
印 刷 者：北京时代华都印刷有限公司
经　　销：全国新华书店
开　　本：185×260　印张：17.75　字数：384千字
版　　次：2012年6月第1版　2018年9月第9次印刷
书　　号：ISBN 978-7-5121-1031-1/U·105
印　　数：15 001~17 000册　定价：35.00元

本书如有质量问题，请向北京交通大学出版社质监组反映。对您的意见和批评，我们表示欢迎和感谢。
投诉电话：010-51686043，51686008；传真：010-62225406；E-mail：press@bjtu.edu.cn。

《动车组系列培训教材·机械师》

编　委　会

本书主编：邱　成

出版说明

2005年，在铁道部的安排下，北京交通大学根据国外动车组设计资料、国内外技术交流文件，编写了动车组培训讲义，并对从事动车组运用的在职技术人员进行培训；随着中国高速动车组事业的飞速发展，到2010年，该讲义已经修订4版，先后培训了设计制造企业和运用部门各类人员4 000多人。

为适应动车组机械师专业人才培养的需要，北京交通大学机械与电子控制工程学院、北京交通大学出版社，在铁道部有关部门的指导下，组织北京交通大学铁道部动车组理论培训基地的教师，在南车青岛四方机车车辆股份有限公司、北车长春轨道客车股份有限公司、北车唐山轨道客车有限责任公司和青岛四方庞巴迪铁路运输设备有限公司等单位领导和专家的大力支持下，编写了本套“动车组系列培训教材·机械师”。

教材编写突出理论与实用相结合的原则。本着“理论通俗易懂，实操图文并茂”的原则，系统介绍了4种高速动车组的基本原理和结构组成。

本系列教材的出版，得到中国工程院王梦恕院士的关注和首肯，以及北京交通大学校领导、专家、教授的指导和支持，在此一并致谢。

北京交通大学机械与电子控制工程学院为该系列教材的出版，投入了大量的人力、物力和财力支持。

本系列教材从2012年1月起陆续出版，包括《动车组概论》、《动车组车体结构与车内设备》、《动车组转向架》、《动车组制动系统》、《动车组电力电子技术基础》、《动车组供电牵引系统与设备》、《动车组辅助电气系统与设备》、《动车组运行控制系统》、《动车组车内环境控制系统》、《动车组控制与管理系统》、《动车组司机室》、《动车组运用与维修》。

希望本套教材的出版对高速动车组的发展，对提高动车组的安全运行和维修、维护水平有所帮助。

动车组系列培训教材编写委员会

2012年5月

院士推荐

中国高速铁路近年来发展迅速，按照铁路中长期发展规划，到2020年，全国铁路运营里程将由目前的9.1万km增加到12万km，其中时速200~350km的客运专线和城际铁路将达到1.8万km，投入运营的高速动车组将达到1 000组。

高速铁路涉及诸多高新技术领域，其中作为铁路运输主要装备的高速动车组是这些高新技术应用的综合体现，它涉及系统集成技术、新型车体技术、高速转向架技术、快速制动技术、牵引传动技术、自动控制技术、网络与信息技术等。大量新技术装备的创新和应用，极大地提高了铁路客货运输的能力和快速便捷的出行，但在实际使用中对于现有参与运营、维修、管理等各类人员提出了更高、更新的要求，以确保高速铁路运营过程的安全与可靠性。目前相对于我国高速铁路里程建设速度，对于在实际运营、管理中迫切需求的大量技术人才培养明显滞后，因此会在高速铁路的长期运营中存在严重的安全隐患，温州“7·23”事故已经给了我们一个沉痛的教训。另外，相对于高速铁路建设发展的需求，目前能够满足高速铁路运营、维修人才培养需求的优质教材也存在严重不足，尚不能满足我国高速铁路发展对各类人才培养的需要。

北京交通大学机械与电子控制工程学院作为“铁道部高速动车组理论培训基地”和北京市动车组优秀教学团队所在单位，已长期从事有关铁道车辆专业的教学与科研工作，不但学术水平高，而且教学经验丰富。从2005年开始结合我国高速动车组技术的引进、消化、吸收和创新项目及高速列车国家科技支撑项目，进行研究和实践，取得了许多成果。在参考了国内外动车组设计资料、与国内外有关设计、制造、管理局等方面进行了相关技术和学术交流，在广泛听取来自企业和运用部门提出应加快对运营单位各专业人员进行岗位培训要求的基础上，组织相关专家、教授、高级技师等进行高速动车组运营工程师、技师培训讲义的编写，在内容的适用性、安全性、可靠性与全面性方面保持与国际高速动车组技术同步，并承担由铁道部下达的各项培训任务，至今已为各单位培训高速动车组运营、维修、管理人才4 000余人，为保证我国快速发展的高速铁路事业作出了相应的贡献。

今天，这套倾注了众多专家、教授、技师及铁路部门有关领导和工程技术人员大量心血的“动车组系列培训教材·机械师”即将由北京交通大学出版社付梓面世。这套教材的出版，恰逢其时，我们有理由相信它能够为促进我国高速铁路动车组的安全可靠运营和维护提供一个良好的支撑！

祝我国的高速铁路事业进一步健康、蓬勃、快速发展。

王梦恕

中国工程院院士

2012年5月

前　　言

我国铁路自2007年实施第六次大面积提速以来，开行了时速200千米及以上的“和谐号”国产高速列车，标志着我国已经进入高速铁路国家的行列。“和谐号”高速列车是我国自行制造的具有自主知识产权的动力分散式电动车组。经过五年多的运用考验，动车组运行稳定、可靠性高、运行状况良好。

为保证动车组运行安全可靠，延长动车组的使用寿命，必须对动车组进行必要的日常维护保养和定期检修。高速动车组技术先进，系统庞大，设备复杂。目前，我国铁路已建动车组运用所19个，动车组维修基地4个，形成了庞大的动车组维修保养体系。然而，在动车组维修保养方面还缺乏大量的技术人员。为此，铁路有关部门制订了“铁路动车组机械师理论培训和考核大纲”，旨在全面系统地培养铁路动车组机械师。根据此大纲要求，北京交通大学特组织编写一套培训系列教材，包括：《动车组概论》、《动车组车体结构与车内设备》、《动车组转向架》、《动车组车内环境控制系统》、《电力电子技术基础》、《动车组供电牵引系统与设备》、《动车组制动系统》、《动车组辅助电气系统与设备》、《动车组运行控制系统》、《动车组控制与管理系统》、《动车组司机室》、《动车组运用与维修》等12本培训教材。

《动车组辅助电气系统与设备》为该系列培训教材之一，主要介绍动车组辅助电气系统及设备的组成、结构、工作原理、性能指标、使用条件及维修方法，为动车组的运用与维修奠定基础。

本书共分为8章。第1章介绍动车组辅助电气系统的组成，动车组电气设备的分类、容量和布置；第2章介绍动车组配电系统的组成、电气线路的分类、各型动车组的配电系统；第3章介绍动车组辅助供电系统的构成与功能，辅助变流器的电路原理，各型动车组辅助供电系统的技术指标、工作原理及检修；第4章介绍蓄电池的工作原理与分类、各型动车组蓄电池系统的组成和维护、充电机的工作原理与使用；第5章介绍动车组照明系统的基本概念，照明系统的布置原则，各型动车组照明系统的组成、布置及维护；第6章介绍各型动车组火灾探测系统的组成与功能、工作原理、报警方式，火灾探测器及灭火器的布置；第7章介绍动车组其他电器的分类、结构与工作原理；第8章介绍电开水器和电热温水箱的结构、性能指标，各型动车组广播系统和旅客信息显示系统的组成、工作原理。

本书由北京交通大学邱成主编，参加编写的有北京交通大学刘志明、张英。编写分工如下：刘志明编写了第1章和第2章；邱成编写了第3章、第4章、第7章、第8章8.1~8.3节；张英编写了第5章、第6章、第8章8.4节。

由于编者水平所限，时间仓促，疏漏和不足之处在所难免，恳请广大读者批评指正。

编　者

2012年5月于北京

Contents 目录

第 1 章 概　述

200 km/h 及以上速度级的动力分散交流传动电动车组作为中国铁路旅客运输的主要装备，已经在既有指定区段及新建的客运专线上运行。为了提高对旅客的服务水平，创造舒适的旅行环境，保证运输安全，动车组上装备了各种电气系统，不但用电量大，而且技术水平十分先进。

动车组电气系统的运用条件不同于地面固定的工业和民用电气设备，也不同于航空和船舶的电气设备，因此，了解动车组电气系统的组成、功能对正确使用动车组十分重要。动车组辅助电气系统及装备将详细介绍不同类型动车组上的主要电气负载和为这些负载提供电能的供电设备和配线系统。

1.1　辅助电气系统组成

1.1.1　辅助电气系统组成与分类

动车组辅助电气系统包括辅助供电系统和配电系统。

辅助供电系统是指除为牵引动力系统之外的所有需要用电力的负载设备提供电能的系统，包括辅助供电系统和蓄电池系统。

动车组辅助电气系统的电力主要来自牵引供电电网，经列车顶部的受电弓进入列车主变压器原边绕组，主变压器的次级绕组专设有为辅助系统供电的辅助绕组，当电力不能来自牵引供电电网时，采用外接电源或者蓄电池供电。

蓄电池系统还需为列车控制系统提供不间断安全电源。所以说，辅助电气系统是与牵引动力系统同等重要的系统。

动力集中型列车由设置在动力车的一套或者两套辅助供电系统组成。

动力分散型列车一般都按供电能力，将列车分为多个单元。每个单元组成一个辅助系统，由安装在动车的辅助整流装置分别向本单元各车厢的负载直接提供交流电，蓄电池与充电机则安装在同一辆车上。如果某一个供电单元出现故障，可以通过切换装置，由其他单元向故障单元负载供电。

辅助供电系统的负载设备包括：牵引电机风机，冷却塔风机，主变流器冷却用水泵（或油泵）及风机，辅助变流器冷却风机，主变压器油泵，空气压缩机，充电机及其风机，空调机及各种电动阀门，车厢照明及各种服务性电气设备。

动车组配电系统的作用是将供电装置、用电设备以及控制保护设备连成一个完整的电气系统，并将电能予以输送和分配。

1. CRH_1 型动车组辅助供电系统组成

CRH_1 型动车组是由青岛四方—庞巴迪—鲍尔铁路运输设备有限公司和瑞典庞巴迪运输有限公司合作设计和制造的，该列车为 8 辆车编组，其中 5 辆车为动车，3 辆车为拖车，运营速度为 200 km/h，最高试验速度为 250 km/h。

CRH_1 型动车组由 4 种形式的车辆组成。

- 车端带司机室的动车（Mc1，Mc2）。
- 带受电弓的中间拖车（Tp1，Tp2）。
- 不带受电弓的中间拖车（带吧台拖车，Tb）。
- 中间动车（M1，M2，M3）。

CRH_1 型动车组的供电单元分为 3 个，如图 1－1 所示。

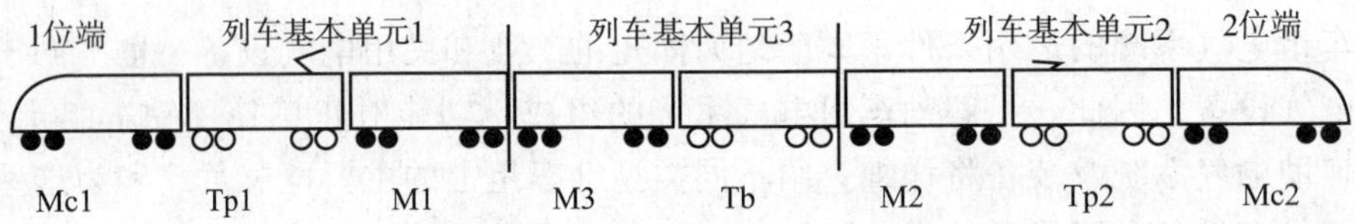

图 1－1　CRH1 型动车组编组

2. CRH_2 型动车组辅助供电系统组成

CRH_2 型动车组由南车四方机车车辆股份有限公司设计和制造，200 km/h 速度级的动车组采用 8 辆编组，4 动 4 拖，由两个动力（供电）单元组成。每个动力单元由两个动车和两个拖车（T－M－M－T）组成。

CRH_2 型动车组总体布置如图 1－2 所示。动车组前后两端都设有驾驶室，列车通常运行时在前端的驾驶室内进行操作。受电弓布置在 4 号和 6 号车上，单弓受流。

当两列动车组联挂运行时，受电弓采取双弓受流，为了保证双弓运行通过分相区的 200 m间距要求，一般采用首尾受电弓工作。

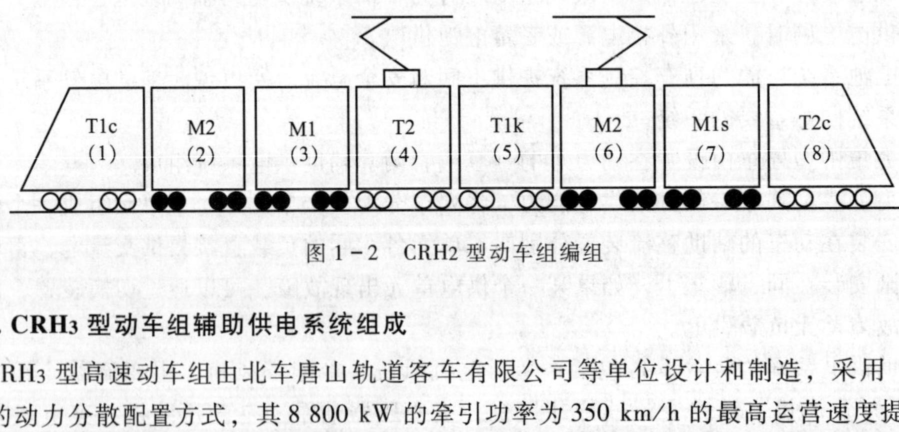

图 1－2　CRH2 型动车组编组

3. CRH_3 型动车组辅助供电系统组成

CRH_3 型高速动车组由北车唐山轨道客车有限公司等单位设计和制造，采用“4 动 4 拖”的动力分散配置方式，其 8 800 kW 的牵引功率为 350 km/h 的最高运营速度提供了技术保障，并具备了向 350 km/h 的持续运营速度和 380 km/h 最高运行速度升级的技术平台，是当今世界铁路最先进的动力分散型高速动车组。动车组分成两个供电单元。

CRH_3 型动车组采用 8 辆编组方式。分为 EC01/EC08、TC02/TC07、IC03/IC06、

BC04、FC05 五种车型，即端车（头车和尾车）、变压器车、变流器车、酒吧车和一等车。

CRH3 型动车组编组如图 1－3 所示。

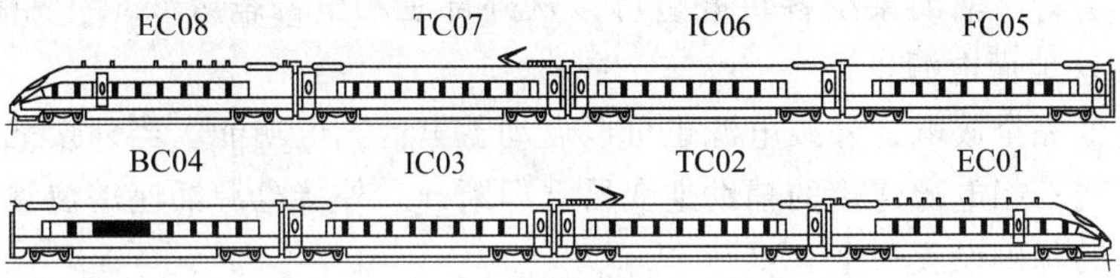

图 1－3 CRH3 型动车组编组

4. CRH5 型动车组辅助供电系统组成

CRH5 型动车组由北车长春轨道客车有限公司设计和制造，采用 8 辆编组，5 动 3 拖。动车组分成两个供电单元。

该动车组编组如图 1－4 所示，其中，一等座车 1 辆、带酒吧的二等座车 1 辆、带残疾人卫生间的二等座车 1 辆、带酒吧的二等座车设配餐区和吧区、二等座车 5 辆。一等车座椅采用 2＋2 布置方式、带酒吧的二等座车设配餐区和吧区、二等车座椅采用 2＋3 布置方式、一等车和吧区设有娱乐系统、带残疾人卫生间的二等座车内设有一个残疾人座位，八辆编组定员为 622 人（包括一个残疾人坐席）。

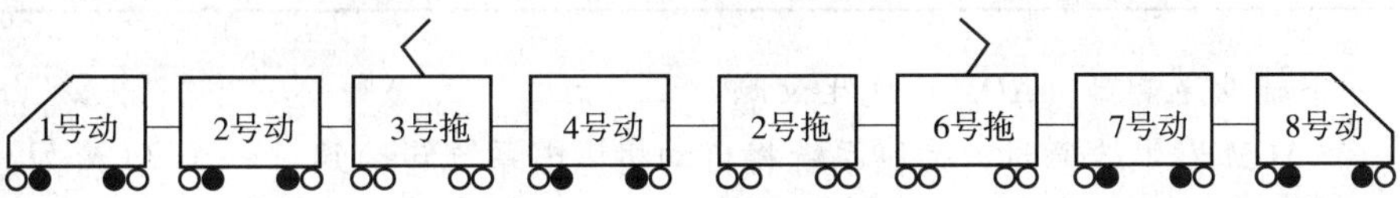

图 1－4 CRH5 型动车组编组

1.1.2 辅助电气系统设备与容量

在决定供电系统的总容量时，必须考虑电气负载的需要功率、功率因数、效率等因素。

一般的电气设备如电动机，在其产品目录和说明书上都标有它的额定功率和效率。该额定功率是指电动机在正常工作状态下，本身轴上所具有的有效机械功率。因此，电动机的需要功率（Real Power）等于效率除以有效机械功率，单位一般用 kW 表示。

负载的功率因数是针对交流电路而言的，其大小由负载的视在功率（Apparent Power）除需要功率得到。

视在功率等于负载的电压与电流的乘积，单位一般用 kV·A 表示。

供、配电系统中没有被利用的电能称无功功率（Reactive Power），单位一般用 kV·A 表示。

电热元件等电阻性负载的功率因数等于 1，一般荧光灯和控制电器，功率因数小于 1。

1. CRH1 型动车组辅助供电系统设备与容量

在每一个动车上设有一个辅助逆变器和滤波装置。辅助逆变器输出通过隔离变压器和接触器同三相列车供电母线相连接。辅助供电系统的故障状态和冗余措施的控制可以通过列车控制管理系统（TCMS）进行监视和控制。列车过分相的短暂过程中，辅助系统可不断电维持正常运行。辅助系统各负载也可以从外部三相电源输入获取。外接供电时采用 3×380 V/50 Hz 地面电源。

即使蓄电池完全放电，外接电源也可以启动蓄电池充电功能。当外接三相电源同三相母线连接后，同三相电源连接的辅助逆变器立即断开。外接电源插座的位置为每个基本单元车组中拖车的每侧设置一个。

安装在底架上的设备供电的主要配电系统和配电盘设在底架内的配电箱内。车内设备的配电盘置于车的两端。司机室设备的配电盘置于司机室内。

根据供电单元工作状况，CRH_1 型动车组设计人员计算了 8 种不同情况下的供电系统容量。

1）正常运行

正常运行状态下，冬季和夏季的用电需要功率、视在功率和无功功率如表 1－1 所示。

表 1－1　正常运行工况下的供电系统容量

冬季负荷			夏季负荷		
需要功率	视在功率	无功功率	需要功率	视在功率	无功功率
673 kW	678 kV·A	82 kV·A	491 kW	576 kV·A	301 kV·A

2）一个辅助逆变器（ACM）发生故障

当一个 ACM 发生故障时，控制系统将自动将供电系统转换到“一个 ACM 发生故障”模式：一般负载正常工作，5 辆车客室的空调系统（HVAC）功率减小一半，其余三辆车客室的空调系统循环交替的全功率工作。

这种情况下的冬季和夏季的用电需要功率、视在功率和无功功率如表 1－2 所示。

表 1－2　一个辅助逆变器（ACM）发生故障工况下的供电系统容量

冬季负荷			夏季负荷		
需要功率	视在功率	无功功率	需要功率	视在功率	无功功率
544 kW	551 kV·A	82 kV·A	414 kW	482 kV·A	247 kV·A

3）至少有两个辅助逆变器（ACM）可用

当两个或者三个 ACM 发生故障时，控制系统将自动将供电系统转换到“至少两个 ACM 可用”模式：7 辆车的客室空调系统（除了用于废气排风扇）断开，司机室空调在没有司机的车辆中断开，所有强迫通风的电加热器断开。这种情况下的冬季和夏季的用电需要功率、视在功率和无功功率如表 1－3 所示。

表 1－3　至少有两个辅助逆变器（ACM）可用工况下的供电系统容量

冬季负荷			夏季负荷		
需要功率	视在功率	无功功率	需要功率	视在功率	无功功率
247 kW	258 kV·A	76 kV·A	226 kW	267 kV·A	142 kV·A

4）400 V 母线发生短路

在 400 V 母线上发生短路时，控制系统将自动将供电系统转换到“400 V 总线上发生短路”模式。此时，①Tb 车厢内的隔离接触器自动断开，将短路电路部分分断隔离，一半车辆负载从 400 V 母线上断开。但由于系统冗余，负荷断开不会使车辆停止。②正常母线部分的负荷将自动断开，以补偿（故障部分的）蓄电池充电机带来的额外负担，并弥补分为两个 400 V 系统时的负荷不对称。发生短路车辆的一半负荷将断开（在短路处），另一半车辆客室空调（HVAC）的供电量减少一半。

当短路发生在 Mc2、Tp2、M2 线路时，冬季和夏季的用电需要功率、视在功率和无功功率如表 1-4 所示。

表 1-4　400 V 母线发生短路工况下的供电系统容量（一）

冬季负荷			夏季负荷		
需要功率	视在功率	无功功率	需要功率	视在功率	无功功率
304 kW	310 kV · A	59 kV · A	240 kW	279 kV · A	142 kV · A

当短路发生在 Mc1、Tp1、M1、M3、Tb 线路时，冬季和夏季的用电需要功率、视在功率和无功功率如表 1-5 所示。

表 1-5　400 V 母线发生短路工况下的供电系统容量（二）

冬季负荷			夏季负荷		
需要功率	视在功率	无功功率	需要功率	视在功率	无功功率
193 kW	198 kV · A	45 kV · A	158 kW	186 kV · A	97 kV · A

5）回送时由外部三相电缆供电

当列车处于回送状态（无受电弓），由车辆通过前端的外部供电插头供电时，采用“回送时由外部三相电缆供电”模式：负载为所有的蓄电池充电机（限电）、不受控制的负荷（不能断开的负荷）、一个空气压缩机。

这种情况下的冬季和夏季的用电需要功率、视在功率和无功功率如表 1-6 所示。

表 1-6　回送时由外部三相电缆供电工况下的供电系统容量

冬季负荷			夏季负荷		
需要功率	视在功率	无功功率	需要功率	视在功率	无功功率
53 kW	63 kV · A	35 kV · A	47 kW	58 kV · A	35 kV · A

6）回送时由牵引电机发电

当列车处于回送状态（无受电弓），由车辆牵引发电机处于制动状态再生供电时，采用“回送时由牵引电机发电”模式：负载为全部的蓄电池充电机、防寒（除了客室内水箱）、不受控制的负荷（不能断开的负荷）、司机室空调、一个空气压缩机。

这种情况下的冬季和夏季的用电需要功率、视在功率和无功功率如表 1-7 所示。

表 1－7 回送时由牵引电机发电工况下的供电系统容量

冬季负荷			夏季负荷		
需要功率	视在功率	无功功率	需要功率	视在功率	无功功率
103 kW	109 kV · A	36 kV · A	50 kW	62 kV · A	35 kV · A

7）牵引其他车并提供三相电源

当本列车牵引另一列动车组并向其提供电能时，采用“牵引其他车并提供三相电源”模式，其基本情况与“一个 ACM 发生故障”模式相同：一般负载正常工作，5 辆车客室的空调 HVAC 功率减小一半，其余 3 辆车客室的空调 HVAC 循环交替地全功率工作。

8）外电源供电

当动车组同任一拖车的外部电源插头相连，采用“外电源供电”模式：防寒（除了客室区脚蹬加热器和水箱）、蓄电池充电机（限电）、不受控制的负荷（不能断开的负荷）、单负载最高负荷时可操作。

这种情况下的冬季和夏季的用电需要功率、视在功率和无功功率如表 1－8 所示。

表 1－8 外电源供电工况下的供电系统容量

冬季负荷			夏季负荷		
需要功率	视在功率	无功功率	需要功率	视在功率	无功功率
75 kW	78 kV · A	24 kV · A	56 kW	65 kV · A	33 kV · A

2. CRH_2 型动车组辅助供电系统设备与容量

CRH_2 型动车组设置两台辅助电源装置（APU），分别向 4 辆车提供辅助电源。当一台辅助电源装置发生故障时，可通过另一台辅助电源装置向全列车提供辅助电源。

辅助电源装置（APU）由 APU 输入辅助整流器、PWM 三相输出逆变器、逆变器输出变压器、CVCF 输出变压器、辅助变压器等构成。

辅助电源装置输入输出参数如表 1－9 所示。

表 1－9 CRH_2 型动车组辅助供电系统容量

输入	输出 1	输出 2	输出 3	输出 4	输出 5
单相 AC 400 V	三相 AC 400 V ± 40 V，50 Hz	单相 AC 100 V ± 10 V，50 Hz	单相 AC 220 V ± 22 V，50 Hz	DC 100 V ± 10 V，50 Hz	单相 AC 59 ~ 126 V，50 Hz
	123 kV · A	12 kV · A	11.3 kV · A	116 kW	22 kV · A

APU 的输入电源是牵引变压器辅助绕组输出的单相 AC 400 V，通过可控硅混合电桥变换成为直流电。该直流电通过 PWM 三相逆变器变换成为交流电，通过逆变器输出变压器提供三相 AC 400 V/50 Hz 电源（输出 1）。

稳压稳频（CVCF）输出变压器将 AC 400 V 三相电源变换成单相 AC 100 V、AC 220 V 的稳压电源（输出 2 和输出 3）。

辅助整流器柜由整流器变压器、辅助整流器构成。辅助整流器柜中的整流器变压器将 APU 的 400 V 三相电压变压后，通过三相全波整流器，输出 DC 100 V（输出 4）。

辅助电源装置中的辅助变压器将牵引变压器辅助绕组的 AC 400 V 变换成另一单相 AC 100 V 电源（输出5）。

辅助电源装置中输入整流器部分使用大电流、高电压器件，实现了小型、轻量化。逆变器单元使用可高速开关的 IGBT，通过高频 PWM 控制，实现了滤波电抗器的小型、轻量化。辅助整流装置采用自冷式，由整流变压器、整流二极管单元、用于补偿输出电压下降特性的电阻等构成。

动车组上设 AC 220 V 电源插座，不设 DC 24 V 及 DC 36 V 的插座。辅助电源装置的输出满足 JIS E6402。蓄电池组容量可维持应急用电量两小时。运行过程中，蓄电池组可在线路上充电。

辅助系统采用冗余设计，在动车组上安装两台牵引变压器，其辅助绕组输出至辅助电源装置的 AC 400 V 电压分别供电给 4 节车厢。动车组设置了用于切换的辅助绕组电源感应回路，当一台牵引变压器故障时，为了使另一台正常运转，牵引变压器能够通过辅助绕组向 8 节车厢供电。当辅助绕组电源切换后，空调装置半功率运行。

在动车组上安装两台辅助电源装置（APU），一台辅助电源装置供给 4 节车厢所需辅助用电。当一台辅助电源装置发生故障时，为了使另一台正常运转的辅助电源装置能够向 8 节车厢供电，设置了用于切换的扩展供电回路。辅助电源装置的输出容量的设计能够在故障时用一台正常运转的辅助电源装置向整列车供电。因此，当一台辅助电源装置故障时无须减少负荷。辅助系统设有完善的安全接地措施以及自诊断功能和故障保护功能。在列车信息控制系统和辅助电源装置之间设置自诊断功能接口，由列车信息控制系统实施。

出现故障时，系统供电容量计算如表 1－10 所示，APU 的 5 个电压输出额定容量均大于对应电源规格的整列车合计负载功率。

动车组车外车体侧面装有连接外部电源的插座（单相 AC 400 V/50 Hz），M2 车（2 号车及 6 号车）上各有一处。车辆检修基地设置有外部电源，可供辅助电路的工作。

表 1－10 系统供电容量计算

辅助电源装置（APU）	1～4 号车负载	5～8 号车负载	整列合计负载	APU 额定容量
DC 100 V（ARf）	24.4 kW	23.3 kW	47.8 kW	58 kW×2 台＝116 kW
AC 100 V（CVT）－夏	3.4 kW	3.6 kW	7.1 kW	12 kW
1 号车 APU 停止时	停止	7.1 kW		12 kW
8 号车 APU 停止时	7.1 kW	停止		12 kW
AC 220 V（CVT）－夏	1.9 kW	6.3 kW	8.1 kW	12 kW
1 号车 APU 停止时	停止	8.1 kW		12 kW
8 号车 APU 停止时	8.1 kW	停止		12 kW
AC 100 V（ATr）－夏	2.9 kW	2.4 kW	—	22 kW
AC 100 V（ATr）－冬	11.8 kW	11.2 kW		22 kW
AC 400 V（SIV）	57.8 kW	65.2 kW	123 kW	123 kW
1 号车 APU 停止时	停止	123 kW		123 kW

注：CVT—恒压变压器；ATr—辅助变压器；SIV—静态逆变器。

3. CRH_3 型动车组辅助供电系统设备与容量

每列车设有 4 台辅助变流器，设有两组容量为 300 A · h、110 V 的蓄电池组和两台充电机，充电机、蓄电池安装在一等车（FC05）和餐车（BC04）车下。

动车组通过有效供电控制来确保最大可用供电输出，当检测辅助变流器的最大输出电流超过额定输出电流时，控制将减少空调系统或采暖系统的输出。

按照接入负载最大功率 800 kV · A，接入负载平均功率为 500 kV · A 计算，供电功率管理如下。

一个单辅助变流器故障，包括双辅助变流器中的一个辅助变流器单元故障，另一个单辅助变流器单元能够继续工作，功率不限制，交流供电干线由其余的辅助变流器供电。

两个单辅助变流器或一个双辅助变流器故障，只减少与旅客舒适性相关的负载，如主采暖输出功率减少到 1/2，空调系统输出功率减少到 1/2。

每个牵引单元的一部分负载由 BN1（电池常规供电 1）供电，另一部分负载由 BN2（电池常规供电 2）供电，当一个充电机故障时，另一个充电机完全负责向所有的直流负载供电。还有一部分特别重要的负载如应急照明、列车广播、无线电等采用 BD（电池直接供电）供电。

当充电机故障时，为保证重要负载的供电，需要切除部分负载，断电时间与工作负载关系如下。

① 通过分相区或者短时电源中断 0 ~ 4 min 以内，所有直流负载正常工作。

② 电源中断 5 ~ 30 min 时，紧急通风、应急灯、司机人机界面、乘务员人机界面、广播负载正常工作。

③ 电源中断 31 ~ 120 min，应急灯、广播负载正常工作。

4. CRH_5 型动车组辅助供电系统设备与容量

每列车设有 5 台辅助变流器，每辆动车一台；8 组蓄电池和电池充电机，每辆车一套。

动车组内各车设 AC 220 V（卫生间、列车长室、司机室各一个、客室两个）插座及 DC 24 V（每车两个，车下裙板内）插座。

辅助系统供电输出品质符合 EN50155 等标准。各种制式的供电系统均有各自独立的可靠的安全接地措施。供电设施具有自诊断功能和故障保护措施。供电线路发生的过载、短路、瞬时大电流冲击、过压、欠压、接地等现象均有保护，确保旅客安全。

辅助供电电源系统采用冗余设计，当发生故障时，能够进行切换，确保列车正常运行。在一台或两台辅助变流器故障的情况下，可以不受任何限制地向辅助负载供电。

1）中压分配系统功能

该系统由两个配电四极线路组成，每个辅助变流器为与对应的三相 AC 380 V、380 V/50 Hz 线路连接的中压载荷供电。中压供电线路配置接触器允许在正常和故障条件下配置中压线路，它们是带有辅助接触器（一个常开 + 一个常闭）的四极单稳态型号。

中压分配系统降级模式性能。

① 在一个变流器故障的情况下，其他 4 个可以无任何限制地为列车的所有中压负载供电。

② 在两个变流器故障的情况下，其他 3 个可以按照中压负载的重要性和优先性选择策略来为列车的所有中压负载供电。

③ 在一个牵引变压器故障的情况下，两个变流器没有被供电而其他 3 个可以按照中压负载的重要性和优先性选择策略来为列车的所有中压负载供电。（除故障的牵引变压器的辅助系统和相关变流器以外）。

当一个压缩机和两个电池充电机被关闭的时候，从牵引性能来说电力制动有 60% 的可用性。依据实际的可用功率，当旅客服务负载，例如，空调和供暖，都成比例地减少的同时，客室通风和基本的厕所服务都可以得到保证。为了选择合适的时序策略和功率减少量，将会进行详细地计算。当仅仅接通一个辅助变流器的时候，中压线就会进行配置以便于将所有的负载并联，这种情况下，与前一种情况中一样的设备也将会接通。当一个压缩机和两个电池充电机断开的时候，牵引和电力制动的可用性能为 60%。客室通风和基本的厕所服务可以保证。所有的旅客服务负载将被切断，但是由于低压性能方面没有减少，所有的紧急和安全性能得到保证，例如，紧急照明和通风。

中等电压系统可以通过 425 A 三相车间插座（PCMT）从列车外部的一个三相系统供电。在遵守事故预防原则下提供外部供电操作。每个中压车间插座配备有防止将两个不同电压源并联的保护系统。

2）低压分配系统

该系统由一个扩展到所有元件补足该列车的一个电源分配线路（B1 +）和一个半列列车水平线路（ + Lp）组成来给特权载荷供电。两个线路有一个负极，该负极连接到接地。在列车水平下，低压载荷通过使用 8 个蓄电池充电机（CBs）来保证，每个是一个 15 kW蓄电池充电机，蓄电池充电机位于每个车辆的底架上。蓄电池（B）和低压线路之间的连接是通过退耦二极管来完成的，以这种方式蓄电池给列车线路提供电源并且反之亦然。15 kW 蓄电池充电机的任务是把（由辅助变流器产生的）AC 400 V/50 Hz 电源系统三相电压转变成标称 DC 24 V 直流电压。

蓄电池充电机的主要功能有以下 3 个方面。

① 保证蓄电池充电符合恒定电流特征直到充电电压充满为止的调整特性。

② 保证 DC 24 V 线路负载要与蓄电池充电机同时供电。

③ 保证电源系统三相电压和产生的 DC 24 V 电压之间的电绝缘；通过使用一个高频绝缘变压器来实现这个功能。

每个蓄电池充电机（CBS）提供输出 DC 24 V 直流电（B1 +， + Lp 和 + B），由变压器从电源处电化消除直接电压分支，分别给相关车辆的低压负载供电，并且为相应蓄电池组件（B）充电。每个蓄电池充电机的分支 B1 + 由一个分支 + B 的二极管（DD）来退耦，并且同列车的其他蓄电池充电机的分支 B1 + 一道并联到列车系统级别；分支 + Lp 正好相反，是供电 B + 和 B1 + 之间的。电源供电 B1 + 和 + Lp 被连接到编组的每个车辆中的电气柜上，目的是在考虑以下可能性时，按照系统要求为每个车辆的低压负载使用不同电势。

① 重载荷（制动、照明、牵引和辅助变流器等）。

② 进行充分冗余的设备或系统（信号接收器、驱动和控制，在控制台上的信号，等）。

③ 特权的或紧急载荷（防滑、防火系统试验、内部和外部司机室和紧急照明等）。

④ 只在列车激活条件下的活动用户（受电弓、压缩机、空调系统等）。

每个蓄电池充电机配备一个蓄电池隔离开关，目的是由司机关断低压载荷，在多单元编组情况下，由网络控制系统的逻辑单元来管理。

8 个蓄电池可以在以下性能减少的紧急条件下为所有低压负载供电。

① 断电前 5 min 给所有插入负载（包括客室和阅读灯）供电。

② 5 min 后，聚光灯和两侧灯带被关闭，一些不重要的系统处于备用状态，紧急通风被打开。

③ 断电 30 min 后，客室的直接照明和客室其他部位（通过台、折棚、卫生间）减少到一半功率。

④ 断电 60 min 后直到 120 min 为止，客室的直接照明被减少到紧急照明水平。

⑤ 断电 120 min 后，紧急照明被保持打开，直到一个最小电压继电器被切断。

该列车的每个车辆上提供一个低压车间插座，位于蓄电池充电机上，目的是在车辆段由 DC 24 V 外部系统给蓄电池充电。

1.2 动车组电气设备

动车组电气设备包括各种风机、空调系统、车厢照明及各种服务性电气设备。各种辅助电力设备都普遍采用单相交流电机，这可以使得供电十分简单。

车内电气装置主要包括旅客信息系统、列车影视系统、照明系统、广播系统、行车安全监测诊断系统、空调及废排系统以及用于全列动力、信息（信号）传输的主干线，分支线布置以及电气综合控制柜等。

车下电气装置包括电源干线、辅助变流器、逆变器箱、充电机箱、蓄电池及各种行车安全监测诊断系统配线。

1.2.1 CRH_1 型动车组电气设备的布置与分类

1. CRH_1 型动车组电气设备的布置

CRH_1 型动车组车下电气设备的布置如图 1-5 所示。主要设备配属如表 1-11 所示。

表 1-11 CRH_1 型动车组主要设备配属

车辆	1	2	3	4	5	6	7	8
代号	Mc1	Tp1	M1	M3	Tb	M2	Tp2	Mc2
等级	一等	二等	二等	二等	二等	二等	二等	一等
定员	72	101	101	101	19	101	101	72
变压器	0	1	0	0	1	0	1	0
牵引辅助变流器	1	0	1	1	0	1	0	1
牵引电机	4	0	4	4	0	4	0	4

续表

车辆	1	2	3	4	5	6	7	8
充电机	1	0	1	1	0	1	0	1
蓄电池箱	1	0	1	1	0	1	0	1
制动单元	1	1	1	1	1	1	1	1
集便器	1	1	1	1	1	1	1	1
空调机组	1	1	1	1	1	1	1	1
空气压缩机	2	0	1	2	0	2	0	0

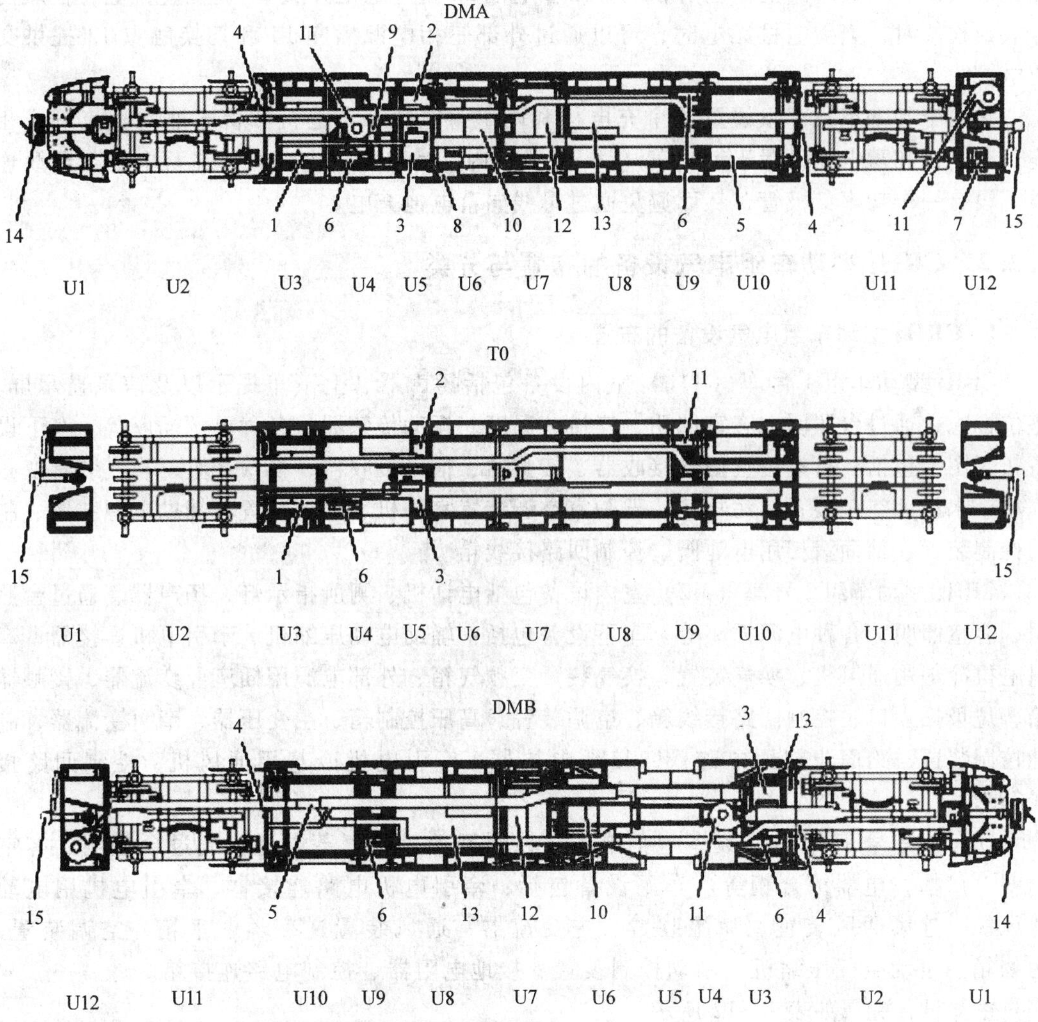

图 1－5 CRH1 动车组车下电气设备的布置

1—电池箱；2—充电机；3—配电箱；4—接线箱；5—过滤器箱；6—制动面板；7—辅助空压机；8—外接输出；9—主空压机；10—冷却器；11—牵引电机风扇；12—主变流器；13—转换箱；14—自动车钩；15—固定车钩

2. CRH1 型动车组电气系统工作原理

图 1－6 是 CRH1 型动车组辅助供电系统与负载设备组成的方框图，架设在拖车 T1 或 T2 上的受电弓将 25 kV/50 Hz 的单相交流电从电网取下后，一路通过拖车上的主断路器 3、电流互感器 6，供给主变压器 8 和线路（牵引）变流器 9；另一路通过受电弓切断开关 16，经过主干线给拖车 3 上的主变压器 8 和动车 3 上的线路（牵引）变流器 9。

线路（牵引）变流器 9 输出的电能一部分给牵引电机 15，另一部分通过辅助变流器 11、滤波变压器（辅助逆变器）12 转换成三相 3×380 V/50 Hz 交流电供交流负载工作，一部分经过电池充电机 20 整流后给蓄电池 22 充电并通过电池触点 23 给直流母线供电。当受电弓没有从接触网上取电时，一方面蓄电池 22 通过电池开关 21 提供直流电；在库内停放或检修时，当受电弓无电时，可以通过外部三相电源插座 14 和切换触点 13 提供交流电。

每一个基本单元车组设置两个充电机和两组蓄电池。充电机和蓄电池同直流母线相连。充电机和蓄电池设置于动力车（Mc 和 M）内。为避免产生环流，在蓄电池与母线连线上设有一个功率二极管，从而避免通过母线向蓄电池充电。

1.2.2 CRH2 型动车组电气设备的布置与分类

1. CRH2 型动车组电气设备的布置

CRH2 型动车组 1 号车（T1c）室内设备包括扬声器、上下车提示以及信息显示屏、座位标志、通过台照明、客室照明、广播、温度、振动传感器、各种电源插座等。车下设备布置图，包括：行车位置信号接收器、接收器、信号接收器、换气装置、换气装置变频气箱、水箱、空调装置、污物箱、驾驶室空调装置室外机、空调装置、辅助电源装置、制动控制装置、踏面清扫用电池阀、控制回路接线箱。

CRH2 型动车组 2 号车（M2）室内设备包括电话机、厕所指示灯、扬声器、通过台照明、客室照明、各种电源插座等。车下设备包括：辅助电动压缩机、牵引电机连接器、牵引电机冷却用通风机、换气装置、换气装置变频气箱、外部电源用插座、变流器、接触器箱、垃圾投入口、控制回路接线箱、空调装置、高压控制箱、主变压器、牵引变流器、制动控制装置、踏面清扫用电磁阀、接地电抗器、牵引电机冷却用通风机、控制回路接线箱。

动车组 7 号车（M1）设备包括乘务员控制开关、应急蓄电池、通过台照明、客室照明、广播、电器综合柜等。车下设备包括：牵引电机电路连接器、牵引电机用电动通风机、连续通风装置、除湿装置、主变流器、通风装置逆变器、水箱、空调装置、污物箱、电动空气压缩机、制动控制装置、接地电阻器、控制电路连接箱。

主要设备配属如表 1－12 所示。

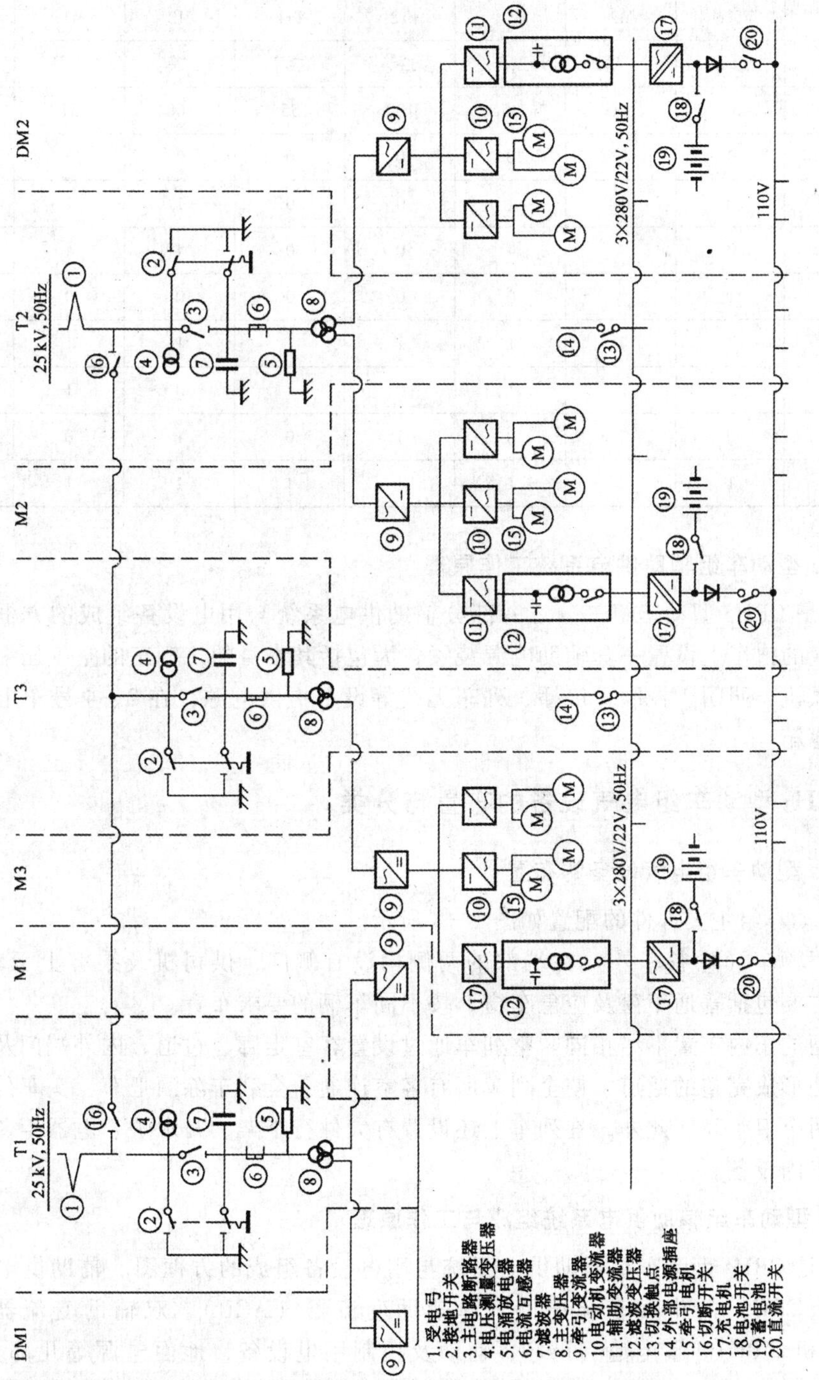

图1-6 CRH1型动车组辅助供电系统与负载设备组成框图

表 1－12　CRH2 型动车组主要设备配属

车辆	1	2	3	4	5	6	7	8
代号	T1c	M2	M1	T2	T1k	M2	M1s	T2c
等级	二等	二等	二等	二等	二等	二等	一等	二等
定员	55	100	85	100	55	100	51	64
变压器	0	1	0	0	0	0	1	0
牵引变流器	0	1	1	0	0	1	1	0
牵引电机	0	4	4	0	0	4	4	0
充电机	1	0	0	0	0	0	0	1
制动单元	1	1	1	1	1	1	1	1
集便器	1	0	1	0	1	0	1	0
蓄电池箱	0	1	0	1	0	1	0	0
空调机组	1	1	1	1	1	1	1	1

2. CRH2 型动车组辅助供电系统工作原理

图 1－7 是 CRH2 型动车组二分之一部分辅助供电系统与用电设备组成的方框图，其中在带司机室的拖车上设置一套辅助电源装置，为包括其本身的 4 辆车的空气压缩机、换气装置、鼓风机、照明、控制、广播、列车无线等设备提供电源，在 2、4 号车上分别设有一个蓄电池箱。

1.2.3　CRH3 型动车组电气设备的布置与分类

1. CRH3 型动车组电气设备的布置

CRH3 型动车组主要部件的配置如图 1－8 所示。

动车组每辆车（除餐车外）在端部的两侧均设有侧门，供司机及乘客上下车使用。车辆的车窗主要包括普通车窗及应急车窗，按不同车辆的要求布置。

不同车型的车内布置不尽相同。整列车通过设置客室走廊、过道、内外端门及相邻车辆的通过风挡形成完整的通道，使全列车所有客室连通。全列车除酒吧车、头车外，各种车型均设有两个卫生间。此外，在列车上还设置有大件行李架、开水炉、电器柜、灭火器及垃圾箱等车内设备。

2. CRH3 型动车组辅助供电系统组成与工作原理

图 1－9 是 CRH3 型动车组辅助供电系统与用电设备组成的方框图。辅助供电系统由牵引变流器（TRC）的中间直流电路、单辅助变流器（ACU）、双辅助变流器（D－ACU）、充电机（BC）、蓄电池（Bat）、辅助及控制用电设备、地面电源等几部分组成。其中辅助及控制用电设备包括各种交流及直流用电设备。单辅助变流器安装在变压器车（TC07/TC02）车下，双辅助变流器安装在一等车（FC05）和餐车（BC04）车下。充电机、蓄电池安装在一等车（FC05）和餐车（BC04）车下。

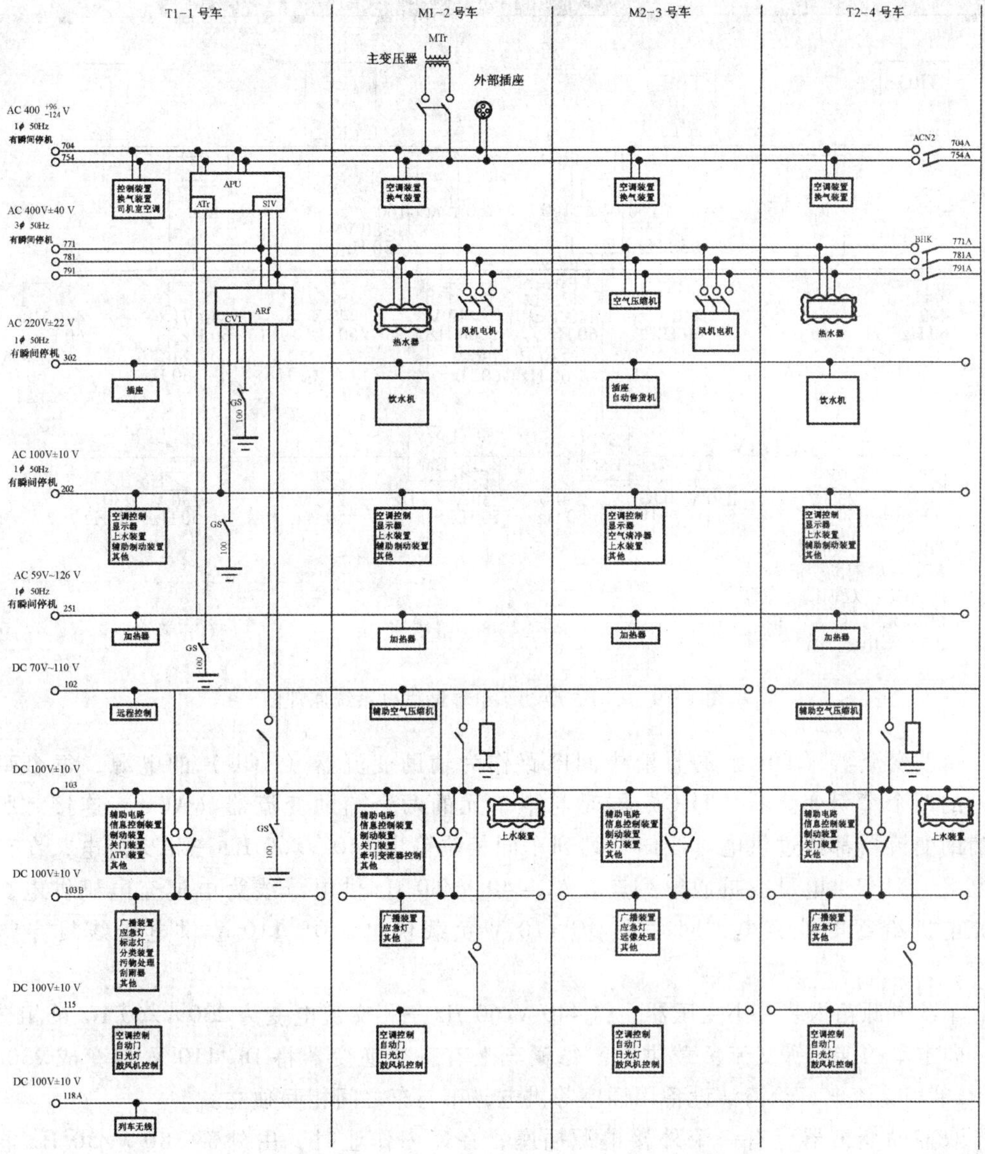

图 1－7　CRH2 型动车组辅助供电系统与负载设备组成框图

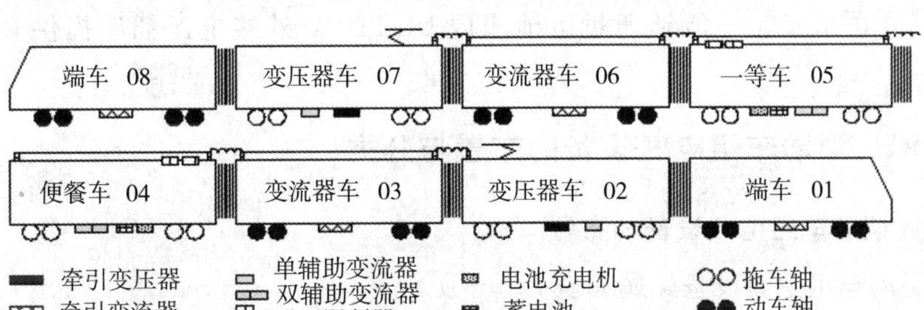

图 1－8　CRH3 型动车组主要部件配置图

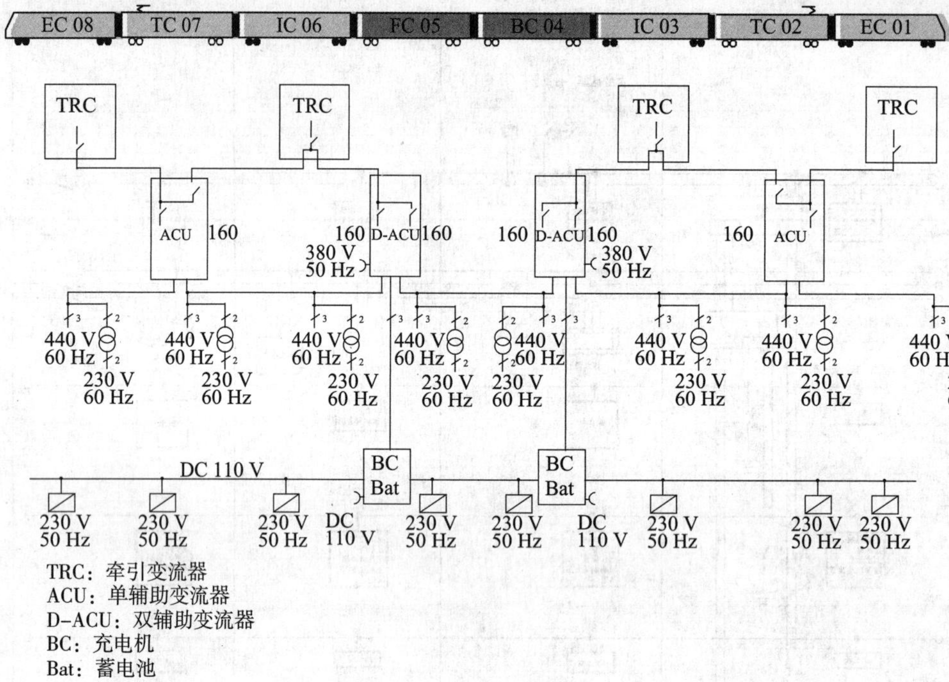

图 1-9　CRH3 型动车组辅助供电系统原理图

牵引变流器（TRC）的直流中间电路作为辅助变流器（ACU）的电源，每个牵引单元的两个牵引变流器（TRC）同时与本单元的两个辅助变流器（ACU）连接。所有的辅助变流器都通过供电母线向整列列车同相位输出 440 V/60 Hz 三相交流电，在正常情况下，列车供电母线贯通整列车。AC 440 V/60 Hz 供电母线为电池充电机供电，电池充电机给蓄电池充电，同时为 DC 110 V 负载供电，DC 110 V 供电母线贯穿整列列车。

车载电源箱内装有小变压器，将 440 V/60 Hz 三相交流电变为 230 V/60 Hz 单相交流电，向本车的伴热等交流负载供电。每辆车上有一个逆变器将 DC 110 V 逆变成 230 V/50 Hz单相交流电，给清洁设备用插座等供电，车与车之间相互独立。

双辅助变流器上有一个外接电源插座，在库内作业时，由外部 380 V/50 Hz 电源为三相 440 V/60 Hz 干线供电。在每一个电池箱内有一个 DC 110 V 外接电源供电插座，列车停放在车库时，能够通过电池箱内 DC 110 V 外接电源插座提供 DC 110 V 电源。

1.2.4　CRH5 型动车组电气设备的布置与分类

1. CRH5 型动车组电气设备的布置

CRH5 型动车组主要设备配属如表 1-13 所示。

表 1-13 CRH5 型车主要设备配属

车辆	1	2	3	4	5	6	7	8
代号	MC2	M2S	TP	M2	T2	TPB	MH	MC1
等级	二等	二等	二等	二等	二等	二等	二等	一等
定员	74	93	93	93	93	42	73 + 1	60
变压器	0	0	1	0	0	1	0	0
牵引辅助变流器	1	1	0	1	0	0	1	1
牵引电机	2	2	0	2	0	0	2	2
充电机	1	1	1	1	1	1	1	1
制动单元	1	1	1 带压缩机	1	1	1 带压缩机	1	1
净水箱	1	1	1	1	1	1	1	1
污水箱	1	1	1	1	1	1	1	1
中压接触器箱	0	0	1	1	1	1	0	0
高压控制箱	0	0	1	0	0	1	0	0
蓄电池箱	1	1	1	1	1	1	1	1
空调机组	客室和司机室各 1	1	1	1	1	1	1	客室和司机室各 1
变阻器	1	1	0	1	0	0	1	1
受电弓	0	0	1	0	0	1	0	0
卫生间	两蹲	两蹲	两蹲	两蹲	两蹲		1 残 1 蹲	1 座 1 蹲
饮水机	1	1	1	1	1		1	1
塞拉门	2	4	4	4	4	2	4	2

2. CRH5 型动车组辅助供电系统组成与工作原理

图 1-10 是 CRH5 型动车组辅助供电系统与用电设备组成的方框图，辅助供电系统由辅助变流器（AUX CONV）、蓄电池、充电机等组成，列车设有 5 台辅助变流器，每辆动车一台，和牵引变流器安装在一起。AC 25 kV 高压电经设置在拖车上的牵引变压器降压成 1 770 V 后，输入每辆动车中的牵引变流器，辅助变流器将牵引变流器的中间直流电压变换成 AC 380 V（三相 380 V/50 Hz）后供中压负载，低压供电（DC 24 V）是由与蓄电池相关联的蓄电池充电机保证的，并且安装在每个车辆上，每列车设 8 组蓄电池和电池充电机。

每个牵引控制单元的每侧各设一个 AC 380 V 外接电源插座（PCMT），每个插座可为半列车的辅助设备供电。

在列车正常供电情况下，通过使用 5 个辅助变流器（AUX CONV）来保证给中压负载供电，每个辅助变流器位于对应牵引/辅助变流器中。当这个列车编组中的一个或两个辅助变流器出现故障的情况下，仍然工作的那些变流器将通过位于中间车上的 MT1、MT2 和 MT3 箱内的接触器 KL1 ~ KL4 激活，自动切换来为整个列车的中压（MV）载荷供电，如表 1-14 所示。

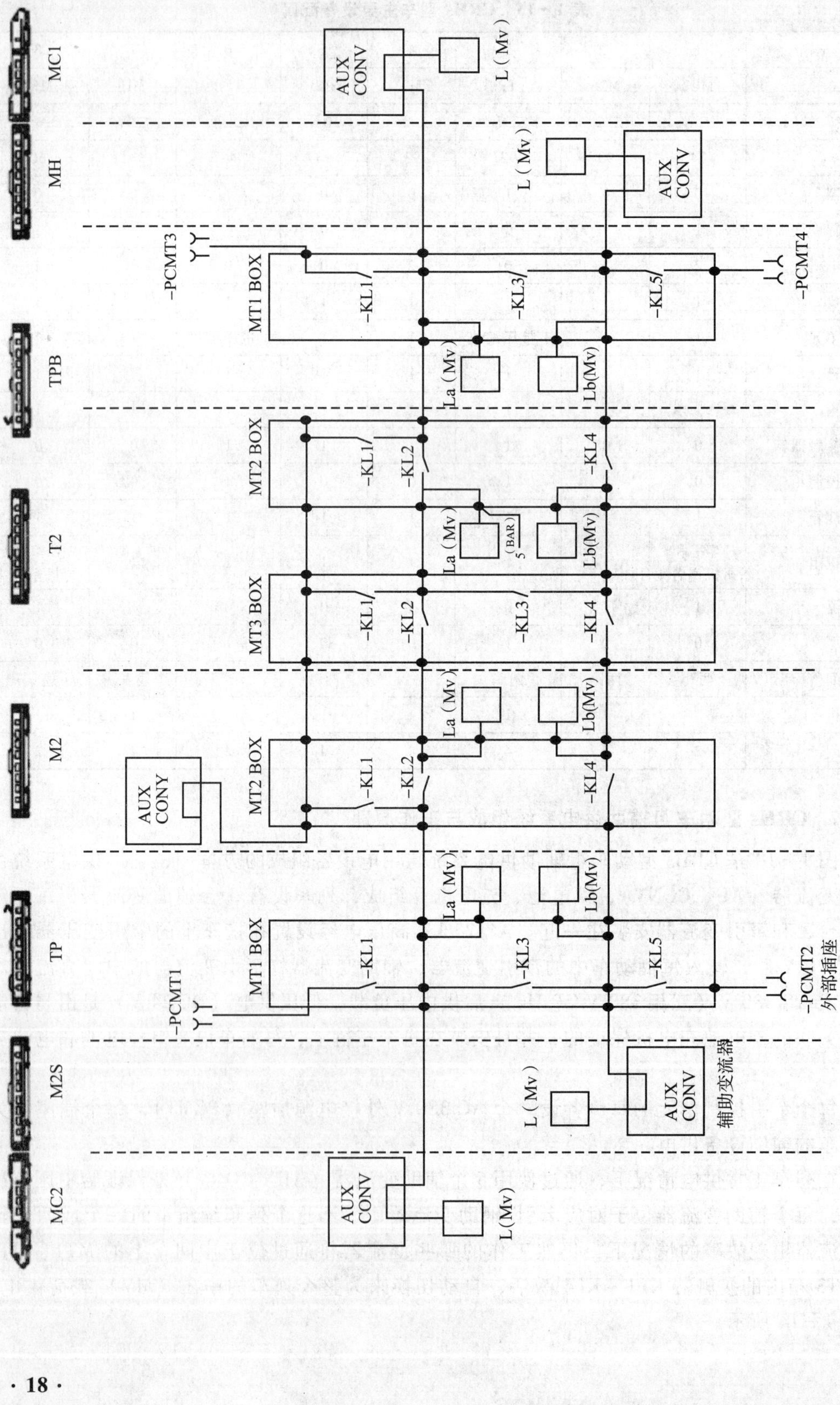

图1-10　CRH_5型动车组辅助供电系统与负载设备组成框图

表 1-14　中间车上的 MT1、MT2 和 MT3 箱内的接触器状态表

故障辅助变流器车号	TP 车 MT1 箱接触器状态			M2 车 MT2 箱接触器状态			T2 车							TPB 车 MT1 箱接触器状态		
							MT3 箱接触器状态				MT2 箱接触器状态					
	KL1	KL3	KL5	KL1	KL2	KL4	KL1	KL2	KL3	KL4	KL1	KL2	KL4	KL1	KL3	KL5
无	○	○	○	○	○	○	C	C	C	C	○	○	○	○	○	○
1	○	C	○	○	○	○	C	C	C	C	○	○	○	○	○	○
2	○	C	○	○	○	○	C	C	C	C	○	○	○	○	○	○
4	○	○	○	○	C	C	○	○	○	○	○	C	C	○	○	○
7	○	○	○	○	○	○	C	C	C	C	○	○	○	○	C	○
8	○	○	○	○	○	○	C	C	C	C	○	○	○	○	C	○
1+2	○	C	○	C	○	○	○	C	○	C	○	C	C	○	○	○
1+4	○	C	○	○	○	○	○	C	○	C	○	C	C	○	○	○
1+7	○	C	○	○	○	○	C	C	C	C	○	○	○	○	C	○
1+8	○	C	○	○	○	○	C	C	C	C	○	○	○	○	C	○
2+4	○	C	○	○	○	○	○	C	○	C	○	C	C	○	○	○
2+7	○	C	○	○	○	○	C	C	C	C	○	○	○	○	C	○
2+8	○	C	○	○	○	○	C	C	C	C	○	○	○	○	C	○
4+7	○	○	○	○	C	C	○	C	○	C	○	○	○	○	C	○
4+8	○	○	○	○	C	C	○	C	○	C	○	○	○	○	C	○
7+8	○	○	○	○	C	C	○	C	○	C	C	○	○	○	C	○

注：○—断开，C—闭合。

例如，当仅有两个辅助变流器接通的时候，如果两个辅助变流器都属于同一个牵引单元（MC2 和 M2S 或者 MH 和 MC1），那么 KL3 接触器就被转换到开路位置，A 和 B 三相列车线就沿着列车单独上电（KL2 和 KL4 接触器闭合）；如果两个工作辅助变流器中有一个是在 M2 车上，列车就形成了两个供电单元。两个辅助变流器都由同一个变压器供电，但是它们单独给两个不同的半列车供电。

为了保证动车组工作，下列设备将会通电。

两个压缩机中的一个；两个变压器中的一个；5 个牵引变流器中的 3 个；20 个牵引电机通风机中的 12 个；8 个电池充电机中的 6 个。

1.2.5　电气系统试验

动车组电气设备全部安装结束后，一般应进行试验如表 1-15 所示。

表 1-15 电气系统试验项目

设备分类	设备名称	检测与试验名称
控制设备	真空断路器	开关动作试验及开关性能试验
		绝缘电阻试验及绝缘耐压试验
	保护接地开关	最低动作空气压力试验
		绝缘电阻试验及绝缘耐压试验
	断路器	最低动作空气压力试验
		绝缘电阻试验及绝缘耐压试验
	主变换装置	故障检测功能试验、最低动作电压试验及最低动作空气压力试验
	电空制动（ECB）控制装置	最低动作电压试验
		绝缘电阻试验及绝缘耐压试验
	主控制器	最低动作电压试验
		绝缘电阻试验及绝缘耐压试验
	制动模式曲线发生装置、制动模式检测装置	模式试验电压额定电压 ±10 V
	主控制器及限流电阻器	最低动作电压试验及释放电压试验
		绝缘电阻试验及绝缘耐压试验
	主控制器及牵引控制器	绝缘电阻试验及绝缘耐压试验
	主平波电抗器及限流电抗器	绝缘电阻试验及绝缘耐压试验
		直流分测定试验及测量介质损耗系数
	交流滤波装置	绝缘电阻试验及绝缘耐压试验
	锁闭装置	最低动作电压试验
		绝缘电阻试验及绝缘耐压试验
	真空断路器	开关动作试验及开关性能试验
		绝缘电阻试验及绝缘耐压试验
辅助电源装置及辅助电动机	电动发电机及自动电压调整装置	负荷试验：发生电压 95～105 V，频率 57～63 Hz
		绝缘电阻试验及绝缘耐压试验
	空气压缩机电机	负荷试验
		绝缘电阻试验及绝缘耐压试验
	伺服电机及辅助空压机电机	负荷试验
		绝缘电阻试验及绝缘耐压试验
	静态交流发生器、静态变换器和稳压电源	发生器电压试验及频率试验，额定电压 100 V ± 5 V，频率 60 Hz ± 3 Hz
		绝缘电阻试验及绝缘耐压试验

续表

设备分类	设备名称	检测与试验名称
继电器、电磁阀、配线等	配线用断路器	绝缘电阻试验及绝缘耐压试验（限于 50 A 以上）
	控制电路断路器、车端开关等	绝缘电阻试验及绝缘耐压试验
	继电器及接触器	绝缘电阻试验及绝缘耐压试验
	电磁阀	绝缘电阻试验及绝缘耐压试验
	配线等	绝缘电阻试验
	电线连接装置	绝缘电阻试验及绝缘耐压试验

由上表可见，电气设备的主要检测与试验内容是绝缘性能。绝缘性能是通过测量设备之间电路或设备与电路接地之间的绝缘电阻值进行判断。

测试绝缘电阻值在常温下测试工具为：超高压电路使用 1 000 V 兆欧表，低压电路采用 500 V 兆欧表，测试时将晶闸管、硒整流器、晶体管短路，或是将其电路隔离，其标准如表 1－16 所示。

表 1－16　绝缘电阻值列表

测定场所	绝缘电阻值/MΩ	备注
超高压回路—大地	25	
高压回路—大地	0.2	
低压回路—大地	0.1	
高压回路—低压回路	0.2	
低压回路相互间	0.1	
超高压导电部—大地	25	
高压导电部—大地	0.5	
低压导电部—大地	0.3	
牵引电机—大地	10	
辅助电机—大地	1	
高压导电部—低压导电部	0.5	
低压导电部相互间	0.3	
双重绝缘非导电金属部—大地	0.3	
双重绝缘导电部—非导电绝缘部	0.3	高压回路
真空断路器开路时两导电部	20	高压回路

思考题

1. 试说明动车组辅助电气系统的组成。
2. 动车组辅助供电系统的负载设备包括哪些？
3. 试分析 CRH_1 型动车组不同工况下的供电系统容量。
4. 试分析 CRH_2 型动车组辅助供电系统的容量。

第2章 动车组配电系统

2.1 配电系统的组成

动车组配电系统的作用是将供电装置、用电设备以及控制保护设备等联成一个完整的电气系统，并将电能予以输送和分配。

2.1.1 电气线路的分类

按照车体配线的用途，有电力、广播、网络控制三个电气系统；按照车体配线在车辆中所在的部位，可分为车内和车下配线两部分。

电力配线一般采用绝缘导线；广播配线一般采用电缆线；网络控制系统传送线有列车信息传送线（光纤）及自我诊断信息传送线（多股绞合线）两种。

绝缘导线和电缆线通常由导电线芯、绝缘层和保护层三部分组成：导电线芯要具有导电性能好，机械强度大，防腐性能高等特性，主要采用铜导线；绝缘层是将绝缘材料根据其耐受电压程度的要求，以不同的厚度包覆在线芯外面而形成的，它可以把带电体与其他部分隔绝开，对绝缘层材料的要求是，其电气绝缘以及热传导性能良好，目前主要采用聚氯乙烯；保护层是用以保护电线免受外界机械的损伤和周围媒介质的影响，要求其具有质地柔韧且具有相当的机械强度以及耐磨、耐酸、耐油和不易燃烧的性能。

2.1.2 配电系统的型式与组成

按照负载的性质以及用途，车内配线包括动力配线、照明配线、视频配线、电话配线以及控制配线等，各种配线都敷设在车顶或者侧墙内。

车内动力和照明配线开始于车内配电盘，由车下主线输入的三相交流电或者直流电经配电盘和配线分别供负载使用，同时，在分配负荷时应注意尽量使三相负载均衡。

对于视频配线和电话配线，应远离电力主线以便防止交流电杂波的干扰。

为了沟通全列车的电力和信息，每一辆车的两端都设置有专用集控连接器。

车下配线包括输送三相交流电和直流电的主线、电力连接器线以及车下各负载支线等。在满足导线截面积的条件下，车下主线一般采用两路并联的方法，并将它们敷设在钢管内以增加强度。

2.2　CRH_1 型动车组配电系统

2.2.1　车内配电盘与配线电路

1. 车内电缆布置与连接原则

CRH_1 型动车组车内电缆分为 4 个等级。

A：代表数据线（多功能车辆主线、绞合列车主线）。

B：代表传感器线（速度、温度等）。

C1：代表 DC 110 V 直流线（蓄电池供电）。

D：代表 AC 230/400 V 交流线（辅助设备）。

CRH_1 型动车组分线箱带软管套，与门柱、厕所、空调等的电缆连接，车内电缆走向以及分线箱布置如图 2－1 所示。

如图可见，带盖内顶金属电缆槽带 3 个截面，全部车内电缆放置在带盖的电缆槽内，或软管内。

电缆在通过台可以从车厢一侧调换到另一侧，但应保持电缆独立的电缆等级。

主要布线原则如下。

① 乘客区侧墙加热器的电缆直接接电气柜。在客室这些电缆位于窗下 C 轨。

② 中央吊顶和靠近风挡的照明电缆将直接接电气柜。

③ 从端墙一侧到另一侧的电缆放置在风挡门上方车体结构上的软管里。

④ 司机室和司机操作台电气柜之间的电缆放置在车体结构上的电缆槽内。

⑤ 高压车顶控制电缆直接接电气柜。

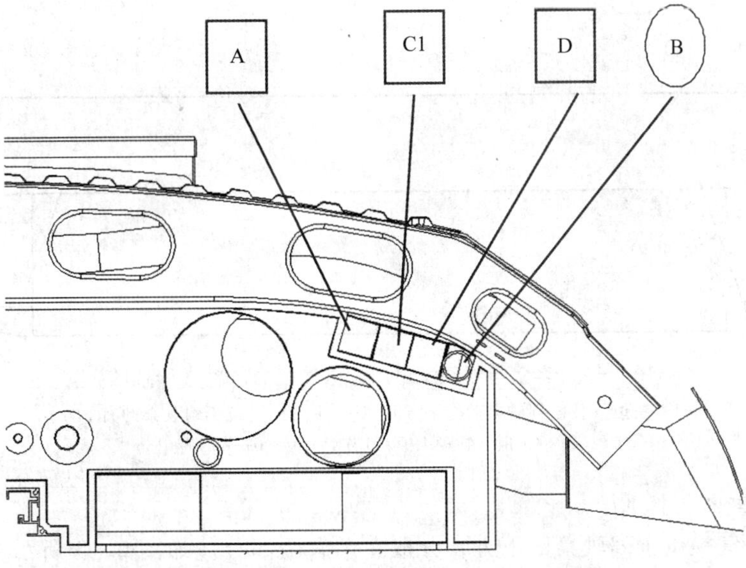

图 2－1　CRH1 型动车组车顶金属电缆槽

从车顶电缆槽连接车内设备的方式如下。

电缆穿过防火墙密封框接司机室，司机室门每侧一个分线箱，分别连接单元空调（包括通风、司机室空调、废排风机、通过台空调面板）。

电缆通过模块板连接到车内的厕所、通过台门柱、信息显示、内门、感烟器、ATP柜、餐饮区、乘务员室和显示屏。

设置模块板的目的是尽量减少从电气柜穿过车辆的电缆量。模块板是预制的，并在通过台每侧安装一个。通过模块板输送门柱加热器的供电，行李架照明和电脑供电，通过台、入口和厕所照明供电，内外门的供电和控制，内外信息显示的供电和控制，清洁柜插座供电，残疾人电梯的供电和控制。

模块板包括：控制门继电器、入口照明一个 DC/DC 变流器、作为车辆电缆布线接口的连接器。

2. 电气柜

CRH_1 型动车组电气柜的总体分布如图 2-2 所示，图中以图表形式显示了车上客室内与驾驶室中电气柜的位置。

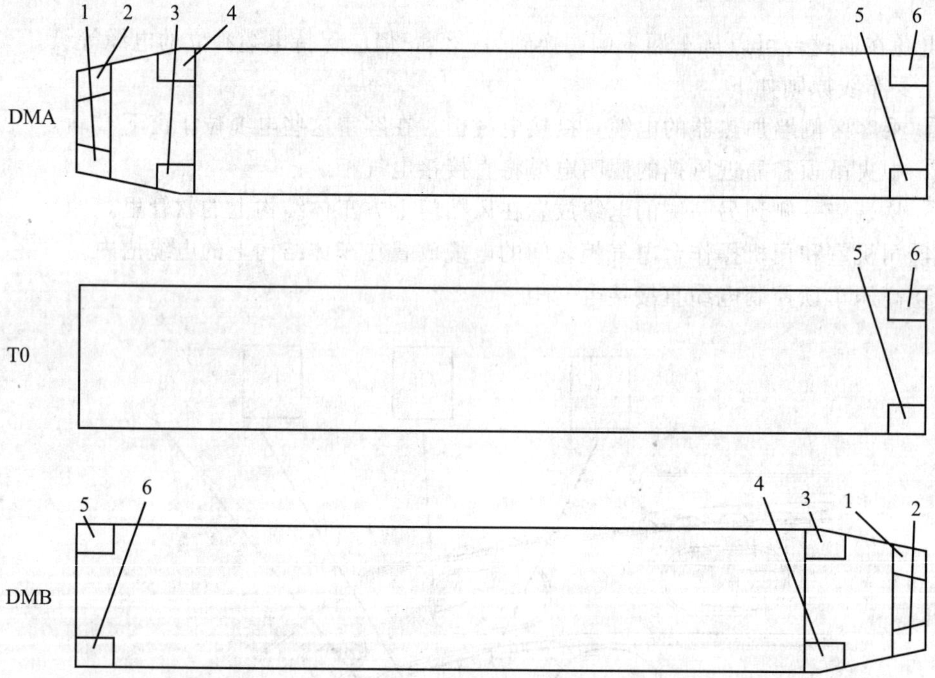

图 2-2　客室与驾驶室里内置电气柜的位置（俯视图）

1—K1 左柜（位于驾驶桌的左下方）；2—K1 右柜（位于驾驶桌的右下方）；
3—K3 柜；4—K4 柜；5—K13 柜；6—K14 柜

1）驾驶室电气柜 K1

驾驶室电气柜位于驾驶桌的下方，分成左、右两部分。如图 2-3 所示，左边部分包括微型断路器单元、继电器单元和输入/输出单元；如图 2-4 驾驶室电气柜右边部分包括

ATC 单元。此柜的钥匙放在电气柜 K4 中。

图 2-3　驾驶室电气柜 K1 的左边部分

1—微型断路器；2—继电器；
3—输入/输出单元；4—接线端

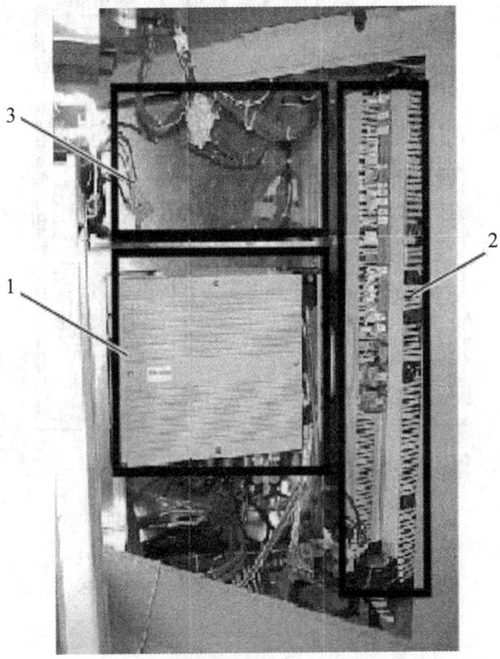

图 2-4　驾驶室电气柜 K1 的右边部分

1—ATC 单元；2—接线端子排；
3—列车无线电装置

继电器单元包括继电器，微型断路器和线圈的连接块。输入/输出单元包括一系列数字量和模拟量的接口（DX 和 AX）。

2）驾驶室电气柜 K3

两个头车上的驾驶室电气柜 K3 几乎是一样的。此电气柜位于驾驶室后墙的左边部分，如图 2-5 所示是下部分带容量显示器的电气柜，其中：蓄电池接触器 6 在蓄电池电压低的时候，即蓄电池系统出现紧急情况时动作；波段开关 7 用于调节驾驶台加热器夏/冬模式的入口连接。

3）电气柜 K4

此柜位于驾驶室后墙的右边部分，主要用于为驾驶员提供服务设施，如放置微波炉、小电冰箱及私人物品的存放。

4）电气柜 K13

客室内电气柜 K13 根据控制对象不同，安置了不同的设备。头车 DMA、DMB 和中间车 T0 的设备如图 2-6、图 2-7 和图 2-8 所示。

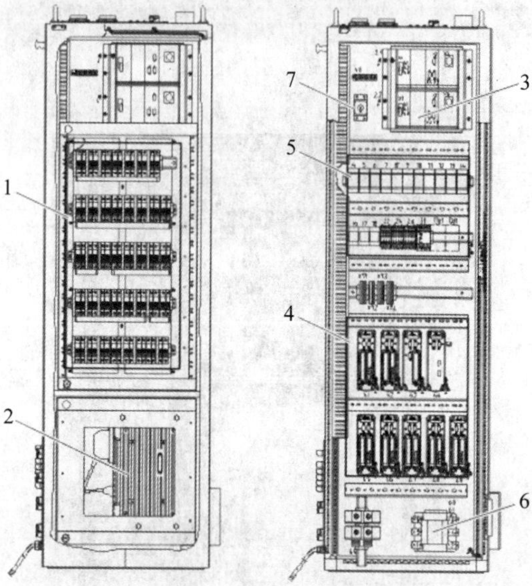

图 2－5　驾驶室电气柜 K3

1—微型断路器；2—VCU，车辆计算机单元；
3—制动通路；4—数字输入/输出单元；
5—辅助继电器等；6—蓄电池接触器；7—波段开关

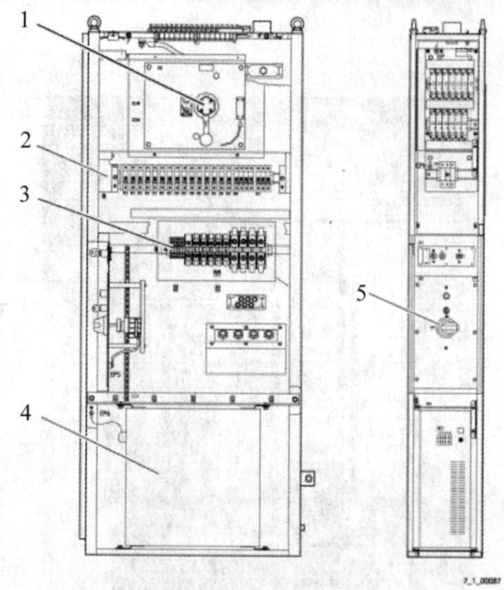

图 2－6　DMA 车上电气柜 K13 构件的总体概况图

1—接地开关（辅助供电系统）；2—微型断路器；
3—接线端；4—交流/直流转换器；
5—接地开关（外部供电系统）

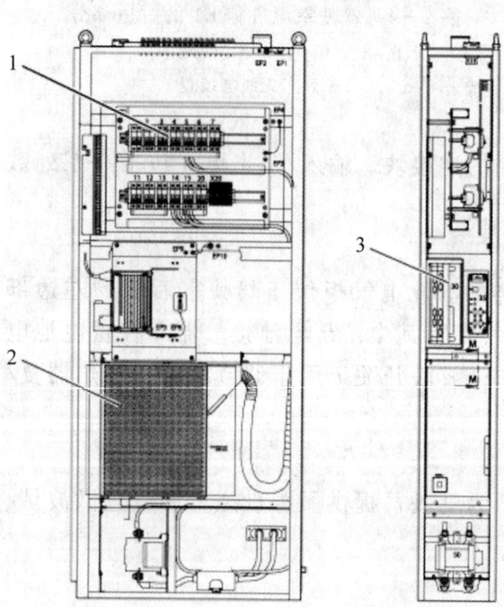

图 2－7　DMB 车电气柜 K13 设备的总体概况图

1—微型断路器；2—系统控制器；
3—制动控制（BC）单元

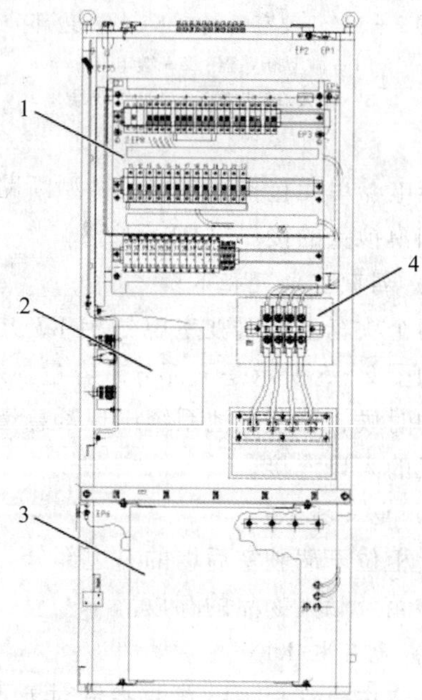

图 2－8　T0 车上电气柜 K13 设备的总体概况图

1—微型断路器；2—制动控制单元；
3—交流/直流转换器；4—连接单元

5）电气柜 K14

头车 DMA、DMB 和中间车 T0 的设备如图 2－9、图 2－10 和图 2－11 所示。

车辆运行的路程以公里计算，由 DMB 车电气柜 K14 中的测量仪显示，打开电气柜的门就可以进行查看路程。此测量仪也可以通过专用钥匙进行清零操作。

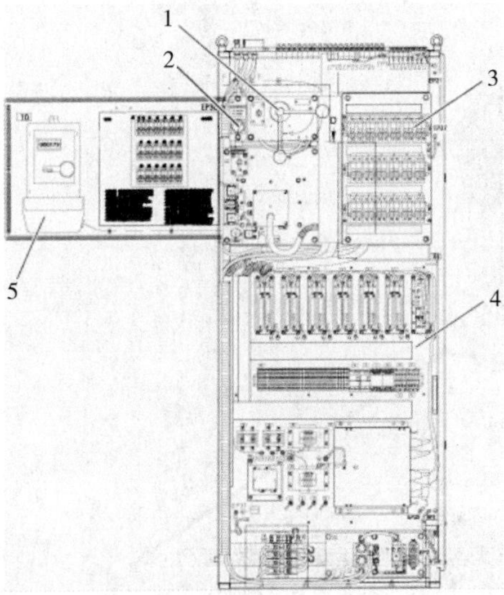

图 2－9　DMA 车电气柜 K14 设备的总体概况图

1—受电弓锁定装置；2—旋转开关；
3—微型接触器；4—设备单元；5—电表

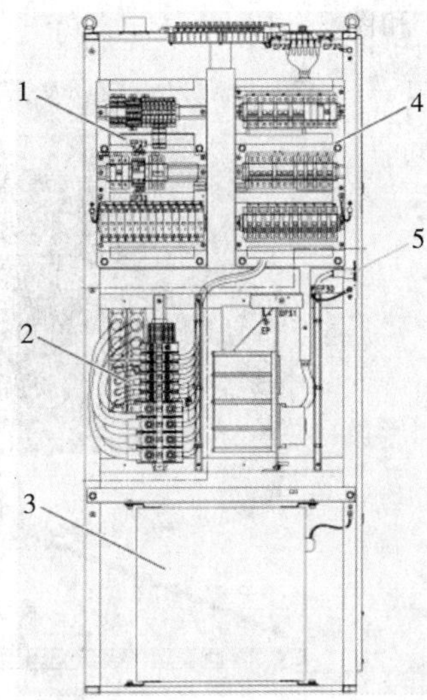

图 2－10　DMB 车电气柜 K14 设备的总体概况图

1—继电器单元；2—接触单元；
3—存储器单元；4—微型断路器；5—路程计数器

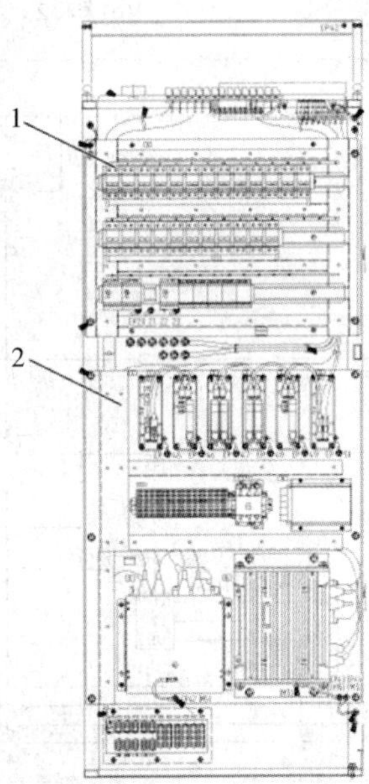

图 2－11　T0 车电气柜 K14 设备的总体概况图

1—微型断路器；2—设备单元

2.2.2 车下配电系统电路

1. 车前端外部电力连接器

CRH_1 型动车组每个头车前端有一个 125 A（IEC）的插头，其位置和电气原理图如图 2-12 和图 2-13 所示。

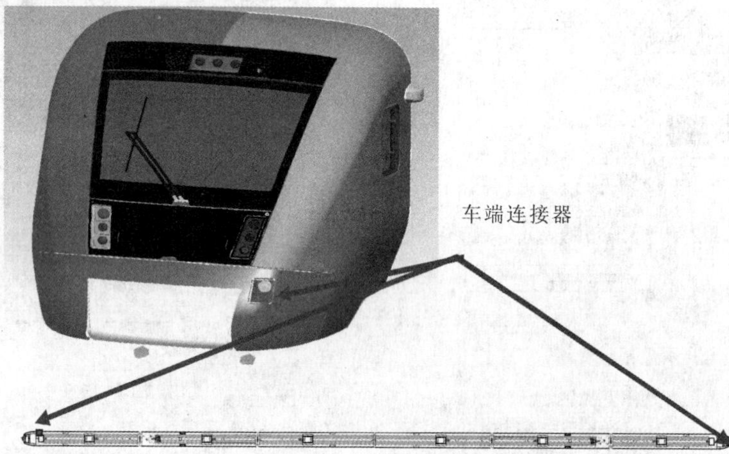

图 2-12 车前端外部电力连接器

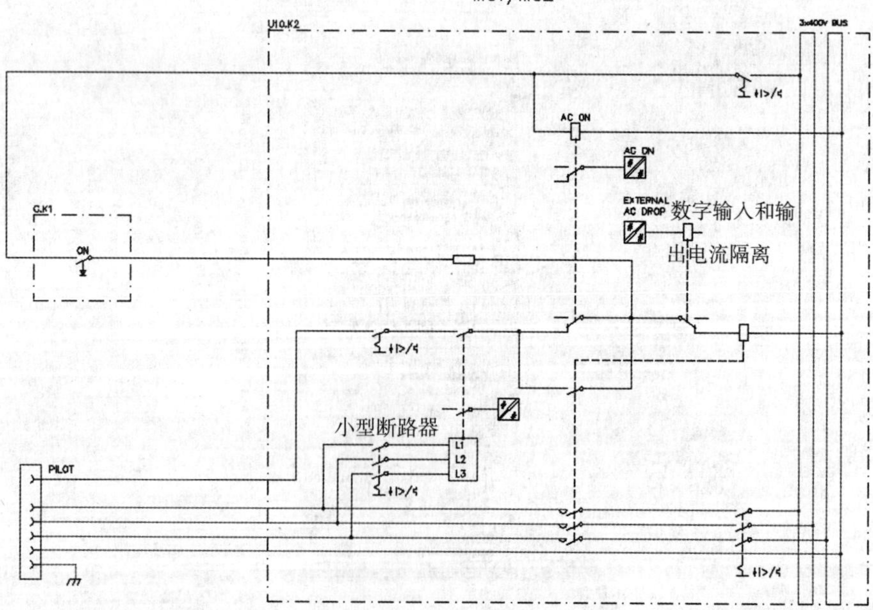

图 2-13 车前端外部电力接入原理图

2. 侧边外部电力连接器

CRH_1 型动车组每辆 Tp 车的两侧各有一个 KC20 连接器、每辆 Tb 车的两侧各有两个 KC20 连接器。侧边外部电力连接器（8 个连接器适用 125 A 输入），如图 2－14 所示。

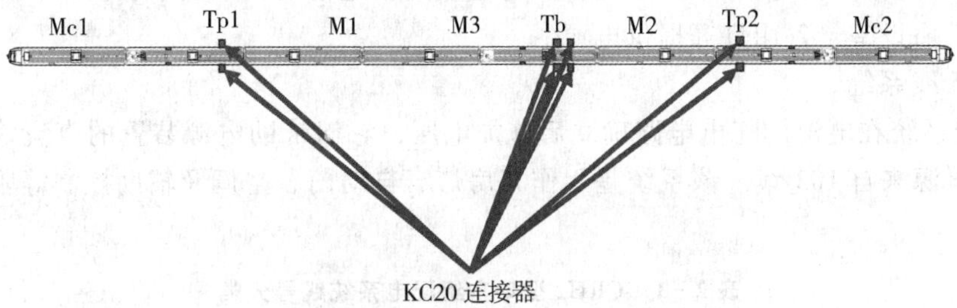

图 2－14　侧边外部电力连接器

2.3　CRH_2 型动车组配电系统

2.3.1　车内配电盘与配线电路

1. CRH_2 型动车组配电系统线号、记号分类

1）关于线号的分配方案

CRH_2 型动车组配电系统以下述基本方法分配线号。

线号格式：1_　2_　3_　4_　A_　　1

　　　　千位　百位　十位　个位　英文　附加数字

- 千位、百位数字用于区别电源系统、信号种类。0（零）的时候，可以省略。
- 十位、个位数字作为回转序号分配。0（零）的时候，可以省略。
- 英文记号用于在相同信号系统中，信号是有关联的，因为继电器或开关等原因在回路上被分离时采用英文记号。
- 附加数字用于在相同信号系统中，需要比英文记号更详细的区分时，采用附加数字。

线号分类如表 2－1 所示。

由表可见：不同种类的电源使用不同数码的配线，每个电源又分为不同线系统。

（1）直流电路

直流电路给车上控制指令回路和直流负载供电，根据负载种类，分为 4 个线系统。

① 102 线系统

由蓄电池提供的电源平时就成为接通的使用状态，随时为辅助电动空气压缩机、受电弓及真空断路器（VCB）等与行车相关设备提供电源。

② 103 线系统

103 线系统是在主断路器 VCB 接通后，由辅助电源的输出线 101 线供电。

该电源用于控制电路、ATC、监控器、车辆开关门电路等主要的直流电源装置及设备。

③ 103B 线系统

在由 102 线及 103 线两者提供电源的电路中，103B 线系统通常是由 103 线供电。在接触网停电时，通过切换备用灯的操作，将连接到蓄电池的 102 线系统接入，为两头车的标志灯、广播设备、备用灯等提供电源。

④ 115 线系统

115 线系统在电池的充电电路确立后施加电压，它以辅助电源装置的直流输出为重要条件，其电源来自 103 线。该系统是用作客房灯、自动门、空调及辅助控制等服务设施的电源。

表 2－1　CRH2 型动车组配电系统线号分类

线号	分类说明
1 ~ 99	控制指令回路 DC 100 V
100 ~ 199	DC 100 V 系统
200 ~ 249	AC 100 V 系统（稳定输出）
250 ~ 299	AC 100 V 系统（非稳定）
300 ~ 399	AC 220 V 系统
400 ~ 499	辅助制动型、ATP 信号、速度发电机
500 ~ 599	主变换回路
700 ~ 799	AC 400 V（单相）系统
741、742、743、771、781、791	AC 400 V（三相）系统
800 ~ 899	空调装置
900 ~ 906	主回路接地、主回路过电流检测
1100 ~ 1199	广播回路
1400 ~ 1499	ATP 天线、无线电服务系统
1500 ~ 1599	主回路
1600 ~ 1699	ATP 装置
2500 ~ 2502	特高压回路（AC 25 kV 系统）
M +3 位号码	车辆信息控制装置的输出、输入线号
MF +3 位号码	光缆的线号
J +3 位号码	与 LKJ2000 有关的线号

（2）交流电路

① 701、751 线系统（AC 400 V/50 Hz）

701、751 线系统连接到牵引变压器辅助绕组三次侧的输出线，经过三次侧电源的交流接触器（ACK1）和牵引变压器油泵电机（GRT）向接地继电器3(GR3）及无电压继电器1(NVR1）供电。

② 704、705 线系统（AC 400 V/50 Hz）

704、705 线系统采用交流接触器（ACK1）将牵引变压器的三次侧作为动车组单相交流电源。

该电源是供空调、辅助电源装置、电动空气压缩机、换气装置、各电动送风装置的电源。

③ 771、781、791 线系统（三相 AC 400 V/50 Hz）

771、781、791 线系统提供整列车的三相交流 400 V 电源。

④ 202 线系统（AC 100 V/50 Hz）

1、8 号车厢设置的辅助电源装置（APU）其输出电压的波动为 ±10%。该电源按照供电单元分别给 1 ~4 号车、5 ~8 号车供电。通常，辅助电源装置是各自单独运行的，如果 1 台发生故障，通过电源感应可以给另一个单元供电。

该电源向列车运行去向表示器、对号座位表示器、各插座、厕所、洗手间等相关设施供电。

⑤ 251 线系统（AC 100 V/50 Hz）

251 线系统是辅助电源装置内的辅助变压器的次级输出的电源电压，会随着接触网电压的波动而变化，即使是 100 V 的电源也会波动。该电源用于各种加热器的电源。

2）关于设备标识的分配方案

设备标识以下述基本方法进行记号的命名：

CM_ CO_ R_ R_ 1

名称_ 功能 1_ 功能 2_ 机器记号_ 附数

（1）“名称”一般用英文的简称，例如，上面例子中的 CM 表示空气压缩机（Compresser Motor），记号名称分类如表2－2所示。

表 2－2 CRH2 型动车组配电系统记号名称与分类说明

记号名称	分类说明
??（数字）	和?? km/h 、??? 线等数字相关联
AC	交流
AP	空气压力
APU	辅助电源装置
ATC	ATP 装置
B?（数字）	制动器？挡
Bat	蓄电池
Bz	蜂鸣器

续表

记号名称	分类说明
Cab	司机室
CI	主编环装置
CM	空气压缩机
D	侧拉门装置
EB	快速制动
HMLp	前部标志灯
MC	主控制器
MLp	后部标志灯
MM	主电动机
MRr	气源
MT	主变压器
Pan	受电弓
RrLp	备用灯
SB	辅助制动开关
UB	紧急制动开关
VCB	真空断路开关

（2）“功能”表示动作的功能，不必要时可以省略。另外，也有重复的时候。例如，上面例子中的 C 代表关；O 代表开；CO 代表断开；R 代表辅助。

（3）“机器记号”表示有记号机器的种类，例如，R 表示继电器（Relay）。机器记号的示例如表 2－3 所示。

表 2－3　典型机器记号

机器记号名称	说　明
R	继电器
TR	时限继电器
K	接触器
N	断路开关
S	开关
V	电磁阀
He	加热器
Th	温度检测器
Lp	指示灯
T（Tr）	变压器

（4）附数。相同的功能用于复数机器时，可作为运转序号附加。

电路分析举例，以下为头车的运转指令回路示例。

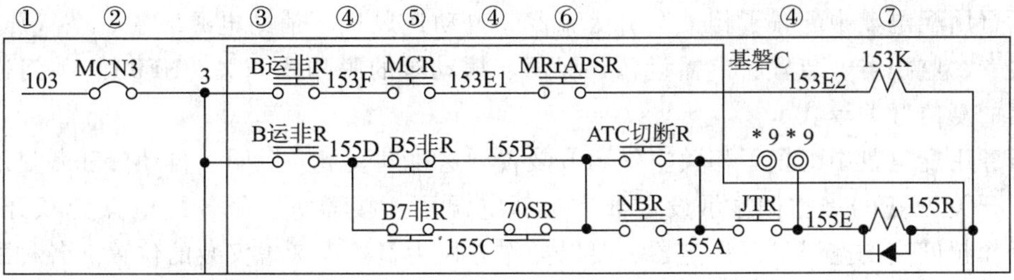

上述标号对应电路的机器的表示如下。

① 103 线—— DC 100 V 电源。

② MCN3——第 3 个主控制器用（运转指令用）的断路开关。

③ B 运非 R——制动指令的运转~在快速时被励磁化的继电器。

④ 153F、153E1、153E2——表示与 153 线有关联的线。

⑤ MCR——主控制器用继电器（操作侧时为励磁）。

⑥ MRrAPSR——总气源空气压力开关用继电器（正常压力时为励磁）。

⑦ 153K——紧急制动用接触器（向紧急制动电磁阀供电用的接触器）为此，在下述条件下，可成为紧急制动缓解的条件之一。

2. 车内配电盘设备布置图

CRH2 型动车组配电盘设在通过台，且配电盘门设置为能使用暗锁的结构。

T1c（1 号车）、M1（3 号车）、T1k（5 号车）、M1s（7 号车）设在后位侧，T2（4 号车）、M2（2、6 号车）设在前、后位侧，T2c（8 号车）设在前位侧。M1s（7 号车）设置温水洗净式保温坐便用机器室。如图 2－15 所示。

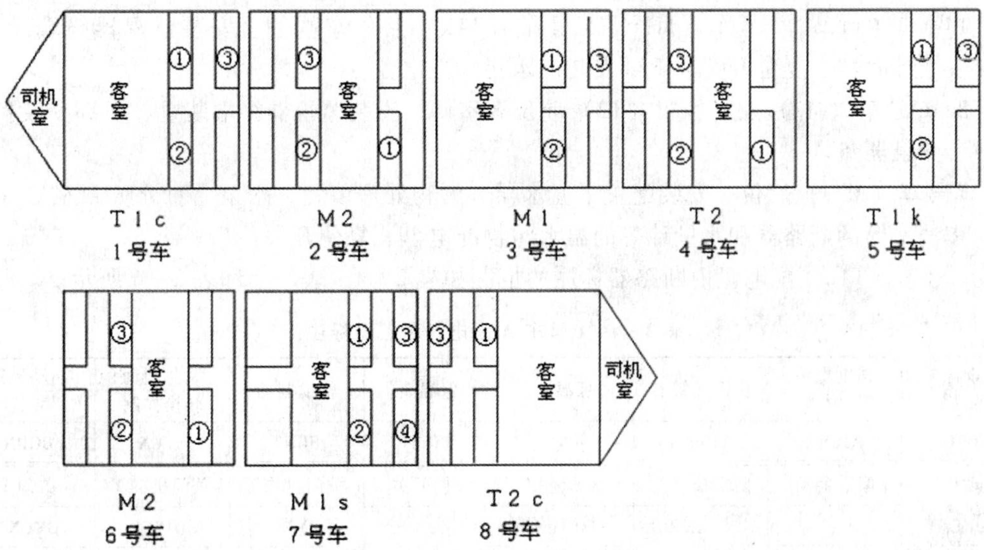

图 2－15　配电盘的配置

①—服务配电盘；②—运行配电盘及继电器盘；③—温水污物配电盘及监视器；④—冲洗座便用配电盘

运行用配电盘中配置了相关牵引变流器、电动送风机、辅助电源装置、空气压缩机、制动装置、监视器、装置、广播设备、保温、振动等的脱扣式开关（NFB）、关门连动和蜂鸣器的复位开关等。

服务用配电盘中配置了相关空气调节装置、送排气装置、照明、自动门和各显示器的脱扣式开关（NFB）、空调显示设定器、外部电源用连接器等。服务配电盘为双开门式、对于操作频度高的空调显示设定器、要以操作方便为目的来考虑安装的位置。各种配电盘门、均安装锁、采用闭锁的方式。

温水污物配电盘安装配置了温水器、污物处理装置、水泵（抽水）装置、坐便器、盥洗室等。

1 号车（T1c）后位客室侧及 8 号车（T2c）前位车端侧安装驾驶用配电盘、上部安装输出功放、主故障显示灯、下部安装继电器盘、电磁接触器、辅助制动模式发生器。1 号车（T1c）后位客室侧及 8 号车（T2c）前位车端侧、安装服务配电盘、上部安装空调故障显示灯、下部安装接地开关盘。

2、6 号车（M2）及 4 号车前位车厢侧安装驾驶用配电盘。上部安装输出功放、主故障显示灯、下部安装继电器盘。2、6 号车（M2）及 4 号车（T2）后位客室侧安装服务配电盘、配电盘横侧安装车端断开装置、下部安装非常召动开关盘及接地开关盘。

3 号车（M1）、7 号车（M1s）后位车厢侧安装驾驶用配电盘。上部安装主故障显示灯、下部安装继电器盘。3 号车（M1）、7 号车（M1s）后位客室侧、安装服务配电盘、上部安装空调故障显示灯、下部安装接地开关盘及压缩机控制用电磁接触器。

5 号车（T1k）后位车厢侧安装驾驶用配电盘、上部安装主故障显示灯、配电盘横侧安装车端断开装置、下部安装继电器盘。5 号车（T1k）后位客室侧、安装服务配电盘、上部安装空调故障显示灯、下部安装接地开关盘及电磁接触器。

1 号车（T1c）、3 号车（M1）、5 号车（T1k）后位车端侧、安装监视器终端装置、横侧安装计时器、复位开关、下部安装温水污物配电盘。

2、6 号车（M2）及 4 号车（T2）前位客室侧、安装监视器终端装置、下部安装控制功放、接触器盘。

7 号车（M1s）后位、安装配置了温水器、污物处理装置、水泵（抽水）装置、坐便器、盥洗室等的断路器和水量计等的温水污物配电盘、复位开关。

1 号车（T1c）配电盘内断路器标注的情况如表 2－4、表2－5和表 2－6 所示。

表 2－4　1 号车 A 配电盘断路器标注

辅助电源装置控制	辅助电源接触器	保温接触器	保温 1	保温 2	辅助制动	紧急制动转换控制	制动控制装置
APUCN	ARfRN	AHeKN	JaN1	JaN2	SBN2	SVCN	BCUN
制动控制	紧急制动	防滑控制阀	踏面清扫	关门开关	关门机构 1	关门机构 2	关门 1
BCCN	UVN	SKN	TyCIVN	DSN	DVN1	DVN2	DVCN1
关门 2	辅助电源输入电压	轴温检测	显示灯电源	广播 1	监控器	控制传输	车门开闭音响装置

续表

辅助电源装置控制	辅助电源接触器	保温接触器	保温 1	保温 2	辅助制动	紧急制动转换控制	制动控制装置
DVCN2	VDTN	TThRN	PLpN1	AmpN1	MOTN1	MOTN2	DOCHN
主动控制	辅助电源交流电源 1	辅助电源交流电源 2	辅助电源装置	辅助变压器			
ASCN	ACVN1	ACVN2	APUBMN	ATN			
故障蜂鸣器断开	紧急短路	关车门连锁 1	关车门连锁 2	APU 断开	应急用蜂鸣器	火灾用蜂鸣器	
EBzCOS	UVRS	DICOS1	DICOS2	PLpCOS2	EBzRS	FrBzRS	

表 2-5　1 号车 B 配电盘断路器标注

空调电源 1	空调电源 2	供排气	空调排水 1	空调排水 2	空调显示设定器	空调控制 1	空调控制 2
UN1	UN2	VeFMN	UN12	UN22	UCN3	UCN11	UCN21
换气通风机 IV 控制 1	换气通风机 IV 控制 2	室内灯 1	室内灯 2	室内灯 3	应急灯	应急灯转换	自动门 1
VeFMCN1	VeFMCN2	RLpN1	RLpN2	RLpN3	RrLpN	RrLpCgN	ADN1
自动门 2	车内显示器	目的地显示器	车号显示器（车厢）	车号显示器（侧面）	车外温度显示	客室插座	
ADN2	TInFN	PDN1	SRLpN1	SRLpN2	OTSN	RConN	

表 2-6　1 号车温水、污物配电盘断路器标注

温水器 1	温水器 2	污物处理装置 DC 100 V	坐式厕所 1 DC 24 V	坐式厕所 2 DC 24 V	小便间 DC 24 V	坐式厕所 1 排气扇	坐式厕所 2 排气扇
WHeN1	WHeN2	FiCN1	FiCN2	FiCN3	FiCN4	ToFMN1	ToFMN2
污物箱加热器	满水传感器	水位仪	自动洗面台	洗脸间插座	便座加热器	水泵加热器	水泵
FiHeN1	FiLvN1	WLMN	AHWN	ToConN	TSHeN	ABHeCN	WaPN
自动洗手器	厕所指示灯	水泵加压存放	电源装置				
FVSN	LvLpN	WVCN	电源装置 N				

3. 车内配线图

车内配线包括广播回路配线、灯具回路配线和其他回路配线。

广播回路配线：广播回路的配线作为抗干扰对策，使用通过电线管的配线。

灯具回路配线：客室灯具的配线组合入各灯具中，各个灯具间再用连接器相连接。

其他回路配线：监控回路和有关显示器、关门装置、厕所的配线通过顶棚电线槽或固定在电线支架上。

拖车 T1c 的辅助电路图如图 2-16 所示。

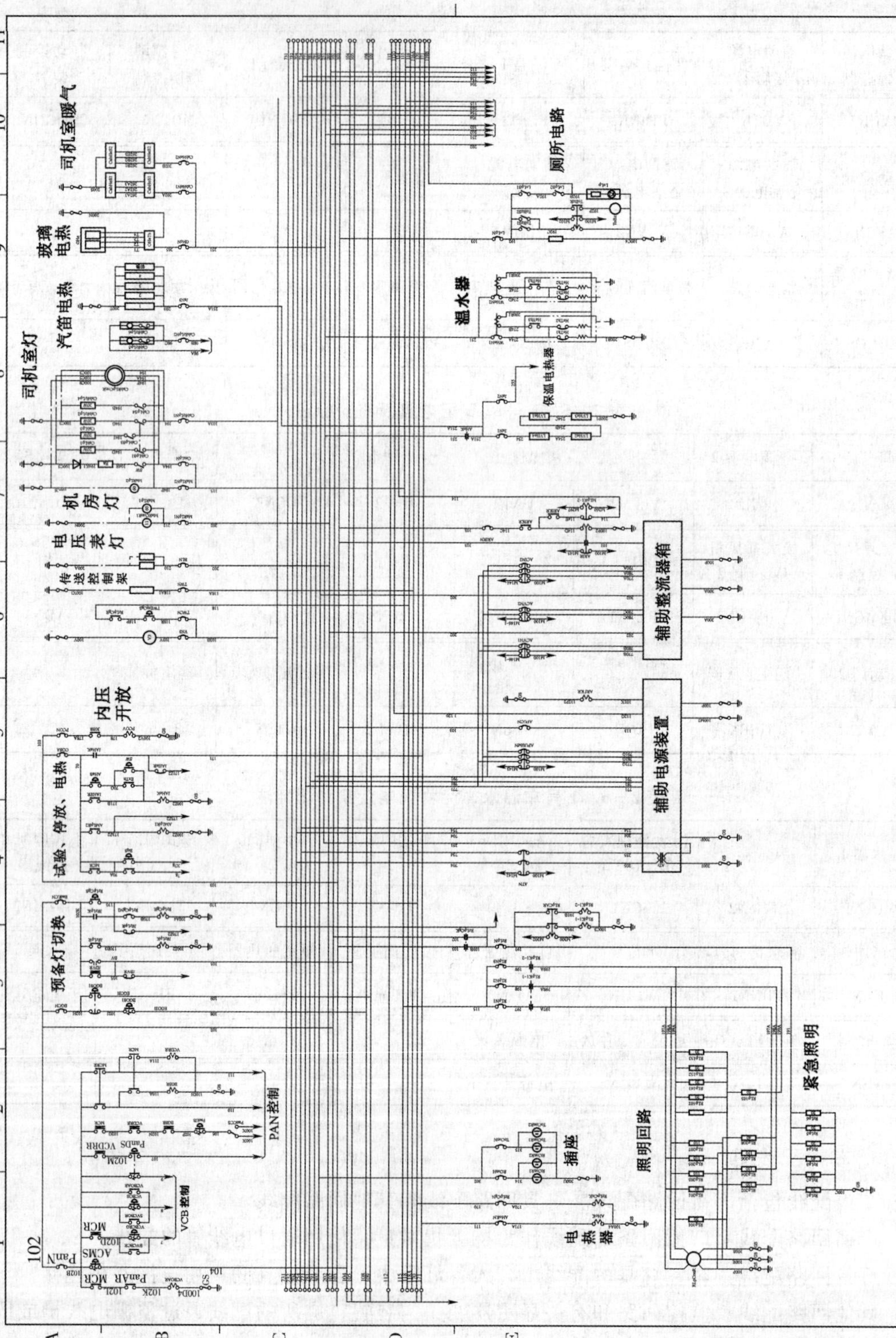

图 2-16　T1c 车辅助电路图

1）受电弓、真空断路器电路

电源为 102 线。

（1）小型压缩机

按下辅助空气压缩机启动开关 ACMS（弹簧自动复归，1 列，A 行），104 线得电。由于辅助空气压缩机侧的继电器自我锁定保持，把 ACMS 松开，即使 104 线断电，辅助空气压缩机仍继续动作。

（2）MCR 和 MCRR 的联锁

T1c 车主控制器继电器 MCR（3 列，B 行）以 3 线（从 103 线）为电源，以制动设定器手柄位置（运转—非常）及主控制器辅助继电器 MCRR NC 接点关闭的条件进行动作。

T1c 车、T2c 车的 MCR 及 MCRR 的联锁如图 2－17 所示。如果 T1c 车 MCR 动作，经由制动电路贯穿线，（3Y、3Z）T2c 车的主控制器辅助继电器 MCRR 动作，与 T2c 车的主控制器继电器 MCR 线圈串联的 MCRR 常闭接点断开，T2c 车 MCR 不动作。所以从 T2c 车 MCR 接点经由制动电路贯穿线，（3Y、3Z）T1c-1 车主控制器辅助继电器 MCR 得到加压的电路没有形成（参照制动电路连接）。

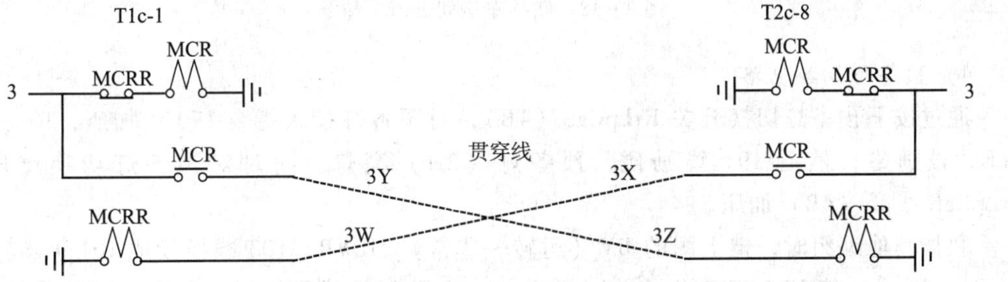

图 2－17　MCR 和 MCRR 的联锁

（3）主回路真空断路器 VCB 关闭指令

使用 VCB 投入开关 VCBCS（1 列，A 行）或列车网络控制系统发出过分相 VCB 关闭指令（SVCBCR），使得 7 线得电，VCB 闭合。

主回路真空断路器 VCB 断开指令：

使用 VCB 断开开关 VCBOS（2 列，A 行）、列车网络控制系统发出 VCB 断开指令输出或过分相 VCB 开指令（SVCBOR），使得 8 线得电，VCB 断开。

使用以监控器电路的输出指令进行动作的受电弓下降辅助继电器 PanDAR 关闭；在对 VCB 开放辅助继电器 VCBOAR 线圈（1 列，B 行）进行加压的同时，使用 VCBOAR 接点关闭也可以使得 8 线得电，VCB 断开。

2）保护接地电路

（1）保护接地开关 EGS 关闭指令

以保护接地投入开关 EGCS1 关闭，对 EGS 投入指令控制线 109 线（3 列，A、B 行）加压，使得保护接地开关 EGS 关闭。

（2）保护接地开关 EGS 开指令

以保护接地开放开关 EGOS1 关闭，对 EGS 断开指令控制线 108 线（3 列，A、B 行）

加压，使得保护接地开关 EGS 断开。

3）蓄电池接触器（BatK1）

以制动设定器 BV（运转—非常）断开对 BatK1 控制线 105 线进行加压，发出 BatK1 投入指令。

联挂其他编组时使用的连接如图 2－18 所示，使合并编组侧蓄电池控制分并用继电器 JBVR 动作。关闭 JBVR 的常开（NO）接点，从 102 线对 BatK1 控制 105 线进行加压，也能向联挂编组侧发出 BatK1 投入指令。

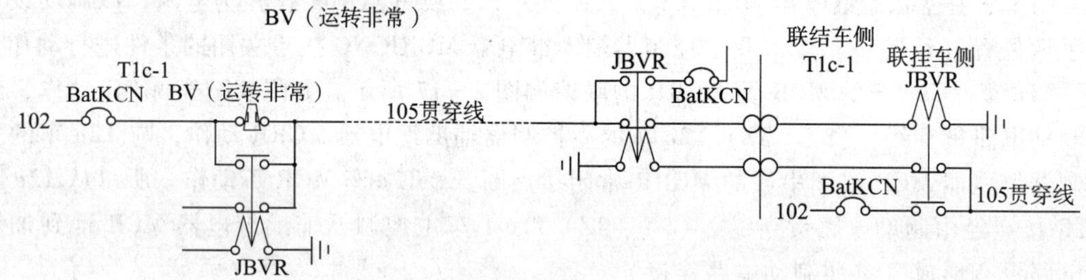

图 2－18　联挂车辆间 BatK1 指令

4）预备灯切换电路

通过按下预备灯切换开关 RrLpCgS（4B），对预备灯投入指令 170 线加压，RrLpCgK（1E）被励磁，然后 191 线励磁，预备灯（2H）亮灯。同时对预备灯切换继电器 RrLpCgR 线圈（4B）加压。

联挂其他编组时，把上图的 BV（运转—非常）、JBVR、103 线换读成 RrLpCgS、JRrLpR、170 线，使 JRrLpR 动作，关闭其接点，对 JRrLpK 线圈加压，也能从 102 线对预备灯投入指令 107 线加压，对联挂编组侧发出预备灯投入指令。

5）试验电路

按下空挡开关 SqS、X79 线加压（4 列，B 行）、空挡继电器动作，关闭其常开接点，在主控制器辅助继电器 MCR 关闭的条件下进行 79 线加压（4 列，B 行），向监控器发出空档指令。

按下车上试验开关（车上试验 SW，4 列，B 行），M601 线得到加压，把车上试验指令发给监控器。

6）停放指令电路

通过监控器输出、M280－M296 间得到加压，停放指令辅助继电器 AMLpR2 动作。

用 AMLpR2 的常开接点使 T1c 车 AMLpR1、T2c 车 AMLpR1 动作，把 AMLpR1 及 AMLpR2 的接点信号输入到监控器中央装置输入电路。

7）辅助电热器电路

在外部温度检测器 ExTh 关闭的条件下、按下辅助电热器用开关 AHeS（5 列，A、B 行）、电热器控制分并用接触器 JAHeK 线圈得到加压，用其常开接点（5 列，A、B 行）使辅助电热器控制指令 171 线得到加压。由此，AheK 得到励磁、辅助电热器投入。

如果联挂其他编组时、通过分别把上图的 BV 运行非常换读成 JAHeR、把 JBVR 换读成 JAHeR、把 105 线换读成 171 线，其他编组使 JAHeR 动作，关闭其接点，使 JAHeK 线圈加压，也能从 103 线对辅助电热器控制指令 171 线加压，向联挂编组侧发出辅助电热器控制指令。

8）车内压开放

当车辆速度超过 30 km/h、30SR 为非励磁、车内压开放电磁阀 PCOV（5 列，B 行）的励磁得到解开。

9）无线蓄电池控制

103B 线为 DC 100 V，平时从 103 线、非常时从 102 线得到供电。

连接有控制电路（DC 100 V）用电压表 V3（6 列，B 行）。预备灯切换继电器 RrLpCgR 的常开接点在关闭的条件下，按下列车无线用蓄电池切换开关 TWEMCgS，连接 103B 线和 118 线。

118 线得到加压后、在 T2c（8 号车）、TWEmCgK 得到励磁、从蓄电池 TWBat、118A 线得到供电。

10）传送控制架

从无线电源 118 A 线供电给传送控制架。

11）电压表灯

用 202 线（单相 100 V、50 Hz、单线接地）向电压表灯 EL1、EL2 供电。

12）机房灯

用 202 线（单相 100 V、50 Hz、单线接地）向机房灯 MaRLp1、机房插座 MaRConR1 供电。

从 115 线（服务机器电源 DC 100 V）使机房灯 MaRLp2 得到加压。此外，此电路连接到运转室灯外部电源插座CabRLpConR。

13）司机室灯电路

从 115 线（服务机器电源 DC 100 V）分别经由仪器灯 SW，连接压力计灯、经由运转室灯开关 CabLpS1 连接运转室灯 CabLp1、经由 CabLpS3 连接运转室灯 CabLp3。

通过操作各开关、能够使各灯亮灯。此外，此电路连接到运行室灯外部电源插座CabRLpConR。

从 103B 线（DC 100 V）分别经由运行室灯开关 CabLpS1 连接运行室台灯 CabRrLp2、经由 CabLpS4 连接台灯 CabRrLp4。

通过操作各开关、能够使各灯亮灯。此外，此电路连接到运行室灯外部电源插座 CabRLpConR（7、8 列，A、B 行）。

从来自刮雨器电源装置的 98A、98E 线向运行室台灯 CabRrLp5、CabLpS6 供电（8 列，B 行）。

14）汽笛电热器

从 251A 线（单相 100 V、50 Hz 保温电路、单线接地）汽笛电热器 1 ~ 4、分别向电气连接器 He 供电（9 列，B 行）。

15）热线玻璃电热器

从 251 线（单相 100 V、50 Hz 非稳定、单线接地）向一套玻璃电热器电路进行供电（9 列，B 行）。

16）司机室暖气

从 251 线（单相 100 V、50 Hz 非稳定、单线接地）向一套运行室电热器电路供电（10 列，B 行）。

17）辅助电热器电路

通过辅助电热器控制 171 线加压、辅助电热器用接触器 AHeK 动作（1 列，E、F 行）。

通过 AHeK 接点关闭、251A 线（8D）得到加压、在成为保温用电热器 LVHe1 ~ 4、抽水装置用电热器的电源（8 列，F 行）的同时、还成为汽笛电热器（9B）的电源。

18）预备灯切换接触器

通过预备灯切换指令 170 线加压、预备灯切换接触器 RrLpCgK 动作（1 列，E、F 行）。

由此、RrLpCgK 的接点（3E）关闭、119 线得到加压、预备灯（2H）亮灯。

19）插座电路

从 302 线、单相 220 V、50 Hz（单线接地）向列车室及卫生间插座电路供电（1、2 列，E 行）。

20）照明电路

列车室灯分（1、2 列，F、G 行）197、198 线 2 组，以及通过台灯、卫生间灯、厕所灯、走廊灯连接别的电路 199 线（包括臭氧发生器），非常灯（紧急灯）连接到电路 191 线。

连接电路监控器的室内灯灭灯指令线的 M302、M300 线之间的室内灯控制用辅助继电器 RLpCAR 线圈因平时没有加压，所以，室内灯用接触器 RLpK1、2 线圈没有加压，197、198、199 电路的列车室灯、通过台灯等亮灯。

在此 3 个电路的电源侧分别插入室内灯用断路器（3 列，E 行）、如果有必要，能够使电路分别断开。

预备灯电路 191 线平时从 103 线经由预备灯切换接触器 RrLpCgK 的常闭接点进行加压。非常时（紧急时）、在 T1c 车通过操作预备灯切换开关 RrLpCgS、预备灯指令 170 线得到加压、预备灯切换接触器 RrLpCgK 的线圈（1 列，E 行）得到加压、常闭接点断开、常开接点关闭，因此，预备灯电路 191 线切换成来自 102 线的加压。

另一方面，从监控器发出室内灯灭灯指令，连接 M302、M300 线间的室内灯控制用辅助继电器 RLpCAR 线圈得到加压、RLpK1 得到励磁。此常闭接点为断开，因此，上述 197、198、199 电路的列车室灯、通过台灯等就熄灭。

此外，此电路连接到外部电源插座 RLpConR。

21）辅助电源装置

电源从牵引变压器 MTr3 次绕组线经由交流电路接触器 ACK1，从 704、754 线获得单相、400 V、50 Hz 交流电。

771、781、791 线为辅助电源装置三相、400 V ± 40 V、50 Hz 输出（5 列，E、F 行）、贯穿 T1c－1、M2－2、M1－3、T2－4 编组的前半部分。通过变压器向 302、202 线分别提供单相 220 V、100 V 的恒电压。

771G、781G、791G 线为辅助电源装置冷却风扇驱动用电源、113 线为辅助电源装置控制电源。

251 线仅仅是使用辅助变压器 ATr、把牵引变压器 3 次绕组的非稳定电压变换成单相 100 V 的非稳定电源。

112G 线输出过分相检测信号。

22）辅助整流装置

辅助整流装置得到辅助电源装置的三相、400 V ± 40 V、50 Hz 输出，经过变换把 DC 100 V ± 10 V，往 103 线输出。

当电压确立（101 线加压）后、辅助整流器整流装置直流电源接触器用继电器 ArfKR、辅助整流器整流装置直流电源接触器 ArfK 动作、把 DC 100 V ± 10 V 向 103 线加压（6、7 列，E 行）。

进而，经由 ArfKR 常开接点、停放用继电器 MLpR 常闭接点对 BatK2 控制指令 114 线进行加压。

23）温水器

从 251 线经由温水器用断路器 WheN1，2 进行温水器加压，温水器通过热敏式控制进行动作、过度热时，通过温度传感器检测、使断路器跳闸（8、9 列，E 行）。

24）厕所电路

由 103 线向臭氧发生器、紧急传呼电路、厕所通知灯电路进行加压（9 列，E、F 行）。

2.3.2 车下配线一般原则

车下配线的一般原则如下：

① 控制系统电路使用光纤以达到连线的减少；

② 尽量分离主回路、MTr3 次回路配线和控制系统的配线以减轻干扰；

③ 在低压控制回路配线中，地板上的单线和地板上下的屏蔽线使用轻量化电线，以利于车辆的轻量化；

④ 地板下的配线设有电线槽，在 1－3 位侧和 2－4 位侧分别通过主回路、MTr3 次回路配线和控制回路配线。

2.4 CRH_3 型动车组配电系统

2.4.1 交流配电

交流配电如图 2－19 所示，车载辅助电源用于为辅助装置（例如，风扇、泵）和暖通设备（例如，空调、卫生设施）供电。每节 EC01 / EC08 和 IC03 / IC06 车上都装有牵引变流器。单辅助变流器装置（ACU）和双辅助变流器装置（D－ACU）的输入端连接至牵引变流器的中间电路。出现电源故障时，由于牵引电动机的发电机运行模式，可以通过中间牵引电路的电源继续提供车载电源。这在最低速度约为 50 km / h、分相段电源为 25 kV时仍可以实现。

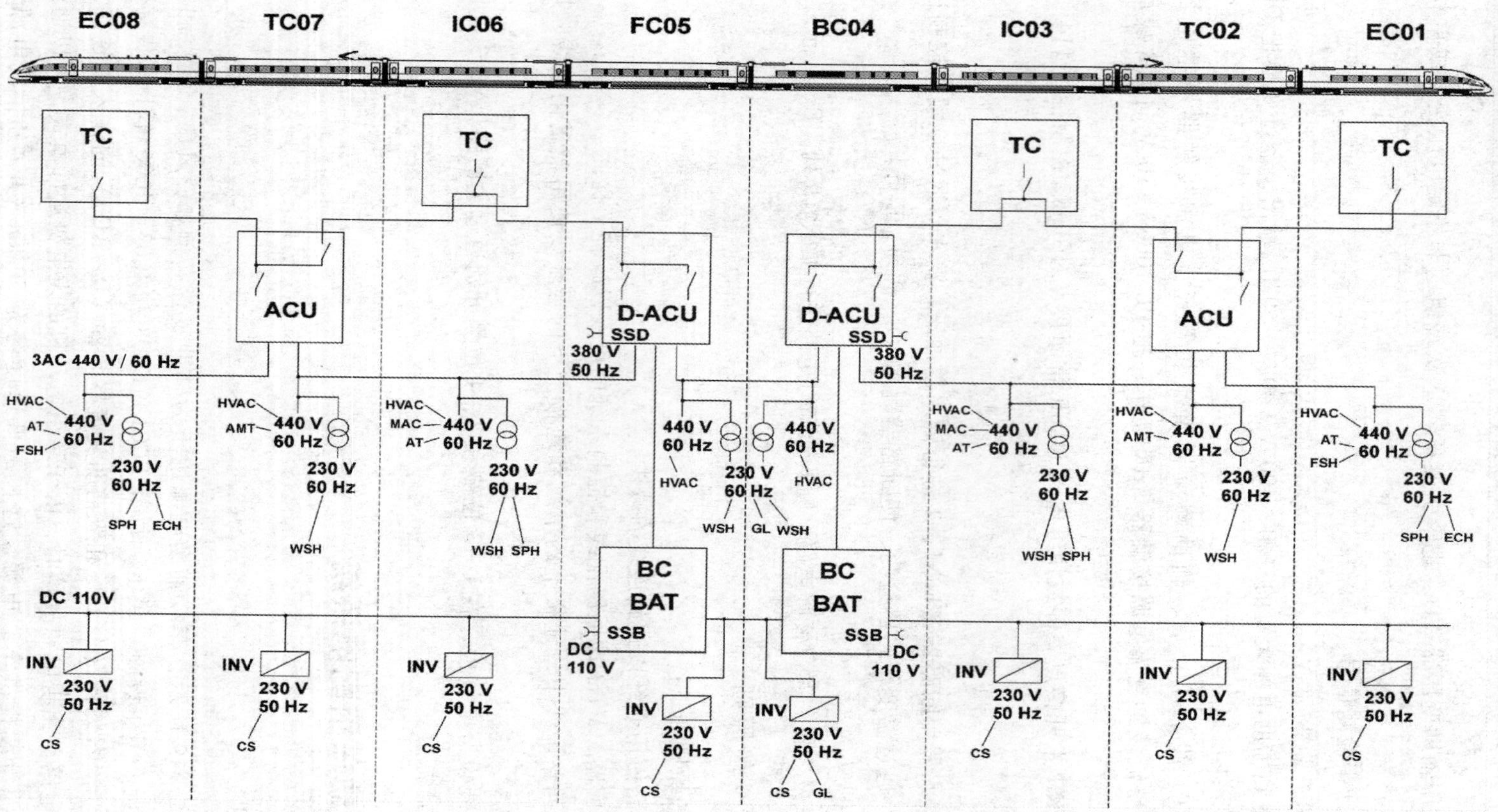

图2–19　车载电源框图

ACU—辅助变流器单元；GL—厨房负载；AMT—主变压器的辅助系统；HVAC—空调舱/司机室；AT—牵引装置辅助系统；INV—逆变器；BAT—蓄电池组；MAC—主空气压缩机；BC—电池充电器；SPH—砂管加热器；CS—清洁用插座；SSB—蓄电池箱的外部电源插座；D-ACU双辅助变流器装置；SSD—双辅助变流器装置的外部电源插座；ECH—自动车钩加热；TC—牵引变流器；FSH—前挡风玻璃加热；WSH—水系加热

每节 TC02/TC07 车中都有一个单辅助变流器装置，它们连接至每节 EC01 / EC08 车内的牵引变流器的中间电路。在 FC05 车和 BC04 车中，每节车都有一个双辅助变流器装置。它们连接至每节 IC03 / IC06 车内的牵引变流器的中间电路。每个牵引单元的双辅助变流器装置和单辅助变流器装置都连接至输入侧的耦合电缆，可为其余的牵引变流器的辅助变流器装置供电（两个牵引变流器的其中一个出现故障时）。

所有辅助变流器装置的输出端都为整个列车的母线同步提供 440 V、60 Hz、3 AC 的电源。正常操作中母线贯穿整个列车。母线出现故障时，通过断开辅助变流器装置的耦合接触器可隔离各段。辅助变流器装置通过 440 V、60 Hz、3 AC 母线全部实现同步。无需单独的同步线。

电池充电机和蓄电池安装在 FC05 车和 BC04 车内。电池充电机由 440 V、60 Hz 母线供电，它们为电池 DC 110 V 系统和连接至母线的其他负载供电。DC 110 V 系统贯穿整个列车。

每节车都配有逆变器，由 DC 110 V 电源母线供电，并为每节车提供 230 V、50 Hz、1 AC电源，例如，为旅客用插座供电。两节车之间的 230 V、50 Hz、1 AC 电源未连接。

230 V、60 Hz 单相交流母线为列车中的低输出热消耗装置供电，例如，用于砂管加热器。该电源由 440 V、60 Hz、3 AC 交流母线经过变压得到。

CRH3 型动车组的交流负载设备如表 2－7 所示。

表 2－7　交流负载设备

电　压	三相交流 440 V/60 Hz	230 V/60 Hz	230 V/50 Hz
负　载	客室空调	厨房一些的负载	交流插座
	驾驶室空调	水系统加热	
	主空气压缩机	撒沙管加热	
	主变压器的辅助系统	车钩加热	
	牵引变流器辅助系统		
	前风挡加热		
	辅助变流器冷却单元		
	充电机		

2.4.2　直流配电

直流配电原理如图 2－20 所示。

DC 110 V 供电分为 3 种：“BD” 母线供电，“BN1” 母线供电，“BN2” 母线供电。

“BD” 母线供电（持久供电）用于：

① 接通电池主接触器电源；

② 旅客信息系统的紧急操作；

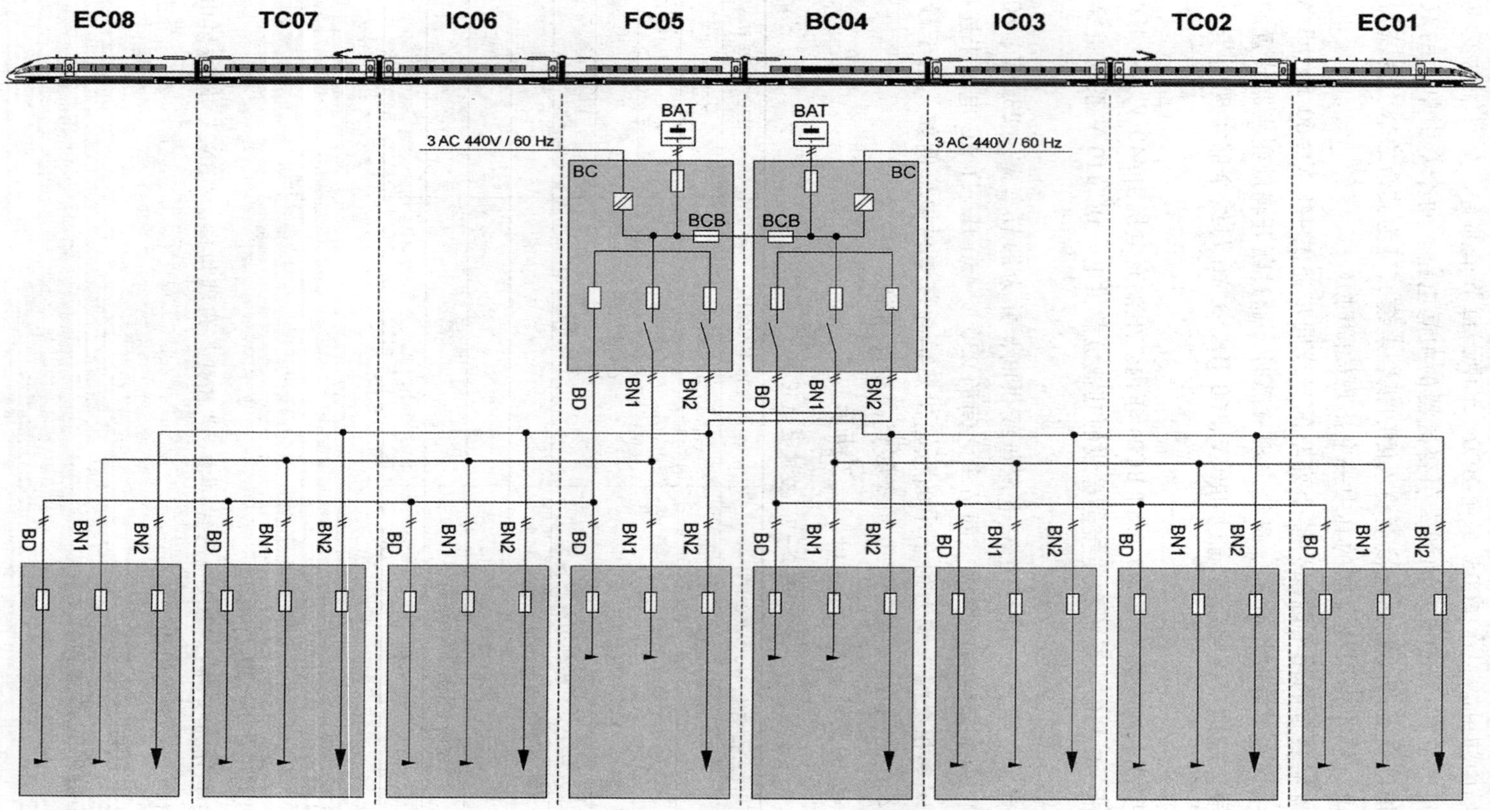

图 2-20　DC 110 V 分配框图

BAT—蓄电池；BD—直流电池母线；BC—电池充电机；BN1、BN2—普通电池母线；BCB—BCB 母线

③ 列车无线电紧急操作；

④ 应急照明。

“BN1”母线供电（通过主电池接触器接通）用于：

① 中央控制单元 CCU1；

② 主要照明；

③ 辅助变流器装置控制。

“BN2”母线供电（通过主电池接触器接通）用于：

① 中央控制单元 CCU2；

② 控制柜通风机。

直流母线由电池充电机（BC）与两个牵引单元的电池（BAT）供电，其供电分配如表 2-8 所示。

表 2-8　直流供电分配表

	牵引单元 1			牵引单元 2		
	BD	BN1	BN2	BD	BN1	BN2
BC04 车充电机	●	●				●
FC05 车充电机			●	●	●	

为了提高特定负载（例如，紧急照明、CCU、MMI 等）的可用性，“BN”母线分为母线 1 和母线 2（BN1、BN2）。因此，在每节 EC01 / EC08 车中，一个 CCU 由 BN1 母线供电，另一个 CCU 由 BN2 母线供电。

电池母线通过电池主接触器接通后，列车控制将加载（CCU、KLIP 站、MMI 和中继器），其他 110 V 负载在它们加载后接通。

如果一个牵引单元的充电机或电池发生故障，各电池母线可以由另一个牵引单元通过 BCB 母线供电。

CRH_3 型动车组的直流负载设备如表 2-9 所示。

表 2-9　直流负载设备

供电模式	BN1	BN2	BD
负　载	中央控制单元 CCU1	中央控制单元 CCU2	应急照明
	KLIP 站（冗余 1）	KLIP 站（冗余 2）	旅客信息系统
	MVB 转发器 - 电源线 A	MVB 转发器	驾驶员/乘务员 MMI
	牵引变流器控制 1	牵引变流器控制 2	紧急尾灯信号
	空调控制系统	紧急照明（组 2）	制动防滑保护
	控制柜通风机（左）	控制柜通风机（右）	列车无线通信
	前风挡加热控制		
	主照明、阅读灯、紧急照明（组 1）		
	司机室顶灯		
	辅助变流控制		
	充电机控制		
	车门控制		
	旅客信息系统显示器		

续表

供电模式	BN1	BN2	BD
负　载	卫生设备用水系统控制		
	撒砂管加热器控制、轮缘润滑		
	辅助空气压缩机控制		
	受电弓/主开关/控制		
	制动控制单元		
	列车控制系统		
	火警、厨房控制		
	驾驶室的显示器		
	列车广播		
	外部照明		

2.4.3 电气柜分布

CRH_3 型动车组车内电气柜的位置如图 2－21 所示，包括：车辆开关装置电气柜、旅客信息系统电气柜、车辆控制面板、暖通空调电气柜、运行控制系统电气柜、CTCS 电气柜。其中头车各 6 个、中间车各 4 个，共计 36 个。

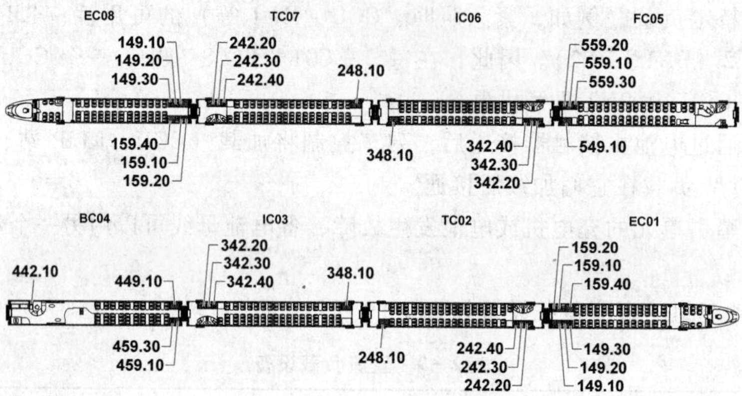

图 2－21　电气柜的位置

149.10、248.10、348.10、449.10、549.10—车辆开关装置电气柜；149.20、242.20、342.20、442.10、559.20—旅客信息系统电气柜；149.30、242.40、342.40、459.30、559.30—车辆控制面板；159.10、242.30、342.30、459.10、559.10—暖通空调电气柜；159.20—运行控制系统电气柜；159.40—CTCS 电气柜

2.5 CRH_5 型动车组配电系统

2.5.1 配线电路

CRH_5 型动车组配线电路图符合 IEC 60617 标准，分为高压系统、高压辅助系统、中

压系统、交流插座配线、低压系统、24 V 插座配线、网络 TCMS 配线、警惕装置、能量计、信号系统、车载电话系统、牵引系统、制动系统、防滑系统、空气压缩机、客室空调、司机室空调、外部照明、内部照明、司机室和司机台照明、外部门、后视系统、风笛、自动车钩、撒砂系统、轮缘润滑、卫生间、饮水机、旅客信息系统、热轴系统、烟火报警系统、连接器和端子板、转向架传感器、二极管板、继电器板等。

电路图中标示电路名称、设备缩写、配线车号、元器件、配线号等，如图 2－22 所示。

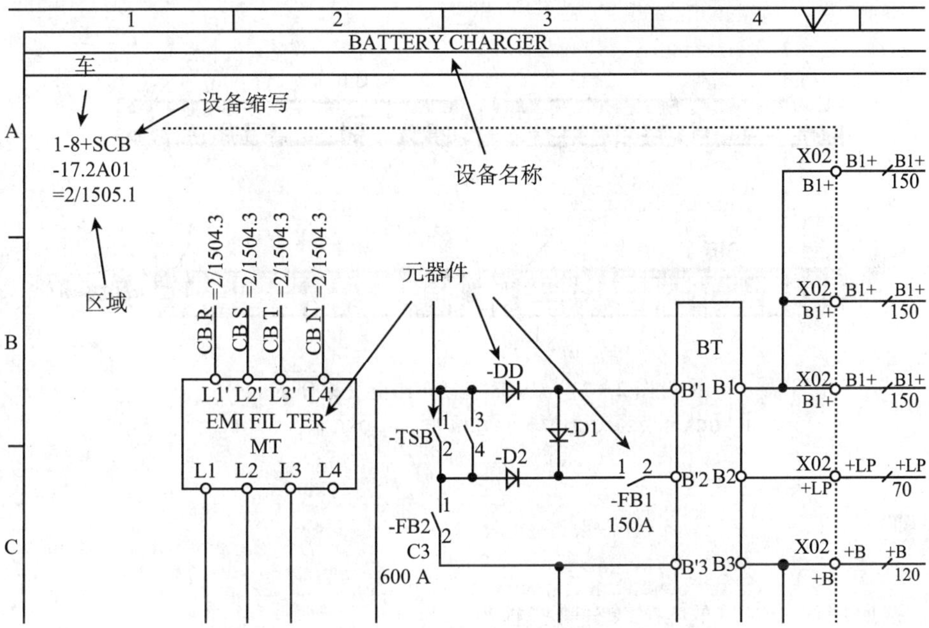

图 2－22　CRH5 型动车组配线电路图示例

2.5.2 电气柜分布

CRH5 型动车组每节车上均配有不同类型的电气柜和电子柜：所有车中均配置中压/低压电气（QEL）柜和电子设备机架（QRK）柜，MC1/MC2 车配司机室控制设备（QCA）柜、报警与信号设备（QRS）柜和（QRR）柜，TPB 车配厨房设备控制（QKC）柜和列车长室（QEK）柜。

动车组中电气柜的位置如图 2－23 所示。

其中，电子设备机架柜（QRK）中安置旅客信息管理系统（PIS）的 LCD 机架和扩音器机架、指令架、主处理单元（MPU）的牵引控制单元、防噪声系统、输入输出（I/O）箱和网关。

QRR 和 QRS 柜中放置 TAX2、LKJ2000、DC/DC 变流器、用于 CTCS 和 CIR 控制通信的 GSMR、网关、车载主机、主处理单元（MPU）的牵引和辅助控制单元、GFX3 设备、CTCS 柜、气动面板。

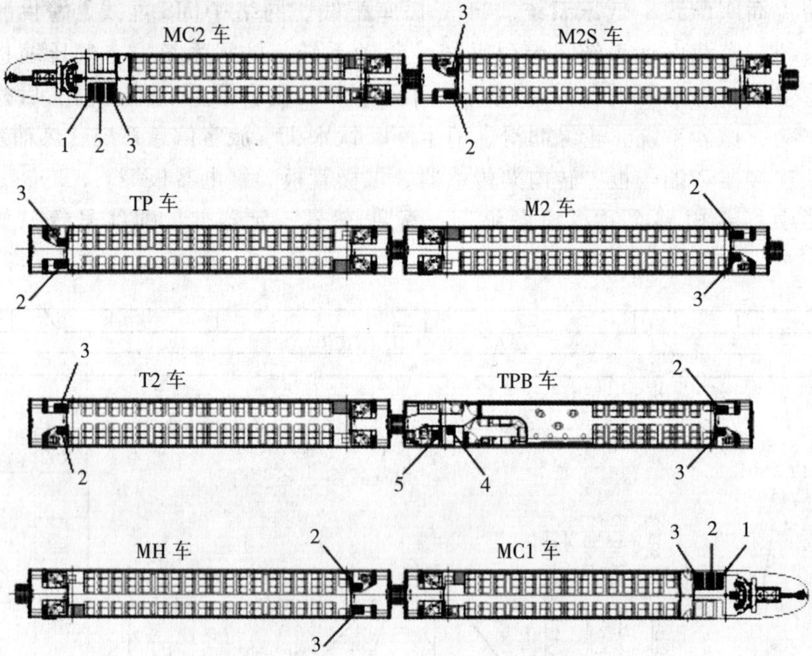

图 2-23　CRH5 型动车组电气柜分布

1—QCA 柜；2—QEL 柜；3—QRK 柜；4—QKC 柜；5—QEC 柜

思考题

1. 按照用途分类，车体配线有哪些种类？
2. CRH_1 型动车组配线有何特点？
3. CRH_2 型动车组配电系统线号如何分配？
4. 简述 CRH_3 型动车组的交流配电系统与直流配电系统。

第3章　辅助供电系统

辅助供电系统为动车组上除牵引动力系统之外的所有用电设备提供电力，是动车组技术的重要组成部分，国内外各型动车组的辅助供电系统各有特色。本章详细介绍动车组辅助供电系统的构成、功能和工作原理及 CRH_1 型动车组、CRH_2 型动车组、CRH_3 型动车组、CRH_5 型动车组辅助供电系统的工作原理和常见故障及检修。

3.1　辅助供电系统构成与功能

3.1.1　概述

随着动车组技术的发展和运输质量要求的提高，辅助供电系统的结构形式也逐渐多样化，总的来讲：功能逐渐增加，技术指标及可靠性的要求也越来越高。辅助供电系统具有以下特点。

① 辅助供电系统的供电母线在动车组全列车贯通。

② 辅助供电系统的负载种类多，需要提供的电源规格多，布线复杂。

③ 辅助变流器向轻量化、小体积发展，近年均采用 IGBT 元件和高频电力电子技术来提高效率和可靠性。

1. 辅助供电系统的构成

辅助供电系统的结构根据负载需要的电源规模来决定，动车组的辅助供电系统一般由辅助变流器、蓄电池、充电机等组成。辅助供电系统采用干线供电方式，为动车组上除牵引动力系统之外的所有用电设备供电。辅助变流器由输入滤波器、斩波器、逆变器、输出滤波器和控制单元组成，一般和牵引变流器安装在一个机箱中。蓄电池和充电机提供不停电的应急电源。

2. 辅助供电系统的功能

动车组是电力牵引列车，电力均来自 AC 25 kV 牵引供电电网，经受电弓进入牵引变压器原边绕组，再由牵引变压器的次级绕组或主变流器的直流环节进入辅助变流器。辅助供电系统为空气压缩机、冷却通风机、油泵/水泵电机、空气调节系统、采暖、照明、旅客信息系统、控制、广播、列车无线等设备提供电源，这就要求辅助供电系统具有包括三相 AC 380 V 母线、AC 220 V 母线、DC 110 V 母线等输出。

3.1.2　辅助供电系统工作原理

供电电网 AC 25 kV 的高压电输入牵引变压器。经过降压输入辅助变流器，从辅助变流器输出各类母线为动车组的各设备供电。根据工作原理可以将辅助供电系统分为两类：牵引变压器辅助供电绕组供电模式和牵引变流器直流环节辅助供电模式。下面对这两种类型的辅助供电系统工作原理分别加以说明。

1. 牵引变压器辅助供电绕组供电模式

在这类辅助供电系统中，由牵引变压器的辅助供电绕组提供电源，具有代表性的为 CRH_2 型动车组。在 CRH_2 型动车组中，辅助供电系统由牵引变压器 3 次绕组的 AC 400 V 提供电源，AC 25 kV 的高压电输入牵引变压器，经过降压变成 AC 400 V，再输入辅助电源装置，经过处理后，从辅助电源装置输出 5 路电源，为列车的各设备供电。CRH_2 型动车组辅助供电系统工作原理示意图如图 3－1 所示。

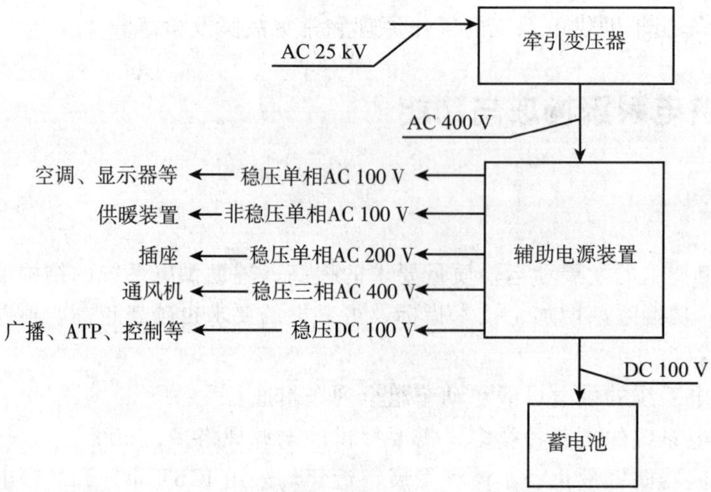

图 3－1　CRH_2 型动车组辅助供电系统工作原理示意图

2. 牵引变流器直流环节辅助供电模式

在这类辅助供电系统中，由牵引变流器直流环节提供电源，具有代表性的有 CRH_1 型动车组、CRH_3 型动车组、CRH_5 型动车组。在 CRH_1 型动车组中，AC 25 kV 高压电经牵引变压器降压后输入牵引变流器，辅助供电系统由牵引变流器的直流环节 DC 1 650 V 电压供电，经过处理后得到三相 AC 380 V 和 DC 110 V 两路电源，为列车的各设备供电。CRH_1 型动车组辅助供电系统工作原理示意图如图 3－2 所示。

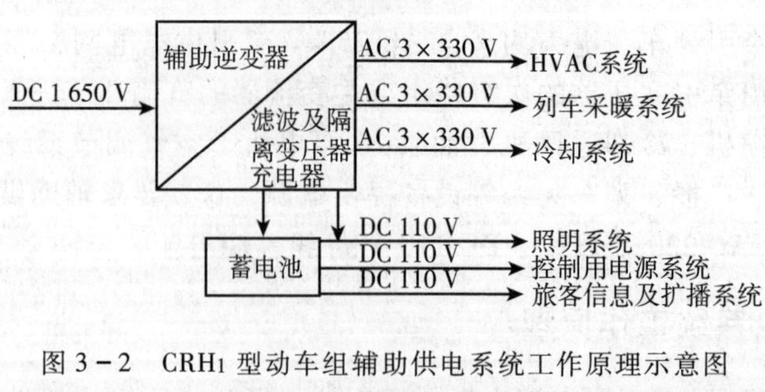

图 3－2　CRH_1 型动车组辅助供电系统工作原理示意图

在 CRH5 型动车组中，AC 25 kV 高压电经牵引变压器降压后输入牵引变流器，辅助供电系统由牵引变流器上的 DC 3 600 V 中间直流环节电压供电，经过处理后得到三相 AC 380 V，向所有三相负载提供电源，如空调系统、牵引系统通风和空气压缩机等。CRH5 型动车组辅助供电系统工作原理示意图如图 3-3 所示。

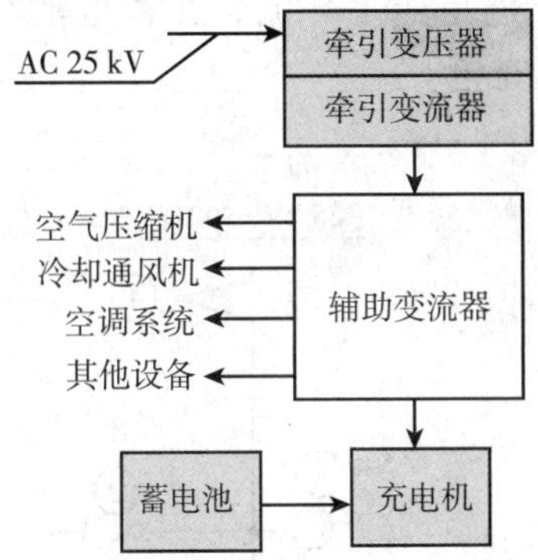

图 3-3　CRH5 型动车组辅助供电系统工作原理示意图

3.2　CRH1 型动车组辅助供电系统

3.2.1　概述

CRH1 型动车组编组形式如图 1-1 所示，由 8 辆车组成，其中 5 辆动车 3 辆拖车，组成 3 个列车单元，每个列车单元都有其完整的 380 V 交流辅助供电和 110 V 蓄电池供电。

在动车下分别设置一套辅助电源装置，CRH1 型动车组辅助供电系统工作原理如图 3-4所示。AC 25 kV 高压电经设置在拖车上的牵引变压器降压后输入相邻动车牵引变流器的网侧变流器单元（LCM）9，辅助变流器 11 由网侧变流器单元（LCM）9 输出的直流环节 DC 1 650 V 电压供电，经过处理后得到三相 AC 380 V 和 DC 110 V 两路电源，为列车的采暖、HVAC、变流器和变压器的冷却、空气压缩机、照明、控制、广播、列车无线等设备提供电源。

在每一个 Mc 和 M 车上设有一个辅助逆变器和滤波装置，滤波器将逆变器输出中的谐波成分滤除，辅助逆变器输出通过隔离变压器和接触器同三相列车供电母线相连接。辅助供电系统的故障状态和冗余措施的控制可以通过列车控制网络系统（TCMS）进行监视和控制。列车过分相的短暂过程中，辅助系统可不断电维持正常运行。辅助系统各负载也可以从外部三相电源输入获取，外接供电时采用 3 × 380 V/50 Hz 地面电源。设置相位旋转保护装置以保护辅助电机，避免其以错误的方向运转。即使蓄电池完全放电，外接电源也可以启动蓄电池充电功能。当外接三相电源同三相母线连接后，同三相电源连接的辅助逆变器立即断开。外接电源插座的位置为每个基本单元车组中的拖车每侧一个。向安装在底架上的设备供电的主要配电系统和配电盘设在底架内的配电箱内。车内设备的配电盘应置于地板面以上（在车的两端）。司机室设备的配电盘置于司机室内。每一个基本单元车组应有两个充电机和两组蓄电池。两个充电机和两组蓄电池应同蓄电池母线相连。充电机和蓄电池设置于动力车（Mc 和 M）内。蓄电池充电机将辅助电源三相电压转化为 DC 110 V 电压。蓄电池电压通过 DC 110 V 母线传输，母线同充电机和蓄电池相连，避免产生环流，在蓄电池与母线连线上设有一个功率二极管，从而避免通过母线向其充电。

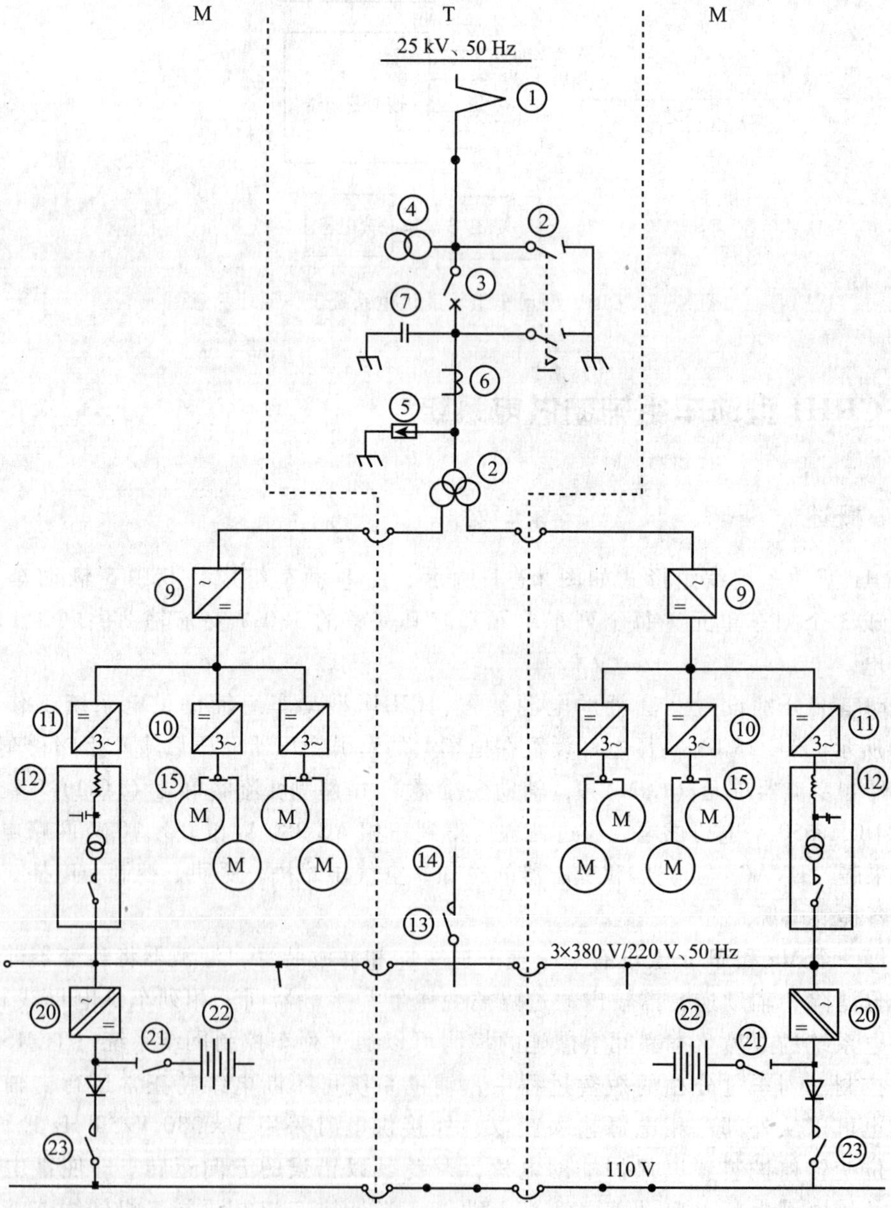

图 3-4　CRH1 型动车组辅助供电系统工作原理

3.2.2 技术指标

辅助逆变器的任务是输出三相电 3 ×220/380 V、50 Hz，并将其供给到列车上所有的交流负载。辅助逆变器的主要负载如下。

- 列车采暖
- HVAC
- 变流器和变压器的冷却
- 蓄电池充电机

辅助逆变器的技术指标如下。

- 输出电压 3 ×220/380 V， ±5%
- 输出电压中谐波的最大含量 10%
- 频率 50 Hz， ±1.0%
- 一个逆变器的最大输出功率 147 kW，cos φ =0.88
- 总体尺寸（高/长/深） 350/410/810 mm
- 重量 90 kg

3.2.3 工作原理

1. AC 380 V 辅助供电系统

AC 380 V 辅助供电系统的工作原理如图 3－5 所示。辅助逆变器单元（ACM）同网侧变流器单元（LCM）的输出直流环节 DC 1 650 V 连接，它的任务是将输入的 DC 1 650 V 通过逆变得到 3 ×220/380 V、50 Hz 三相交流输出。ACM 为三相两电平 IGBT 逆变器，产

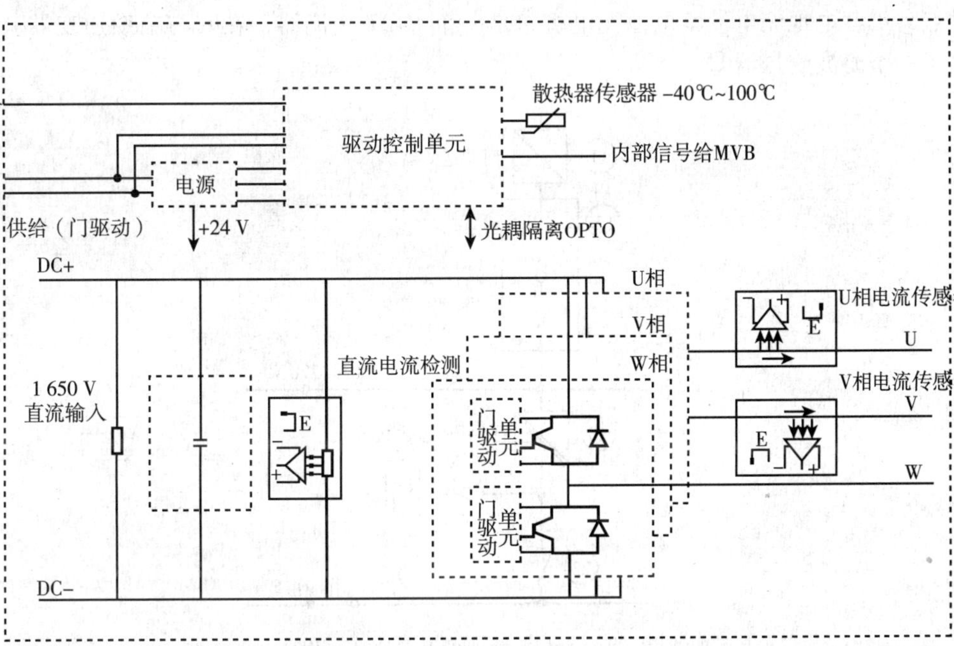

图 3－5 AC 380 V 辅助供电系统的工作原理示意图

生所需要的三相输出电压。包括滤波器电容、门驱动单元（GDU）、电压和电流传感器及控制单元等。三相输出滤波器包括一个三相电抗器和一个三相电容器，可将辅助逆变器产生的谐波成分过滤掉。三相隔离变压器将辅助电源和用电设备隔离。在 ACM 中设有一个电源装置，为控制单元、GDU 及电压和电流传感器供电。GDU 的主要任务是开关IGBT。当电源出现故障或 IGBT 出现短路/过流时，GDU 可将 IGBT 断开。GDU 还可检测其自身的电源。控制器通过光纤向 GDU 传输信号，使系统具有较高的抗电气干扰能力。ACM 采用空间矢量调制法控制。为了在启动和接上较大负载时达到最好的控制效果，应采用恒定的电压—频率比控制，直到达到额定电压为止。辅助电源三相电压的幅值通过检测相电压实际值进行反馈控制。

ACM 采用基于微处理器的控制单元。辅助逆变器单元同牵引变流器一起，安装在同一个机箱内。变压器和滤波器箱内有隔离变压器、滤波器、主接触器和系统接地等。辅助逆变器、滤波器和变压器的冷却系统同牵引变流器的冷却系统合为一体。辅助供电系统具有完善的故障诊断和保护功能。出现故障时，辅助逆变器接触器能够将辅助逆变器断开。每个三相电源系统都高电阻接地。这种连接都在每个三相辅助系统的“0 V”和车体之间。该连接置于每个基本单元车组的拖车内。如果出现一处接地故障，应不影响辅助系统供电。设一个控制继电器，监控辅助系统和车体之间的电阻。三相母线设置接地开关，接地开关包含在基本联锁系统中。

2. DC 110 V 辅助供电系统

DC 110 V 辅助供电系统工作原理示意图如图 3－6 所示，充电机⑳和蓄电池㉒设置于动力车（Mc 和 M）内。蓄电池充电机⑳将辅助逆变器⑪输出的三相 AC 380 V 电压转化为 DC 110 V 电压后，一路通过直流触点㉓向列车 DC 110 V 母线供电，另一路通过蓄电池触点㉑给蓄电池充电。蓄电池充电机⑳是一个 IGBT 变流器，在其与辅助逆变器⑪之间设置了一个滤波变压器⑫。

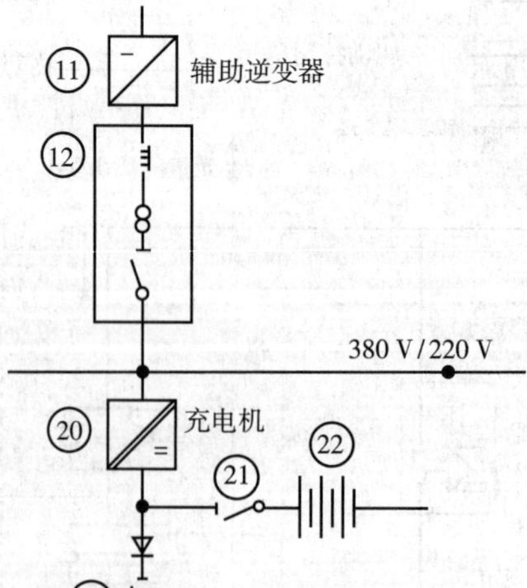

图 3－6　DC 110 V 辅助供电系统的工作原理示意图

3. 辅助负荷启动顺序

五个 ACM 在启动过程中，辅助负荷必须延时顺序启动，以降低系统担负的启动电流。多数负荷可通过功能简化的车辆计算机控制。负荷以下列顺序激活。

- 0 s　一个 BCM（Mc1 车）、水箱加热器、水冷器、污物箱加热器、变流器模块、变压器冷却。
- 2 s　+ 1 BCM（M1 车），3 个空压机、排水管。
- 4 s　+ 1 BCM（M3 车），一个司机室 HVAC（Mc1 车）。
- 6 s　+ 1 BCM（M2 车），1 HVAC（Mc2）司机室。
- 8 s　+ 1 BCM（Mc2 车）。
- 10 s　+ 1 HVAC 客室（Mc1 车）。
- 12 s　+ 1 HVAC 客室（Tp1 车）;
- 14 s　+ 1 HVAC 客室（M1 车）;
- 16 s　+ 1 HVAC 客室（M3 车）;
- 18 s　+ 1 HVAC 客室（Tb 车）;
- 20 s　+ 1 HVAC 客室（M2 车）;
- 22 s　+ 1 HVAC 客室（Tp2 车）;
- 24 s　+ 1 HVAC 客室（Mc2 车）。

除了蓄电池充电机模块（BCM）以外，其他的负载都应通过车辆计算机单元激活。

3.2.4　检修

CRH_1 型动车组以分阶段定期维修为基础，根据时间或走行里程实行不同等级的维护及检修。CRH_1 型动车组辅助供电系统各部件的检修计划如表 3 - 1 所示。

表 3 - 1　CRH_1 型动车组辅助供电系统各部件检修计划

分类	工作	客户标志	识别	设备名称	车间	定期维修间隔	定期维修单位
辅助供电系统	改造电池		5. 4. 00003	控制单元（DCC 2380 A）	C	84	m
	检验接触器		5. 4. 00036	接触器 tv dist，LTHH40 型	T	12	m
	检验接触器	DPTK/PT	5. 4. 00038	列车加热接触器	T	12	m
	重新载入程序		5. 4. 00003	控制单元（DCC 2380 A）	T	240	m
	重新载入程序		5. 4. 00005	门控单元（DYTP131A）1650 V	T	240	m
	检查和清洗		5. 4. 00001	辅助电源模块	C	84	m
	检查和清洗部件	TK	5. 4. DISMOD	分布模块	T	12	m
	更换电池后改造		5. 4. 00003	控制单元（DCC 2380 A）	T	84	m

续表

分类	工作	客户标志	识别	设备名称	车间	定期维修间隔	定期维修单位
电池系统	改造		5.3.00013	电势电容器	C	120	m
	可编程只读存储器改造		5.3.00017	指令板，DCC 2290 A 控制单元	CG	120	m
	轴承改造		5.3.00023	风扇 3×400 V、250 l/s（BCM）	C	54	m
	改造		5.3.00025	电池过滤器电容器 6.8 mF	T	120	m
	垫圈更换		5.3.00029	开口，电池充电机	T	120	m
	垫圈更换	TK/DPTK	5.3.50004	电池盒	T	120	m
	检查接触表面	TK/DPTK	5.3.00009	电池接触器 1，EH 260－30－21	T	125 000	km
	检查接触表面		5.3.00160	电池接触器	T	125 000	km
	检查	TK/DPTK	5.3.50004	电池盒	T	60	m
	检查水位（自动充入）		5.3.50005	包括电池的电池充电机	T	125 000	km
	检查	TK/DPTK	5.3.00004	电池总线二极管	T	24	m
	检查	TK/DPTK	5.3.50004	电池盒	T	12	m
	检查和清洗		5.3.00010	电池充电机	T	12	m
	检查电缆和电气部件		5.3.00010	电池充电机	T	60	m
	修理电池组电池		5.3.50005	包括电池的电池充电机	C	60	m
	更换		5.3.00012	电容器单元，4×4，5 mF，450 V	T	120	m
	更换		5.3.00017	指令板，DCC 2290 A 控制单元	T	120	
	更换后进行大修/修理		5.3.00023	风扇 3×400 V、250 l/s（BCM）	T	54	m
	更换		5.3.00029	开口，电池充电机	T	120	m

3.3 CRH2 型动车组辅助供电系统

3.3.1 概述

CRH2 型动车组编组形式如图 1－2 所示，在 1 号、8 号车分别设置一套辅助电源装置（APU），为空气压缩机、照明、控制、广播、列车无线等设备提供电源，在 2、4、6 号车上分别设有一个蓄电池箱。

CRH2 型动车组辅助供电系统由牵引变压器 3 次辅助绕组提供电源，采用干线供电方式，按各电源系统贯穿全列车。和牵引变压器 3 次线圈直接连接的系统中，连接有空调装置、换气装置以及 ATP 主控电源。辅助电源装置（APU）的输入为 400 V，该设备作为电源向以下 5 个系统提供电源。

- 非稳定单相 AC 100 V 系统。
- 稳定单相 AC 100 V 系统。
- 稳定单相 AC 220 V 系统。

• 稳定三相 AC 400 V 系统。

• 稳定 DC 100 V 系统。

辅助供电系统如图 3－7 所示，非稳压单相 AC 100 V 系统，由辅助变压器（ATr）仅将牵引变压器辅助绕组的 AC 400 V 电压直接降压至 AC 100 V，向热水器的加热器等容许电压变动的负荷供电。稳压 AC 100 V、AC 220 V 系统和稳压 DC 100 V 系统，使用辅助电源装置与 AC 400 V 实现隔离，并且降压和稳压。稳压三相 AC 400 V 与牵引系统相关的辅助设备（牵引变压器、牵引变流器、牵引电机用各送风机等）连接。稳压DC 100 V系统向车辆的控制电源、车厢照明、蓄电池等供电。

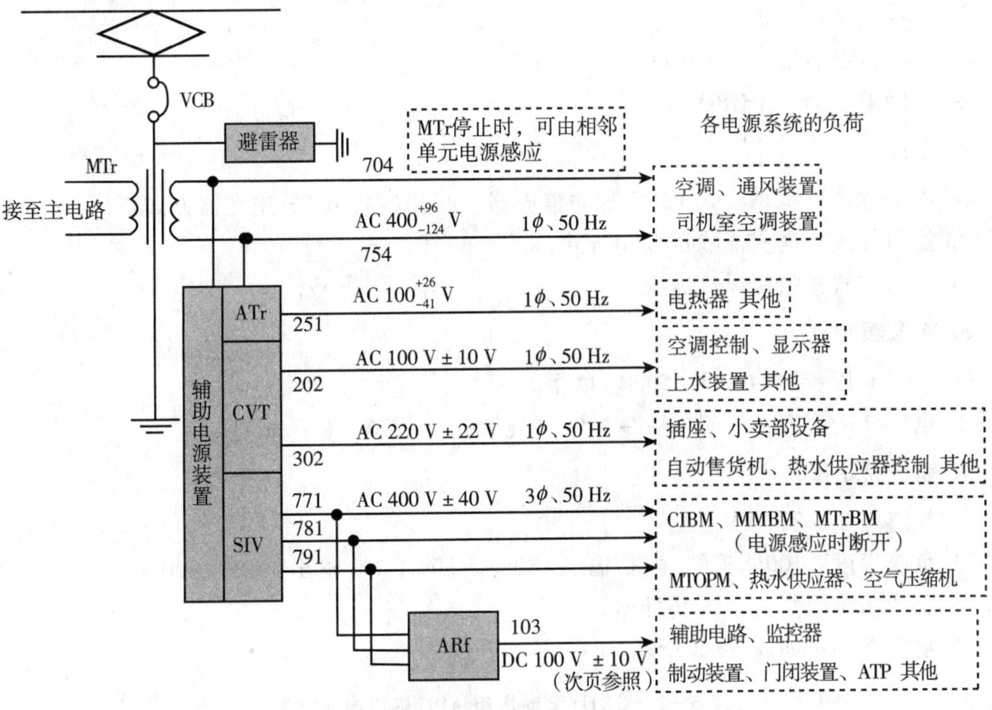

图 3－7 CRH2 型动车组辅助供电系统图

辅助供电系统采用如下方案进行冗余设计。

(1) 牵引变压器辅助绕组扩展供电

动车组 M2－2、M2－6 号车分别安装一台牵引变压器。正常情况下，每台牵引变压器的辅助绕组输出的单相 AC 400 V/50 Hz 电源分别供电给 4 辆车，2 号车牵引变压器的辅助绕组供电给 1、2、3、4 号车，6 号车牵引变压器的辅助绕组供电给 5、6、7、8 号车。当一台牵引变压器故障时，另一台牵引变压器的辅助绕组能够通过电路的切换向整列车供电。此时，受牵引电压器辅助绕组容量的限制，空调装置功率减半运行。

(2) 辅助电源装置扩展供电

动车组 T1c－1、T2c－8 号车上分别安装一台辅助电源装置。正常情况下，每台辅助电源装置输出的三相 AC 400 V/50 Hz 电源分别供电给 4 辆车，1 号车的辅助电源装置供电给 1、2、3、4 号车，8 号车的辅助电源装置供电给 5、6、7、8 号车。当一台辅助电源装置发生故障时，另一台辅助电源装置能够通过电路的切换向整列车供电。辅助电源装置的输出容量能够向整列车供电，当一台辅助电源装置故障时无须减少负载功率。

辅助系统设有完善的安全接地措施以及自诊断功能和故障保护功能。在列车信息控制系统和辅助电源装置之间设置自诊断功能接口，由列车信息控制系统实施。

动车组车外车体侧面装有连接外部电源的插座（AC 400 V、单相、50 Hz），M2 车（2 号车及 6 号车）上各有一处。车辆检修基地设置有外部电源，可供辅助电路的工作。

3.3.2 技术指标

1. 形式

① 辅助电源装置：APUBOX；

② 辅助整流器：ARfBOX。

2. 方式

① 电路方式：单相桥式 IGBT 脉冲整流器 + 三相桥式 IGBT 逆变器方式。

② 控制方式：逆变器稳压控制方式。

③ 冷却方式：强制风冷方式。

3. 输入额定值

① 额定电压：AC 400 V/50 Hz 单相。

② 电压变动范围：+24% ~ −31%（连续），−37%（10 min）。

4. 输出额定值

① 额定容量：227 kV·A；

② 负载程度：100% 连续，AC 输出 180%、10 s，DC 输出 120%、20 s。

③ 负载功率因数：85%（延迟）。

④ 输出类别：如表 3−2 所示。

表 3−2 CRH2 型动车组 APU 输出电压种类

类别	交流 3 相	交流单相		直流（辅助整流器箱）	内置 ATr（不稳定）输出
额定电压	AC 400 V	AC 100 V	AC 220 V	DC 100 V	AC 100 V
额定输出	123 kV·A	12 kV·A	12 kV·A	58 kW	22 kV·A
电压精度	+10% ~ −10%	同左	同左	+10% ~ −10%	+26% ~ −41%
频率	50 Hz ±0.5 Hz	同左	同左	—	50 Hz
失真率	5% 以下	—	—	—	—
AC 输出电压瞬间变动（ATr 除外）	+5%、−5%（AC 400 V 输出）（输入电压 AC 400 V，负载变动在 70% ~100%）				
电压瞬间变动时的稳定时间	1 个循环（20 ms）以下				
其他	效率在 90% 以上				

注：输入电压 −37% 时，ATr 电压精度为 −41%。

5. 使用条件

1）环境温度：-25℃ ~ +40℃（外界温度）；

2）控制电源：

① 额定电压：DC 100 V；

② 电压变动范围：DC 70 ~ 110 V；

③ 所需容量：0.6 kW，起动时 1.6 kW、10 ms。

6. 耐电压

① 主电路输入：AC 1 800 V（额定电压：AC 400 V）；

② AC 400 V 输出：AC 1 800 V（额定电压：AC 400 V）；

③ AC 220 V 输出：AC 1 500 V（额定电压：AC 220 V）；

④ AC 100 V 输出：AC 1 200 V（额定电压：AC 100 V）；

⑤ DC 100 V 输出：AC 1 200 V（额定电压：DC 100 V）；

⑥ 控制电路：AC 1 200 V（额定电压：DC 100 V）。

7. 技术特点

① 冗余性。辅助电源装置在一个动车组编组中共有两台，在一台发生故障的情况下，使用余下的一台能够提供编组全部负载容量。

② 采用单相脉冲整流器 + 中间直流环节 + 二点式脉冲逆变器的电路结构。

③ 整流环节采用 IGBT 高频单相脉冲整流器，实现了隔离变压器的小型化、轻量化及低噪声。

④ 通过瞬时波形控制方式，实现了 AC 输出电压的低畸变率，对输入波动和负载的变化实现了实时控制，此为三菱电机别具特色的三相独立波形瞬时控制方法。

⑤ 逆变环节采用 IGBT 高频三相 PWM 逆变器，通过高频率开关实现变压器、电抗器的小型化、轻量化及低噪声。

⑥ 控制电路采用 16 位 CPU 高性能控制，具有故障实时控制功能。另外，与车辆信息控制装置的数据通信（I/F 方式），能够在线进行故障诊断和实时处理，也极大的提高了检修效率。

⑦ 发生故障时记录参数及波形，可以读出故障数据。

3.3.3 工作原理

本辅助电源装置（APU）向辅助电路、蓄电池、荧光灯等供电；输出 DC 100 V 向插座、服务设备等供电；输出 AC 100 V 和 AC 220 V；向牵引系统的相关通风机输出三相 AC 400 V 的电源装置，安装在车体地板下侧。其内还设有向电热器等供电的 AC 100 V 电源用辅助变压器（ATr）。每列车设置两台辅助电源装置，分别向 4 辆车提供辅助电源。当一台辅助电源装置发生故障时，可通过另一台辅助电源装置向全列车提供辅助电源。

1. 辅助电源装置（APU）工作原理

辅助电源由辅助电源装置（APU）和辅助整流器（ARf）两个装置组成，辅助电源的功能方块图如图 3-8 所示，图中上方虚线框内是辅助电源装置的功能方块图，下方虚线框内是辅助整流器的功能方块图。

1）牵引变压器

牵引变压器将架线电压 25 kV 变换成辅助电源装置的输入电压 AC 400 V，同时也担负辅助电源装置对架线的绝缘作用。

2）输入滤波回路

输入滤波回路是降低从架线流入到脉冲整流器/逆变器上的高频电流。

3）IGBT 脉冲整流器

脉冲整流器将牵引变压器的单相交流输出电压变换成直流的恒定电压。控制方式采用使用了大容量 IGBT 的脉宽调制方式（PWM）。

4）DC 环形回路

滤波电容器将稳定的直流电压供给后段的逆变器。

5）IGBT 逆变器

逆变器将直流电压变换成为恒频恒电压的三相变流电压。

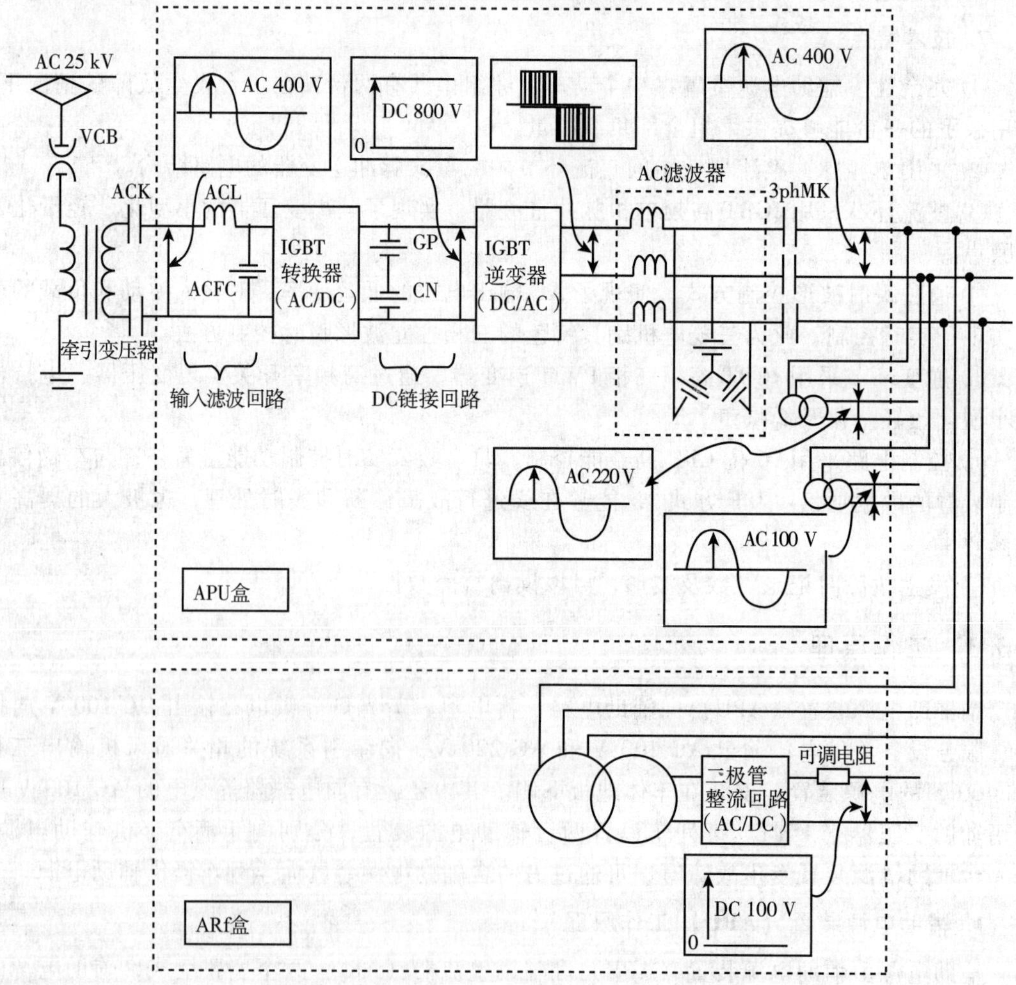

图 3-8　辅助电源功能方框图

6）AC 滤波回路

AC 滤波回路降低逆变器输出电压中的由于切换所产生的高频电压，使其输出畸变很小的正弦波。

7）输出接触器

输出接触器 3phMK 担负切断和辅助电源装置间的负荷的作用。

8）辅助整流器（ARf）

（1）二极管整流电路

整流电路通过二极管三相桥电路变换 APU 的 AC 400 V 输出电压，对电池供给 DC 100 V电压。

（2）可调电阻

可调电阻使直流输出电压具有如图 3－9 所示的下垂特性。

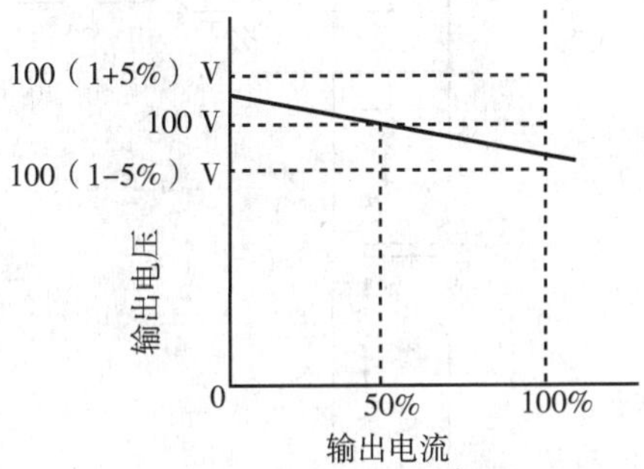

图 3－9　电压下垂特性

辅助电源装置（APU）的电路原理如图 3－10 所示，APU 由 APU 输入辅助整流器、PWM 三相输出逆变器、逆变器输出变压器、CVCF 输出变压器、辅助变压器等构成。辅助整流器柜由整流器变压器、辅助整流器构成。

APU 的输入电源是牵引变压器辅助绕组输出的 AC 400 V，通过可控硅混合电桥变换成为直流电。该直流电通过 PWM 三相逆变器变换成为交流电，通过逆变器输出变压器提供三相 AC 400 V／50 Hz 电源。CVCF 输出变压器将 AC 400 V 三相电源变换成单相 AC 220 V、AC 100 V 的稳压电源。辅助变压器将牵引变压器辅助绕组的 AC 400 V 变换成另一单相 AC 100 V 电源。辅助整流器箱使用整流器变压器将 APU 的 AC 400 V 三相电压输出变压后，通过三相全波整流器，输出 DC 100 V。

辅助电源装置采用可控硅混合整流器＋三相 IGBT 逆变器方式，输入整流器部分使用大电流、高耐压器件，实现了小型、轻量化。逆变器单元使用可高速开关的 IGBT，通过高频 PWM 控制，实现了滤波电抗器的小型、轻量化。辅助整流装置采用自冷式，由整流器变压器、整流二极管单元、用于实现输出电压下降特性的电阻等构成。动车组上清扫用电源插座使用 AC 220 V，在每辆车上配置两个，蓄电池组容量可维持应急用电量两小时。

各供电系统上均设置有各自独立的接地开关，在列车信息控制系统和辅助电源装置之间设置自诊断功能接口，由列车信息控制系统实施。辅助电源装置的故障保护功能有如下保护检测项目。

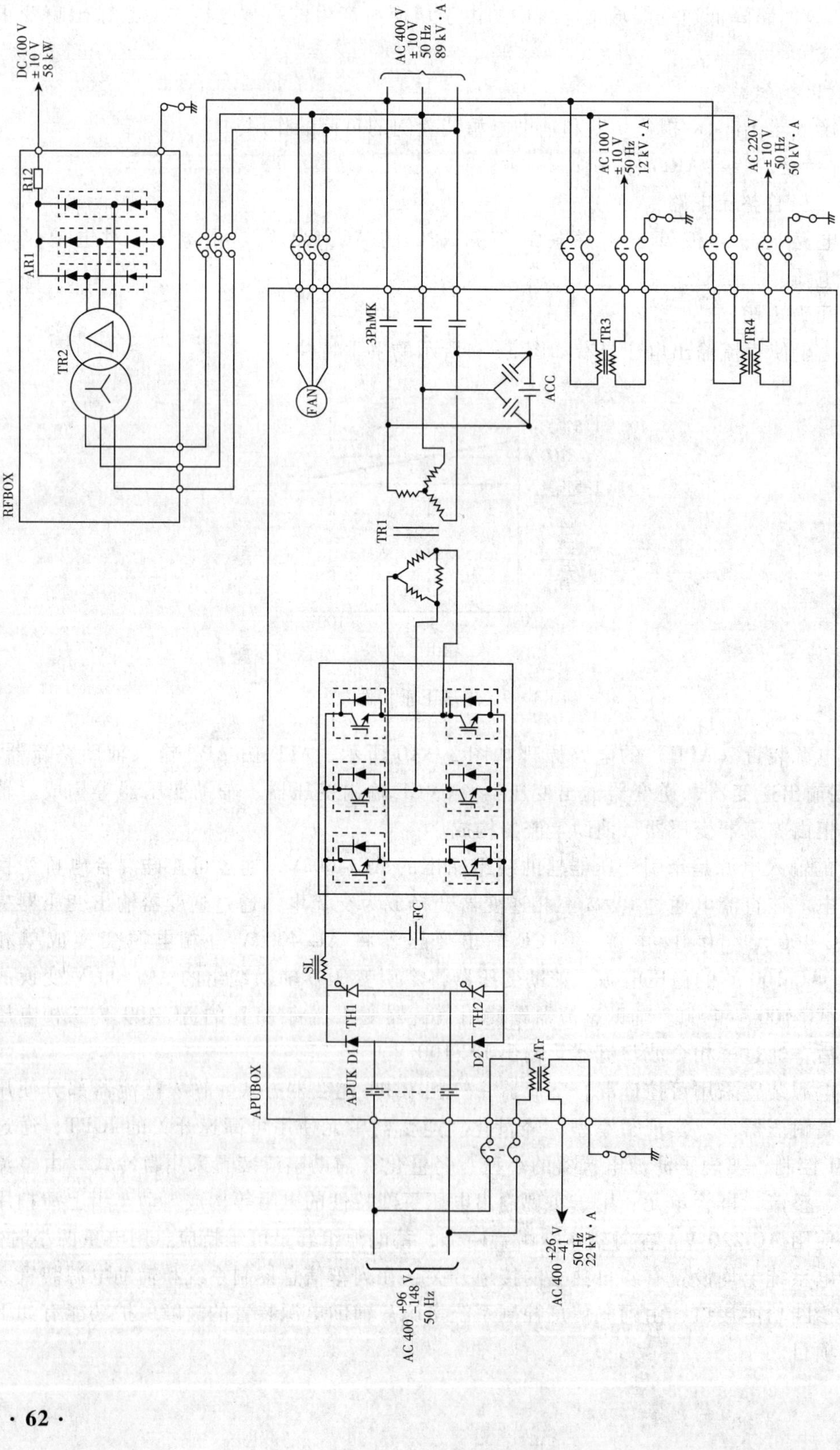

图3-10 辅助电源装置电路原理图

- 输入过电流。
- 变流器过压。
- 变流器过流。
- 变流器过载。
- 输出过压。
- 输出低电压。
- 检测接地。
- 输出短路。
- 车体外部插座。

2. 辅助电源装置（APU）动作说明

辅助电源装置（APU）的主要构成部件如表 3－3 所示。

表 3－3 APU 主要构成部件

名 称	数 量	备 注
辅助变压器（AC 100 V 输出用）	1	ATr
输入侧电磁接触器	1	IVK1
充电电阻用电磁接触器	1	IVK2
充电电阻	1	RC
输入变压器	1	TR1
输入滤波电抗器	1	ACL1
输入滤波电容器	1	ACFC
滤波电容器	5	FCU
输出滤波电容器	1	ACC
整流器单元	2	U、V 相
逆变器单元	3	U、V、W 相
控制单元	1 套	
放电电阻	1	DCHKR
放电用电磁接触器	1	DCHK
输出侧电磁接触器	1	3PhMK
电动送风机	1	FAN
辅助整流用变压器	1	TR2
辅助变压器（AC 100 V 定压输出用）	1	TR3
辅助变压器（AC 220 V 定压输出用）	1	TR4
辅助整流单元	1 套	ARf

辅助电源装置（APU）箱内各部件布置如图 3－11 所示，在其正面一侧，布置有整流器单元（CONVU1～CONVU2），滤波电容器（FCU11～FCU12），输入接触器（IVK1～IVK2），继电器单元（RY UNIT），控制单元（PWB UNIT）等。在正面的相反一侧，布置有逆变器单元（INVU1～INVU3），滤波电容器（FCU21～FCU23），输出接触器（3phMK），输入滤波电容器（ACFC），输出滤波电容器（ACC）。装置的中央部分为通风部件，布置有通风机（FAN），输入变压器（TR1），输入滤波电抗器（ACL1），输出滤波电抗器（ACL2），辅助变压器（ARr），部件的冷却风扇。

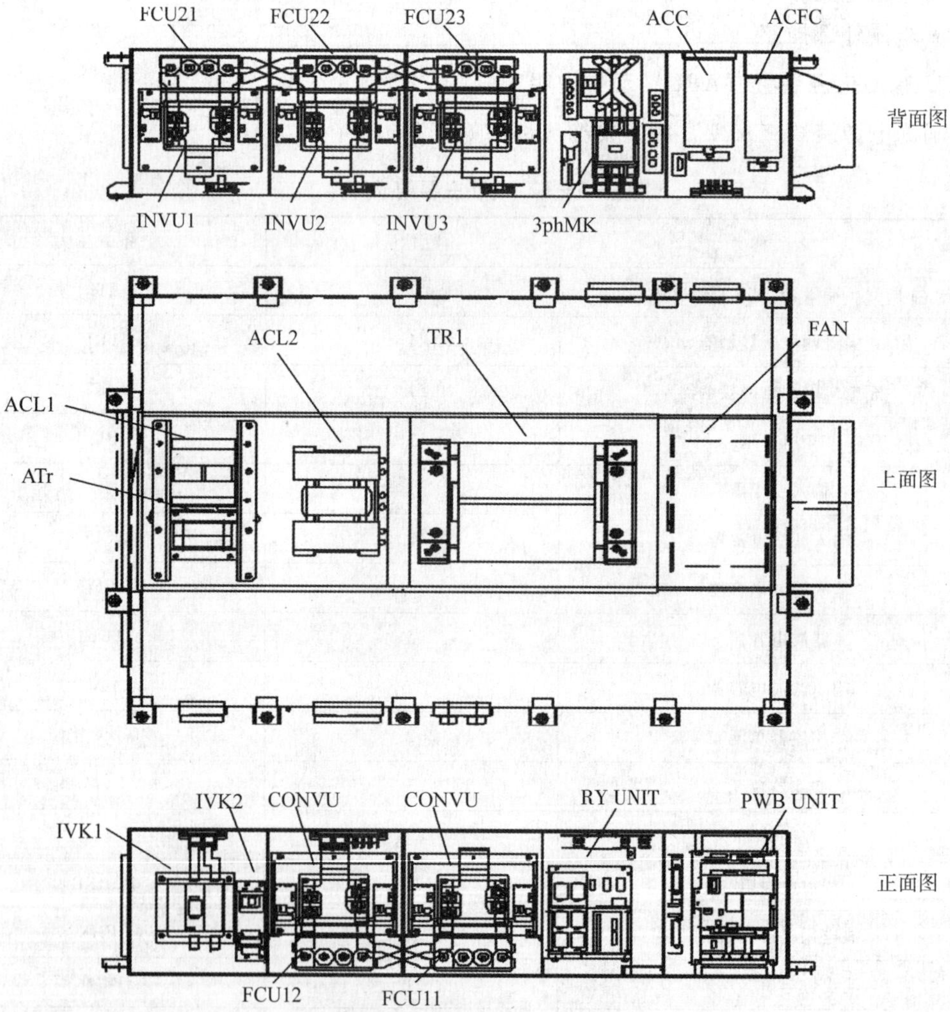

图 3－11　辅助电源装置（APU）箱各部件布置图

辅助整流器（ARf）箱内各主要部件布置如图 3－12 所示，在其正面一侧，布置有整流器变压器（TR2），整流二极管单元（RfUNIT），降压变压器（TR3、TR4）等部件。在正面的相反一侧，布置具有让输出电压拥有下垂特性的电阻（R12）等部件。

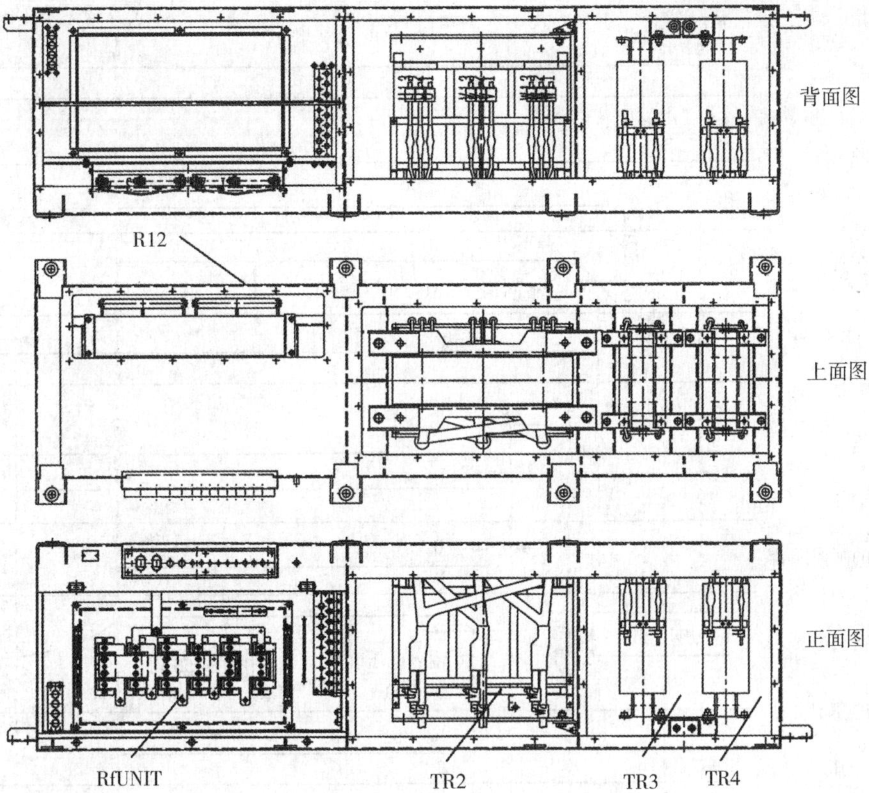

图 3－12　辅助整流器（ARf）箱部件配置图

1）动作说明

辅助电源装置动作启动/停止时间表如图 3－13 所示。

（1）启动条件

- 控制电源有 DC 100 V。
- 无重故障、轻故障。
- 脉冲整流器的输入电压在 AC 250 V/50 Hz 以上。
- 耐压试验连接器在运转的位置上。

（2）停止条件

- 控制电源无 DC 100 V 时。
- 有轻故障、重故障时。
- 耐压试验连接器不在运转位置时。

（3）启动、停止动作

① 控制电源 ON。

② APU 的启动：控制电源闭合后，再闭合 VCB，APU 的输入电压确立，APU 开始启动；VCB 闭合后，控制电源再被关闭，APU 的 CPU 初期复位，然后启动开始。

③ DCHK 的闭合：APU 的输入电压一旦被确立（AC 250 V 以上），通过来自 CPU 的指令，DCHKAR 被励磁，DCHK 就被闭合。

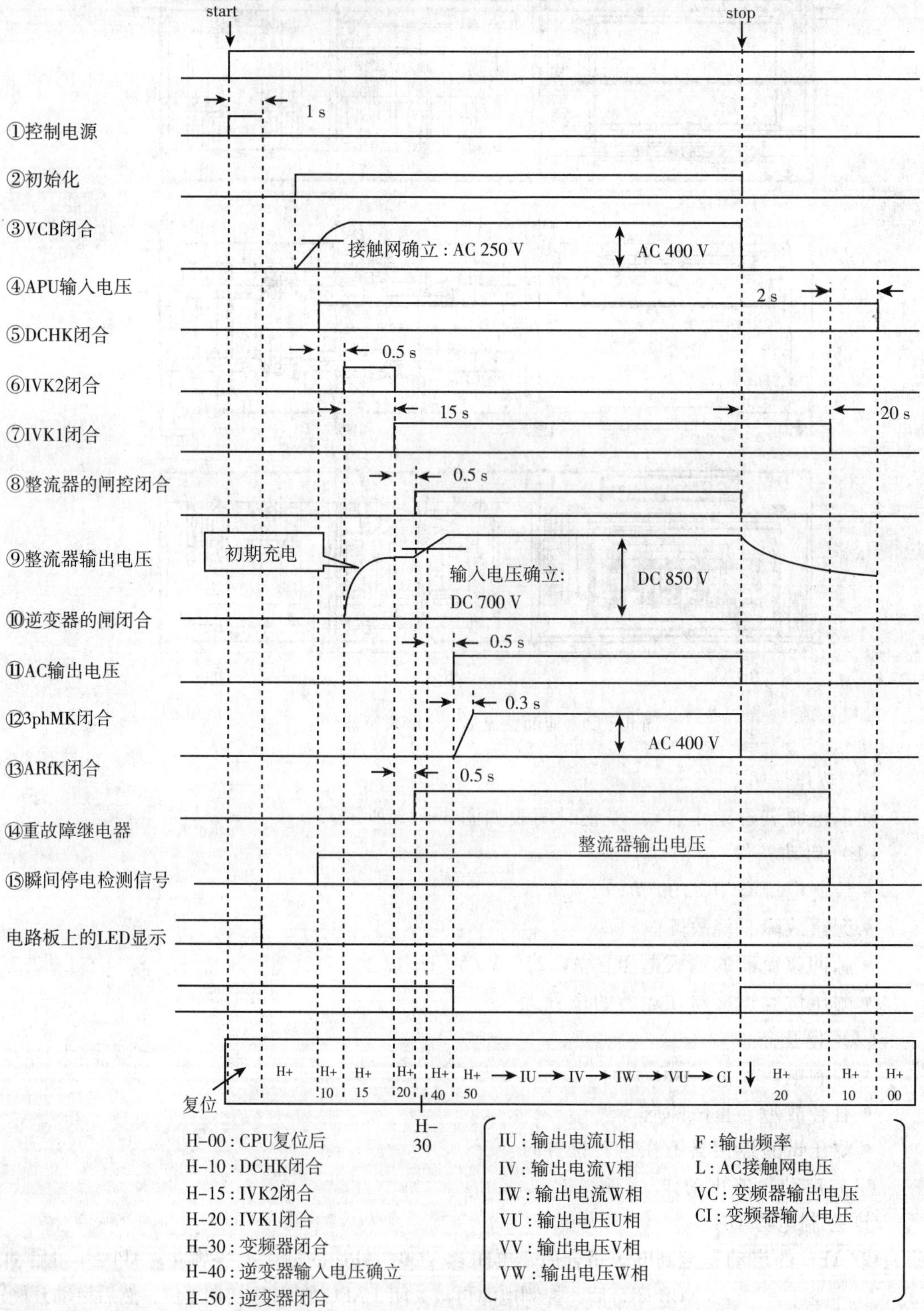

图 3－13　辅助电源装置动作启动/停止时间表

④ IVK2 的闭合：闭合 DCHK 0.5 s 后，由来自 CPU 的指令，IVK2AR 被励磁。

⑤ IVK1 的闭合：IVK2 被闭合 1.5 s 之后，由来自 CPU 的指令，IVK1AR 被励磁。IVK1 被闭合，0.5 s 后整流器单元进行软启动。整流器的输出电压在达到 700 V 的时候，逆变器的输入电压被确立，0.5 s 之后逆变器进行软启动。

⑥ 3phMK 的闭合：IVK1 闭合 0.5 s 之后，由来自 CPU 上的指令，APUKAR 被励磁，3PhMK 闭合。

⑦ APU 停止：VCB 变为 OFF，如没有输入电压（AC 250 V 未满足），APU 停止。整流器、逆变器变为 OFF 后，IVK1、IVK2、3PhMK 在 20 s 之后断开，DCHK 22 s 之后断开。

（4）各种信号输出

① ARfK 闭合：APU 的输入电压一旦被确立（AC 250 V 以上），由来自 CPU 的指令，ARfKR 被励磁，ARfK 闭合。在 APU 停止的时候，整流器、逆变器变为 OFF，20 s 之后 ARfK 断开。

② APU 故障：APU 发生重故障的情况下，通过来自 CPU 的指令，对 APUFAU 进行励磁。由此，向监视器发出 APU 故障信号。

③ 瞬间停电检测：APU 的输出在停止的情况下，根据 CPU 的指令，向外部输出瞬间停电检测信号（停电最短为 0.5 s）。

（5）运转状态的显示

CPU 初始化后，在基板的 LED 上显示下面运转状态。

- H－00：CPU 初始化。
- H－10：DCHK 闭合。
- H－10：IVK2 闭合。
- H－20：IVK1 闭合。
- H－30：整流器闭合。
- H－40：逆变器输入电压确立。
- H－50：逆变器闭合。
- 在 H－50 状态下最初显示 H－50，然后顺序地显示以下的测量值。

AC 输出相电流：IU、IV、IW；AC 输出线间的电压：UV、VW、WU；输出频率：F、架线电压、L；脉冲整流器输出电压：VC、脉冲整流器输入电压、CI。

2）保护说明

APU 的保护根据有无自动再启动分为轻故障和重故障两大类。APU 停止后进行自动重新启动称为轻故障，监视发生轻故障后 60 s 以内是否发生第二次轻故障，不发生的情况下则中止监视继续进行通常的动作。APU 停止后不自动重新启动称为重故障。APU 故障检测框图如图 3－14 所示，其保护设定如表 3－4 所示。

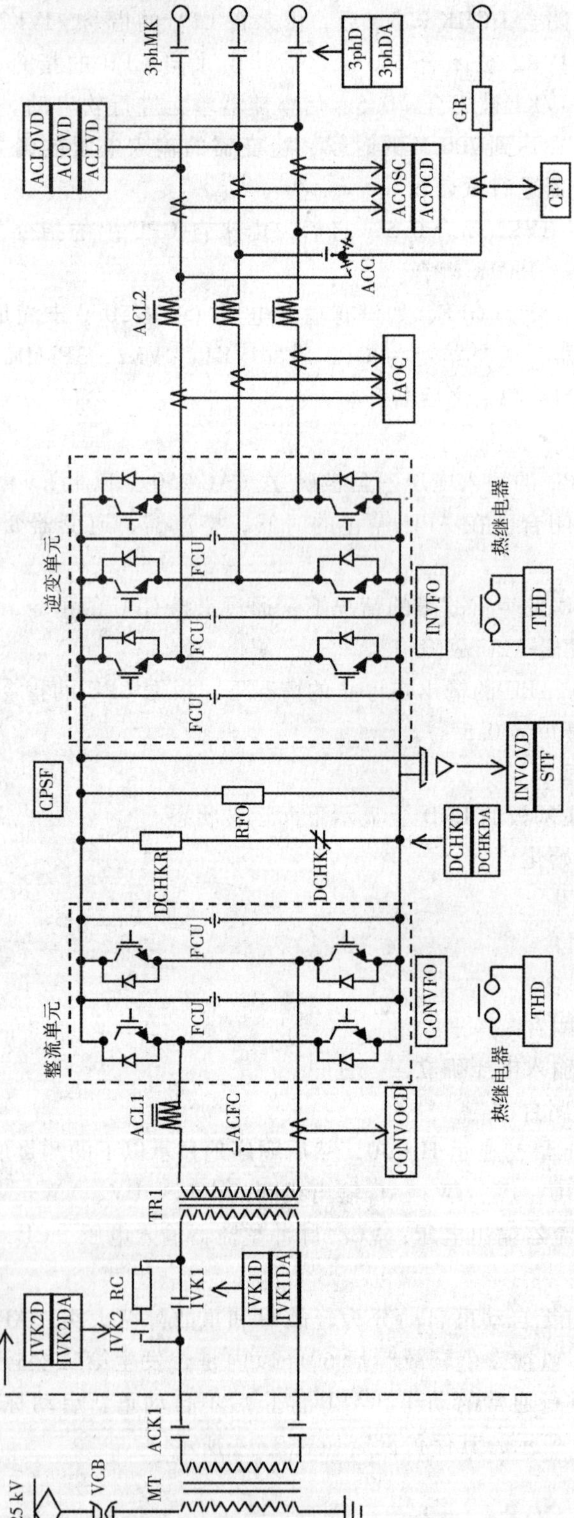

图 3-14 APU 故障检测图

表 3-4 保护设定表

序号	故障编码	故障名称	设定值	故障类别		
				重 1	重 2	轻
1	E-90	整流器输入过电流(CONVOCD)	整流器输入电流若在额定的 250% 以上，瞬间检测		○	
2	E-91	整流器用 IGBT 异常(CONVFO)	由整流器用栅极驱动电路板进行栅极信号不一致的检测		○	
3	E-62	输入接触器 1 不闭合(IVK1D)	IVK1 闭合指令发送后，等待 1 s 后 IVK1 辅助接点不动作的情况下进行检测			○
4	E-63	输入接触器 2 不闭合(IVK2D)	IVK2 闭合指令发送后，等待 1 s 后 IVK2 辅助接点不动作的情况下进行检测			○
5	E-86	输入接触器 1 不断开(IVK1DA)	IVK1 闭合指令停止后，等待 1 s 后 IVK1 在辅助接点不断开的时候进行检测		○	
6	E-87	输入接触器 2 不断开(IVK2DA)	IVK2 闭合指令停止后，等待 1 s 后 IVK2 在辅助接点不断开的时候进行检测		○	
7	E-85	温度异常（THD）	通过冷却器上设置的温度继电器进行保护检测，84℃ ±2℃	○		
8	E-92	逆变器用 IGBT 异常(INVFO)	通过逆变器用栅极驱动电路板进行栅极信号不一致的检测		○	
9	E-74	AC 输出过压(ACOVD)	AC 输出电压在额定的 130% 以上时瞬间检测			○
10	E-75	AC 输出低电压(ACLVD)	AC 输出电压在额定的 80% 以下持续 1 s 时检测			○
11	E-76	AC 输出短路（ACOSC）	AC 输出电流在额定的 150% 以上，并且，输出电压在额定的 65% 以下的状态持续 2 s 时检测			○
12	E-77	控制电源异常（CPSF）	控制电源的输出电压，在额定的 90% 以下时检测			○
13	E-78	逆变器输入过压（INVOVD）	逆变器的输入电压（=整流器的输出电压），达到 1 000 V 以上的时候瞬间检测			○
14	E-79	逆变器输出过电流(IAOC)	逆变器的输出电流在达到额定的 250% 以上时，瞬间检测			○
15	E-80	输入异常（STF）	把整流器闭合指令发送之后，等待 1 s 后，整流器的输出电压在没有达到 700 V 上时检测；IVK2 闭合信号发送之后，整流器的输出电压在 300 V 以下持续 5 s 的情况下检测；程序测试时，整流器的输出电压在达到 50 V 以上的情况下检测	○		
16	E-81	AC 输出过电流(ACOCD)	AC 输出电流在额定的 110% 以上，持续超过 10 s 的情况下检测	○		
17	E-82	AC 输出电压异常(ACLOVD)	AC 输出电压在额定的 105% 以上时，而且，在 95% 以下，但是持续 60 s 的情况下检测	○		
18	E-84	接地检测（GFD）	接地电流在 1.5 A 以上持续 1 s 的情况下检测	○		
19	E-64	输出接触器不闭合(3phD)	3phMK 闭合指令发送后，等待 1 s 后 3phMK 辅助接点不动作的情况下进行检测			○
20	E-88	输出接触器不断开(3phDA)	3phMK 闭合指令停止后，等待 1 s 后 3phMK 在辅助接点不断开的时候进行检测	○		

续表

序号	故障编码	故障名称	设定值	故障类别		
				重1	重2	轻
21	E-65	放电接触器不闭合（DCHKD）	DCHK闭合指令发送后，等待1 s后DCHK辅助接点不动作的情况下进行检测			○
22	E-89	放电接触器不断开（DCHKDA）	DCHK闭合指令停止后、等待1 s后DCHK在辅助接点不断开的时候进行检测	○		

（1）重故障1

通过一次故障检测，闸控全部OFF后，为重故障（不进行自动再启动）。

↓

IVK1、IVK2、3PhMK一起断开，2 s之后DCHK断开，故障闭锁。

↓

通过车上复位（外部复位）、地板下APU的复位（局部复位），或控制电源关闭投入（3 s以上），进行再启动操作。

（2）重故障2

通过一次故障检测，闸控全部OFF后，为重故障（不进行自动再启动）。

↓

IVK1、IVK2、3PhMK一起断开，2 s之后DCHK断开，故障闭锁。

（IVK1、IVK2、DCHK只在输入接触器1不断开、输入接触器2不断开时继续闭合）

↓

不接受车上复位（外部复位）的操作。

通过地板下APU的复位（局部复位），或者控制电源关闭投入（3 s以上）时，可能复位。

（3）轻故障

故障发生之后，闸控全部OFF。IVK1、IVK2、3PhMK断开，为轻故障。

（DCHK只在逆变器输入过电压的情况下断开）

↓

APU自动复位

↓ ——→ 60 s之间再次发生故障

60 s之间没有再次发生故障 ↓

↓ 以后和重故障1同样处理

继续运行

3. DC 100 V系统工作原理

辅助整流器箱使用整流器变压器将APU的400 V三相电压输出变压后，通过三相全波整流器，输出稳压DC 100 V，向车辆的控制电源、车厢照明、蓄电池、插座、服务设备等供电。

DC 100 V系统框图如图3-15所示，可由102、103线两条线供电。通常是由103线供电，架线停电时，通过操作应急灯切换接触器，在将电源由103线切换到102线的同时，即可向广播装置，应急灯等最低限度所需的设备供电。

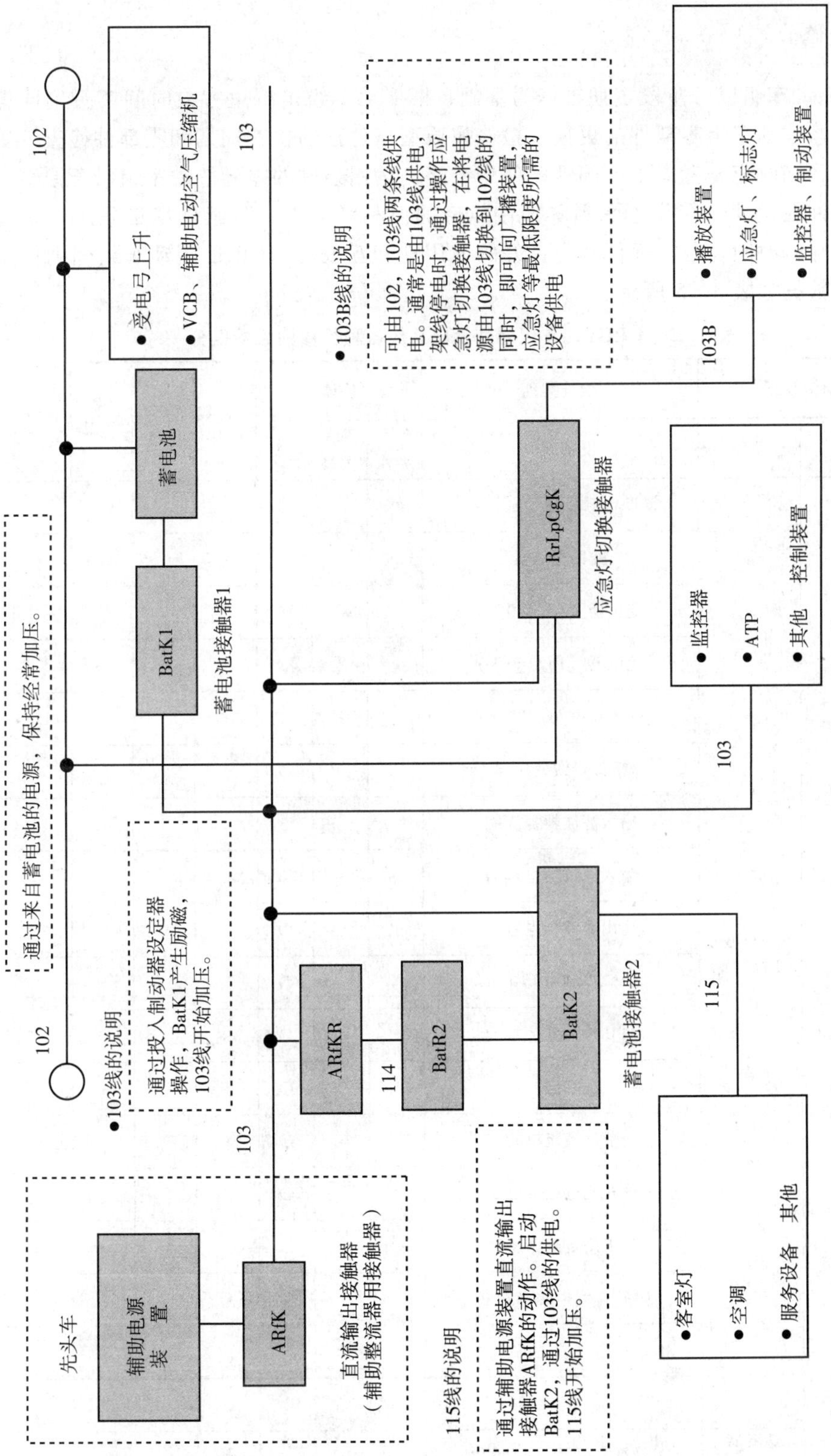

图3-15 DC 100 V系统框图

3.3.4 检修

CRH_2 型动车组以分阶段定期维修为基础，根据动车组走行里程或时间实行不同等级的维护及检修。动车组零部件的更换、检修按原型车建立的检查周期和零部件检查、更换周期为基础，同时充分考虑了中国铁路使用线路、运用条件的差异。动车组沿袭原型车的技术，零部件在设计中充分考虑到零部件换修的便利和可靠，各组件尽量采用模块化结构，以减少在修时间。各零部件具有良好的通用性和互换性。CRH_2 型动车组辅助供电系统预防周期数据如表 3-5 所示。

表 3-5 CRH_2 动车组辅助供电系统各种检修的维护区分

序号	对象设备		检查类别	大修检体分类			转向架解体	月检	开工	备注
	分类	装备	设备部位	每次大修	隔次大修	不拆				
1			辅助电源装置（SC212）			○				
2			辅助变压器			○				
3			变压器（AC 440 V）			○				
4			变压器（DC 100 V）			○				
5			变压器（AC 100 V）			○				
6			模拟母线变压器			○				
7			输入滤波器扼流圈			○				
8			输入滤波器电容器			○				
9			输出滤波器电容器			○				
10	低压辅助电路	静止型变换装置	控制单元			○				
11			APU 输入整流单元			○				
12			逆变器			○				
13			辅助整流单元			○				
14			输入侧电磁接触器			○				
15			输出侧电磁接触器			○				
16			模拟母线电磁接触器			○				
17			电动鼓风机		○				○	
18			空气滤清器		○					
19		逆变器（头车）	逆变器装置（SC50）							

续表

序号	对象设备		检查类别	大修检体分类			转向架解体	月检	开工	备注
	分类	装备	设备部位	每次大修	隔次大修	不拆				
20	低压辅助电路	只有 J1，N1 编组	逆变器主体		○					
21			逆变器部分			○				
22			无接点控制部分			○				
23			GTR 组套			○				
24			启动装置部		○					
25			继电器		○					
26			接触器（IVK1，2，3，4）			○				
27			电容器			○				
28		接触器箱	真空接触器主体			○				
29			真空接触器（ACK1，2）			○				
30			BKK		○					
31		蓄电池	蓄电池装置							
32			蓄电池箱			○				
33			蓄电池		○					
34			蓄电池装置（无线用）							
35			蓄电池箱			○				
36			蓄电池		○					
37		配电盘	运行用配电盘		○			每		
38			配线用断路器		○			每		50 A 以上
39			压开关			○		每		
40			电压表		○			每		
41			显示灯盘			○		每		
42			控制继电器盘		○			每		
43			继电器		○			每		
44			继电器（RL1081）		○			每		
45			ACMK		○			每		
46			温水污物配电盘		○			每		
47			配线用断路器			○		每		50 A 以上
48			继电器（RL720）		○			每		
49			时限继电器		○			每		
50			接触器		○			每		
51			服务配电器		○			每		
52			配线用断路器		○			每		

续表

序号	对象设备		检查类别	大修检体分类			转向架解体	月检	开工	备注
	分类	装备	设备部位	每次大修	隔次大修	不拆				
53			接触器		○			每		
54			继电器		○			每		
55			缺水显示灯			○		每		
56			水表控制器			○		每		
57			空调控制器			○		每		
58			接地开关盘			○		每		
59		配电盘	空压机接触器盘			○		每		
60			监控端机							参照监控装置
61			监控输入盘			○		每		
62			顶灯用变压器（头等车）			○				
63			小卖部用配电盘							参照小卖部设备
64			小卖部用 CVT			○				
65	低压辅助电路		小卖部用 AT			○				
66			插头			○		每		
67			插座			○		每		
68		配线用连接器	光跨接连接器插头			○		每		
69			光跨接连接器插座			○		每		
70			无线连接器双插头			○		每		
71			无线连接器双插座			○		每		
72			外电用接续器（AC）			○		每		
73			外电用接续器（DC）			○		每		
74		电气连接器	电气连接器（KE205A）			○		每		
75			锁定装置			○		每		
76			高压接续器			○		每		
77			辅助电路接线箱			○				
78		其他	控制电路接线箱			○				
79			主辅助电路接线箱			○				

3.4　CRH3 型动车组辅助供电系统

3.4.1　系统组成

辅助供电系统由牵引变流器的中间直流电路、单辅助变流器（ACU）、双辅助变流器（D－ACU）、充电机、蓄电池、辅助及控制用电设备、地面电源等几部分组成。其中辅助及控制用电设备包括各种交流及直流用电设备。辅助供电系统的原理框图如图 3－16 所示，辅助供电系统主要为车载设备提供交流或直流电源，核心电源设备为辅助变流器，辅助变流器分单辅助变流器（ACU）和双辅助变流器（D－ACU）。

交流 25 kV 高压电由设置在 TC02、TC07 车上的牵引变压器降压为 1 550 V 后，作为每辆动车的牵引变流器的输入，辅助变流器将牵引变流器的中间直流电压 DC 3 000 V 变换成为三相 AC 440 V/60 Hz 作为输出，向列车交流干线供电。直流供电采用 110 V 电压制式，动车组设有两组容量为 300 A · h、110 V 的蓄电池组和两台充电机。

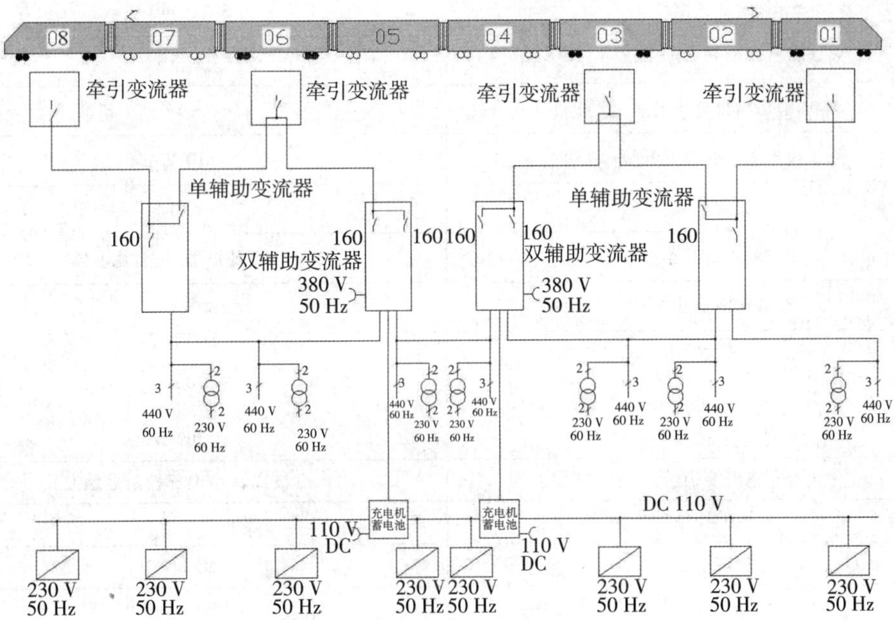

图 3－16　辅助供电系统原理框图

3.4.2　辅助变流器

1. 单辅助变流器

1）技术参数

单辅助变流器的技术参数如表 3－6 所示。

表 3-6 单辅助变流器技术参数

最大尺寸（长×宽×高）	1 886 mm×2 978 mm×699. 5 mm
安装点的数量	4
重量	约 1 450 kg
箱体通风处防护等级	IP 21 per IEC 60529
箱体不通风处防护等级	IP 54 per IEC 60529
制冷方式	强制风冷
输入	
标称电压	DC 2 700 ~ 3 600 V
输入滤波器	EMC 滤波器
输出	
输出频率	60 Hz ± 1 Hz
额定输出电压	3 AC 440 V
相对额定电压的动态输出电压公差	±25%
静态输出电压公差	±5%
输出电压的最大升幅	<10 V/μs
失真系数	<10%
输出滤波器	EMC 滤波器/正弦滤波器
额定输出功率	160 kV · A
允许的最大输出电流 持续 10 ms 持续 10 s 持续	 700 A 334 A 209 A
输出接触器	三极式（由内部控制器触发）
辅助控制	
额定电压	DC 110 V
电压范围	+25% ~ -30%

2） 外部接口

单辅助变流器有如下外部接口，具体位置如图 3-17 所示。

- DC 3 000 V 输入： X1
- 输出： 1A （三相 440 V / 60 Hz） X10
- 输出： 1C （三相 440 V / 60 Hz） X12
- 控制输入和输出： 插头 X4
- MVB 总线和接口： 插座 X5
- 服务接口： 插头 X6

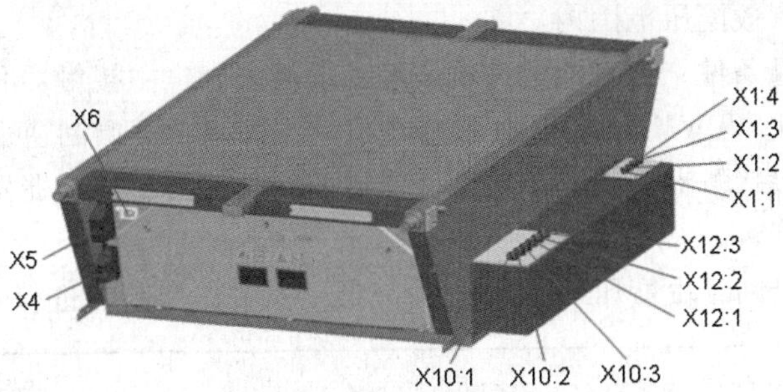

图 3－17　单辅助变流器外部接口的位置

3）结构

单辅助变流器安装在车辆的地板下面，所有电气元件置于钢制外壳中，通过 4 个支撑座弹性连接到车体边梁上。单辅助变流器包括开关和保护部件、各种监控设备和电源模块。图 3－18 为单辅助变流器主要部件的位置。

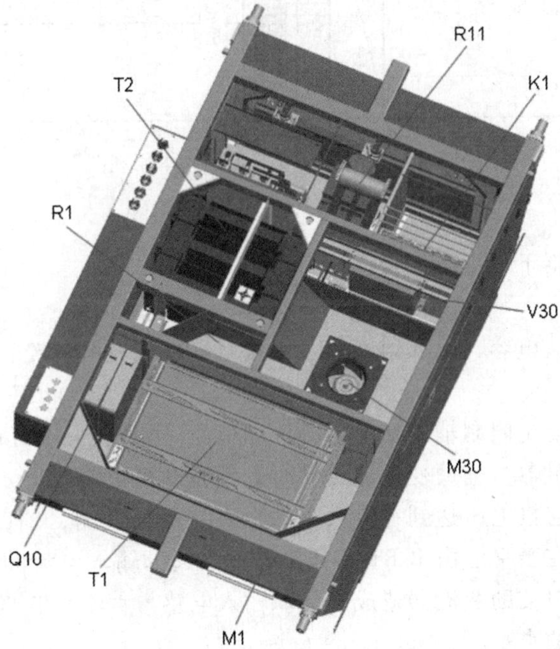

图 3－18　单辅助变流器主要部件

K1—Sibcos-M2500 主控制器；M1—内置风扇；M30—主风扇；Q10—耦合断路器；R1—滤波电感；R11—预充电电阻；T1—脉宽调制逆变器；T2—变压器；V30—电容

4）工作原理

（1）基本原理

单辅助变流器的基本原理图如图 3－19 所示。单辅助变流器直接连接到牵引变流器的中间电路上，标称电压为 DC 3 000 V。操作单辅助变流器需要满足下列条件。

- 单辅助变流器从机车控制系统收到了触发信号。

● 输入电压在有效电压范围内。

如果满足了接通条件，则直流输入电压经由滤波电容、主接触器和预充电接触器供给脉宽调制逆变器模块（PWMI），PWMI 接通并启动。如果脉宽调制逆变器的输出电压处于规定范围内，则输出接触器关闭，单辅助变流器的控制器则向控制器发出信息，表明三相交流输出已经准备好。

交流 440 V 输出则经由变压器、EMC 滤波器以及输出熔断器进行供电。

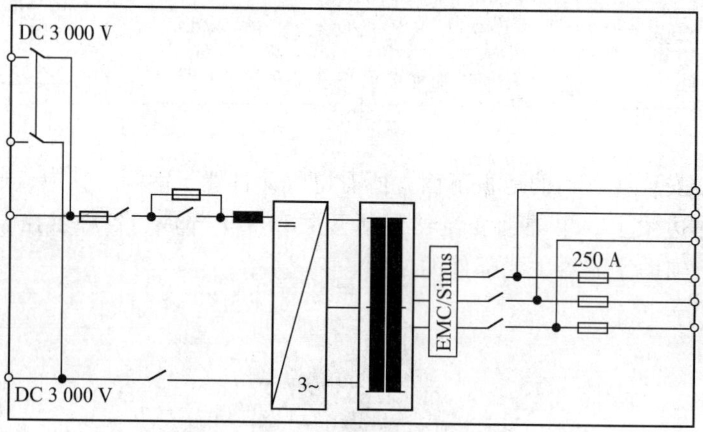

图 3－19　单辅助变流器的基本原理图

（2） 主要部件

单辅助变流器包括下列主要部件。

① 输入部分

输入部分包括滤波电容、输入熔断器、主接触器、预充电装置、滤波电感、输入电压和电流传感器。

预充电装置的功能是限制辅助变流器的浪涌电流。它包括一个预充电电阻、一个预充电接触器和多个主接触器。辅助变流器启动时，预充电接触器关闭，直流支撑电容通过预充电电阻充电。直流连接电压达到一定水平时，主接触器关闭，辅助变流器无电阻工作。安装滤波电感的目的在于平滑由 IGBT 的开关操作引起的输入电流的波动，吸收线路上的冲击电压，从而防止对辅助变流器造成损坏。输入电感与直流环节一起保持输入电流中的谐波含量处于非常低的水平。

② 脉宽调制逆变器

逆变器模块包括一个受控三相电桥，该电桥将来自牵引变流器的 DC 3 000 V 电压变为三相脉宽调制（PWM）440 V / 60 Hz 输出电压。脉宽调制逆变器以固定频率模式工作。

脉宽调制逆变器包括一个散热器，上面安装有 IGBT 开关、二极管、直流连接电容和驱动板。该模块上没有控制器。主控制器单独安装在外壳上，使用一台变压器进行电隔离，并将脉宽调制逆变器高电压变为可用的三相交流 440 V 电压。脉宽调制逆变器的框图如图 3－20 所示。

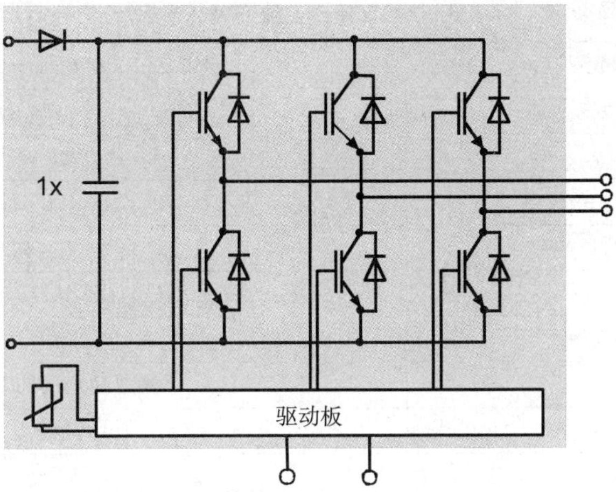

图 3-20 脉宽调制逆变器框图

③ 主控制器

Sibcos-M2500 控制器为主控制器和模块控制器的组合。它负责全面系统控制、与上级控制通信以及不同类型功率变流器的控制和调节（比如脉宽调制逆变器）。

Sibcos-M2500 控制器配备 16 条 IGBT 控制通道、14 条 IGBT 反馈输入以及 8 条数字输入和 4 条数字输出。此外，该控制器还配备了专用直流电源输入。

(3) 冷却

单辅助变流器采用强制风冷，进气口和排风口如图 3-21 所示。

图 3-21 单辅助变流器的进气口和排风口

1—进气口；2—排风口

空气由安装在外壳前部的两个滤清器进入，然后被引导进入电源模块的散热片，主风扇将冷风吹到中间的隔室，冷风然后通过变压器，最后通过位于底部的两个排风口排出。

主风扇由主控制器 Sibcos-M2500 根据温度进行控制，各模块将散热器的温度反馈给控制器，控制器对温度进行监控，并依据温度情况直接打开或关闭主风扇。

2. 双辅助变流器

1) 技术参数

双辅助变流器的技术参数如表 3-7 所示。

表 3-7 双辅助变流器技术参数

参数	数值
最大尺寸（长×宽×高）	3 485 mm×2 978 mm×699.5 mm
安装点的数量	4
重量	约 2 700 kg
箱体通风处防护等级	IP 21 per IEC 60529
箱体不通风处防护等级	IP 54 per IEC 60529
制冷方式	强制风冷
牵引变流器中间输入	
标称电压	DC 2 700～3 600 V
输入滤波器	EMC 滤波器
外部电源 3 AC 380 V / 50 Hz 输入	
标称电压	3 AC 380 V / 50 Hz
功率	约 200 kW（最大 300 A）
输出	
输出频率	60 Hz ±1 Hz
额定输出电压	3 AC 440 V
相对额定电压的动态输出电压公差	±25%
静态输出电压公差	±5%
输出电压的最大升幅	<10 V/μs
失真系数	<10%
输出滤波器	EMC 滤波器 / 正弦过滤器
额定输出功率	2×160 kV·A
允许的最大输出电流 持续 10 ms 持续 10 s 持续	 700 A 334 A 209 A
输出接触器	三极式（由内部控制器触发）
辅助控制	
额定电压	DC 110 V
电压范围	+25% ～ -30%

2）外部接口

电缆经由电缆密封插入到接线盒中，双辅助变流器有下列接口，外部接口的位置如图 3-22 所示。

- DC 3 000 V 输入： X1
- 外部电源输入： X20
- 输出： 1A（3 AC 440 V、60 Hz）X10
- 到蓄电池充电机的输出： 1B（3 AC 440 V、60 Hz）X11

- 输出： 1C (3 AC 440 V、60 Hz) X12
- 控制输入和输出： 插头 X4
- MVB 总线和接口： 插座 X5
- 服务接口： 插头 X6

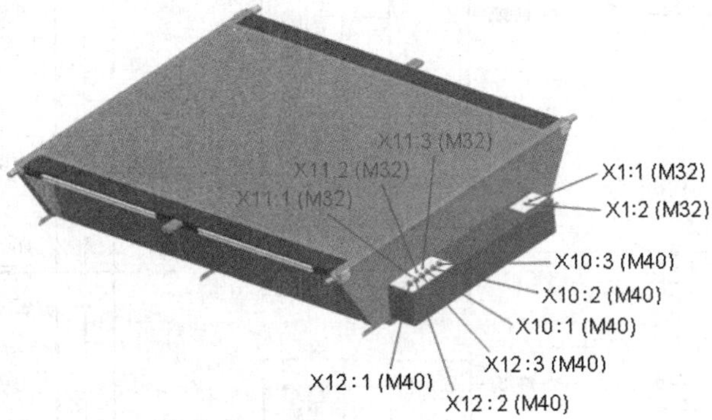

图 3-22 双辅助变流器外部接口的位置

3) 结构

图 3-23 为双辅助变流器主要部件的位置。

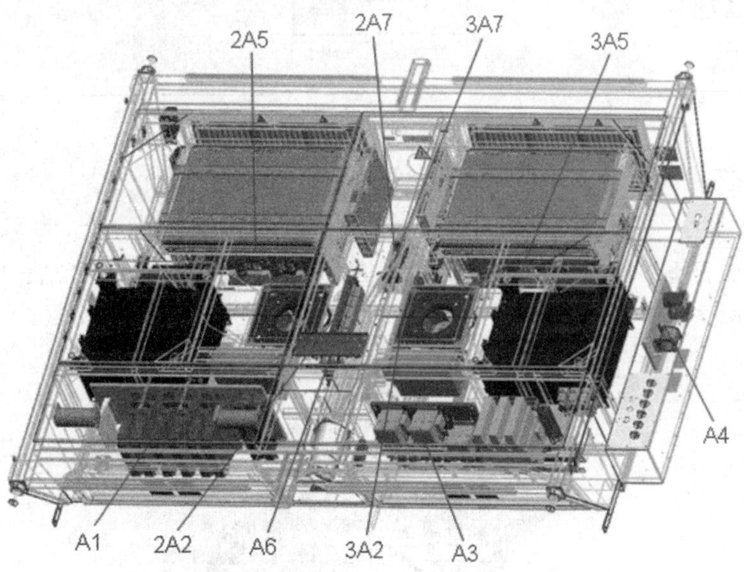

图 3-23 双辅助变流器主要部件

A1—有主接触器和预充电接触器的电路板；A2—有 3AC 电压检测装置的电路板；
A3—有输出/外部电源接触器和输出熔丝的电路板；A4—有滤波电容器的电路板；
A5—有变压器的电路板；A6—有滤波电容器的电路板

4) 工作原理

(1) 基本原理

双辅助变流器的基本原理如图 3-24 所示，其基本工作原理、操作时需要满足的条件与单辅助变流器相同。

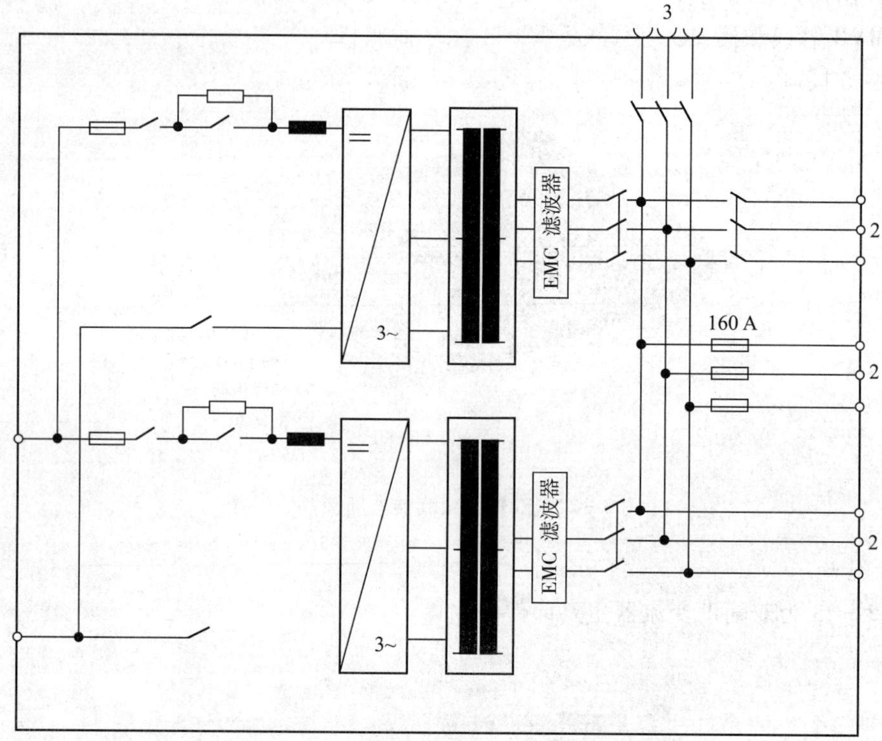

图 3-24 双辅助变流器的基本原理图

1—DC 3 000 V；2—三相 AC 440 V / 60 Hz；3—外部电源三相 AC 380 V / 50 Hz

（2）冷却

双辅助变流器也采用强制风冷，其冷却基本工作过程与单辅助变流器相同，进气口与排风口位置如图 3-25 所示。

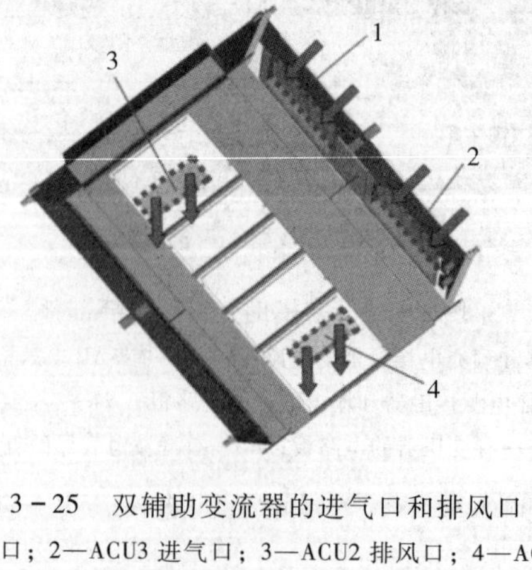

图 3-25 双辅助变流器的进气口和排风口

1—ACU2 进气口；2—ACU3 进气口；3—ACU2 排风口；4—ACU3 排风口

3.4.3 外部电源

为了确保在高压设备接地或列车停车时，原来由三相 440 V 总线供电的设备继续工作，可以使用外接三相 380 V 电源为三相 440 V 列车总线供电。外接电源供电负载包括：充电机、采暖和空调系统、其他 440 V 负载。在双辅助变流器箱体一侧中间位置，设置了外接电源输入插座 X20。由于双辅助变流器安装在餐车和一等车的车下，动车组的外接电源插座布置在动车组的中间位置，每侧一个。

外接电源输入插座如图 3-26 所示。

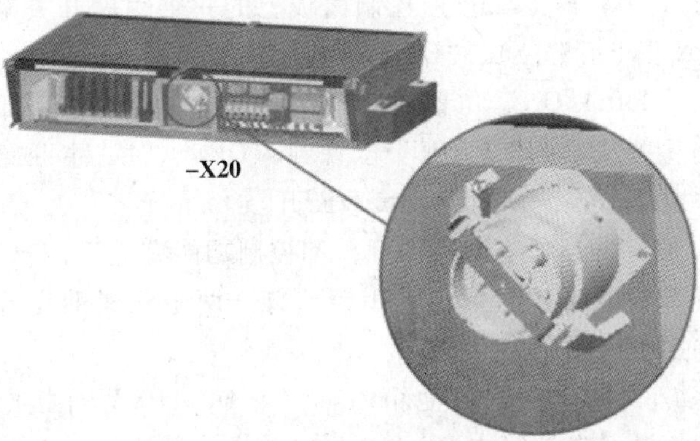

图 3-26 插座 X20

地面插头的形式如图 3-27 所示。

图 3-27 地面插头

地面电源的供电品质也必须符合动车组的要求。如表 3-8 所示。

表 3-8 地面电源技术参数

要 求	条 件
频率	50 Hz
额定电压	三相 AC 380 V
最大电流	300 A
最大功率	200 kW

对于动车组（包括重联动车组），只能通过一个外接电源插座给整列车供电。对整列动车组供电时，通过控制器将一台双辅助变流器上的耦合接触器闭合，关断另一台双辅助变流器上的电源。通过列车的“锁—闭部件”，激活外部电源。

在下列情况下，外部电源接通。

- 中央控制器（CCU）发出了工作模式“外部电源”指令。
- 外部电源的输入电压在有效范围内。
- 外部电源的相序不存在问题。
- 没有接地故障信息。

外接电源供电通过一等车（FC05）控制面板上的一个钥匙开关来操作。钥匙开关有3个位置：“440 V ON ”（正常位）、“OFF”（关闭位）、“外部供电”位。

如果钥匙开关从“440 V ON”位置通过“OFF”位置转到“外部供电”位置时，外部供电激活。在钥匙开关从“440 V ON”位置到“OFF”时，主断路器断开，受电弓降弓。另外，除了最小电压监控，所有交流负载断开。

在“外部供电”位置，当所有必需的开关和控制功能完成后，“外部供电准备”指示灯亮。钥匙能从“外部供电”位置取出，用钥匙打开两个双辅助变流器外接电源供电插座中的一个，开始外接电源供电。

另外，CRH3 型动车组在每一个电池箱内有一个 DC 110 V 外接电源供电插座，在列车停放在车库时，能够通过电池箱内 DC 110 V 外接电源插座提供 DC 110 V 电源。

3.5 CRH5 型动车组辅助供电系统

3.5.1 概述

CRH5 型动车组的编组形式如图 1－4 所示，分成两个动力单元，一个动力单元由 3 个动车和 1 个拖车（M－M－T－M）组成，另一个动力单元由 2 个动车和 2 个拖车（T－T－M－M）组成。

辅助供电系统由辅助变流器、蓄电池、充电机等组成，每列车设有 5 台辅助变流器，每辆动车一台，和牵引变流器安装在一起，每列车设 8 组蓄电池和电池充电机，每辆车一套。如图 3－28 所示（图中代号如表 3－9 所示），AC 25 kV 高压电经设置在拖车上的牵引变压器降压成 1 770 V 后，输入每辆动车中的牵引变流器。辅助变流器将牵引变流器 DC 3 600 V的中间直流电压变换成 AC 380 V 后，为空气压缩机、冷却通风机、油泵/水泵电机、空气调节系统、采暖、照明、旅客信息系统等设备提供电源，CRH5 型动车组辅助供电系统的工作原理如图 3－29 所示（图中代号如表 3－9 所示）。

辅助供电系统采用干线供电方式，供电制式为 AC 380 V 和 DC 24 V。AC 380 V/50 Hz 用电设备：空气压缩机、冷却通风机、油泵/水泵电机、空气调节系统、采暖设备；AC 220 V/50 Hz 用电设备：前窗加热器、厨房设备、内部插座；DC 24 V 用电设备：照明设备、旅客信息系统、应急通风装置和控制装置。车组内各车设 AC 220 V（卫生间、列车长室、司机室各 1 个，客室 2 个）插座及 DC 24 V（每车 2 个，车下裙板内）行灯插座。

辅助系统供电输出品质符合 EN 50155 等标准。各种制式的供电系统均有各自独立的可靠的安全接地措施。供电设施具有自诊断功能和故障保护措施。供电线路发生的过载、短路、瞬时大电流冲击、过压、欠压、接地等现象均有保护，确保旅客安全。每个牵引控制单元的每侧各设一个 AC 380 V 外接电源插座，每个插座可为半列车的辅助设备供电。辅助供电电源系统采用冗余设计，当发生故障时，能够进行切换，确保列车正常运行。在 1 台或 2 台辅助变流器故障的情况下，可以不受任何限制地向辅助负载供电。

表 3－9　CRH5 型动车组辅助供电系统图中代号

代号	功能	代号	功能	代号	功能
4QC1、4QC2	四象限变流器	KAUX	辅助变流器隔离开关	SMT	接地开关
B	24 V 蓄电池	L(BT)	低压负载	SMT1	接地刀闸开关
CADC	辅助中间滤波电容	Lp(BT)	特殊低压负载	SMT400	中压接地开关
CAI11、CAI12、CAI13、CAI14	辅助斩波输入滤波电容	L(MT)、La(MT)、Lb(MT)	中压负载	TA1、TA2	副边绕组、电流变送器
CAUC1、CAUC2	辅助斩波输出电容	LAUC	辅助斩波输出电抗	TA1_ M1、TA2_ M1、TA1_ M2、TA2_ M2	牵引电机、电流变送器
CBS	蓄电池充电机	LAUX	辅助斩波输入滤波电抗	TA1AUX、TA2AUX	辅助变流器、电流变送器
Cdc	直流环节电容	LU1、LU2、LU3	三相辅助输出滤波电抗	TA3	负极电流变送器
CH－INV AUX	辅助变流器	M1、M2	牵引电机	TAB	蓄电池充电电流变送器
CHF1、CHF2	制动斩波器	PCBT	低压库插	TAL	25 kV 直流环节电压变送器
CONVTRAZAU	牵引辅助变流器	PCMT1、PCMT2、PCMT3、PCMT4	中压库插	TAP	原边变流变送器
CU1、CU2、CU3	三相辅助输出滤波电容	PNT	25 kV 受电弓	TLU	三相辅助输出软开关
DD、D1、D2	二极管	PRECOMB	断路器箱	TPM	25 kV 直流电压变送器
DJ、DJ1	真空断路器	RADC	辅助中间滤波放电电阻器	TR1，TR2	辅助中频变送器
FB1、FB2、FB3	蓄电池自动开关	Rdc	直流环节放电电阻器	TSB	蓄电池断路器
FSC	火花间隙	REO	制动变阻器	TT	牵引变送器
FSC1	25 kV 避雷针	RF1、RF2	制动电阻器	TV1、TV2、TV3	电压变送器
INV-TRAZ1、INV－TRAZ2	牵引变流器	SAZ1、SAZ2、SAZ31、SAZ32	两极断路器	XPBT	参考接地

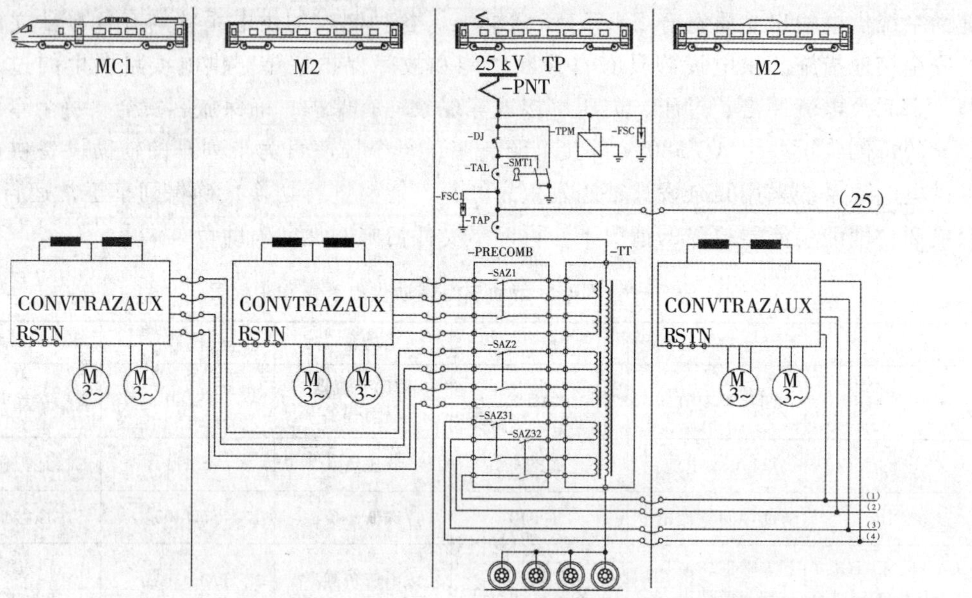

（a）MC1、M2、TP、M2 车

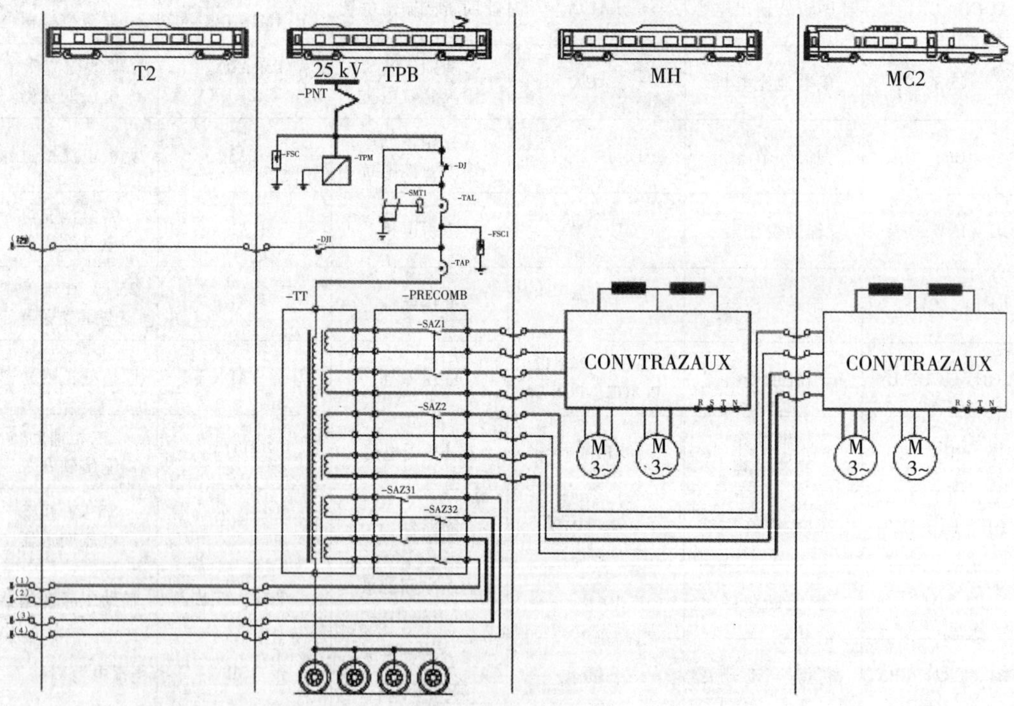

（b）T2、TPB、MH、MC2 车

图 3－28　CRH5 型动车组变流器组件配置图

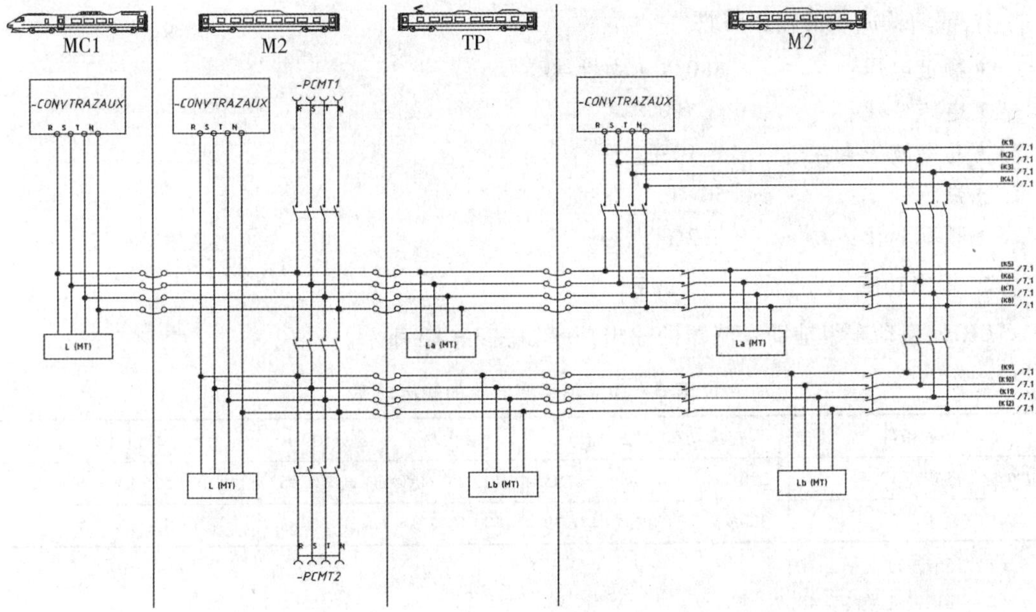

（a）MC1、M2、TP、M2 车

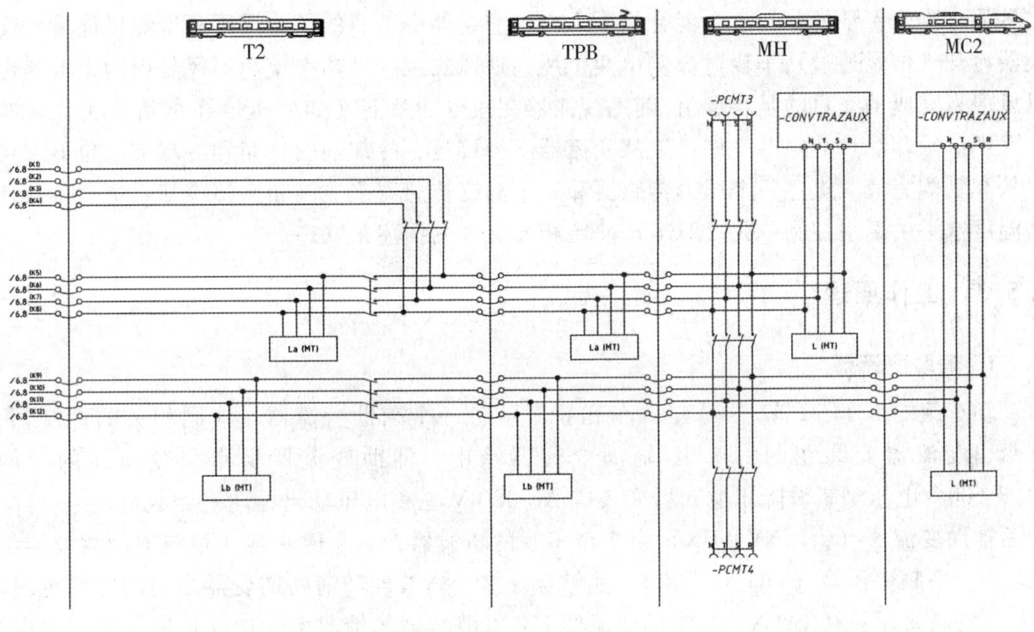

（b）T2、TPB、MH、MC2 车

图 3－29　CRH5 型动车组辅助供电系统工作原理示意图

3.5.2　技术指标

辅助变流器的主要任务是为动车组的所有中压设备和低压设备供电，其技术指标如下。

1. 辅助变流器的输出特性

- 额定电压： 380 V + 中性线
- 电压变化： ±5%
- 总谐波失真： ≤10%
- 额定频率： 50 Hz
- 频率变化： ±2%

2. 输出功率

CRH5 型动车组辅助变流器的输出功率如表 3-10 所示。

表 3-10 辅助变流器的输出功率

环境条件	连续功率（平均值）	最大功率（15 分钟）	峰值功率
冬季（1）	290 kV · A@ cos φ = 0.93	400 kV · A@ cos φ = 0.95	525 kV · A
夏季（2）	300 kV · A@ cos φ = 0.79	400 kV · A@ cos φ = 0.83	530 kV · A

（1）环境温度低于 15°C；

（2）环境温度最高为 45°C。

辅助变流器和牵引变流器共用一套冷却系统。功率电子元件的冷却是通过循环水和乙二醇混合物来保证的，把这个混合物泵入空气交换器中，目的是给周围环境提供能量，交换器冷却气体是通过从车辆对应侧由两个风扇通风实现的。功率模块通风是由两个双速电机风扇来完成的，目的是当牵引/辅助变流器在减少功率下（如列车停在车站）工作时减少噪声。冷却组件的每个零件可以从变流器下侧接近，冷却剂的补充和冷却剂液位显示可以从车辆侧完成，提供一个压力传感器和一个温度传感器来控制和调整冷却系统。冷却环路温度水平由牵引控制单元（TCU）按照相关文件的描述来管理。

3.5.3 工作原理

1. 辅助变流器

动车组的 1 车、2 车、4 车、7 车和 8 车配备一个辅助变流器，连同相关的控制器，与牵引变流器安装在同一牵引/辅助变流器箱中。辅助变流器将牵引变流器的中间 DC 3 600 V电压经斩波降压逆变后变换成 AC 380 V 三相电压输出，向三相载荷供电。

辅助变流器（CH-INV AUX）由 2 个串联的斩波器，一个逆变器和相应辅助滤波器组成。2 个高频变压器（TR1 和 TR2），能够保证 2 个斩波器和辅助逆变器之间的电气绝缘。HV 单极隔离开关（KAUX）在辅助变流器 HV 电路故障的情况下，切断辅助变流器供电。HV 电容器的接地隔离开关（SMT）目的是允许安全接近牵引/辅助变流器，它是一个 6 闸刀隔离开关。辅助变流器输出远程开关（TLU）在辅助逆变器故障的情况下从三相线路隔离。手动隔离开关（SMT 400）来接地三相线路并且隔离相关车辆的电气柜。

辅助变流器包括：4 个 1 200 A IGBT 构成 2 个辅助斩波器；2 个 600 A IGBT 和 8 个整流二极管用于谐波整流；6 个 1 200 A IGBT 和相关的二极管构成辅助逆变器。

每个牵引/辅助变流器能够在 40℃环境温度下以及大于等于 22.5 kV 的一个架空线电

压下为辅助系统供电。牵引/辅助变流器是具有 IGBT 的一个变流器，双阶段 600 A－6 500 V IGBT 的输入变流器为辅助服务的变流器供电，具有 600 和 1 200 AIGBT 的辅助变流器（CH－INV AUX），在 AC 380 V/50 Hz 下为列车辅助服务供电。辅助控制器（ACU）正确控制辅助变流器的 IGBT 来产生 AC 380 V/50 Hz 三相电压。

输入变流器在输出端组成 2 个单相并联桥，它能够对相应的牵引变压器次级绕组输出交变电压（AC 1 770 V）进行整流，结果获得一个稳定的输出直流电压，输出电压 DC 3 200～3 700 V。辅助变流器通过从中间滤波器获取电源，通过两个斩波器和一个高频退耦变压器产生给辅助逆变器供电的电压。

辅助变流器从电路角度看，包括以下内容。

- 一个单极形式线路隔离开关（KAUX）。
- 一个输入滤波器。
- 两个斩波器。
- 两个高频变压器。
- 两个单相整流桥。
- 一个中间滤波器。
- 一个三相辅助逆变器。
- 一个输出滤波器。
- 一个 EMI 滤波器。
- 一个输出遥控开关（TLU）。
- 一个辅助变流器控制器（ACU）。
- 一个手动隔离开关（SMT400）。

辅助变流器采用 IGBT 双段式结构，前段为斩波降压，后段为谐振整流加逆变，电路原理图如图 3－30 所示。从中间回路输出的电压（3 600 V），经过隔离开关 KAUX、退耦电抗器 LINCH 进入变流器辅助模块内，经过两组串联的单相半桥斩波电路（开关频率 4 K）、两个斩波降压变压器（TR1、TR2）、两组串联的单相全波整流电路输出脉宽可调的斩波电压，再经过串联的两组谐振滤波器（两个 IGBT、两个电容串联组成、IGBT 开关频率 8 K）、斩波电抗器、滤波电容（CADC）、均压电阻（RADC）输出辅助逆变器所需的 DC 600 V 电源，再经过空间电压矢量逆变器（开关频率 2 K）输出 PWM 波。

1）输入滤波器

输入滤波器是 LC 形的，通过直接在牵引中间滤波器上的隔离开关 KAUX 与牵引逆变器并联并且组成一个 200 μH 电感器（LAUX）和 4 120 μF 电容器（CAI11，CAI12，CAI21 和 CAI22）。当输入滤波器供电电压变动时，输入到 2 个下部斩波器电压被限定；此外，电压传感器（TV3）测量在输入滤波器上的电压，是使辅助变流器操作只能限定在预先设定的变化范围内。

2）高频斩波器

它是辅助变流器第一阶段并且组成 2 个高频（4 kHz）斩波器。主要任务是：转换辅助变流器操作必需的 DC 600 V 输入电压，通过把频率变压器（TR1－TR2）放入输入电压和辅助逆变器供电电压之间来保证电气绝缘。斩波器输出阶段使用 8 个高频二极管组成 2

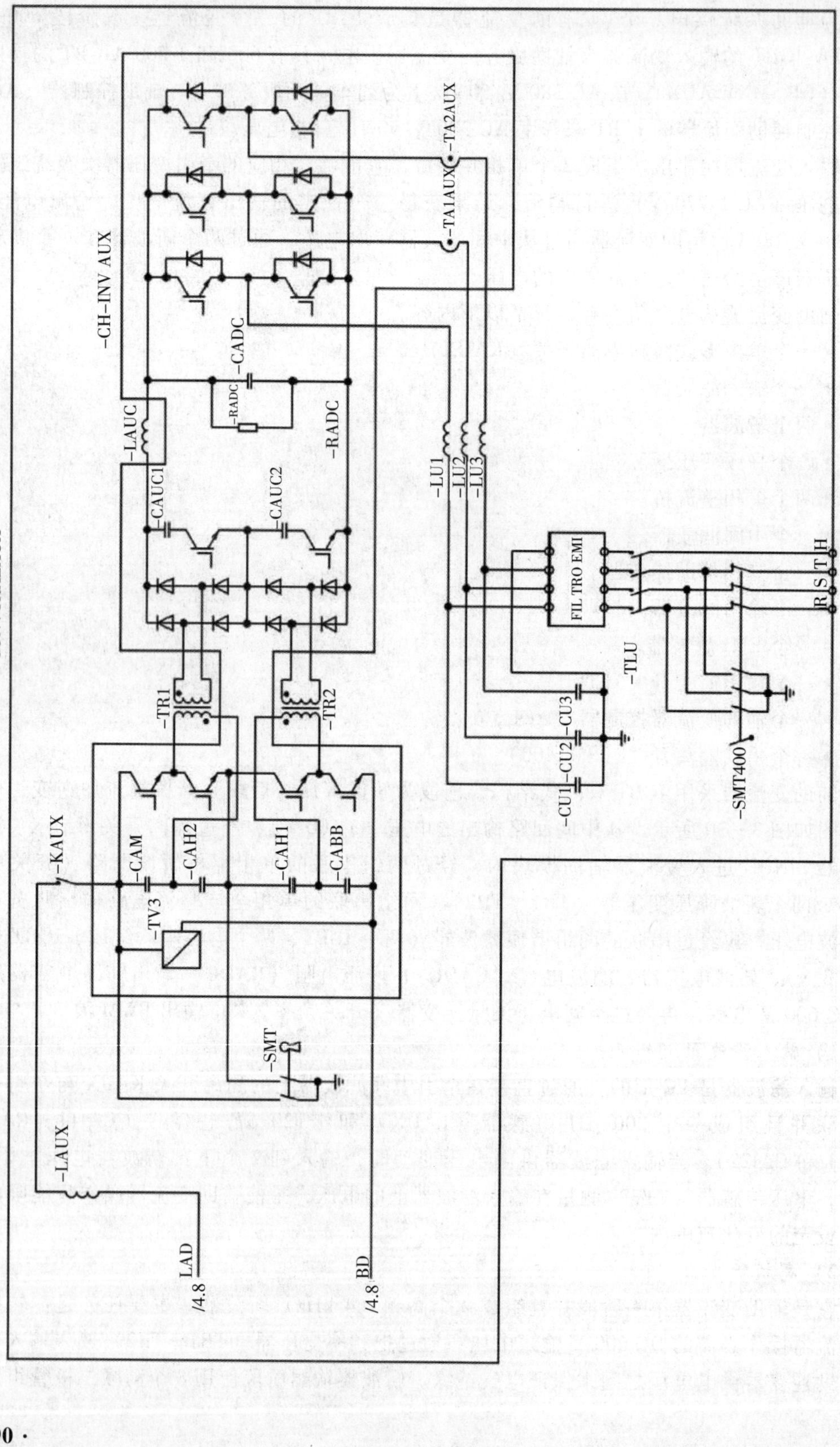

图3-30 CRH5型动车组辅助变流器工作原理示意图

个单相整流桥和一个 LC 形的中间滤波器，由一个 1 mH 电感器（LAUC）和一个980 μF电容器（CADC）组成，在操作频率（8 kHz）双下部斩波器频率下工作。

3）辅助逆变器

逆变器阶段使用带有 1 950 Hz 转换频率的 PWM 技术，由 3 个双 IGBT 和相关二极管组成；每个双 IGBT 组成三相的一个分支。辅助变流器主要任务是把输入直接电压（DC 600 V）转换为三相 + 中性 AC 380 V / 50 Hz 系统电压以给车载中等电压供电。一个 LC 形式的三相输出滤波器限制输出电压谐波分配，这种滤波器由电感器 LU1、LU2 和 LU3 及三相电容 CU1、CU2 和 CU3 组成。中性连接是通过输出电容器星形中心连接的，控制和保护是通过输出遥控开关（TLU）的电压传感器和相位上的电流传感器来完成的。

4）EMI 滤波器

为了在辅助变流器输出端减少电磁噪声，要按照标准 EN 50121 - 3 - 2 来使用在中等电压供电系统和低压输出上的滤波器。

5）辅助变流器控制器（ACU）

辅助变流器控制器配备一个微处理器，通过 IGBT 和对应的机电元件按照测量的输入电压和电流以及产生的输出电压和电流来产生正确命令驱动辅助变流器。通过使用正确电压和电流传感器使参数读取成为可能。

由该控制器提供正确的电子保护功能，它适合停止以下模式的辅助变流器。

（1）在以下情况下临时停止

- 供电电压浪涌超过允许值。
- 过载或短路。
- 过热。

（2）在以下情况下永久停止

- 在三相输出中缺少一相。
- 在 AC 380 V 线路上变流器外部重复短路。
- 内部短路。

辅助控制器和车辆逻辑之间的通信是依靠 MVB 实现的。

6）输出遥控开关 TLU

是四极单稳态形式，它允许为对应三相线路（R - S - T - N）供电，其功能是由配备一个微处理器的控制器驱动的，当相关辅助逆变器产生的电压是充足时，该控制器驱动它关闭并在一个设定门槛值下驱动它打开。

7）手动隔离开关 SMT400

具有交流触点的三极形式，隔离来自对应三相线路的辅助变流器的切换以及变流器内部三相线路的接地。

2. 低压辅助供电

动车组低压辅助供电系统工作原理如图 3 - 31 所示（图中代号如表 3 - 9 所示）。每列车设 8 组蓄电池和电池充电机，每辆车一套，电池充电机的主要功能是用于车载电池进行充电，同时为低压车载辅助设施供电。

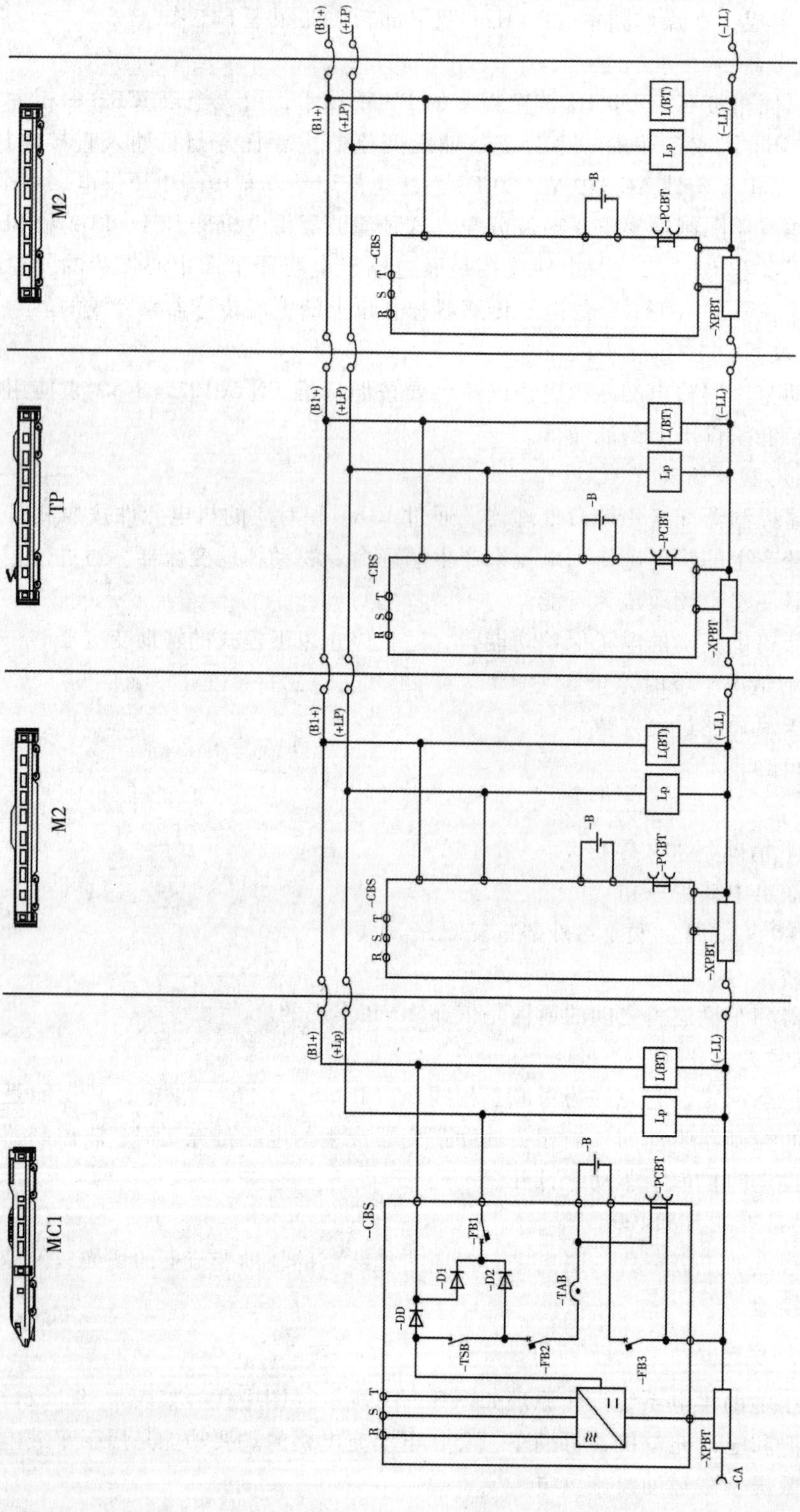

（a）MC1、M2、TP、M2车

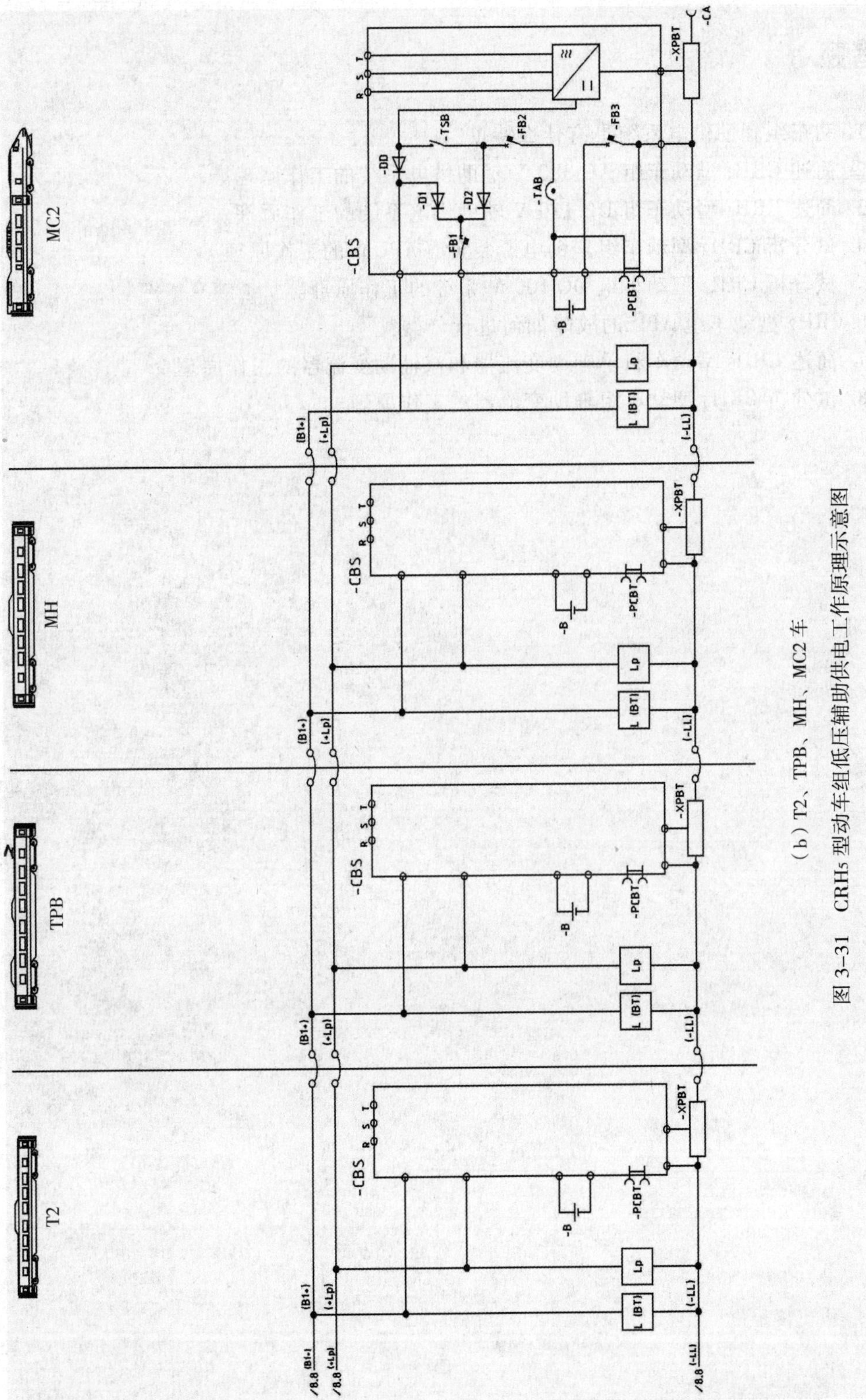

（b）T2、TPB、MH、MC2 车

图 3-31　CRH5 型动车组低压辅助供电工作原理示意图

思考题

1. 动车组辅助供电系统具有什么特点?
2. 简述 CRH_1 型动车组 AC 380 V 辅助供电系统的工作原理。
3. 简述 CRH_1 型动车组 DC 110 V 辅助供电系统的工作原理。
4. 试分析 CRH_2 型动车组辅助电源装置（APU）的工作原理。
5. 试分析 CRH_2 型动车组 DC 100 V 系统的工作原理。
6. CRH_2 型动车组 APU 的故障如何进行分类?
7. 简述 CRH_3 型动车组单辅助变流器和双辅助变流器的工作原理。
8. 试分析 CRH_5 型动车组辅助变流器的工作原理。

第 4 章　蓄电池与充电机

4.1　蓄电池工作原理与分类

4.1.1　蓄电池的用途与分类

1. 蓄电池的用途

电池是将化学能变为电能的工具。由于电池是用化学转换方法得到电能，所以又叫化学电池。常用的化学电源有原电池和蓄电池，如手电筒用干电池等属于原电池，酸性蓄电池和碱性蓄电池等属于蓄电池。

原电池是利用化学能转变为电能的一种不可逆电池。当化学变化的活性物质（即有效物质）全部作用完后，它的寿命便终止，所以又称为一次电池。

蓄电池顾名思义就是储蓄起来，使用时再把化学能转变为电能放出来，变换的过程是可逆的。就电能作用来说，当蓄电池已完全放电或部分放电后，两电极表面形成了新的化合物，这时如果用适当的反向电流通入蓄电池，可以使已形成的新化合物还原成原来的活性物质，又可供下次放电之用。这种用反向电流能输入蓄电池的做法，叫做充电；电池供给电流处电路使用，叫做放电。换句话说，放电就是将化学能转变为电能，供外电路使用；充电就是将电能转变为化学能储蓄起来。蓄电池的充电和放电过程，可以重复循环多次，所以蓄电池又称为二次电池。

放电时电流所流出的电极称为正极或阳极，以“+”号表示；电流经过外电路之后，返回电池的电极称为负极或阴极，以“-”号表示。

2. 蓄电池的分类

根据电极和电解液所用物质的不同，蓄电池一般分为酸性蓄电池和碱性蓄电池。

酸性蓄电池的电解液是浓度为27% ~37%的硫酸（H_2SO_4）水溶液，即稀硫酸，硫酸是酸性化合物。酸性蓄电池正极板的活性物质是二氧化铅（PbO_2），负极板的活性物质是绒状铅（Pb），所以酸性蓄电池又叫做铅蓄电池。

碱性蓄电池的电解是浓度为20%的氢氧化钾（KOH）水溶液，氢氧化钾是碱性化合物。在碱性蓄电池中，用氢氧化镍（$Ni(OH)_3$）做正极板，用铁（Fe）做负极板的叫做铁镍蓄电池；用镉（Cd）做负极板的叫做镉镍蓄电池。用银（Ag）做正极板，用锌（Zn）做负极板的，叫做锌银蓄电池。

根据工作状态的放电电流，蓄电池分为供电电池和启动电池：供电电池一般以额定放电率下的放电电流提供电能；启动电池以短时间内的大电流提供电流。

动车组主要采用镉镍蓄电池，因此本章在简略介绍铅酸蓄电池的基础上，重点介绍镉镍蓄电池。

3. 蓄电池的基本名词

（1）额定容量：蓄电池从额定电压放电到终止电压所提供的电能，一般用 Ah 表示。

$$额定容量(Ah) = 放电电流(A) \times 放电时间(h)$$

（2）放电率：蓄电池在一定电流下，放电所能持续的时间称放电率。

小于 1 h 的放电率为高放电率，用字母“G”表示；1 ~ 5 h 放电率（包括 1 h）为中放电率，用字母“Z”表示；5 h 以上（包括 5 h）为低放电率，不用字母表示。

如 TG 350 型蓄电池的额定容量为 350 Ah。

在 10 h 放电率下，放电电流为 35 A，容量为 350 Ah。

在 6 h 放电率下，放电电流为 52.5 A，容量为 315 Ah。

在 3 h 放电率下，放电电流为 85.7 A，容量为 252 Ah。

（3）放电最终电压

蓄电池应停止放电，进行充电的电压为最终电压。TG 型蓄电池一般为 1.75 V。

（4）影响蓄电池容量的因素

蓄电池是通过化学反应产生电能，因此，电池容量取决于电极里所含活性物质的量。

① 放电电流越大，电池容量越小

原因：放电过程产生的化合物如硫酸铅形成速度过快，影响电解液向极板内层渗透，使极板活性物质利用率降低。

② 电解液温度越低，电池容量越小

原因：随着温度的降低，电解液粘度增加，影响化学反应的效率。

③ 连续放电比间歇放电容量小

原因：连续放电使得电解液向极板内扩散不充分。

4.1.2 铅酸蓄电池工作原理

1. 工作原理

铅酸蓄电池从问世到如今，一直是军用民用领域中使用最广泛的化学电源。蓄电池大体上分三种：固定型防酸铅酸蓄电池、胶体铅蓄电池和阴极吸收式密封铅蓄电池。

固定型防酸铅酸蓄电池（普通型）是传统使用最多的一种蓄电池，这种电池存在着许多缺点，如电池体积大，电解液易溅出伤人和损物，而且充电过程中不断产生氢气和氧气，在气体析出过程中伴随着酸雾的产生，常使防酸帽堵塞，极易发生安全事故，并且充电过程中能耗大，充电手续繁杂、维护操作困难。所以这种电池已逐步淘汰。

由于固定型防酸铅酸蓄电池使用硫酸电解液，运输过程中会有酸液流出，充电时会有酸雾析出来，对环境和设备造成损害，人们就试图将电解液“固定”起来，将电池“密封”起来，于是使用胶体电解液的铅酸蓄电池应运而生。

初期的胶体铅蓄电池使用的胶体电解液是由水玻璃制成的，然后直接加到干态铅蓄电池中。这样虽然达到了“固定”电解液或减少酸雾析出的目的，但却使电池的容量较原来使用液体电解液时的电池容量要低 20% 左右，因而没有被人们所接受。

几乎在研制胶体电池的同时，采用玻璃纤维隔膜的阴极吸收式密封铅蓄电池也诞生了，它不但使铅蓄电池消除了酸雾，而且还表现出内阻小、大电流放电特性好的优点。因而在国民经济中，尤其是原来使用固定型铅蓄电池的场合，得到了迅速地推广和应用。

阀控式密封铅酸电池，它在维护中不需要添加蒸馏水和测量电解液的比重、温度，维护方便，能量密度高，基本无酸雾溢出，可任意放置等优点，所以被广泛地采用。

不论是采用玻璃纤维隔膜的阀控式密封铅蓄电池（以下简称 AGM 密封铅蓄电池）还是采用胶体电解液的阀控式密封铅蓄电池（简称胶体密封铅蓄电池），它们都是利用阴极吸收原理使电池得以密封的。

电池充电时，正极会析出氧气，负极会析出氢气。正极析氧是在充电量达到 70% 时就开始了。析出的氧到达负极，跟负极起反应，负极析氢则要在充电达到 90% 时开始。

对 AGM 密封铅蓄电池而言，AGM 隔膜中虽然保持了电池的大部分电解液，但必须使 10% 的隔膜孔隙中不进入电解液。正极生成的氧通过这部分孔隙到达负极而被负极吸收。

对胶体密封铅蓄电池而言，电池内的硅凝胶是以 SiO 质点作为骨架构成的三维多孔网状结构，它将电解液包藏在里边。电池灌注的硅溶胶变成凝胶后，骨架要进一步收缩，使凝胶出现裂缝并贯穿于正、负极板之间，给正极析出的氧也提供了到达负极的通道。

阴极吸收的工作原理如下。

铅酸蓄电池在充电过程中 $PbSO_4$ 接近全部转化为 PbO_2 和 Pb，当电压达到一定值时，正极板析出氧气，负极板析出氢气。当端电压升高到 2.5 V/只时，氢气和氧气按化学计量比例析出。这种电池能够实现密封是利用阴极吸收再化合的原理，使正极板析出的氧气迅速到达负极板生成氧化铅，氧化铅再与硫酸发生反应，生成硫酸铅和水，硫酸铅再与氢气反应，生成铅和硫酸。化学反应式如下。

$$2Pb + O_2 = 2PbO$$

$$PbO + H_2SO_4 = PbSO_4 + H_2O$$

$$PbSO_4 + 2H + 2e = Pb + H_2SO_4$$

它之所以叫阀控电池，是因为它的安全阀有以下作用。

① 使电池保持一定的内压以提高密闭反应效率。

② 在电池内部压力正常的条件下，防止外界空气进入电池。

③ 当产生过量气体时，阀门打开，防止发生爆炸。

④ 防止电解液蒸发，避免电池干枯。

但这种电池并不是免维护电池，每年要以实际负荷做一次核对性容量实验，一般放出额定容量的 30% ~40%。

另一种是富液式胶体电池。它是把电解质进行糊化、胶化，以便电池能以各种方式放置而正常运行，无电解液溢出。由于这种电池性能指标较好，所以日常维护以测电池的电压为主，来发现各电池间电压是否均匀和有没有落后电池。

2. 使用方法

1）充电

（1）初充电

初充电用于新电池，目的是以恢复其容量，充电电流小于 0.25 C_{20} A。

（2）电池在安装后，要求进行必要的补充电

充电方法：以 0.25 C_{20}A 初充电流，限压 2.40～2.45 V/cell 进行充电，在充电末期 4 h内，电流无明显的变化，确认为电池已完全充电。当环境温度超过 25℃ ±5℃时，要进行温度补偿，温度补偿系数为每摄氏度 0.003 V。即当环境温度每升高 1℃，充电电压向下调整 0.003 V。

（3）浮充电

浮充电是将蓄电池组与整流设备并接在负载回路上，由整流设备供负载工作并向蓄电池保持微小的充电电流。浮充电压的设定（25℃）：以 2.25～2.30 V/cell 进行设定。均衡和循环使用电压的设定（25℃）：以 2.40～2.45 V/cell 进行设定。

2）放电

（1）放电试验

放电试验的目的是检验新电池初充电的容量。试验步骤一般是在初充电完成 30 min 后，接上负载，按照 10 h 放电率对应的放电电流进行放电，计算电池电压由 2.04 V 下降到 1.75 V 的放电时间。根据放电时间和放电电流计算电池容量，当计算容量大于 70% 标准容量时，电池可以装车运用。

（2）准放电

准放电是在蓄电池修理前进行的放电，目的是使得极板表面生成一层硫酸铅薄膜，防止极板被空气氧化。放电步骤是，按照 10 h 或者 6 h 放电率对应的放电电流进行放电，使电池端电压降到 1.95 V。

（3）过放电

过放电是指电池电压低于 1.75 V，电解液比重小于 1.20 时仍然放电的现象。这时由于极板物质全部变成坚硬的硫酸铅，会造成充电困难，电池容量显著下降，也称为极板硫化。

（4）电池的定期保养

为了保证电池系统的最佳可靠性，推荐用户每半年/每年检查电池组系统。检查的项目包括：电池组系统的充电电压，单只电池的浮充电压，均衡充电电压，电池间连接的松紧度，电池充电设备的运行状况。

4.1.3 镉镍蓄电池工作原理与使用

碱性蓄电池具有体积小、机械强度高、工作电压平稳、可以大电流放电、使用寿命长和便于携带等特点，可用作移动的通信设备、仪器仪表、自动控制等电子设备的直流电源，也可作为反压电池使用。碱性蓄电池与同容量的铅蓄电池比较，它的购置成本较高。

碱性蓄电池由于极板活性物质的材料不同，分为铁镍蓄电池、镉镍蓄电池、锌银蓄电池等系列。各种系列碱性蓄电池的构造、原理和特性略有差异，本章着重介绍镉镍蓄

电池。

1. 碱性蓄电池的型号

我国碱性蓄电池的型号采用汉语拼音字母和阿拉伯数字。一般由以下几个部分组成。

① 如为单体（每只）蓄电池，其型号仅由系列（构成正负极板的材料代号）和容量组成。

例1：TN500碱性蓄电池，“T”是负极板材料铁的代号（取其汉语拼音第一个字母，下同），“N”是正极板材料镍的代号，500表示其容量为500安时（A·h）。

例2：XYZ5碱性蓄电池，“X”是负极板材料锌的代号，“Y”是正极板材料银的代号，“Z”代表中放电率，5表示其容量为5安时。

例3：GNYG40m碱性蓄电池，第一个“G”是负极板材料镉的代号，“N”是正极板材料镍的代号；“Y”代表圆形密封结构，第四个字母“G”代表高放电率，“40m”表示其容量为40毫安时（mA·h）。

蓄电池结构为密封的圆形、扁形、方（矩）形分别用字母“Y”、“B”、“F”表示；蓄电池结构为全密封的则在上述字母的右下角附加“1”字，即以“Y_1”、“B_1”、“F_1”表示；沿长度排列的用字母“C”表示；沿宽度排列的用字母“K”表示；电池组外壳是活动盖的用字母“H”表示；方形开口的不用字母表示。

② 几个单体蓄电池串联组成蓄电池组时，由其型号前面再加上第一部分串联个数组成。

例4：2XYG200碱性蓄电池组，“2”代表2个电池串联，“X”是负极板材料锌的代号，“Y”是正极板材料银的代号，“G”代表高放电率，200表示其容量为200安时。

例5：10GNH60碱性蓄电池组，“10”代表10个电池串联，“G”是负极板材料镉的代号，“N”是正极材料镍的代号，“H”代表蓄电池组外壳是活动盖的，60表示其容量为60安时。

2. 镉镍蓄电池结构与工作原理

镉镍蓄电池如按极板结构可分为有极板盒式和无极板盒式，如按外形结构可分为开口式和密封式蓄电池。

1）镉镍有极板盒蓄电池

镉镍有极板盒蓄电池正极由氧化镍粉、石墨粉组成，石墨主要是用来增强导电性，不参加化学反应。负极由氧化镉粉和氧化铁粉组成。掺入氧化铁粉的目的是使氧化镉粉具有较高的扩散性，防止结块，并增加极板的容量。正、负极上的这些活性物质分别包在穿孔钢带中，加压成型后成为正、负极板。以焊接方式焊成极群装入镀镍铁质电槽或聚乙烯电槽内，并以耐碱的硬橡胶绝缘棍或穿孔的聚氯乙烯瓦楞板隔开正负极板，然后焊底或焊盖成型。

为了排灌电解液，在蓄电池外盖上有一注液口，注液口拧以密闭式的气塞，该气塞能使蓄电池内部氯体排出，而防止外部气体进入，并能保证当蓄电池短时翻转时不流出电解液。

小容量的镉镍蓄电池的正极与电槽（外壳）相接，较大容量的镉镍蓄电池的电槽都不带极性，即正极不与电槽（外壳）相接。根据不同的电压要求，可将单体电池串联组合在一起，成为组合蓄电池。

2）镉镍无极板盒蓄电池

镉镍无极板盒蓄电池中采用的极板有烧结式、压成式两种，可组装成烧结式、压成式和半烧结式三种镉镍无极板盒蓄电池。

烧结式蓄电池正负极板是以烧结的多孔性的镍报板为骨架，在多孔镍骨架的孔隙里填充氢氧化亚镍为正极板，填充氢氧化镉为负极板。

压成式蓄电池的正极以氢氧化亚镍和石墨粉为正极活性物质，以海绵镉粉和氧化镉粉为负极活性物质。正负极活性物质中以镀镍钢网为骨架，在专用模具中加压成型，成为正、负极板。

半烧结式蓄电池的极板其中一个极为烧结式；另一个极为压成式。

上述三种蓄电池中的正、负极板以隔膜隔开组成极群放入塑料电槽里，然后高频焊盖成型，制成镉镍无极板盒单体蓄电池。在蓄电池的外盖上有一与镉镍有极板盒蓄电池相同的注液口和气塞，可以排灌电解液，防止外部气体进入，保证内部气体的排出。

3）镉镍密封蓄电池

多数镉镍密封蓄电池的正、负极板结构与镉镍无极板盒蓄电池相同。以隔膜把正负极板隔开组成极群，放入镀镍铁质圆筒中，加入电解液化成后，再把外壳和外盖以卷加封口方式密封成镉镍密封单体蓄电池。另有压成式密封电池其极板用镍网包扎，在特别模具中加压成型，经化成后，正负极板采用维尼龙纸与卡普伦面为隔膜，垫栅作为接触片装入镀镍钢壳中，壳盖卷边封口密封成单体电池。这些电池在使用前不必灌注电解液，并且任何方向放置不漏电解液。

3. 蓄电池工作原理

镉镍蓄电池极板的活性物质在充电后，正极板为氢氧化镍 $Ni(OH)_3$，负极板为金属镉（Cd）；而放电终止时，正极板转化为氢氧化亚镍（$Ni(OH)_2$），负极板转化为氢氧化镉（$Cd(OH)_2$）。电解液多选用氢氧化钾（KOH）溶液。蓄电池充电时电能变为化学能储存起来，放电时将化学能变为电能而输出，两电极所发生的电化学反应是可逆的。在充放电过程中总的化学反应式如下。

$$\underset{\text{负极}}{Cd}+\underset{\text{电解液}}{2KOH}+\underset{\text{正极}}{2Ni(OH)_3}\ \underset{\text{充电}}{\overset{\text{放电}}{\rightleftharpoons}}\ \underset{\text{负极}}{Cd(OH)_2}+\underset{\text{电解液}}{2KOH}+\underset{\text{正极}}{2Ni(OH)_2}$$

从上述化学反应式可以看到，电解液只作为电流的传导体，其浓度不发生变化。因此对于镉镍蓄电池不能依据电解液的比重来判断电池充放电的程度，唯一可靠的办法就是根据电压的变化来判断充放电的程度。

4. 镉镍蓄电池的使用

1）新蓄电池安装前的检查与连接

① 蓄电池外壳应无裂纹、损伤、漏液等现象。

② 电池的正负极性必须正确，壳内部件应齐全无损伤，有孔气塞通气性能应良好。

③ 连接条、螺栓及螺母应齐全，并无锈蚀。

④ 带电解液的蓄电池，其液面高度应在两液面线之间，防漏运输螺栓应无松动、脱落。

⑤ 测量电池的干燥电压，开箱取出蓄电池，先不注入电解液，直接测量极柱间的电压。

⑥ 蓄电池排列上架，小心仔细地将未注入电解液的蓄电池按顺序入座放置架上，电池间距离由连接片的尺寸来定。蓄电池底部不需加垫任何东西，蓄电池排列好以后，用连接片严格按相邻电池正负极相接依次串联起来，连接片和螺母上涂上凡士林作为保护层。完成电池组内部接线后，再进行充电机和蓄电池间的连接，先接充电机柜一侧，再接蓄电池极柱侧。

2）电解液的配制

蓄电池的电解液一般是氢氧化钾和氢氧化锂的水溶液，因此配制电解液时，容器应选用干净的塑料或钢制容器，不可使用铜、铝或镀锌容器。

根据随电池配备的电解质使用说明书，电解液的配制必须用蒸馏水或去离子水（脱盐水）。如果使用普通水，即使是饮用水（因为含有杂质），电池经过长时间的运行，电解液将会被污染，并会影响电池的使用寿命。

电解液对脱盐水的要求是：①电导不大于 10 μs/cm；②水中含有杂质，折合成$KMnO_4$的消耗量不超过 0.03 g/L。

3）蓄电池充放电试验

（1）试验前的准备工作

① 备齐充放电记录表格，掌握记录工作。

② 检查蓄电池接线正确，电池上无任何杂物，电池的电解液液位合适，接线正确，接线柱、连接板、连接螺栓紧固。打开所有电池的排气孔。

③ 放电电阻的准备：利用旧的空汽油桶制作一个水电阻作为吸收电池放电电能的负载，利用桶壁作为水电阻的一极，另一极用一块 8 mm 厚的铁板，铁板的宽度和高度视铁桶的大小和操作空间大小而定。铁板悬挂在铁桶上，用固定在铁桶上方支架上的倒链来调节铁板插入铁桶水中的深度，达到调节水电阻阻值的目的。

④ 充电机柜的各项试验都已经完成，各项数据均满足技术要求。

（2）充电试验

① 充电前测量并记录蓄电池组的总电压及单电池的电压、电解液的比重和温度。

② 电解液温度在 35℃以后，即可对电池进行充电试验。

③ 按照电池规定的充电电流进行，记录充电开始时间。

④ 经常监视充电电流指示，尤其是开始的 10 min 左右。发现电流变化，应及时调整，维持充电电流恒定。

⑤ 充电过程中，每隔 1 h 对每个电池电压和电解液的比重、温度进行测量，应及时做好试验记录。随着充电，电池电压逐渐升高，充电电流要下降，应及时调整，维持电流恒定。

⑥ 充电中如测量发现电解液的温度超过 45℃，必须停止充电，待温度降到 35℃以

下，再恢复充电（要记录暂停时间）。

⑦ 充电结束后，单个电池的电压应在1.55 V左右。

(3) 放电试验

充电结束1 h左右，可以开始对电池进行放电试验，为方便测量电流和电压，可以用两块万用表（数字），一块用于测量电池电压，另一块表测量放电电流。放电的过程可以通过监视两块万用表的读数对水电阻的阻值加以调整。

注意：对放电回路接线时，应先接放电现场的线路，再接电池侧的端子。

4) 安全注意事项

① 由于电解液是苛性碱，为防止灼伤皮肤，在灌注电解液时，应戴橡胶手套，穿长袖衣服，戴保护眼镜。现场应备有清水，一旦电解液溅到皮肤或衣服上时，立即用水冲洗。

② 充放电的过程中，蓄电池会放出易燃气体，故严禁吸烟和其他明火，并将衣服上的静电通过接地放掉，防止产生火花。

③ 放电电阻周围需有防触电措施。

④ 将手表及身体上的金属物品放好，防止与电池端子接触。

4.2 CRH1 型动车组蓄电池与充电机

4.2.1 蓄电池的使用与维护

1. 蓄电池系统的组成

CRH1 型动车组蓄电池系统，向列车内的控制系统、应急照明、应急通风、无线电等系统供电。蓄电池正常状态下的功能是向 TCMS 系统、照明、无线电系统等提供电源电压，并在蓄电池充电机出现临时性故障时，起能量缓冲器作用。

蓄电池系统包括5组蓄电池和5个充电机，均与主蓄电池母线并联连接。图4-1是蓄电池系统结构图。

蓄电池采用镍镉电池，容量为200安时（Ah）。主蓄电池母线通过接触器分为三条直流供电母线，贯穿整个列车。第一条母线上几乎连接了所有的直流负载；第二条是应急供电母线负担应急照明和极少的TCMS负载，第三条是启动母线；该母线从应急供电母线获取电能，为关闭电池接触器的继电器逻辑供电。

蓄电池系统的供电情况如图4-2所示，电池通过熔断器和隔离开关与电池充电机并联接到电池母线上，电池接触器1控制整个直流母线。蓄电池接触器1闭合后能将蓄电池和电池充电机连接到电池母线上，如果要激活 TCMS 系统，该接触器必须闭合；蓄电池接触器2闭合后可给旅客信息显示屏及旅客电源插座板的DC/AC逆变器供电，如果外部电源中断，该接触器在蓄电池紧急供电2 min后断开；蓄电池接触器3闭合后向牵引变流器的控制计算机供电，如果外部电源中断，该接触器在蓄电池紧急供电30 min后断开。

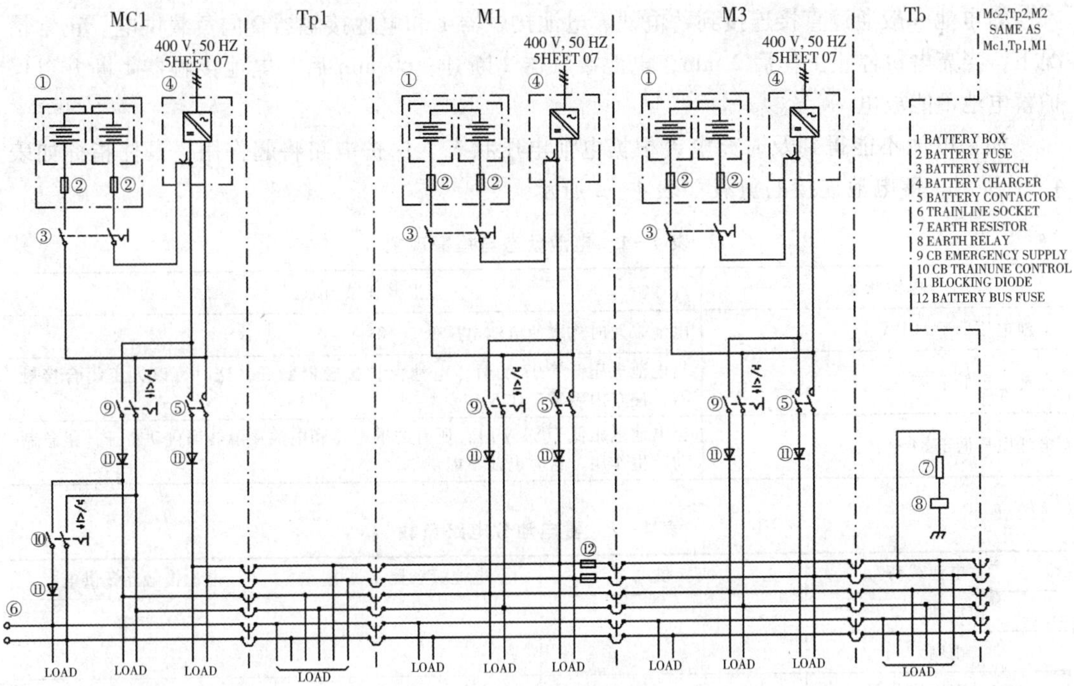

图 4－1 蓄电池系统结构图

①—电池箱；②—电池保险丝；③—电池断路器；④—电池充电机；⑤—电池接触器；
⑥—列车线插座；⑦—接地电阻⑧—接地继电器；⑨—断路器，紧急供电；⑩—断路器，列车线控制；
⑪—阻断二极管；⑫—电池总线保险丝

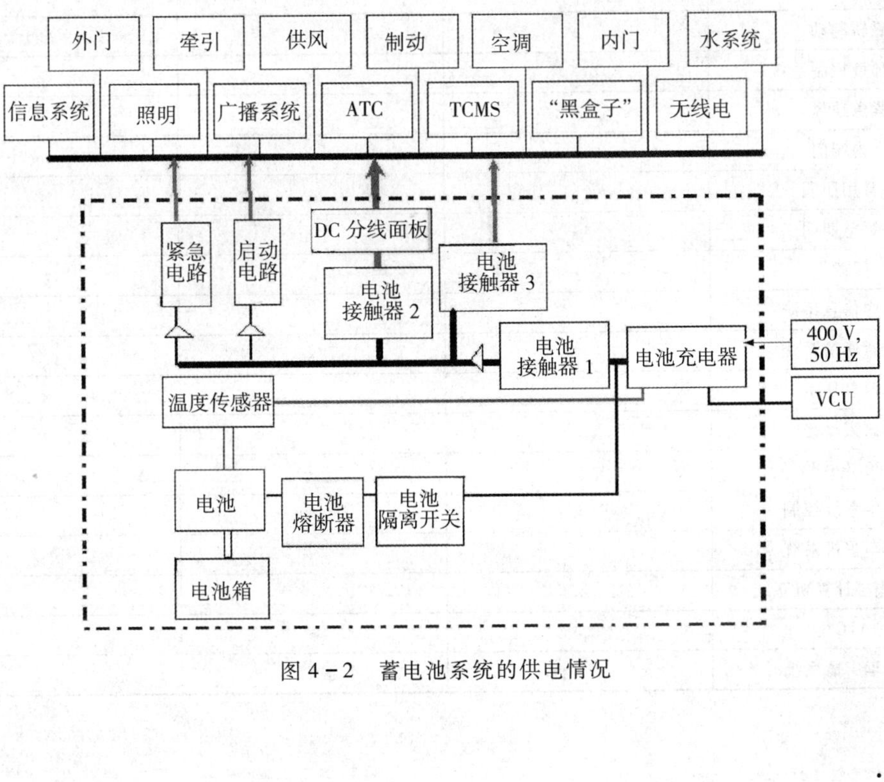

图 4－2 蓄电池系统的供电情况

蓄电池一般通过直接连接到蓄电池、电池接触器 1 和电池接触器 2 向负载供电。正常情况下，当充电机停止工作后 2 min，电池接触器 2 断开；60 min 后，电池接触器 1 断开以保护蓄电池不能放电。

如果电池不能得到及时充电，根据电池电压状态，保护电路将起作用，具体指标如表 4－1 所示。蓄电池连接的负载如表 4－2 所示。

表 4－1　电池状态与报警现象

电池状态	报警现象与原因
电池电压低于 101 V	电池未及时充电使电池电压低于 101 V
电池电压低于 97 V	当电池电压低于 97 V 时，电池保护接触器断开，这时可以人工闭合接触器，使车内装置工作 5 min
电池电压低于 84 V	当电池电压低于 84 V 时，所有的继电器和电池接触器都自动断开，紧急制动产生作用，这时电池不能供电

表 4－2　蓄电池分电路负载

蓄电池载荷	直接供电	电池接触器 1 供电	电池接触器 2 供电
前灯和后灯		×	
雨刷		×	
自动车钩控制器	×		
外门		×	
向后监视器		×	
辅助空气压缩机与干燥器		×	
制动与控制器		×	
磁轨制动		×	
车内环境控制系统		×	
紧急通风		×	
内端门		×	
常用照明			×
紧急照明	×		
阅读灯			×
车内信息系统		×	
紧急通信系统		×	
信息显示			×
火灾报警		×	
PC 连接器		×	
卫生系统控制	×		
列车主机系统		×	
列车底层计算机系统	×		
ATC		×	
列车广播系统		×	

2. 蓄电池放电时间周期

1）基本参数

蓄电池类型：NiCd 碱性电池，电池组额定电压：110 V，额定容量为 200 A · h。

如果一个充电机锁闭不能使用时，有足够的冗余。

应急通风的放电时间：2 h；应急照明的放电时间：5 h。

2）蓄电池放电时间周期的划分

蓄电池放电时间周期分为 5 个阶段。

- 前 2 min：不减少负荷，系统紧急通风。
- 2 ~ 30 min：计算机系统仍然工作，此时为紧急通风和应急照明。
- 30 ~ 120 min：计算机系统仍然工作，此时为紧急通风和应急照明。动力系统的一些控制计算机被切除。
- 120 ~ 300 min：应急照明。
- 300 ~ 305 min：A 启动模式。

各阶段蓄电池放电负载与功率如表 4 - 3 所示。

表 4 - 3　蓄电池放电负载与功率

放电阶段	标定载荷	蓄电池的功率
前 2 min	主计算机和变流器：3.8 kW 内部设备：39.2 kW 制动、空气：1.2 kW 总计：44.3 kW	电池功率：8.86 kW 消耗能量：0.3 kW · h
2 ~ 30 min	主计算机和变流器：3.8 kW 内部设备：16.1 kW 制动、空气：1.2 kW 总计：21.2 kW	电池功率：4.24 kW 消耗能量：1.97 kW · h
30 ~ 120 min	主计算机和变流器：0.7 kW 内部设备：16.1 kW 制动、空气：1.2 kW 总计：18.0 kW	电池功率：3.62 kW 消耗能量：5.43 kW · h
120 ~ 300 min	主计算机和变流器：0.1 kW 内部设备：1.8 kW 制动、空气：0 kW 总计：1.9 kW	电池功率：0.38 kW 消耗能量：1.1 kW · h
300 ~ 305 min	主计算机和变流器：4.65 kW 内部设备：3.85 kW 制动、空气：1.21 kW 总计：9.71 kW	电池功率：1.94 kW 消耗能量：0.16 kW · h

3. 蓄电池的接地保护措施

蓄电池系统的接地保护采用负极高阻抗接地，如图 4 - 3 所示。目的是在发生单极接地故障时，列车仍然可以使用蓄电池系统的电力，缺点是将检测不到负极和车体（地）之间的单极接地故障，因此必须定期试验负极和地之间的电阻值。

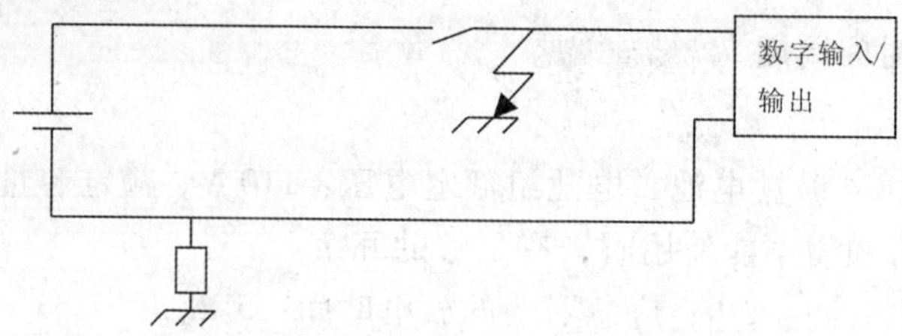

图 4-3　负极是高阻值的接地原理图

4. 蓄电池的使用与维护

蓄电池的连接图如图 4-4 所示，蓄电池在使用中应注意以下几点。

① 电池箱材料为不锈钢、抗酸并免维修。82 个电池单元安装在两个平台上，便于拉出维修，车的每侧有 41 个单元。电池箱有 1 对门锁，门上附有导轨，可支撑电池重量。

② 正常运行条件下，电池使用寿命期间不必更换电解液。过度充电将导致液位下降，新加电解液必须用去离子、无化学物质的蒸馏水，并存放在有标记和密封的塑料容器内。电池箱前方有加电解液的两个接头，从箱前部通到单元注入口，电解液通过阀进入单元，达到预定液位后，流入下一个单元。

③ PT100 传感器安装在两单元间串接板上测量电池温度，电池温度过高时通过 IDU 进行故障显示。

④ 电池箱上安装有两个电池熔断器，正、负极熔断器分别装在箱的两侧，长时间使用后应更换熔丝。

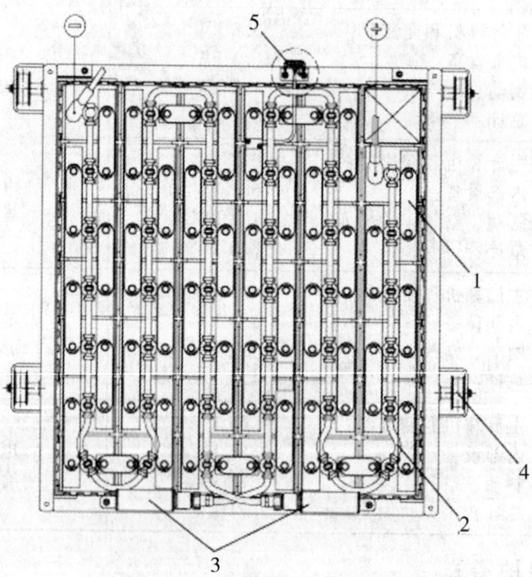

图 4-4　蓄电池的连接图

1—连接串联电池单元的接触板；2—电解液管；3—接头；
4—电池箱用导轨，便于维修；5—温度测量信号电缆插座

4.2.2 充电机的工作原理

充电机在 CRH_1 型动车组中就是蓄电池充电模块（Battery Charger Module，BCM），是一个静止的变流装置，其作用是将三相交流电压转变成直流电压，用来向蓄电池充电，并为直流母线提供电能，为其他直流负载供电。每个充电机的总功率为 13 kW，其中输出功率为 8 kW、最大充电功率为 5 kW。

充电机为一体化的模块，除冷却系统外，有三个主要子系统：一个三相桥式输入整流器，一个 IGBT 逆变器和一个输出整流器。BCM 的主电路原理框图如图 4－5 所示。

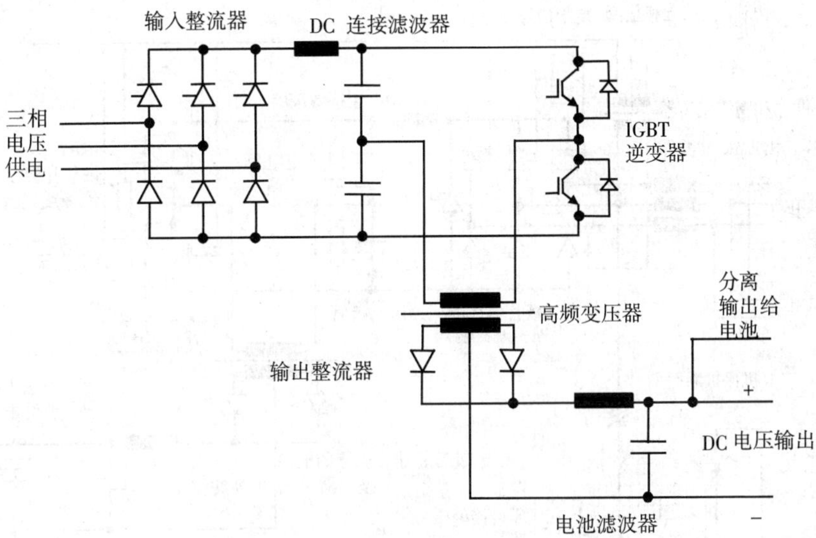

图 4－5 BCM 的主电路简图

输入整流器是一个半控三相桥式整流器，对三相输入电压整流，IGBT 对直流电压进行高频斩波，两个 IGBT 轮流切换，在高频变压器原边产生高频矩形交变电压，带中心抽头的次级线圈经两个二极管再次整流，输出直流电压。

滤波器的作用是防止电磁干扰和改善输出品质。直流环节滤波器减小整流电压的纹波，电池滤波器改善了输出直流的平滑性。

控制 IGBT 的开断比（控制比）可得到期望的直流输出：可使直流输出电压保持在恒定值；如果总输出电流或蓄电池充电电流超过最大允许值，输出电压就会降低，这时IGBT的控制比要以输出电流为控制指标，蓄电池充电机以恒电流方式运行。

BCM 的电路原理如图 4－6 所示，除主电路外，图中还给出了整流触发单元（DYTP600A）、BCC/I（Battery Charging Control Unit，电池充电控制单元）控制计算机、冷却风扇、控制器电源和测试信号等部分。

BCM 的主要构成如下。

① 输入整流。

② 直流环节滤波器（电感和电容）。

③ IGBT 逆变器。

④ 高频变压器。

⑤ 输出整流器（两个二极管）。

⑥ 蓄电池滤波器（感应和电容）。

⑦ 控制单元 BCC/I。

⑧ 冷却风扇。

⑨ 保护传感器和测量传感器。

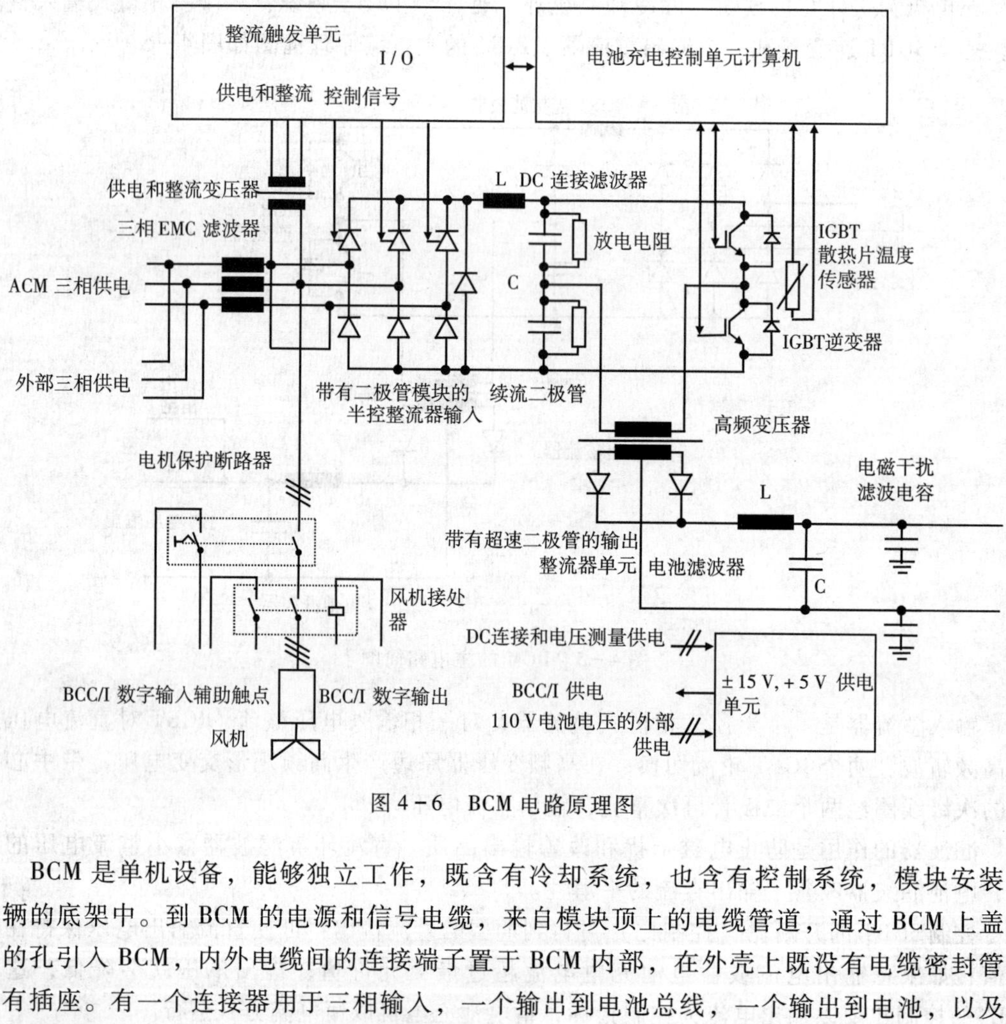

图 4-6 BCM 电路原理图

BCM 是单机设备，能够独立工作，既含有冷却系统，也含有控制系统，模块安装在车辆的底架中。到 BCM 的电源和信号电缆，来自模块顶上的电缆管道，通过 BCM 上盖板中的孔引入 BCM，内外电缆间的连接端子置于 BCM 内部，在外壳上既没有电缆密封管也没有插座。有一个连接器用于三相输入，一个输出到电池总线，一个输出到电池，以及一个共用的输出，用于电池总线和电池的负极。

PT100 元件将 IGBT 散热器温度送给控制单元（BCC/I），如果温度不高于预设值，散热器仅通过自然对流冷却就可以了；如果温度超过预设值，就激活冷却风扇，强迫散热器冷却。冷却空气从 BCM 的后部吸入，通过散热器，从 BCM 顶部和底部的通风孔排出。因为冷却空气来自两个模块间的间隙而非直接来自车身外，所以没有太多灰尘、雨雪进入。排出的气流也可防止通风孔顶部和底部被颗粒（例如塑料袋或树叶等）堵塞。

电池充电机设备特性如表 4-4 所示。

表4－4 电池充电机设备特性

项目	特性
标定输入电压	AC 3×400 V／50 Hz
输出电压	DC 122 V ±6.1 V
持续输出功率	22 kW
与 TCMS 接口	多功能车辆母线 MVB
外部尺寸	高度：450 mm
	长度：900 mm
	深度：785 mm
重量	170 kg

充电机的内部结构如图4－7、图4－8、图4－9所示。

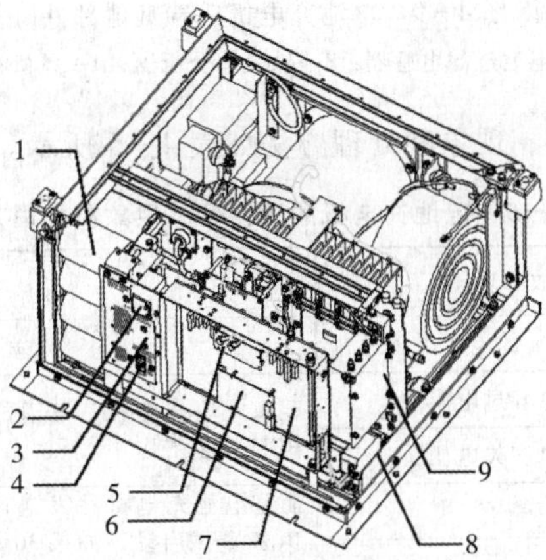

图4－7 电池充电机前端部件图

1—电解电容器；2—电机保护断路器；3—Fancontactor；4—微型断路器；5—光纤板；6—MVB 母线；7—BBC/I；8—DC 电磁干扰过滤器；9—三相电磁干扰过滤器

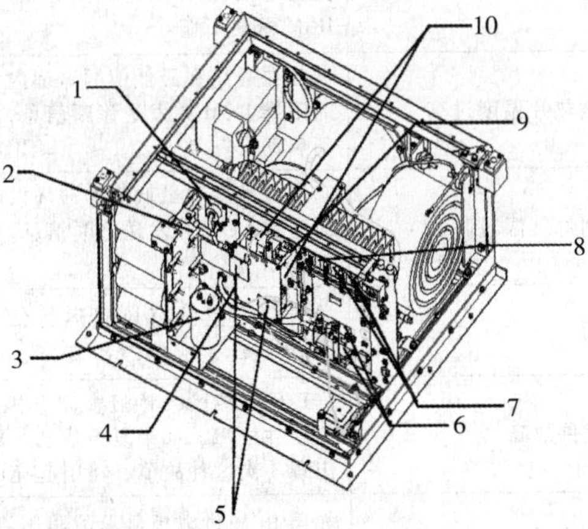

图4－8 电池充电机前端其他部件

1—电流变压器；2—电阻器；3—电池过滤电容器；4—IGBT 保护和自供电；5—IGBT 驱动板；6—超快速二极管模块；7—可控硅二极管模块；8—二极管模块；9—温度传感器；10—IGBT 晶体管

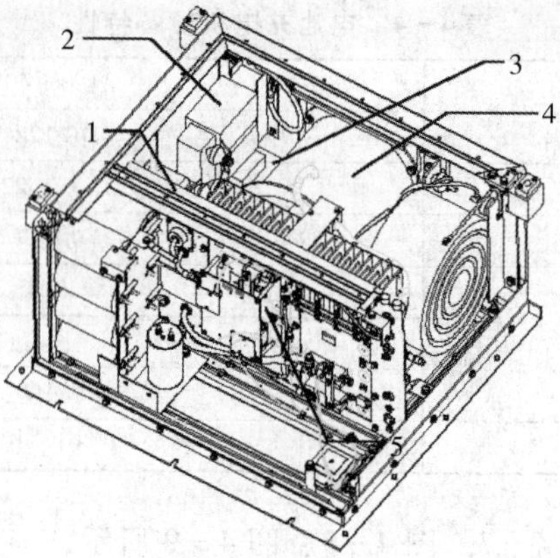

图 4－9　电池充电机后端其他部件

1—电压变压器；2—电池过滤电感器；3—铁氧体变压器；4—风机；5—网侧过滤电感器

电池充电机的故障代码、现象和处理方法如表 4－5 所示。

表 4－5　电池充电机故障代码、现象和处理方法

诊断号	监测内容	故障现象	故障处理
诊断 05	电源电压	输入到 BCM 的电源电压过高	发送故障信息
诊断 09	BCM 直流环节电压	网侧滤波电容过电压	阻塞电池充电机，发送故障信息，电压回复到限定值内，BCM 恢复工作
诊断 10		网侧滤波电容欠电压	
诊断 11	输出电压	电池欠压	阻塞电池充电机并发送诊断信息，经过一段指定时间后，BCM 重试启动，如果 30 s 内出现 3 次故障，电池充电机将永久阻塞
诊断 12		电池过压	
诊断 13	输出电流	BCM 输出过流	阻塞电池充电机并发送诊断信息，经过一段指定时间后，BCM 重试启动，如果 30 s 内出现 3 次故障，电池充电机将永久阻塞
诊断 06	电池温度	温度过高	阻塞电池充电机并发送诊断信息，温度恢复到限定值内，BCM 恢复工作
诊断 07	散热片温度	变流器散热片温度过高	温度在最高和最低值的滞环内时启动风扇，温度超过最高值时阻塞 BCM 并发送诊断信息，温度回到限定值内时 BCM 重新启动
诊断 08	内部气温	变流器内部气温过高	温度在最高和最低值的滞环内时启动风扇，温度超过最高值时阻塞 BCM 并发送诊断信息，温度回到限定值内时 BCM 重新启动
诊断 23	风扇	风扇故障	风扇打开但没有风扇运行信号，发送诊断信息，但不阻塞 BCM
诊断 14	BCM 硬件	BCC/I 硬件故障	出现硬件故障，将阻塞充电机，在指定时间后 BCM 尝试复位硬件故障，如果复位成功，将重新启动 BCM 在 30 min 内出现 3 次这种故障，将引起充电机永久故障
诊断 22	BCM 电源板	供电电源失效	如果 BCM 供电板显示故障，将发送诊断信息。在这种情况下，BCM 不能启动死电池（Dead Battery）
诊断 04	BCM 软启动整流器板	软启动整流器板故障	如果 BCM 软启动整流器板显示故障，将发送诊断信息

续表

诊断号	监测内容	故障现象	故障处理
诊断 15	测量环节自诊断	电流传感器故障	对测量信号和计算偏差进行可信度检查，忽略明显不真实的测量值，但如果这样的测量值不断出现，就发送诊断信息。在 30 min 内出现 3 次这样的故障，将引起充电机的永久阻塞
诊断 16		温度传感器故障	
诊断 17		散热片温度传感器故障	
诊断 18		内部气温传感器故障	
诊断 19		网侧滤波电容电压传感器故障	
诊断 20		电池电压传感器故障	
诊断 21	BCM 保护	BCM 永久阻塞	以上各种原因引起 BCM 永久阻塞

4.3 CRH2 型动车组蓄电池与充电机

4.3.1 蓄电池的使用与维护

1. 蓄电池的基本参数

动车组采用阴极吸收式铅酸蓄电池，蓄电池额定容量为 100 A·h（20 h 放电率），列车无线系统采用镉镍蓄电池，蓄电池额定容量为 60 A·h（5 h 放电率）。两种电池的规格如表 4－6 和表 4－7 所示。

表 4－6 阴极吸收式铅酸蓄电池规格

编　号		ESLB3—G1	ESLB3—G2
额定电压/V		12	6
20 h 放电率容量/（A·h）		100	100
最大外形尺寸/mm	总高	248 以下	
	箱高	210 ± 2	
	宽度	173 ± 2	
	总长	407 ± 2	
20 h 放电率容量（25℃）	放电电流/A	5	
	放电时间/min	1 140 以上	
	放电终止电压（V/个）	10.5（1.75 V/个）	5.25（1.75 V/个）
大电流放电性能（－5℃）	放电电流/A	120	
	放电时间/s	5	
	放电后电压（V/个）	10.68 以上（1.78 V/个）	5.34 以上（1.78 V/个）
容量保存率/%		80 以上	
重量/kg		约 37	约 21
备注	数量（台数/辆）	7 45 个/辆	1

表 4-7 列车无线系统采用镉镍蓄电池规格

<table>
<tr><td colspan="2">编号</td><td>P—6000VE—72</td></tr>
<tr><td colspan="2">额定电压/V</td><td>84 V（1.2 V/个）</td></tr>
<tr><td colspan="2">5 h 放电率容量/（A·h）</td><td>60 A·h</td></tr>
<tr><td rowspan="3">外形尺寸/mm</td><td>高度</td><td>265 ±1.0</td></tr>
<tr><td>宽度</td><td>722 ±2.0</td></tr>
<tr><td>总长</td><td>417 ±0.1</td></tr>
<tr><td rowspan="4">5 h 放电率参数
（25℃）</td><td>放电电流/A</td><td>12</td></tr>
<tr><td>放电时间/min</td><td>300 以上</td></tr>
<tr><td>放电终止电压</td><td>70</td></tr>
<tr><td>（V/个）</td><td>（1.0 V/个）</td></tr>
<tr><td colspan="2">重量/kg</td><td>约 150</td></tr>
<tr><td colspan="2">数量/（个/列）</td><td>70</td></tr>
</table>

2. CRH_2 型动车组蓄电池容量计算

1）停电时运行的负荷装置

蓄电池承受负荷时的状态可以考虑为以下三种情况。

第 1 种情况：架线停电、或者两台 APU 发生故障时的负荷，相当于 115 线以外的 DC 100 V 负荷。（103、103 B 线系统）

第 2 种情况：救援运转时所必要的机器在开动的状态。

第 3 种情况：紧急待机时的负荷，相当于 103 B 线负荷。

2）蓄电池放电电流

第 1 种情况：发生架线停电、或者两台 APU 发生故障时

$$最大直流负荷 = 14.412\ kW$$

蓄电池放电电流

$$I_1 = 14\ 412 \times 0.8（放电时的电压降）/100 = 115.30\ A$$

第 2 种情况：救援运转时

$$最大直流负荷 = 6.477\ kW$$

蓄电池放电电流

$$I_2 = 6\ 477 \times 0.8（放电时的电压降）/100 = 51.82\ A$$

第 3 种情况：紧急待机时

$$最大直流负荷 = 3.104\ kW$$

蓄电池放电电流

$$I_2 = 3\ 104 \times 0.8（放电时的电压降）/100 = 24.83\ A$$

3）因线路电阻产生的电压降

按照以下公式计算因线路电阻产生的电压降。

$$\Delta V = \frac{L}{1\ 000} \times R \times I \times \sum_{n=1}^{m}\left(1 + \frac{1-n}{N}\right)$$

其中，ΔV——第 m 节车厢的电压降，V；

L——1 节车厢中的直流负荷用线路长度，m；

R——线路的导体电阻，Ω/km；

I——直流负荷电流，A；

m——从装载蓄电池的车厢开始计算，至供电距离最远车辆的节数，（节）；

N——由蓄电池供电的全部车厢数量，（节）。

按照该公式，根据以下数值可以计算出因线路电阻产生的电压降。

$L = 25$（车体长度）$+5$（余量）$= 30$（m）

$R = 0.128\ \Omega/\text{km}$

$m = 3$（6 号车→8 号车）

$I_1 = 5\ 579 \times 0.8/100 = 44.63\ \text{A}$

$I_2 = 2\ 541 \times 0.8/100 = 20.33\ \text{A}$

$I_3 = 1\ 088 \times 0.8/100 = 8.704\ \text{A}$

$N = 3$

电压降 ΔV 为

$$\Delta V = \frac{30}{1\ 000} \times 0.128 \times I_n \times \sum_{n=1}^{3}\left(1 + \frac{1-n}{3}\right)$$

因此，在三种情况下因线路产生的电压降如下所示。

$$\Delta V_1 = 0.343\ \text{V}$$
$$\Delta V_2 = 0.156\ \text{V}$$
$$\Delta V_3 = 0.067\ \text{V}$$

4）最低允许电压

最低允许电压为直流负载的最低工作保证电压 77 V 加上因线路产生的电压降。

第 1 种情况：发生架线停电、或者两台 APU 发生故障时。

$$\text{最低允许电压} = 77\ \text{V} + 0.343\ \text{V} = 77.343\ \text{V}$$

因此，1 个蓄电池的最低允许电压为

$$77.343\ \text{V}/45 = 1.72\ \text{V}$$

第 2 种情况：救援运转时

$$\text{最低允许电压} = 77\ \text{V} + 0.156\ \text{V} = 77.156\ \text{V}$$

因此，1 个蓄电池的最低允许电压为

$$77.156\ \text{V}/45 = 1.71\ \text{V}$$

第 3 种情况：紧急待机时

$$\text{最低允许电压} = 77\ \text{V} + 0.067\ \text{V} = 77.067\ \text{V}$$

因此，1 个蓄电池的最低允许电压为

$$77.067\ \text{V}/45 = 1.71\ \text{V}$$

5）蓄电池容量换算时间

蓄电池的必要容量 C 如下式所示。

$$C = K \times I/L$$

其中，K——容量换算时间，h；

I——放电电流，A；

L——维修率，$L = 0.8$。

作为蓄电池的必要容量 C，在 -5℃ 的环境下，$C = 300\ \text{A} \cdot \text{h}$。

由此获得容量换算时间 K 为：

第 1 种情况：发生架线停电、或者两台 APU 发生故障时

$$K = 300 \times 0.8/115.30 = 2.08$$

第 2 种情况：救援运转时

$$K = 300 \times 0.8/51.82 = 4.63$$

第 3 种情况：紧急待机时

$$K = 300 \times 0.8/24.83 = 9.66$$

6）蓄电池负荷限度时间

以容量换算时间 K 及蓄电池最低允许电压（1 组蓄电池 = 1.8 V）为基准，根据蓄电池的特性曲线，在 -5℃ 环境下的蓄电池负荷限度时间如下所示。

第 1 种情况：发生架线停电、或者两台 APU 发生故障时

$$\text{蓄电池负荷限度时间} = 60\ \text{min}$$

第 2 种情况：救援运转时

$$\text{蓄电池负荷限度时间} = 175\ \text{min}$$

第 3 种情况：紧急待机时

$$\text{蓄电池负荷限度时间} = 405\ \text{min}$$

3. 蓄电池的使用与维护

1）蓄电池正常使用条件

为提高防水性能，蓄电池箱体采用铆接结构和提高制作性、防水性的焊接结构两种构造。在蓄电池的箱体上部有抽气用的烟囱，箱体下部有排水孔。追加排水孔的作用是排出从烟囱进入的水、霜，从而提高其可靠性。

打开车体中心侧的检查盖进行接触器的检查，打开车侧的检查盖可更换蓄电池。

蓄电池的正常使用采用浮充电方式，浮动充电电压为 2.25 V/个，充电电压波动范围可以在 2.23 ~ 2.30 V/个之间。蓄电池的正常使用温度范围是 -15℃ ~ 45℃。

2）蓄电池的定期维护

（1）根据蓄电池组的连接个数（45 个），充电电压应该保持在 98 ~ 104 V 之间。

（2）根据蓄电池组的连接个数（45 个），电池开路测量的放电终止电压应不低于 78.75 V。

（3）如果蓄电池充放电试验结果显示电池容量低于 50% 额定值，表明电池需要更换（测试的环境温度在 25℃）。

（4）检查电池外观，不能有外形龟裂、电解液泄漏、蓄电池接线端子腐蚀等现象。

（5）定期清扫蓄电池外箱。

4. 紧急蓄电池运用方案

当出现紧急情况导致 2、4、6 号车主控制用蓄电池不能进行辅助空气压缩机打风、升起受电弓及启动 APU 的工作过程时，可以采用紧急蓄电池方案完成上述工作。

这时需要运用地面紧急备用蓄电池。将地面紧急备用蓄电池的电源接至 6 号车紧急蓄电池电源管座。然后运用 6 号车的紧急启动开关盘完成 6 号车辅助空气压缩机打风、升起受电弓及 8 号车的 APU 启动过程。紧急蓄电池连接运用示意图如图 4 - 10 所示。

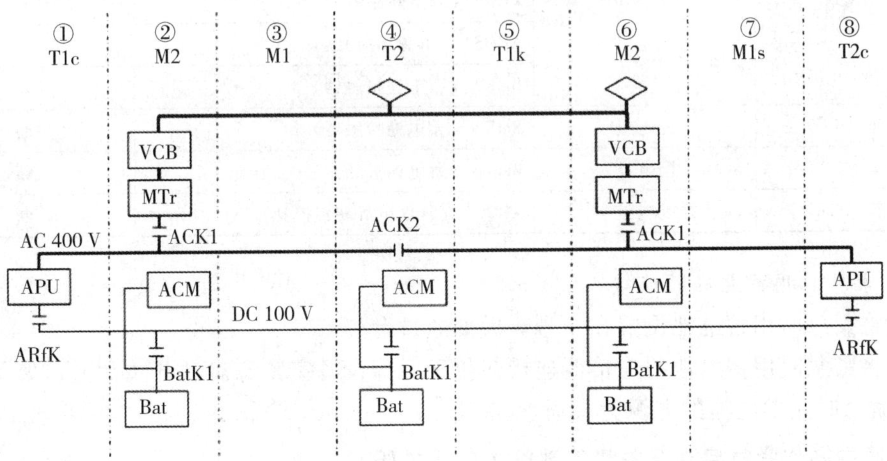

图 4 - 10　紧急蓄电池连接运用示意图

1）紧急时用蓄电池连接前准备

（1）准备品如表 4 - 8 所示。

表 4-8 准备品

准备品	数量
紧急时用蓄电池主机	1台
带专用插座的车辆用中继线	1根
万用表（可以测量 AC 400 V）	1台

(2) 开关 NFB 等的开关状态如表 4-9 所示。

表 4-9 开关 NFB 等的开关状态

车号	部位	开关，NFB 等	位置
8号车（T2c）	司机台	BV 手柄	拔取
	司机室配电盘（司机背面）	TWEmCgS（列车无线电源转换开关）	定位
		MLpS（锁定开关）	定位
	配电盘	UN1.2（空调电源 1.2）	断
		VeFMN（给排气）	断
		APUCN（辅助电源装置控制）	断
		ARfRN（直流辅助电源接触器）	断
7号车（M1s）	配电盘	UN1.2（空调电源 1.2）	断
		VeFMN（给排气）	断
6号车（M2）	配电盘	UN1.2（空调电源 1.2）	断
		VeFMN（给排气）	断
		ACMN（辅助空气压缩机）	断
		PanUVN（升弓）	断
		VCBN（真空断路器）	断
		ACOSN（电源感应）	断
		BatKN（蓄电池接触器）	断
4号车（T2）	配电盘	BatKN（蓄电池接触器）	断
2号车（M2）	配电盘	BatKN（蓄电池接触器）	断
1号车（T1c）	配电盘	APUCN（辅助电源装置控制）	断

2) 紧急时用蓄电池的连接

① 将紧急时用蓄电池设置在6号车后部通过台处。

② 将紧急时用蓄电池的连接器连接在位于后部设备室紧急启动开关盘上，如图 4-11 所示，紧急时用蓄电池的电源为接通。

5. 通过操作紧急启动开关盘实现第2单元加压

(1) 将非常启动开关盘的空气压缩机启动开关推至［ON］位置，启动空气压缩机。确认辅助空气储气罐里充满空气时，将开关推至［OFF］位置。通过操作旋塞打开 NO.1 侧的拉门，确认从空气压缩机内的安全阀门的排气声音。

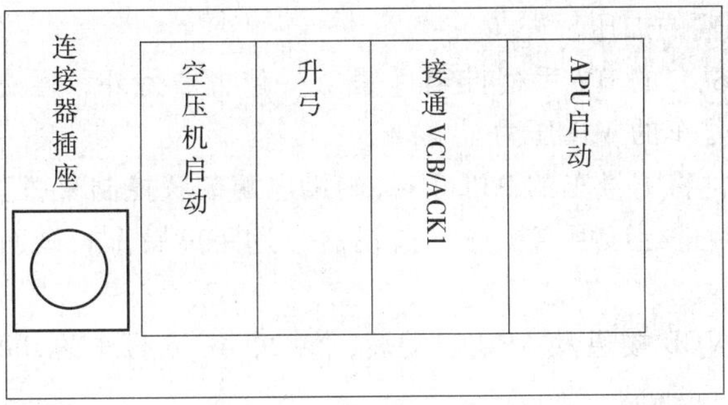

图 4－11 紧急时启动开关盘

紧急启动开关盘				确认事项
空气压缩机启动	升弓	接通 VCB/ACK1	APU 启动	
ON→OFF	OFF	OFF	OFF	空气压缩机工作（确认空气压缩机内安全阀门动作确认后）→停止

（2）将紧急启动开关盘的升弓开关推至［ON］位置，升起 6 号车的受电弓。目视确认受电弓上升后，将开关推至［OFF］位置。

紧急启动开关盘				确认事项
启动空压机	升弓	接通 VCB/ACK1	APU 启动	
OFF	ON→OFF	OFF	OFF	受电弓上升

（3）将紧急启动开关盘的 VCB/ACK1 连接开关推至［ON］位置，连接 VCB/ACK1。用万用表确认 8 号车的 ATN（辅助变压器）的 NFB（上侧）的 704－754 线间是否输出 AC 400 V 后，将紧急启动开关盘的 APU 启动开关推至［ON］位置。

紧急启动开关盘				⑥配电盘	确认事项
启动空气压缩机	升弓	接通 VCB/ACK1	APU 启动	BatKN	
OFF	OFF	ON	ON	OFF	704－754 线间是否输出 AC 400 V

①确认 8 号车的 APU 启动。

紧急启动开关盘				⑥配电盘	确认事项
启动空气压缩机	升弓	接通 VCB/ACK1	APU 启动	BatKN	
OFF	OFF	ON	ON	OFF	APU 启动

②将 6 号车配电盘的 BatKN（蓄电池接触器）推至［ON］位置。

紧急启动开关盘				⑥配电盘	确认事项
启动空气压缩机	升弓	接通 VCB/ACK1	APU 启动	BatKN	
OFF	OFF	ON	ON	ON	APU 启动

(4) 其他单元车辆的加压。

①将 8 号车的司机台的 BV 手柄推至［紧急］位置。另外，通过监视器［制动信息］画面确认 1 号车及 8 号车的 MR 压力。

②认 MR 压力后，将 1 号车的 APUCN（辅助电源装置控制）推至［ON］位置。

③8 号车的司机台进行远距离操作（监视器［远距离操作］画面触摸屏操作）接通 2 号车的 VCB。

④认第 1 单元的 VCB 接通及 APU 启动后，将 2，4，6 号车的 BatKN（蓄电池接触器）推至［ON］位置。

⑤经过充分的时间后，确认每个蓄电池的充电状态。确认方法为将 BatKN（蓄电池接触器）推至［OFF］位置，通过监视器［电源电压］画面或者配电盘的电压表确认，确认完成后，将 BatKN 恢复到［ON］位置。

(5) 紧急使用蓄电池的拆卸。

确认所有的蓄电池充电完毕后，切断紧急时启动开关盘的 VCB/ACK1 的接通开关和 APU 启动开关，确认第 2 单元的 VCB/ACK1 隔离，及 APU 停止。

紧急启动开关盘				确认事项
空气压缩机启动	升弓	接通 VCB/ACK1	APU 启动	
切	切	切	切	VCB/ACK1 开放，APU 停止

(6) 单元整体完全恢复操作。

① 进行下述开关 NFB 的设置（如表 4－10 所示）。

表 4－10　NFB 设置状态

车号	部位	开关，NFB 等的	位置
8 号车（T2c）	配电盘	UN1.2（空调电源 1.2）	ON
		VeFMN（给排气）	ON
		APUCN（辅助电源装置控制）	ON
		ARfRN（直流辅助电源接触器）	ON
7 号车（M1s）	配电盘	UN1.2（空调电源 1.2）	ON
		VeFMN（给排气）	ON
6 号车（M2）	配电盘	UN1.2（空调电源 1.2）	ON
		VeFMN（给排气）	ON
		ACMN（辅助空气压缩机）	ON
		PanUVN（升弓）	ON
		VCBN（真空断路器）	ON
		ACOSN（电源感应）	ON
		BatKN（蓄电池接触器）	ON
1 号车（T1c）	配电盘	APUCN（辅助电源装置控制）	ON

② BV 手柄为［紧急］，升 4 号车的受电弓。

③ 整车一起接通 VCB，确认全体单元的给电状况良好。（监视器［给点分区］，［电源电压］画面）。

4.3.2　充电机的工作原理

对于 CRH2 型动车组，蓄电池的充电来源是辅助电源装置（APU）输出的稳压 DC 110 V，其工作过程与原理在第 3 章已经介绍，这里不再赘述。

4.4　CRH3 型动车组蓄电池与充电机

4.4.1　蓄电池的使用与维护

CRH3 型动车组蓄电池的功能是在系统故障情况下（缺少接触网电压，牵引变压器或变流器故障，蓄电池充电机故障等）确保向重要负载供电。

1. 蓄电池技术参数

CRH3 型动车组蓄电池技术参数如表 4－11 所示。

表 4－11　CRH3 型动车组蓄电池技术参数

单体电池	
型号	FNC 1502 HR
标称电压	1.2 V
标称容量	160 A·h
电解液密度	1.19 kg / L
外形尺寸（长×宽×高）	115 mm×122 mm×309 mm
重量	7.05 kg
电解液体积	1.50 L
水储量	0.50 L
蓄电池组	
标称电压	100.8 V
标称容量	2×160 A·h
外形尺寸（长×宽×高）	712 mm×712 mm×350 mm
质量	738（1±5%）kg
温度传感器	NTC 10 k

2. 蓄电池组结构

电池组由 2 个电池托盘组成，每个电池座盘上装有 84 节串联的 FNC 1502 HR 型单体电池。单体电池的互联使电池组的标称电压达到 100.8 V。

单体电池的装配方式能够确保 100.8 V 电池组的技术参数符合 DIN EN 50272—2 和

IEC 50124 标准的要求。

蓄电池组的安装方式如图 4-12 所示。

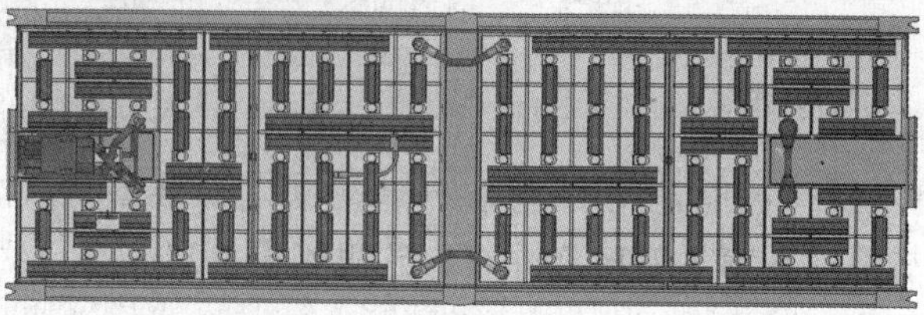

图 4-12　蓄电池组安装图

3. 蓄电池组充电特性

蓄电池组的充电特性如图 4-13 所示。

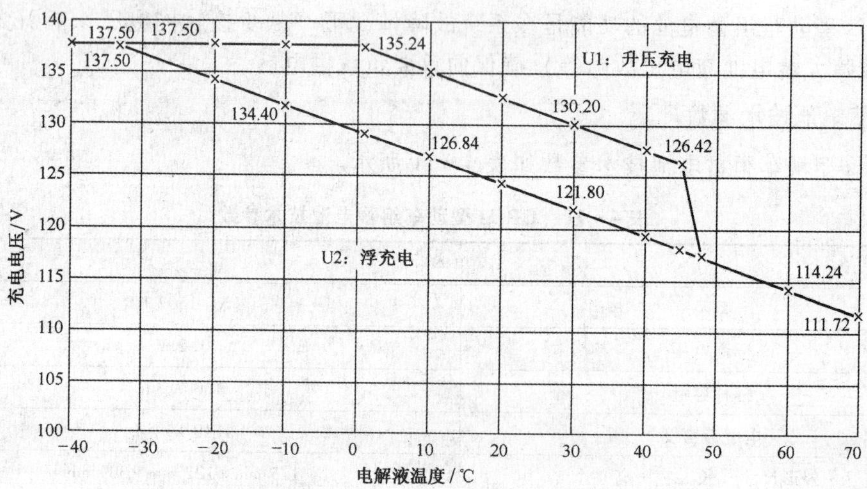

图 4-13　蓄电池组充电特性

- 升压充电：首先，使用最大充电电流 96 A 为电池充电，直至充电电压达到 U1；然后，充电电压会持续保持在 U1 水平（充电电流减少）；温度 >45°C 时，充电电压将减少至 U2。
- 浮充电：如果负载电流减少至 13 A 以下，则充电电压将从 U1 转为 U2；通过进一步减少充电电流使负载供电得以继续。
- 转换至升压充电：如果充电电流增加至超过 19 A，则会转换至升压充电工作方式。
- 如果温度传感器接线损坏，则充电机连续工作；这种情况下，必须将充电电压控制在 118.02 V（1.405 V/节）。

4.4.2　充电机的工作原理

1. CRH_3 型动车组充电机技术参数

CRH_3 型动车组充电机的功能是把三相交流电转换为车载电源系统的直流电，对蓄电池组进行充电，向所有与充电机连接的直流负载供电。电池充电机由 440 V、60 Hz 三相交流车载电源供电，充电机箱分别位于一等车和餐车的车下，其机械参数如表 4-12 所示、电气参数如表 4-13 所示。

表 4-12 充电机的机械参数

最大尺寸（长×宽×高）	2 982 mm×1 500 mm×711 mm
安装点的数量	4
重量	约 730 kg
箱体通风处防护等级	IP 21
箱体不通风处防护等级	IP 54
制冷方式	强制风冷

表 4-13 充电机的电气参数

输 入	
正常工作期间的输入电压	三相 AC 440 V / 60 Hz
外部电源的输入电压	三相 AC 380 V（±10% ×380 V）/ 50 Hz
“停放条件下的列车准备”期间的输入电压	三相 AC 345 V
正常工作期间的静态输入电压公差	±10%
正常工作期间的动态输入电压公差	±25%
输出	
输出电压	DC 110 V
输出电压范围	+25% ~ -30%
额定电压	126.5 V
额定输出功率	60 kW
最大输出电流	544 A
电压控制精度	± 5%
控制	
额定电压	DC 110 V
电压范围	+25% ~ -30%
功率	最大 250 W

蓄电池充电机有下列外部接口。

- 通过插头 X1 的三相电流输入。
- 通过插头 X10 的蓄电池输入。
- 通过插头 X11 的车上直流电源系统输出。
- 通过插头 X15 的车上直流电源系统输出。
- 通过插头 X13 的车上直流电源系统输出。
- 通过插头 X14 的车上直流电源系统输出。
- 通过插头 X4 的控制输入和输出。
- 通过插头 X5 的 MVB 总线和服务接口。

接口的位置如图 4-14 所示。

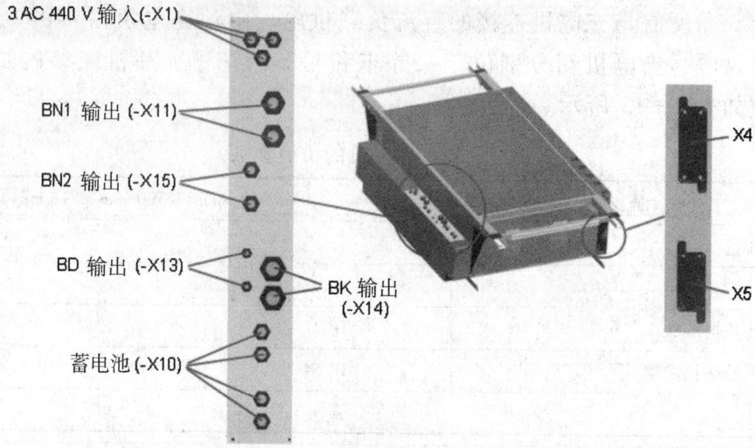

图 4－14　蓄电池充电机上的接口位置

2. CRH3 型动车组充电机的结构

蓄电池充电机安装在车辆的地板下面，所有电气元件置于钢制外壳中，通过 4 个支撑座弹性连接到车体边梁上。图 4－15、图 4－16、图 4－17 为充电机内主要部件的位置。

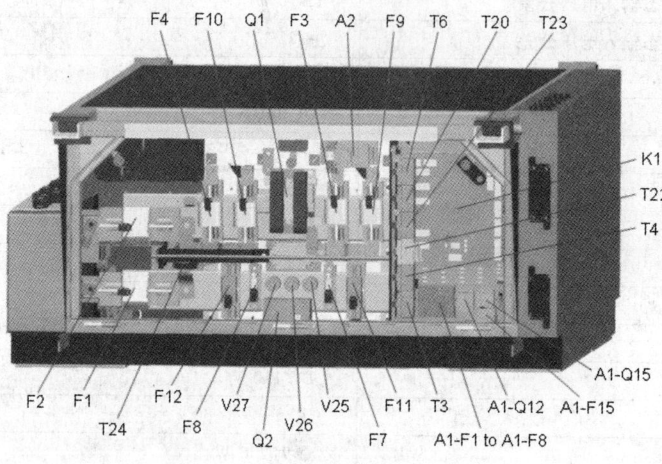

图 4－15　充电机主要部件——开关设备

A1－F1～A1－F8—蓄电池保险丝；A1－F15—电机保护开关；A1－Q12、A1－Q15—接触器；
A2—电路板；F1、F2—蓄电池保险丝；F3、F4—BN1 保险丝；F7、F8—BD 保险丝；
F9、F10—BK 保险丝；F11、F12—BN2 保险丝；K1—Sib*cos*－M1300；Q1、Q2—BN/BS 接触器；
T3、T4—输入电压传感器；T6—电压传感器；T20、T23—输出电压传感器；
T22—接地故障检测；T24—蓄电池电流传感器；V25、V26、V27—电磁兼容电容器

3. CRH3 型动车组充电机工作原理

充电机的系统原理如图 4－18 所示，直接连接到双辅助变流器的输出端，其输入标称电压为三相 AC 440V / 60 Hz。操作充电机需要满足下列条件。

- 列车控制装置根据 MVB 的指令发送一个开关信号。
- 110 V 外部直流电源断开（在蓄电池箱上）。

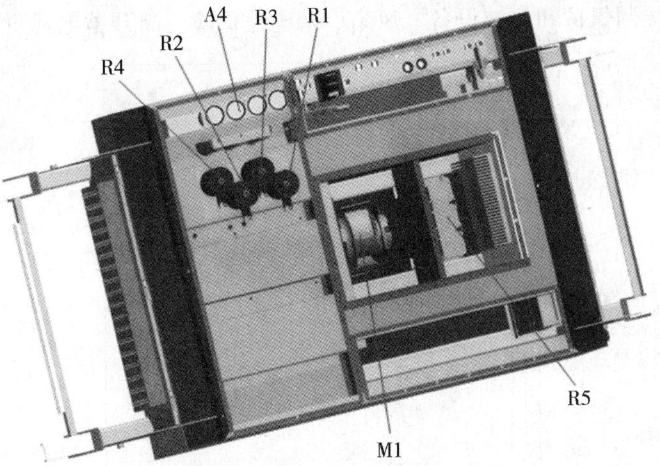

图 4－16　充电机箱体下层的主要部件

A4—电路板；M1—主风扇；R1～R4—扼流圈；R5—输入滤波电感

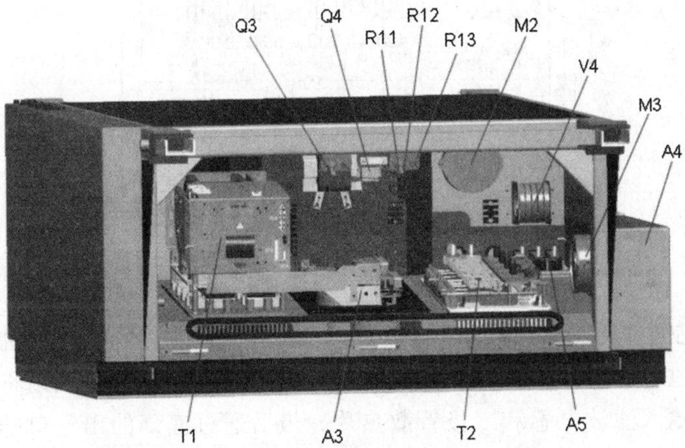

图 4－17　充电机模块仓内的主要部件

A3—变压器组件；A4—电容器组件；A5—接线板；

M2、M3—内部风扇；Q3、Q4—接触器；R11、R12、R13—预充电电阻器；

T1、T2—蓄电池充电机模块；V4—铁氧体环形磁心

● 输入电压在有效范围内。

● 蓄电池充电机内没有出现错误。

充电机模块和变压器将三相交流输入电压（440 V/60 Hz）转换成隔离的 110 V 直流输出电压。在正常的工作状态下，装置给蓄电池充电，同时向直流负载供电。

充电机加载程序符合温度补偿特性，可以按照软件进行调节。蓄电池的电压、电流和温度被自动监测，相应的充电电压受到控制。

充电机包括下列部件：有输入接线柱的输入电路、输入接触器和预充电设备、输入电压的测量、输出电流和输出电压的测量、蓄电池充电机模块、高频变压器、输出、蓄电电感、主接触器、蓄电池电压分配的输出保险、电磁兼容滤波器、接地故障检测、有 RS232 诊断接

口的微处理器、控制保护和监控设备、风扇、蓄电池保险、断开蓄电池负载的二极管。

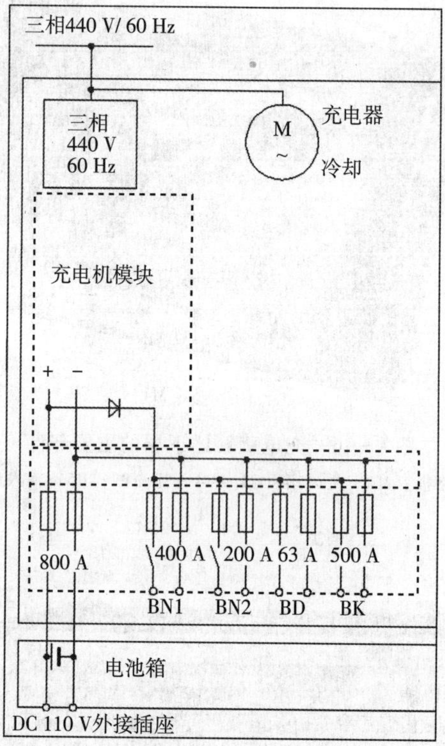

图 4-18　充电机系统原理图

充电机是强制空气冷却的，如图 4-19 所示。空气是通过装在充电机箱体前面板上的滤清器导入，流过电源模块的散热片和安装板，进入通气道内。主风扇将风扇仓内的冷却空气散开，通过输入滤波电感和二极管散热片，最后通过底部的出气口排出。

主风扇由主控制器 Sibcos-M1300 控制温度，温度检测模块向控制器反馈散热片的温度，控制器监控这一温度，并直接根据温度进行主风扇的调节。

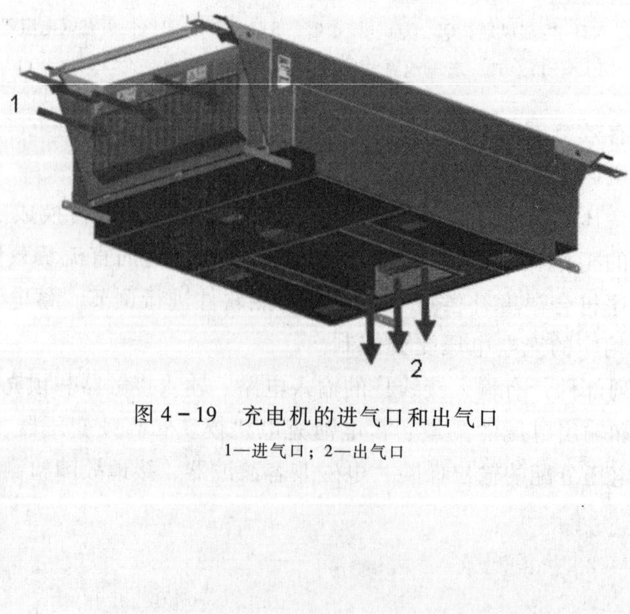

图 4-19　充电机的进气口和出气口

1—进气口；2—出气口

4.5 CRH5 型动车组蓄电池与充电机

4.5.1 蓄电池的使用与维护

1. 蓄电池的布置

蓄电池安置在车下的可移动电池箱中，每个电池箱装两组共 40 个蓄电池。图 4－20 为蓄电池箱在 M1、M2 和 TTC 车下的布置图。

为了保证冬季蓄电池的供电效率，电池箱中带有温度传感器和加热装置，同时电池箱具有隔热功能。

为了监测蓄电池的电解液状态，每一个电池还有电解液液面监测传感器。

车内的电池诊断系统通过温度传感器和电解液液面监测传感器对蓄电池的状态进行自动检测。

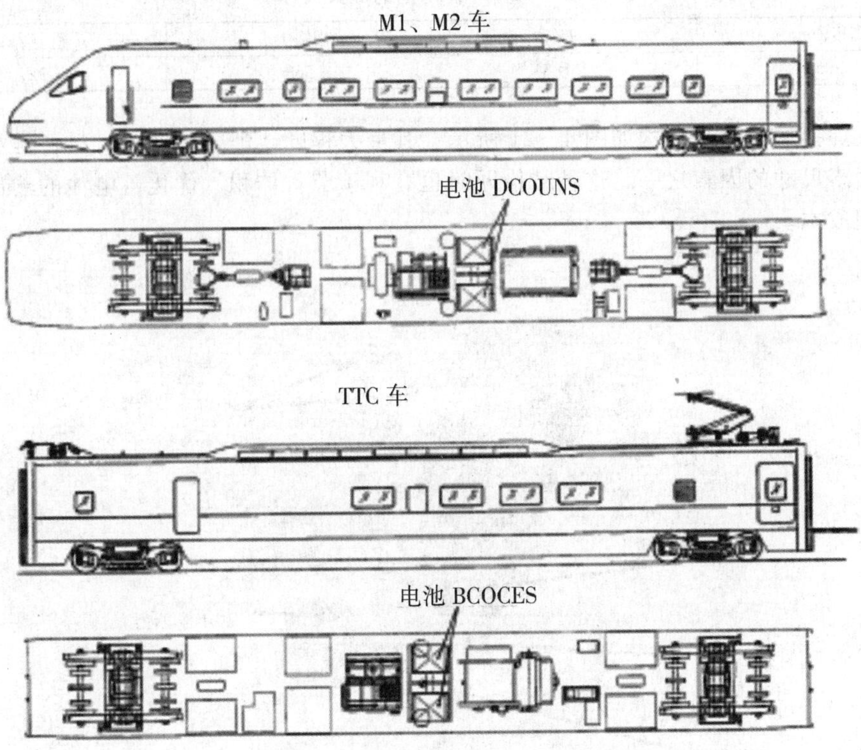

图 4－20 蓄电池箱在 M1、M2 和 TTC 车下的布置图

2. 蓄电池的规格与使用条件

（1）规格

蓄电池采用 NiCd 碱性电池，技术参数如表 4－14 所示，蓄电池配备带有滑动导向的框架。安装在每辆车的底架上，其尺寸如表 4－15 所示。

表 4-14 蓄电池技术参数

型　式	NiCd 碱性电池
放电率	中等（M）
电池数目	40（2×20）
充电的标称电压	DC 29.4 V
电池的标称电压	DC 24 V
在充电端单个电池的电压	DC 1.2 V
每个电池的充电电压	DC 1.47 V
在放电的循环端的最小电压	≥DC 20 V
充电因数	0.8
老化因数	0.9
温度传感器	PT 100（连接器型号 AMP 超级密封）
在 +20℃ 容量为 25% 的蓄电池内部电阻	大约 0.55 MΩ
在 +20℃ 容量为 100% 的蓄电池内部电阻	大约 0.35 MΩ

表 4-15 蓄电池的最大尺寸

高度/mm	长度/mm	宽度/mm	重量/kg
305	1 183	563	327

刚性焊接的电池组结构如图 4-21 所示，其最大程度地削减了外罩材料，是蓄电池具有整体紧凑尺寸的因素之一。这种结构同时也有利于节省体积、优化蓄电池的输出并改善寿命周期成本。

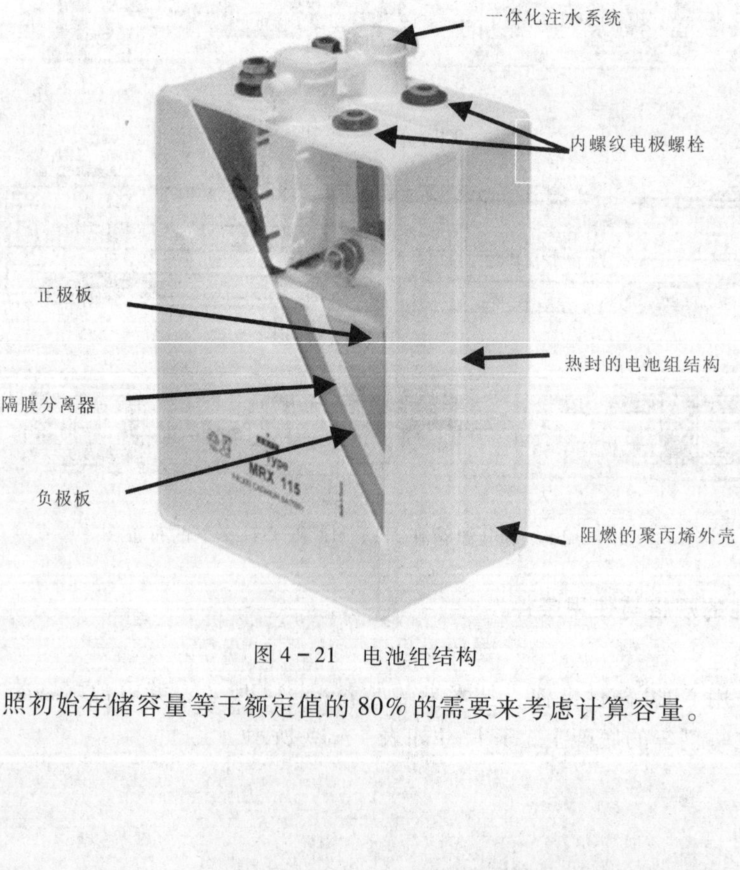

图 4-21 电池组结构

蓄电池按照初始存储容量等于额定值的 80% 的需要来考虑计算容量。

8 组蓄电池可以在以下性能减少的紧急条件下为所有低压负载供电。

① 前 5 min 所有负载（包括客室和阅读灯）工作。

② 断电 5 min 后，聚光灯和两侧灯带被关闭，一些不重要的系统处于备用状态而紧急通风被打开。

③ 断电 30 min 后，客室的直接照明和其他室（通过台，折棚，卫生间）减少到一半功率。

④ 断电 60 min 后直到 120 min 为止，客室的直接照明被减少到紧急照明水平。

⑤ 断电 120 min 后，紧急照明被保持打开，直到一个最小电压继电器被切断给蓄电池供电为止。

⑥ 2 h 以后，电压应高于 16.8 V，目的是允许升弓和给列车各单元加压。

（2）使用条件

蓄电池使用技术条件如下。

① 环境条件

环境温度：	−25℃ ~ +40℃
蓄电池箱内的温度：	−25℃ ~ +70℃
海拔高度：	海平面以上小于 1 500 m
通风：	自然通风
月度平均相对湿度：	等于 95%

② 电源指标

蓄电池的标称电压（Un）：	DC 24 V
最小连续电压：	DC 18 V
充电机标称输出电压：	DC 29.4 V
在充电端部单个电池的电压：	DC 1.2 V
单个电池的充电电压：	DC 1.47 V

电池绝缘：在一个蓄电池端子和车辆框架之间测量时蓄电池应该具有一个最小 1 MΩ 的绝缘电阻。

蓄电池充电特性如图 4−22 所示；蓄电池在 0℃下的放电特性如图 4−23 所示。

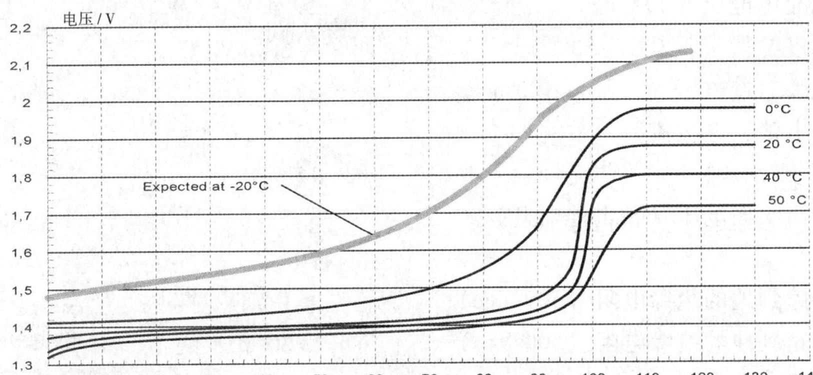

图 4−22　蓄电池充电特性

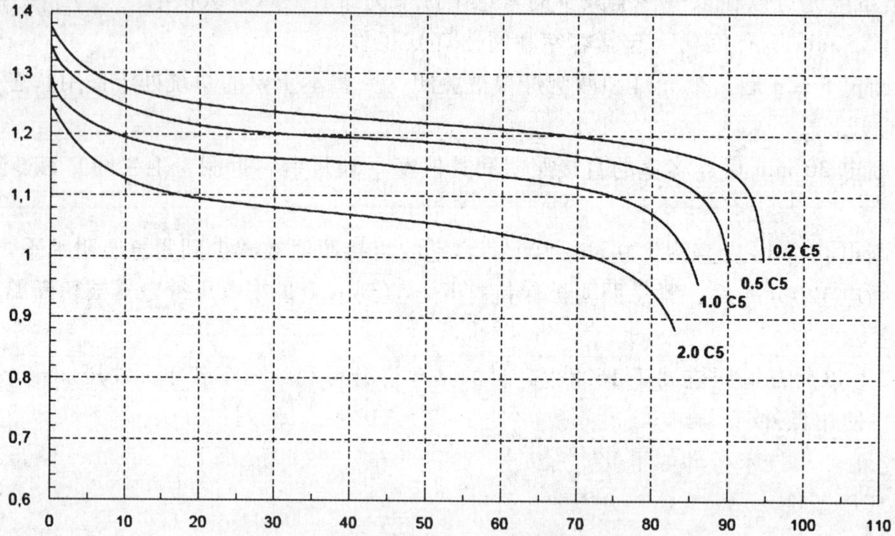

图 4-23　蓄电池在 0℃下的放电特性

4.5.2　充电机的工作原理

1. 充电机主要参数与功能

充电机将来自辅助逆变器的三相 AC 400 V / 50 Hz 的输入变换为额定 24 V 直流输出，其输出最大功率为 15 kW。充电机按照一定的特性曲线为蓄电池充电，充电目标电压根据蓄电池温度进行补偿，温度补偿探针采用 PT 100。充电机向车载 24 V 直流用电设备供电，同时为蓄电池充电。

充电机主要参数如下。

三相输入电压:	AC 400 V ±40 V
最大输入谐波失真电压:	10%
输入电压频率	50 Hz ±1 Hz
输出电压等级	24 Vcc
蓄电池充电电压（20℃时）	$29.4\ V_{CC}{}^{+0}_{-0.5}\ V$
输出温度补偿（从 0℃ ~50℃）	-60 mV/℃
充电机瞬时过电压（ t =1 ~100 ms）	33 V
最大蓄电池充电电流	92 A ±6 A
总功率	15 kW
最大输出纹波电压（蓄电池断开）	3.5 Vpp
效率	90%
输入回路到地的绝缘电阻（500 Vcc）	≥1 MΩ
输出回路到地的绝缘电阻（500 Vcc）	≥20 MΩ
输入回路介电强度	2 000 Vcc—10 s
输出回路介电强度	1 000 Vcc—10 s

图 4 – 24 显示了充电机在蓄电池温度为 20℃时的 $V-I$ 特性，考虑了总的最大电流包括蓄电池充电电流。

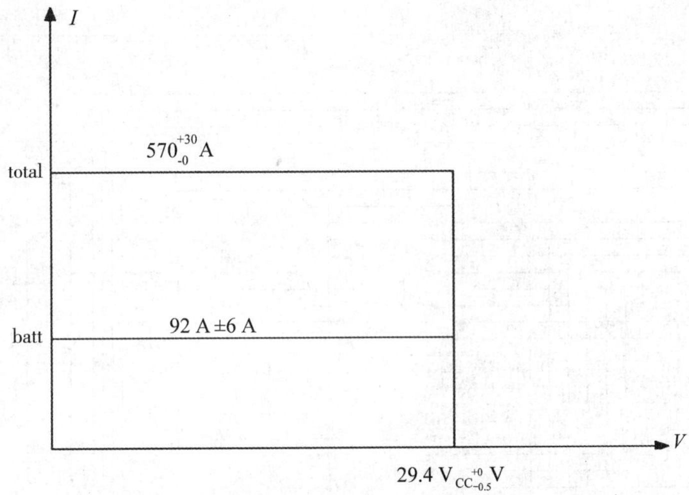

图 4 – 24 充电机在 20℃时的 $V-I$ 曲线（在 20℃）

每个充电机的功能是给安装在车辆上的蓄电池充电，同时给 B1 + 和 + Lp 两条列车母线提供动力。充电机在列车的连接原理如图 4 – 25 所示。

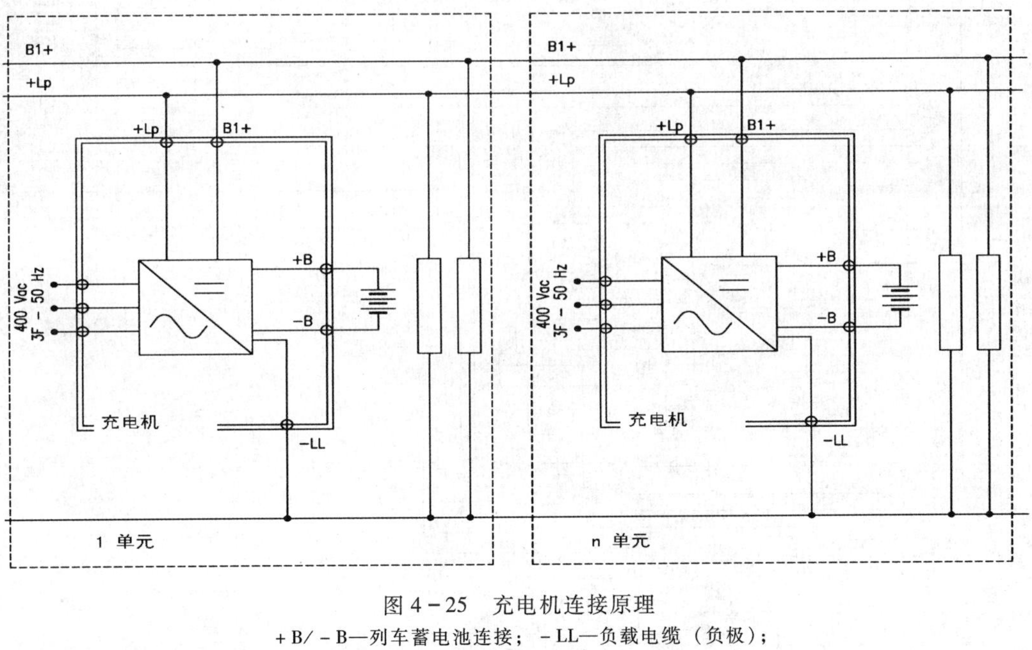

图 4 – 25 充电机连接原理

+ B/ – B—列车蓄电池连接； – LL—负载电缆（负极）；

+ Lp—输出特殊负载（正极）；B1 + —输出非特殊负载（正极）

2. 充电机组成与原理

1）原理

充电机原理如图 4 – 26 所示。三相电压（400 V / 50 Hz）由端子 R – S – T – N 通过滤

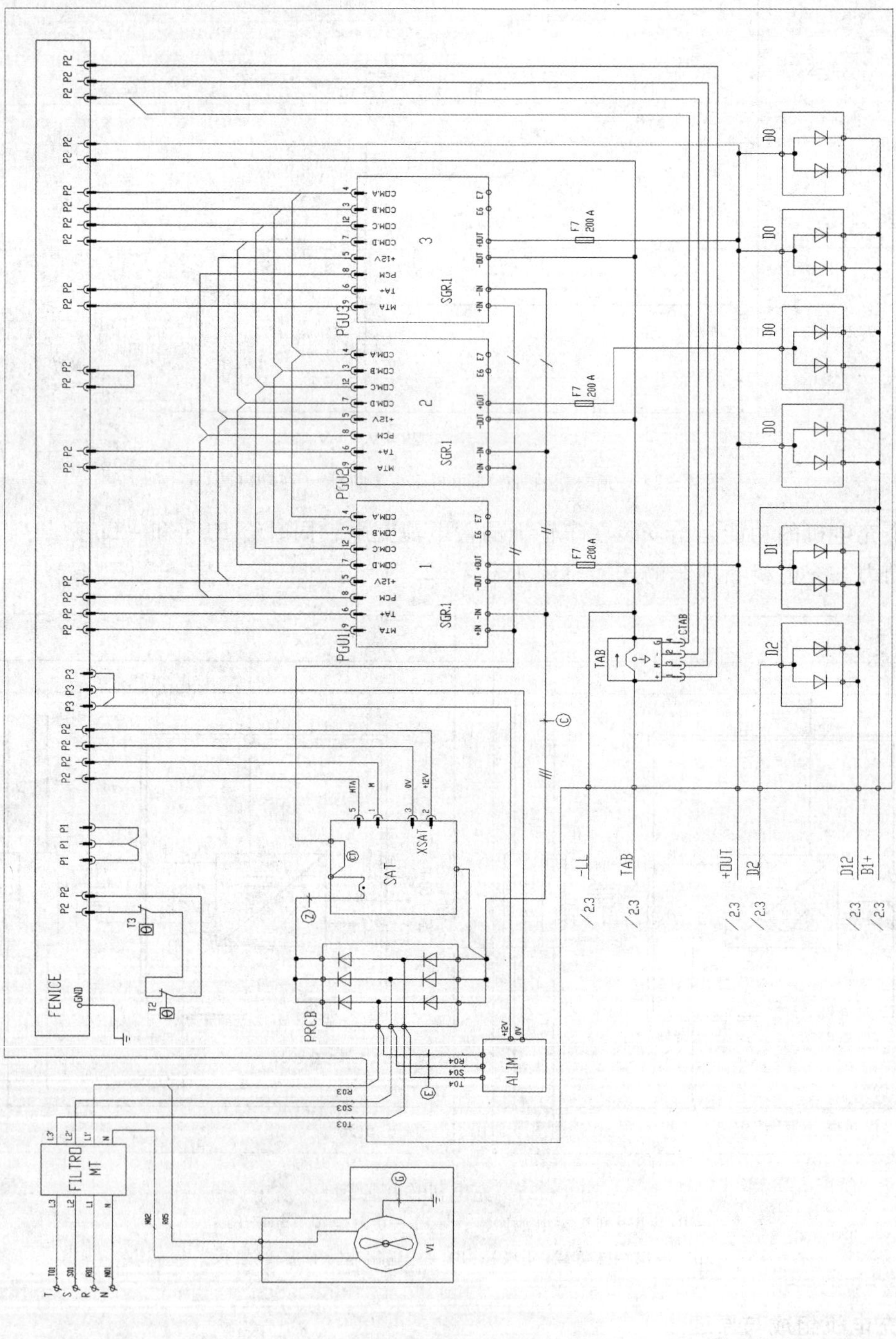
FENICE
PGU1
PGU2
PGU3
SGR.1
F7 200 A
TAB
CTAB
SAT
XSAT
PRCB
ALIM
FILTRO MT
V1
D0
D1
D2
-LL
+OUT
D12
B1+

图 4-26 充电机原理

波器到达三相整流桥，经三相整流桥整流得到的直流电压直接给充电机的 3 个功率模块，功率模块通过 FENICE 板以 25 kHz 的频率同步控制充电机，每个模块提供 5 kW 功率，同时分流到中压和低压回路。每一个输出由 200 A 熔断器保护。

2）组成

充电机主要由功率回路、控制回路及箱体等机械部件组成。

（1）功率回路

功率回路包括 EMI 输入滤波器、三相整流桥、SAT 信号检测板、功率模块、电气回路、输出整流电路、EMI 输出滤波器及风扇、接触器、自动开关等关键部件等组成。

① EMI 输入滤波器

EMI 输入滤波器的功能是减少充电机三相电源线的输入/输出干扰。图 4－27 为 EMI 滤波器的电气原理图。

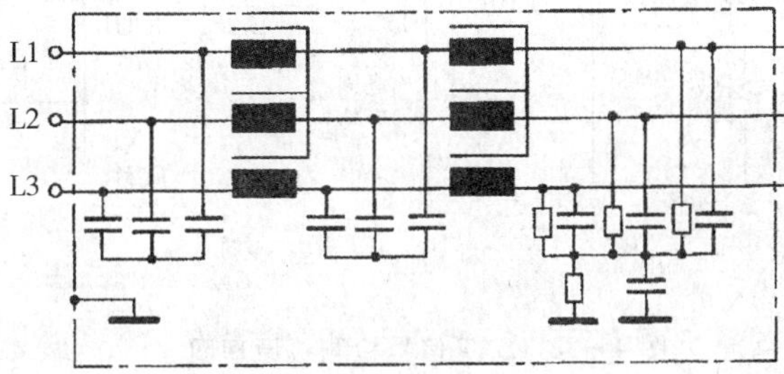

图 4－27　EMI 滤波器的电气原理图

② 三相整流桥

三相整流桥封装在金属壳中。其输入三相 400 V / 50 Hz 电压，给 DC/DC 功率模块提供直流电压。

③ SAT 板

SAT 信号检测板原理如图 4－28 所示，其原理如下。

功率回路中压经过转换通过稳压二极管 CR1 提供稳定的电压（+12 V），通过 R20－R18－R16－R15－R13－R8 分压，将输入电压调整并传输到运放 U3。信号经 U2 线性光耦提供给 U1，由充电机调整控制电路输出 DC 12 V 电压供电。经 P1 连接器 1 脚按比例输出电压，然后由 FENICE 板进一步检测。CR3 二极管防止 U3 过电压。SAT 板传感器 T1，用来测量充电机的输入电流。

④ 功率模块

为了实现 DC/DC 变换作用，充电机由三个功率模块构成，每个模块额定功率为 5 kW。图 4－29 为原理图，DC/DC 转换器采用零电压开关技术，在 25 kHz 开关频率下，为高频变压器提供正的或负的电压，实现能量转换。所有部件都固定在充电机散热器上。

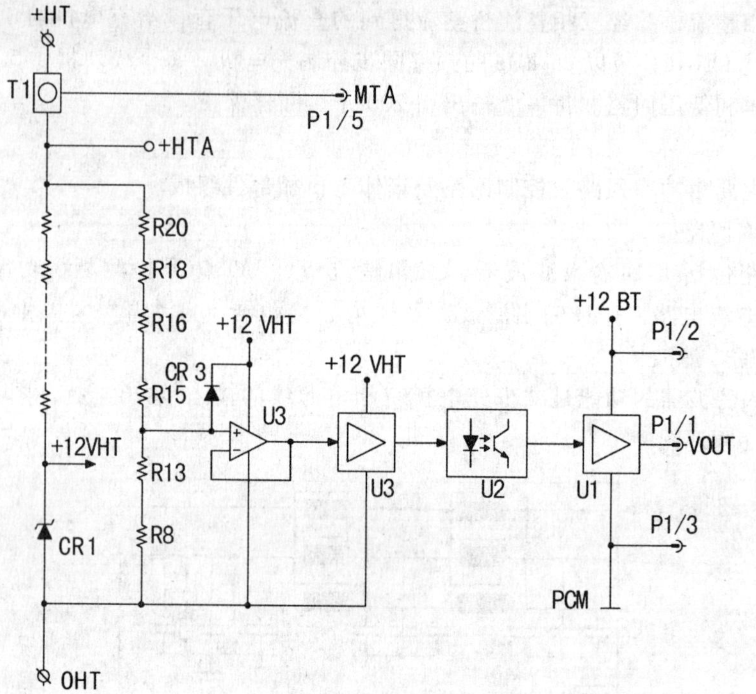

图 4－28　SAT 信号检测板原理图

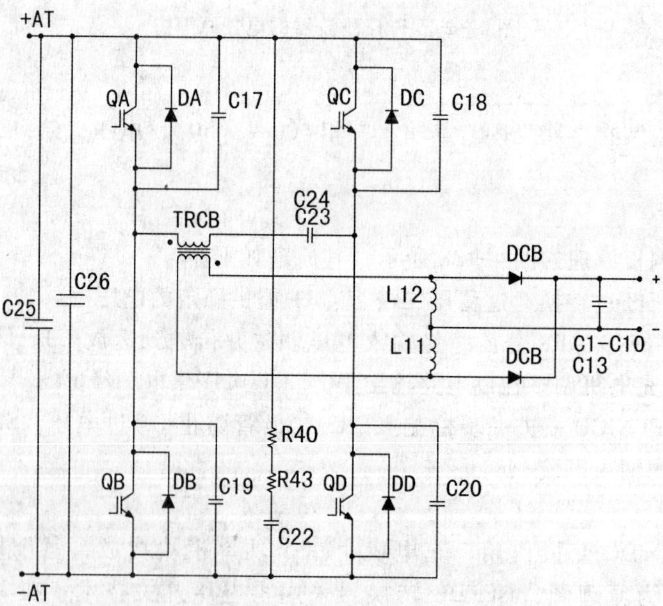

图 4－29　DC/DC 变换原理图

图 4－30 为 IGBT 控制板原理图。电路板包括两个相等的电路，控制两个 IGBT 的分支，保护各自 IGBT 器件。C17－C20 是 IGBT 的缓冲电容；电容 C23－C24 与变压器原边线圈串联；T3 为电流互感器；DC/DC 模块的缓冲回路 R40－R43－C22，能在 IGBT 转换开关时降低可能产生的峰值过电流。

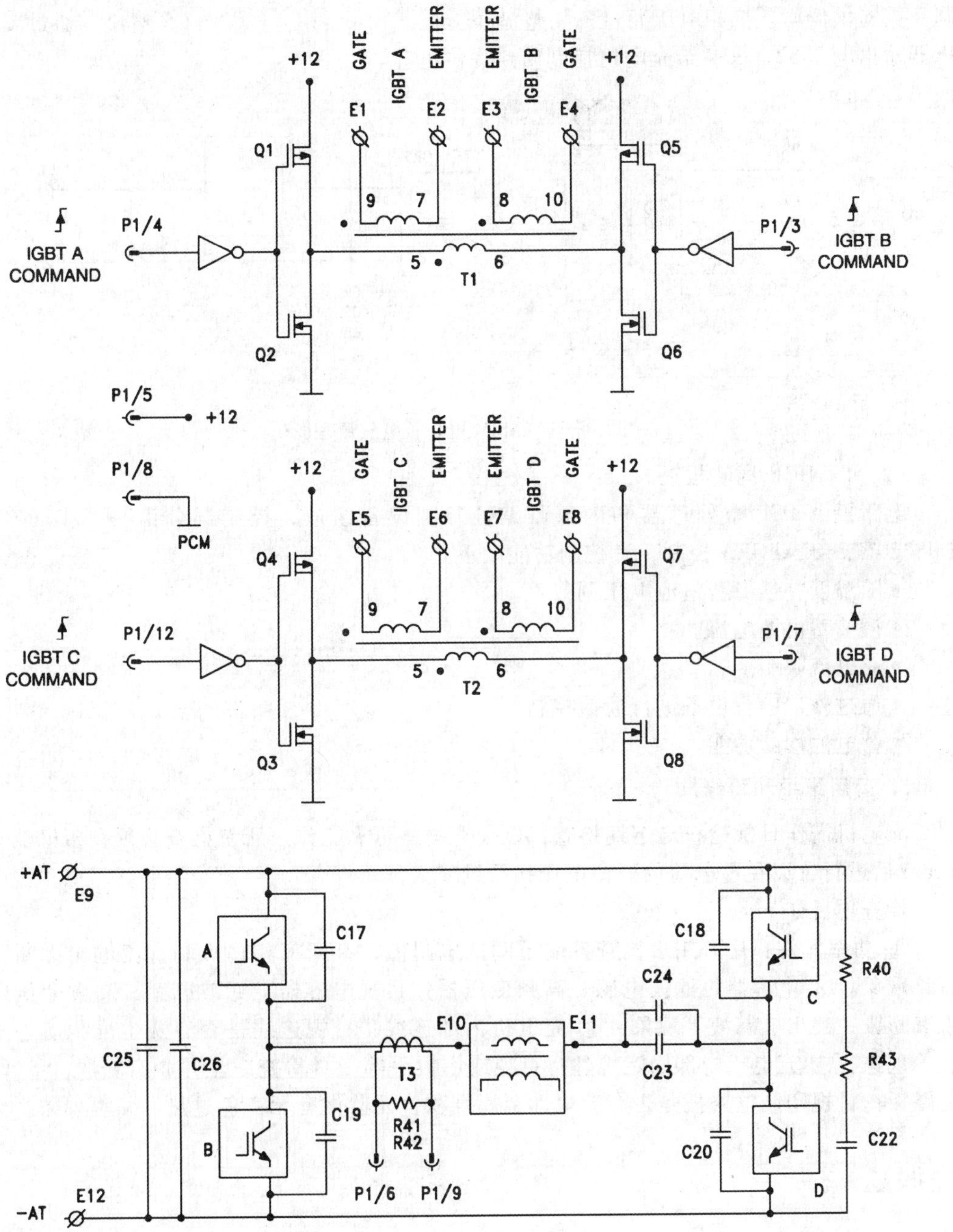

图 4－30　IGBT 控制板原理图

⑤ EMI 输出滤波器

EMI 输出滤波器用于减小充电机中压功率输出的高频干扰，它由电感和 RCS 二极管单元组成。

（2）控制回路

① ALIM 电源板

ALIM 电源板原理图如图 4－31 所示。三相电压 AC 400 V／50 Hz 到达变压器 T1 给控制回路提供低压。三相电压通过三相整流桥 CR1 - CR6 和 C1 - C2 - C5 整流。通过 U1 稳压器输出电压 12 Vcc，给充电机控制回路提供电源。

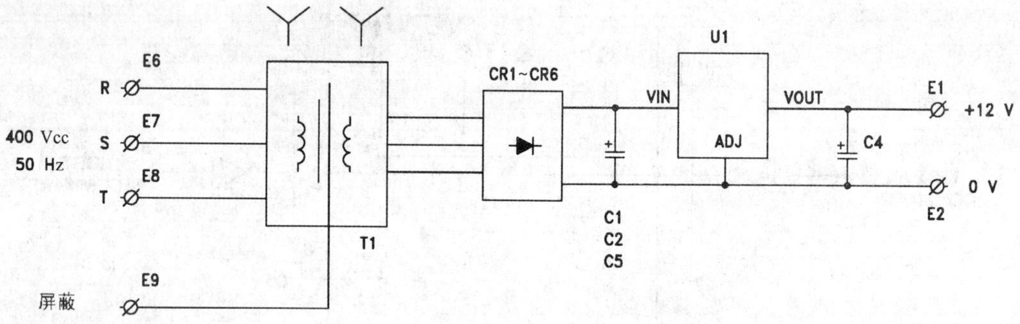

图 4 - 31　ALIM 电源板电气原理图

（2）FENICE 调整板

电路板由 DSP 微处理器和内部可编址外围设备组成，控制部分由一个 DSP Texas TMS320LF2407APGEA 控制，其控制功能如下。

- 随温度补偿对蓄电池电压调节。
- 调节蓄电池电流。
- 总电流限制。
- 通过外部串行设备进行通信控制。
- 蓄电池诊断功能。

3. 运用维护和检修

充电机需作日常检查与定期检查，以使充电机可靠工作。所有检查必须在蓄电池放电 5 min 后进行，以免蓄电池的残留电压伤及维修人员。

检查项目如下。

① 功率元件：用万用表检查各端子间的电阻值，判断三相输入和直流输出无断路或短路现象。② 电容器、滤波电感、高频变压器：目视电容器、滤波电感、高频变压器是否有膨胀、突出、漏液等现象。③ 充电机内部连线：目视连线是否有灰尘堆积、外皮破损等现象。④ 充电机内部固定螺丝：目视或用扳手等工具检查螺丝是否有松脱。⑤ 印制电路板：目视印制电路板是否有导电性金属堆积，元器件有无变色过热、焦黑现象。

思考题

1. 影响蓄电池容量的因素有哪些？
2. 简述 CRH_1 型动车组充电机的工作原理。
3. 试分析 CRH_3 型动车组蓄电池的充电特性。
4. 简述 CRH_5 型动车组充电机的组成和工作原理。

第5章　照明系统

电气照明是一门涉及光学、电学、建筑学和生理学等方面的综合性技术，动车组对电气照明的要求来自于人类生产和生活两个方面的需要。

电光源和照明配件是电气照明的重要组成部分。总的来讲，照明技术的发展趋势是高质量，低费用；具体而言，在电光源方面，要求提高光效、延长寿命、改善光色、增加品种和减少附件；在照明配件方面，则要求提高效率、组装化、轻型化和标准化。

5.1　照明系统概述

5.1.1　照明的基本概念

1. 光

光是能引起视觉的辐射能，是一种电磁波，又称可见光。其波长一般在 380 ~ 780 nm 范围内，不同波长的光给人的颜色感觉不同。波长短于 380 nm 的称紫外辐射，波长等于 780 nm 的称红外辐射。

2. 光通量

光源在单位时间内向周围空间辐射并引起视觉的能量，称为光通量，以 φ 表示，单位为 lm（流）。

例如：一个 100 W 的白炽灯，在 220 V 的额定电压下发出的光通量为 1 250 lm；一个 40 W 的荧光灯，在 220 V 的额定电压下发出的光通量为 2 440 lm。

3. 发光效率（简称光效）

一个电光源所发出的光通量与该光源所消耗的电功率之比，称为发光效率，以 η 表示，单位为 lm/W（流明/瓦）。发光效率是电光源的重要技术指标。

上述的 100 W 白炽灯的发光效率（12.5 lm/W）比 40 W 荧光灯的发光效率（61 lm/W）要低。

4. 发光强度（简称光强）

光源在某一特定方向上单位立体角内（每球面度）辐射的光通量，称为光源在该方向上的发光强度，以 I 表示，单位为 cd（坎）。

若点光源在立体角 ω 内发出光通量为 F，则 F 与之比值称为发光强度，即：

$$I = F/\omega$$

上式中 ω 是以光源为球心，以任意为半径的球面上切出的球面积 S 对此半径 r 平方的比值，即：

$$\omega = S/r^2$$

立体角 ω 的单位是球面度。当光源在 1 球面度的立体角内均匀发出 1 lm 的光通量，则此光源的发光强度等于 1 cd。

在实际应用中，测得光源在空间各个方向的发光强度，并以光源中心为起点给出的矢量表示各个方向的发光强度的数值，则所有矢量的终端将在一个曲面上，这个曲面称为光度曲面。大多数光源的光度曲面对于通过光源中心点的垂直轴线是对称的。因此若用一通过垂直轴线的平面来切割光度曲面，则在此平面上就形成一条曲线，这条曲线表示光强度在这个平面上的分布状况，称为发光强度曲线或光度分布曲线。

5. 照度

单位面积上接收的光通量称为照度，其符号为 E，单位为 lx（勒）。

被光均匀照射的平面上的照度为：

$$E = \varphi/A$$

式中：A 为被照射面积（m^2）。即均匀分布的 1 lm 光通量在 1 m^2 的表面面积上所产生的照度为 1 lx。例如：满月在地面上产生的照度为 0.2 1x，正午露天地面的照度达 100 000 lx。在 1 lx 的照度下，仅可以看见四周的情况，工作场所必需的照度为 20 ~ 100 lx。

如图 5－1 所示，当采用某方向发光强度为 I_a 的点状光源照明时，受照面上某点的水平照度与它至光源距离（r）的平方成反比，和入射角的余弦（$\cos\theta$）成正比，称为平方反比定律，表示为：

$$E = \frac{I_a \cos\theta}{r^2}$$

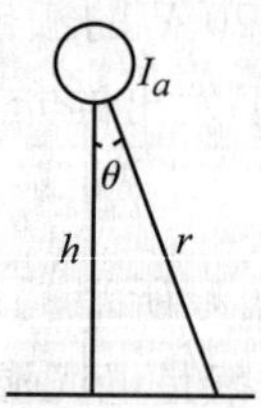

图 5－1　平方反比定律示意图

以上公式说明：照度与光强成正比关系，且被照面离灯越近，它的照度越高。正因为如此，在日常生活中，常采取将灯放低一些，并且尽可能将它放在工作面正上方的做法通过缩短距离和减小射角来增加工作面上的照度。

在照明设计中，照度是一个很重要的物理量。国家规定了各种工作条件下的照度标准。

6. 亮度

发光体在给定方向单位投影面积上的发光度称亮度，其符号为 L，单位为 sb（熙提）。煤油灯火焰的亮度约 1.5 sb，钨丝白炽灯的亮度约 500 ~ 1 500 sb。

$$1\ \text{sb} = 1\ \text{cd/cm}^2$$

较小的亮度单位是 nt：

$$1\ \text{nt} = 1\ \text{cd/m}^2$$

亮度也是照明装置的一个重要物理量，当发光表面的亮度相当高时，会对视觉产生有害作用，称为光辉，它是发光表面的特性。

由于耀光作用的结果所产生的视觉状态称为眩光。眩光是眼睛状态的特征，指由于亮度分布不适当，或亮度变化幅度太大，或由于在时间上相继出现的亮度相差过大，所造成的观看物体时感觉不舒适或视力减低的视觉条件。眩光对视力危害很大，严重时可使人感到眩晕，甚至造成事故，即使是轻微的眩光，时间过长，也会造成视功能的逐渐衰退。按其引起的原因，眩光分为直射眩光和反射眩光两种。照明器的眩光效应，与光源和背景的亮度、照明器的保护角及悬挂高度有关。一般说来，被视物与背景的亮度比超过 1∶100 时，就容易引起眩光。

在照明设计中，为避免眩光，应限制直射或反射耀光，具体方法如下。

① 限制光源的亮度、降低灯具的表面亮度。对亮度太大的光源，可用磨砂玻璃、漫射玻璃或格栅限制眩光，格栅保护角应在 30° ~ 45°。没有保护角的照明器，应该具有较低的亮度。

② 局部照明的照明器应采用不透光的反射罩，照明器的保护角应不小于 30°；若照明器安装高度低于工作者的水平视线时，照明器的保护角应为 10° ~ 30°。

③ 正确选用照明器型式，合理布置照明器位置，并选择好照明器的悬挂高度是消除或减弱眩光的有效措施。随着照明器悬挂高度的增加，眩光作用会减小。因此，为了限制直射眩光，室内一般照明用的照明器距地面的悬挂高度应不低于 2 m。

7. 色表与显色性

作为照明光源，除要求发光效率高和成本低以外，还要求它发出的光具有良好的颜色。所谓光源的颜色包含两个概念：色表和显色性。色表是指人眼直接观察光源时所看到的颜色；显色性也称演色性或传色性，是指光源的光照射到物体上所产生的客观效果。如果各色物体受照的效果和标准光源（标准昼光）照射时一样，则认为该光源的显色性好（显色指数高）；反之，如果物体在受照后颜色失真，则该光源的显色性就差（显色指数低）。

显色性最优的以显色指数为 100 表示，其余光源的显色指数小于 100。表 5 -1 为常用光源的显色指数。

表 5 -1　常用光源的显色指数

光源	白炽灯	日光色荧光灯	白色荧光灯	高压汞灯	氙灯
显色指数	97	75 ~ 94	55 ~ 85	22 ~ 51	95 ~ 97

例如，现在城市街道上路灯已逐步采用高压汞灯一类的气体放电光源。如果从远处看高压汞灯，会感觉它发出的光既亮又白，但当看到被它照射的人的面孔时却不能令人满意，看似在脸上抹了一层青灰，这说明高压汞灯的色表不错，但显色性不好。钨丝灯则恰恰相反，其显色性很好；低压钠灯的色表和显色性都不好；而氙灯的色表和显色性都很好。

8. 阴影

阴影有两种，一种对视觉有害；另一种对视觉有利。

1）有害的阴影

由于方向性照明及障碍物造成的阴影（如手的挡光）会使被照对象的亮度和亮度对比下降，对视觉工作不利。为克服不利阴影需注意合理布置灯具，特别是指向性很强的灯具，应避免在离开较远的地方分散布置，否则会使阴影扩大。另外，还需注意提高照明的扩散度。

2）有利的阴影

适度的阴影能够表现出物体的立体感、实体感和材质感。物体上最亮部分和最暗部分的亮度比称为亮暗比。亮暗比小于2:1时有平板感，大于10:1时又过分强烈，而在3:1时最理想。在观察浮雕、复杂工件、卡尺、玻璃器皿上的刻度以及凹凸不平的表面等情况时，适度阴影是必要的。一般情况下，用指向性光源从斜方向照射，即能收到良好效果。

9. 照明方式

照明方式可分为三种。

1）一般照明

不考虑特殊局部的需要，为照亮整个工作面而设置的照明称为一般照明。由若干灯具对称排列在整个顶棚上组成，因而可获得必要的照度均匀度。对于工作位置密度很大而对光照方向又无特殊要求，或工艺上不适宜装设局部照明装置的场所，宜单独使用一般照明。

2）局部照明

为满足某些部位的特殊需要而设置的照明称为局部照明，此种照明方式往往采用机床工作灯、台灯、斜照型灯或反射型灯泡。

3）混合照明

一般照明与局部照明共同组成的照明称为混合照明。对于工作位置需要较高照度并对照射方向有特殊要求的场所，宜采用混合照明。混合照明中的一般照明，照度不宜小于该等级混合照明照度的10%~20%，且不宜低于30 lx。

5.1.2 常用电光源介绍

1. 白炽灯

白炽灯是靠电能将灯丝加热至白炽而发光的，由灯丝、支架、引线、泡壳和灯头几部分组成。由于钨的熔点高（3 680 K）蒸发率小，白炽灯的灯丝通常由钨制成。灯丝的工作温度越高，其辐射的可见光在辐射总能量中所占比例越高，发光效率也越高。

根据泡壳内充气与否，白炽灯分为真空泡（40 W 以下）和充气泡（40 W 以上）两种。真空泡的灯丝温度通常不超过 2 400 K，温度若再继续提高，灯的寿命将因钨丝蒸发迅速增加而显著缩短。实验证明，灯丝工作温度从 2 400 K 提高到 3 000 K，灯丝蒸发率增加 7 600 倍，灯的寿命将从 1 000 h 减到不足 1 h。因为真空泡的灯丝温度不是很高，所以其发光效率仅为 7 ~ 9 lm/W。而充气泡是在灯泡内充入氩、氮气体以增加灯丝周围的压力，从而有效地抑制了钨的蒸发，这种灯泡虽因气体对流会引起一定的热损失（约 12% ~ 19%），但因灯丝工作温度可提高到 2 700 ~ 3 000 K，故可在不降低寿命的前提下，使发光效率提高到 10 ~ 18 lm/W。

2. 碘钨灯

碘钨灯是一种充碘的白炽灯，这种灯在点燃过程中，从灯丝蒸发出来的钨在泡壁区域内与碘化合成碘化钨，碘化钨是一种挥发性卤钨化合物，它一旦扩散到热灯丝（温度高达 2 000℃以上）附近，不太稳定的碘化钨又可分解为碘和钨，释放出来的钨会沉积到灯丝上，碘则重新扩散到泡壁附近再与钨化合，这一过程称为钨的再生循环。碘钨灯由于应用了钨的再生循环原理，大大减少了钨的蒸发，灯丝的工作温度可提高 3 000 ~ 3 200 K，发光效率可达 20 ~ 30 lm/W。但应注意，在使用管状的碘钨灯时，要严格水平放置，倾斜度不得超过 4，不然会因对流而使钨的再生循环不均匀导致灯丝烧断。

3. 荧光灯

荧光灯是一种管壁涂有荧光物质（如卤磷酸钙）的低气压水银放电灯，荧光灯的工作原理是：当电路接通后，由于镇流器、灯丝和启辉器是串联的，电源电压通过镇流器、灯丝加在启辉器的两电极间，启辉器中的低气压氖气开始辉光放电，放电产生的热量，使内部的 U 型双金属片（动触片）受热伸开，与静触片接触，即启辉器两电极短路，于是电流通过镇流器和串联的灯丝，使灯丝得到预热，时间约为 1 ~ 3 s。灯丝受热后，发射出大量电子。同时，启辉器内因为两电极的短路，导致辉光放电熄灭，双金属片随后冷却，与静触片脱离，在脱离的瞬间，电路中的电流突然消失，使镇流器两端产生一个比电源电压高得多的感应电压，该电压被加到灯管两灯丝之间，使管内氩气电离而产生自持放电。同时，管内汞滴受热汽化而电离，汞蒸汽放电时，大量辐射波长为 253.7 nm 的紫外线，这些紫外线激发涂覆在灯管内壁的荧光粉后，发出可见光。

荧光灯点燃后，由于交流电频率的影响使灯发射的光线产生相应的频率变化，该现象称为频闪效应。频闪效应对照明的危害主要表面在两方面：①使人眼对物体的分辨能力下降，尤其当物体处于转动或晃动状态时，会使人产生错觉，影响生产和工作；②当灯光的频闪次数与物体转动频率一致或成整数倍时，人眼会误将转动中的物体看成静止的，或者将其看作是以一种与真实运动不同的方式在运动。频闪效应会使人产生不舒服的感觉，降低工人的劳动生产率。通常采用将荧光灯分相接入电源来消除频闪效应，如将三根荧光灯管分别接在三相电源上，在单相电源供电的场合，将两根灯管中一个灯的回路里加装分相元件，使两个灯的电压相位不一致，以减轻照明时的闪烁。

4. 高压汞灯

高压汞灯是一种高气压水银放电灯，其外形是一个螺丝灯头式的灯泡，在硬质玻璃泡壳内有一根石英玻璃放电管，固定在镀镍的铁丝支架和不锈钢环上，放电管中两端各有一个主电极，其中一端还有一个引燃极，在管内抽去空气后充以适量的水银和少量氩气，泡壳与放电管之间抽真空或充氮气作为保护气体，以隔离外界空气温度对放电管内水银蒸气压力的影响。

当电源接通时，由于两个主电极 J_1 和 J_2 距离较远，所以不能立即放电，而引燃极和主电极 J_1 距离很近，通常只有 2 ~ 3 mm，通过启动电阻（20 ~ 60 kΩ）相连，电源电压直接加在 J_1 和引燃极之间，由于电场强度很高，两电极之间的气体被击穿，发生辉光放电，发出紫红色的光（主要是氩气发光）。主电极和相邻辅助电极之间的辉光放电产生了大量的电子和离子，这些带电粒子向两主电极间扩散，使主电极之间产生放电，并很快过渡到两主电极之间的弧光放电。在灯点燃的初始阶段，是低气压的水银蒸气和氩气放电，这时管压降得很低，约 25 V 左右；放电电流很大，约为 5 ~ 6 A，称为启动电流。低压放电时放出的热量使管壁温度升高，水银逐渐汽化，水银蒸气压和灯管电压逐渐升高，电弧开始收缩，放电逐步向高气压放电过渡。当水银全部蒸发后，管压开始稳定，进入稳定的高压水银蒸气放电，这个过程约需 4 ~ 10 min。因此，高压水银灯熄灭以后，不能立即启动，要等水银凝结后，约 5 ~ 10 min，才能再次点燃。

接在引燃极间的启动电阻的作用是限制电流，保护引燃极不致因电流太大而发热损坏，同时，当主电极间开始放电后使主电极 J_1 与引燃极之间的放电加速停止。

5. 氙灯

氙灯是一种内充高纯度氙气的弧光放电灯，高压氙气的弧光放电所发出的光非常接近日光，故有“小太阳”之称。目前氙灯可分为：长弧氙灯、短弧氙灯和脉冲氙灯三类。

6. 高压钠灯

高压钠灯是一种强弧光放电灯，采用半透明多晶氧化铝陶瓷材料制成放电管，充入汞和汞钠剂，产生很高的钠蒸气压力，并充入惰性气体，以便辅助启动。

它与高压水银灯在形式上相似，一般没有辅助电极，启动时也不进行预热，但需较高的启动电压（2 000 ~2 500 V），启动后依靠离子对电极的轰击使电极加热而产生热电子发射。

7. 低压钠灯

低压钠灯由特制玻璃管制成，管内充入高纯度的钠和惰性气体，利用钠蒸气放电发光。与高压汞灯相似，低压钠灯启动时，首先在主电极和辅助电极之间形成辉光放电，随后在两个主电极间形成弧光放电。当弧光放电使放电管加热到一定的温度时，管壁上的薄层固相钠开始蒸发，随着压力的增大，放电的钠蒸气黄色电辉逐渐增强，当温度增高到正常运用温度 270°C 时，钠蒸气达到额定压力。放电管的辐射主要是钢的共振辐射线，虽然具有极高的发光效率，但仅为单色黄光，因此显色性较差。

8. 金属卤化物灯

金属卤化物灯是一种新型的气体放电灯，通过在高压汞灯中添加适当的金属卤化物来提高光色和发光效率。金属卤化物灯的发光原理与高压汞灯相似。点灯时，放电首先在主电极和辅助电极之间的惰性气体中形成，随后发展到两个主电极之间。对于没有辅助电极的灯，则采用高频触发电电路使放电管引燃。常见的金属卤化物灯有碘化钠—碘化铊—碘化铟灯（简称钠—铊—铟灯）。

9. 新型荧光灯

新型荧光灯是近年开发的节能新光源。它采用较细直径的玻璃管弯曲成圆环型、双曲型、H 型和双 D 型等。其内壁上涂有三基色荧色粉，能发出近似于白炽灯的光色，但发光效率比白炽灯高。例如，13.5 W 的新型荧光灯即可相当于 60 W 的白炽灯。

10. LED 灯

LED（Light Emitting Diode），即半导体发光二极管，基本结构包含一块导致发光的半导体材料，能够将电能直接转化为可见光，它改变了白炽灯钨丝发光与节能灯三基色粉发光的原理，采用电场发光。

LED 灯的核心是一块半导体晶片，晶片的一端附在一个支架上，一端是负极，另一端连接电源的正极，整个晶片被环氧树脂封装起来。半导体晶片由两部分组成，一部分是 P 型半导体，其中空穴占主导地位，另一端是 N 型半导体，其内主要是电子。这两种半导体连接起来的时候，它们之间就形成一个 P－N 结。当电流通过导线作用于这块晶片时，电子就会被推向 P 区，在 P 区里电子跟空穴复合，就会以光子的形式发出能量，这就是 LED 发光的原理。而光的波长也就是光的颜色，由形成 P－N 结的材料决定。

LED 灯具有光效高、耗能少、寿命长、稳定性高、响应时间短、适用性强、对环境无污染、多色发光等优点。

5.1.3 照明系统布置原则

根据上述各种电光源的发光原理和结构特点，在照明设计中一般可按下述原则选用。

① 在灯具的悬挂高度较低（4 m 及以下）又需要较好视看条件的屋内场所，宜采用荧光灯。为了防止眩光和使照度分布均匀，不宜采用大功率的光源。

② 照明开闭频繁、照度要求较低时，宜采用白炽灯，因为白炽灯的开关次数对其寿命没有什么影响。

③ 正常照明一般单独使用，也可与紧急事故照明和值班照明同时使用，但控制线路必须分开。紧急事故照明是在正常照明因故障熄灭的情况下，供继续工作或人员疏散用的照明。事故照明必须采用能瞬时可靠点燃的光源，一般采用白炽灯或卤钨灯。采用蓄电池作疏散用事故照明电源时，其连续供电时间不应少于 20 min。

④ 保证照明的质量。首先是要在量的方面，创造合适的照度（或亮度）；其次是在质的方面，解决眩光、光的颜色和阴影等问题。

⑤ 保证光源的显色性和色温。

光源的显色性对视觉功能有很大的影响。在需要正确辨别色彩的场所，为避免失真，应合理选择光源的显色性。

光源的色温会影响人们的冷暖感和舒适感。同一色温下的光源，照度不同时，人的感觉也不同。一般低色温的光在较低的照度下使人感到愉快，而在高照度下则感到过于刺激。高色温的光在低照度下感到阴沉昏暗，而在高照度下则觉得愉快。因此，为了调节冷暖感，可根据不同环境的特点，采取适当色温的光源来增加舒适感，如：在炎热区域宜使用高色温冷色调光源，冷饮场所也宜用冷色光源；反之，宜使用低色温暖色光源。

可以采用显色指数高的光源，如：白炽灯、卤钨灯、日光色荧光灯、日光色镝灯和高显色高压钠灯来改善光色。另外，也可采用混合光照明来改善光色，即在同一场所内，采用两种及以上的光源照明。

⑥ 保证照度的稳定性。引起照度不稳定的主要原因是线路负荷的变动、电动机的启动等原因所引起的电源电压波动、光源老化、灯具污垢以及灯具的摆动等。照度不稳定不仅会分散工作人员的注意力，对工作不利，还会导致视觉疲劳。为此，照度的稳定性应予以保证，稳定照度的措施有：照度补偿、电源电压波动限制和光源的固定等。

5.2 CRH$_1$ 型动车组照明系统

5.2.1 系统概述

列车照明系统的作用就是照亮整个车厢，为旅客和工作人员提供旅途生活和工作所必需照明。

CRH$_1$ 型动车组车内所有照明设备由 110 V 直流蓄电池供电，并通过转换向所有灯泡和灯管供电，所有微型断路器都安装在电气柜内。为方便车内照明，设有许多不同的光源，乘客区、通过台、厕所、厨房和乘务员室内的照明由荧光灯管和卤素灯组成，司机室的照明为荧光灯管，由安装在司机室内的开关控制。

CRH$_1$ 型动车组照明使用的灯具类型如表 5－2 所示。

表 5－2　动车组采用的荧光灯和卤素灯类型

灯管	数据	种类	供应商编号	安装地点
荧光灯管	35 W	T5	TL535 W / 830 HE	客室内顶、行李架、功能板
荧光灯管	28 W	T5	TL528 W / 830 HE	客室内顶、行李架、功能板
荧光灯管	18 W	PL－L	PL－L18 W / 8 274－pin	司机室照明
荧光灯管	9 W	PL－S	PL－S9 W / 827 4－pin	通过台照明
卤素灯	12 V/10 W	Decostar	D35S，44 888 WFL12 V/10 W GU4	阅读灯
卤素灯	12 V/20 W	64 425	64 425 S20 W 12 V/G4	外门罩、风挡、厕所、厨房、乘务员室

5.2.2 照明系统的分布与功能

照明系统分为一般照明和紧急照明两个主要系统。一般照明在车厢内为乘客和乘务员提供满意的照明；紧急照明是指由蓄电池系统进行供电的照明，包含在一般照明中。

1. 照明系统的分布

一般照明可调节为强光或弱光照明。一般照明系统的一部分灯具同时用作紧急照明。

照明系统还包括位于 Mc 和 Tb 车厢内的门柱开关和乘务员室及司机室操作台上 IDU 显示屏触摸式按钮开关。厨房和司机室内的照明灯分别由安装在厨房和司机室内的开关控制。

四种车型照明布置如图 5－2～图 5－5 所示，图内标志说明如图 5－6 所示。

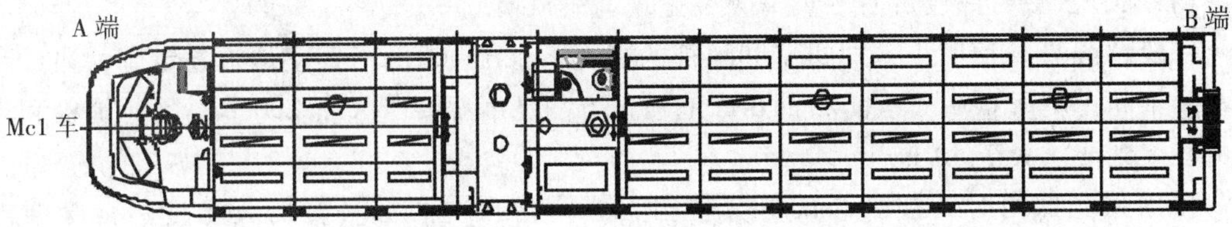

图 5-2 Mc 车厢照明布置图

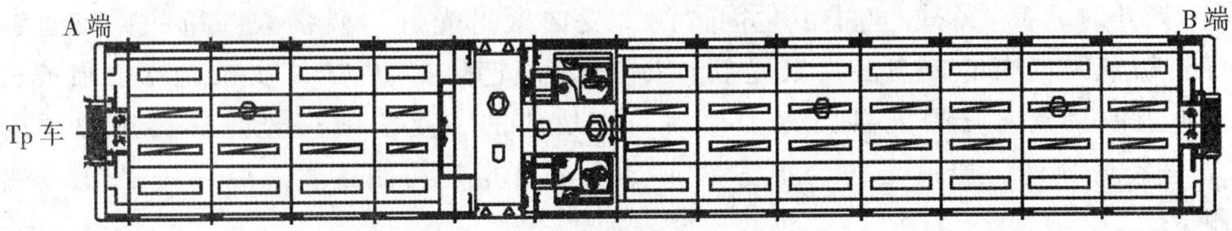

图 5-3 Tp 车厢照明布置图

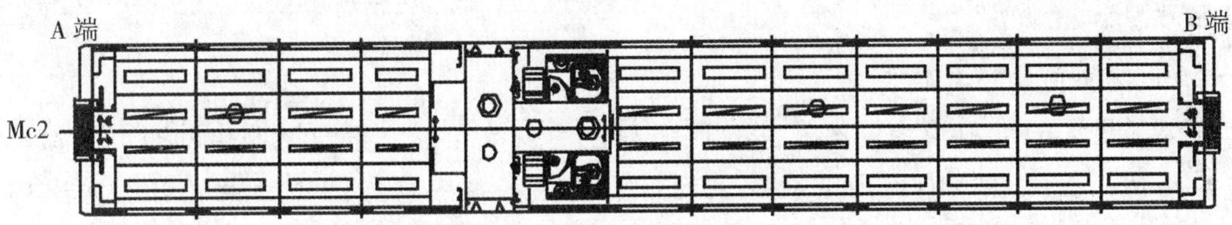

图 5-4 M 车厢照明布置图

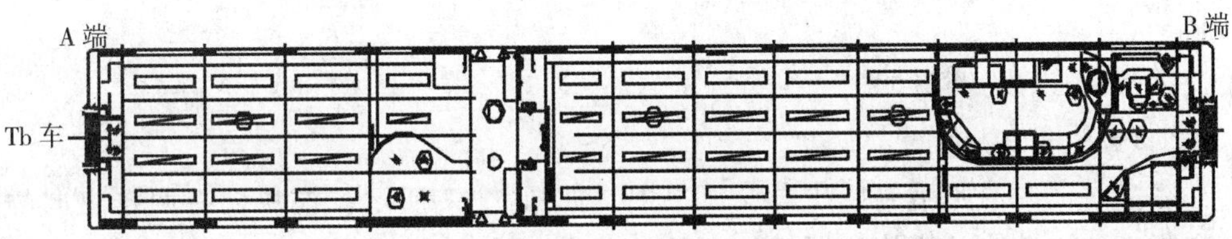

图 5-5 Tb 车厢照明布置图

客室顶灯，荧光灯
门机械罩，聚光灯
行李架，荧光灯
司机室，荧光灯
通过台内顶 荧光灯
紧急照明
内顶，聚光灯

图 5-6 照明布置图内标志说明

1）乘客区域的一般照明可调节为强光或弱光照明

一般“强光”照明下，司机室和地板的亮度不小于100 lx；客室地板、走廊；通过台地板、中间；厕所0.6 m镜前和1.6 m地板上方的亮度都要求大于200 lx；厕所地板和中间的亮度则要求大于50 lx。

使用强光照明时，被激活的灯具包括：客室内顶内两排平行的荧光灯、行李架内的荧光灯、功能板内的荧光灯（客室餐厅区、厨房外侧墙、乘务员室和残疾人厕所周围的区域）；通过台内顶内的2支灯具（每只内有2个荧光灯管）、蹲式/坐式卫生间外的2支灯具（每只内有2个荧光灯管）、每个外门机械罩内的2支卤素聚光灯（当门打开时开）、蹲式/坐式卫生间内的2支卤素聚光灯、残疾人厕所的4支卤素聚光灯、每个风挡内的2支卤素聚光灯、每个乘务员室内顶内的4支聚光灯、乘务员室外车顶内的2支卤素聚光灯、每个垃圾箱模块内的1支卤素聚光灯、厨房内顶内的10支卤素聚光灯、厨房工作台上方的4支卤素聚光灯和阅读灯（一等车由每个座位控制）。

使用弱光照明时，客室内顶内的荧光灯管关闭，上述其他所有灯具打开。

当列车和司机室被激活时，列车全部强光自动打开，此时，可通过司机操作台或乘务员室的IDU显示屏设定弱光照明，也可通过上述IDU显示屏关闭/打开一般照明。

2）乘客区域紧急照明

为了最大限度地减少耗电，紧急照明只使用少数光源。紧急照明启动时，被激活的灯具包括：各大客室内顶内的2支荧光灯、各小客室内顶内的1支荧光灯、客室内顶/车厢内的共3支灯管、厕所（坐式/蹲式/残疾人）的2支卤素聚光灯、通过台内顶内1支由2支荧光灯管组成的灯具、厕所外部区域内的1支由2支荧光灯管组成的灯具、乘务员室外车顶内的2支卤素聚光灯、乘务员室内顶内的2支聚光灯以及司机室内照明。

2. 区域照明分类说明

1）客室内顶灯

客车内顶内的照明包括在内顶模块中，如图5－7所示。模块内有两排纵向的荧光灯和逆变器，分为长模块和短模块两种，分别包含2支35 W荧光灯管和2支28 W荧光灯管。Mc、Tp和M车厢中离通过台最近的位置和Tb车厢通过台两侧使用的都是短模块。

灯管下侧有灯罩，照明电缆沿C型材铺设，连接模块的是电缆连接器。

灯具模块（35 W/28 W）内有电缆连接器，一端接电源；另一端与另一灯具模块相连接。在紧急灯模块中，有两根专用电缆，一根先于模块连接；另一根后于模块连接。

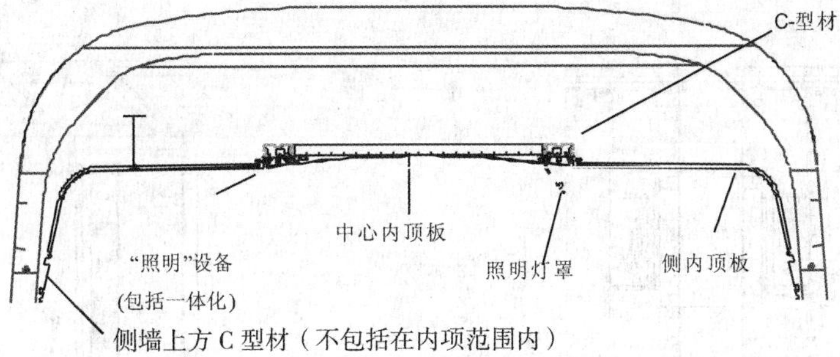

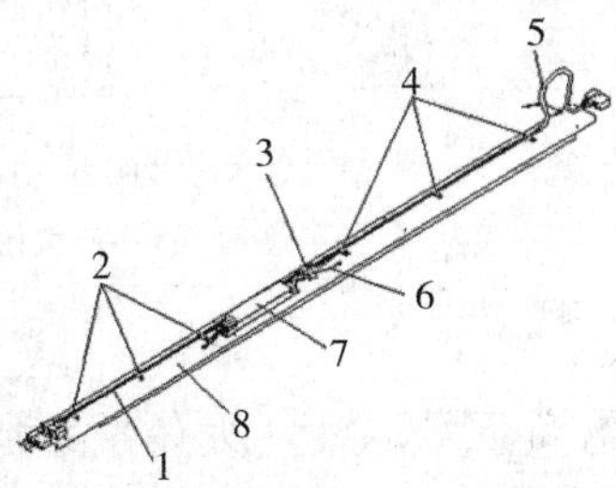

图 5-7　客室内顶灯

1—带插头电缆；2—电缆夹；3—端子；4—电缆夹；5—带插座电缆；6—接地电缆；7—逆变器；8—铝型材

2）通过台照明

如图 5-8 所示，每个通过台有两个圆形灯具安装在内顶板内，每个灯具有 2 支 9 W 日光灯管，2 支灯管共用一个逆变器，安装在内顶上方。

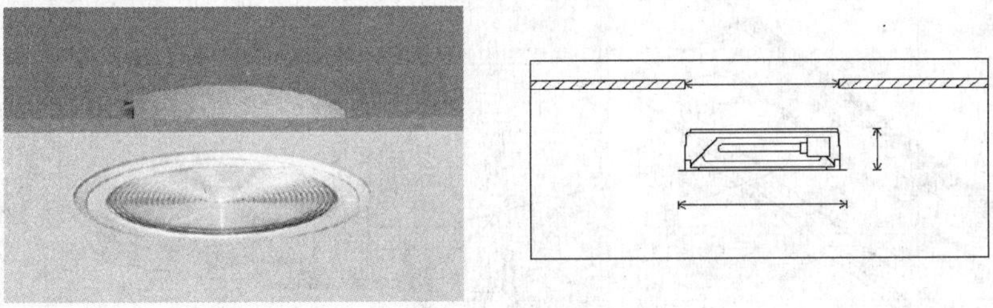

图 5-8　通过台照明

如图 5-9 所示，两节车厢之间的风挡照明采用 2 支 12 V/20 W 的卤素灯具，每个车厢一支，嵌装在车顶内，2 支卤素灯共用一个逆变器，安装在车顶上方。

3）外门照明

如图 5-10 所示，每个车厢门入口处都装有两只 12 V/20 W 的卤素灯具，4 支卤素灯与 1 个逆变器连接，嵌装在机械罩内，安装在开门一侧。当门关闭时，卤素灯关闭。

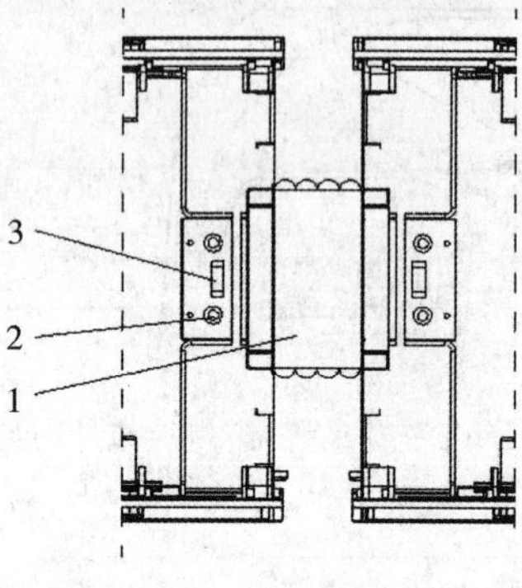

图 5-9　风挡照明

1—风挡；2—卤素灯具；3—逆变器

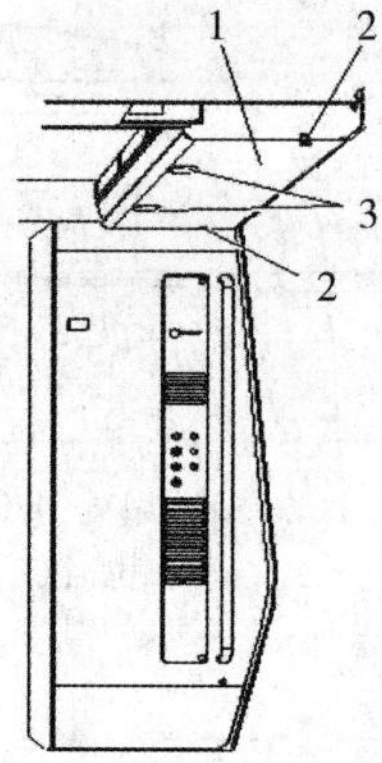

图 5-10　外门照明

1—门机械机构；2—盖锁装置

4）行李架内照明

除用餐区和 Tb 车厢的残疾人厕所外部区域以外，所有客室都有行李架，行李架分为两种：一种 1 872 mm 长，带 1 支 35 W 荧光灯管；另一种 1 527 mm 长，带 1 支 28 W 荧光灯管，每支荧光灯管有 1 个逆变器。

行李架灯具包括 35 W 或 28 W 照明灯，向上方和下方照明，灯具下侧有一个孔状眩光保护。如图 5-11 所示，5 为阅读灯，只有一等车厢设有阅读灯。每个阅读灯灯具模块有 2 支 12 V/10 W 的卤素灯，一支用于靠窗座位，另一支用于走廊座位。4 支阅读灯共用一个逆变器，安装在行李架的前侧内。行李架上的一根电缆和插头连接器与侧墙上的插座连接器连接。

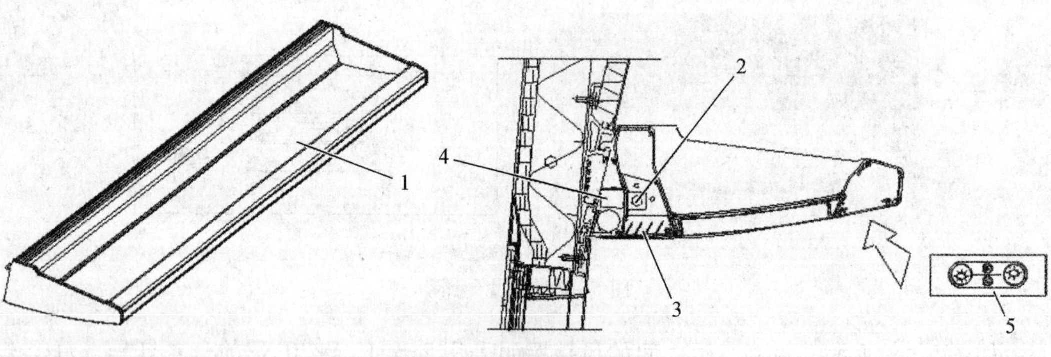

图 5-11　行李架内照明

1—行李架；2—带荧光灯管（35 W 或 28 W）的灯具；3—孔状眩光保护；

4—逆变器；5—阅读灯（只在 Mc 车厢）

5）功能板照明

Tb 车厢内的客室用餐区装有功能板，两块在厨房对面的侧墙上，一块在乘务员室内。长 1 872 mm 的功能板带一支 35 W 荧光灯管，长 1 524 mm 的功能板带一支 28 W 荧光灯管，每支荧光灯管连接一个逆变器。照明方向向上方和下方，用于行李架，下侧有一个眩光保护，如图 5-12 所示。

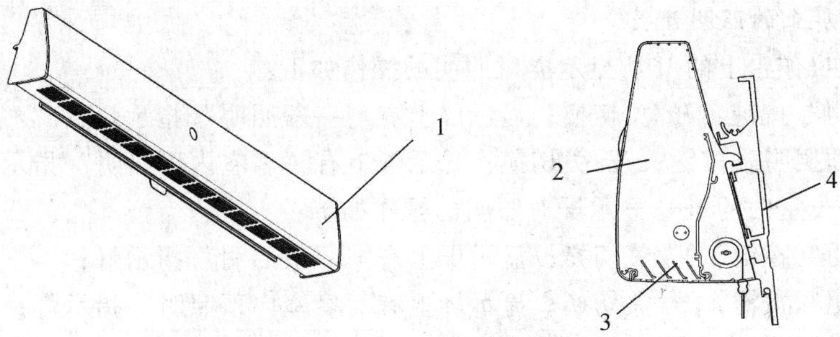

图5-12 功能板照明

1—功能板；2—荧光灯具：(1 872 mm) 35 W，(1 524 mm) 28 W；
3—孔状眩光保护；4—逆变器

6) 厕所照明（蹲式/坐式）

厕所内顶内有2支卤素聚光灯，带一个逆变器，安装在镜子后面，厕所照明与应急照明系统连接。

残疾人厕所内顶内有4支卤素聚光灯，带两个逆变器，安装在镜子后面。2支卤素灯各连接一个逆变器，其中一个逆变器与应急照明系统连接。

7) 乘务员室照明

乘务员室照明包括侧墙上的功能板（35 W）和内顶内的4支卤素灯（20 W）。两个逆变器安装在乘务员室旁边的电气柜内。4支卤素灯连接各逆变器，其中一个逆变器与应急照明系统连接。

8) 厨房照明

厨房照明包括14支卤素灯（20 W），10支嵌装在车顶内，4支嵌装在工作台上方，其中，4支卤素聚光灯与应急照明系统连接。

9) 司机室照明

司机室照明如图5-13所示，包括一支安装在顶内的灯具，有2支18 W荧光灯管，共有一个逆变器，逆变器安装在灯具内。无论列车是否被激活，照明供电先于蓄电池接触器。驾驶室照明由司机室内的开关控制。

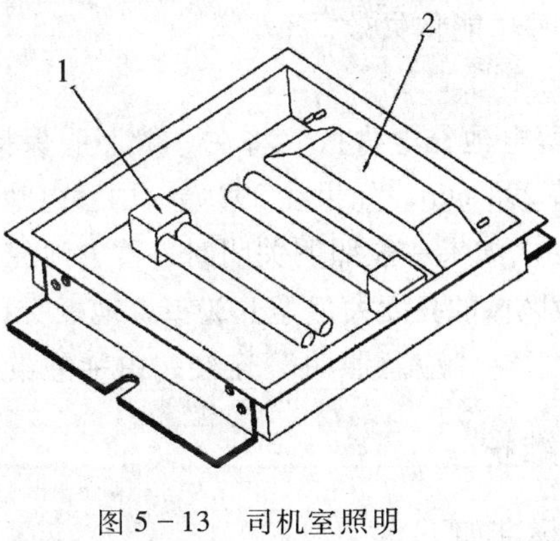

图5-13 司机室照明

1—荧光灯管18 W（2支）；2—逆变器

10）显示屏上的照明开关

（1）司机操作台上的 IDU 显示屏对照明的操作如下：

“一般照明”按键，开/关切换；显示屏上有“一般照明”指示灯；

“客室内顶照明”按键，开/关切换；显示屏上有“客室内顶照明”指示灯。

（2）乘务员室内的 IDU 显示屏对照明的操作如下：

“一般照明”按键，开/关切换；显示屏上有“一般照明”指示灯；

“客室照明”按键，开/关切换；显示屏上有“客室内顶照明”指示灯；

“用餐区域”按键，开/关切换；显示屏上有“用餐区域、客室照明”指示灯。

11）其他开关

司机操作台安装的对应照明操作的按键称为“隧道模式”。激活该键时，打开强光一般照明，不管之前一般照明是否关闭。当“隧道模式”关闭之后，照明系统返回到之前的阶段。如果一般照明打开，司机室失效（司机更换司机室），一般照明保持该阶段。如果司机室失效后，列车设定为停车模式，5 min 后，所有照明关闭。

司机室内电气柜上有司机室照明两位选择开关，安装在入口门内右侧小间。乘务员室内的控制板上有乘务员室内聚光灯两位选择开关。厨房内的控制板上有厨房照明按键切换开关和用餐区域按键切换开关；在入口门、Mc1、Mc2 和 Tb 车厢里的门柱里有照明三位选择开关，如图 5－14 所示。弹簧复位至中间位置作“一般照明”开关切换，在列车无激活的司机室，一般照明也可操作。

在 Mc 和 Tb 车厢入口处的外门柱处有一个三位选择开关，弹簧复位至中间位置。开关可通过按键进行操作，并具有以下功能：逆时针方向激活不到 1 s，“特定车厢内的一般照明关闭”；逆时针方向激活超过 1 s，“整列车（也包括多组列车）内的一般照明关闭”；顺时针方向激活 1～3 s，“特定车厢内的一般照明打开”；顺时针方向激活超过 3 s，“整列车（也包括多组列车）内的一般照明打开”。

如果一般照明从入口处外门柱激活，同时，无司机室被激活，25 min 后，一般照明将自动熄灭。如果在 25 min 内司机室被激活，一般照明将打开，计时功能将失效。

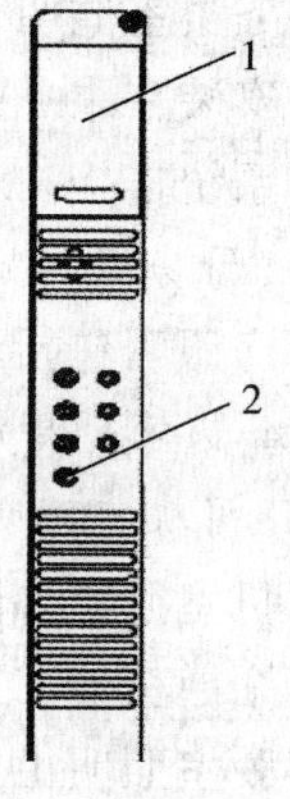

图 5－14　门柱及选择开关

1—门柱；2—选择开关

12）应急照明

如果一般照明打开时，蓄电池充电失效，将在一般照明保持 2 min 后，激活应急照明并保持 298 min。如果在 298 min 内蓄电池充电开始，将在紧急照明不中断的情况下，打开一般照明。如果一般照明关闭时，蓄电池充电失效，则直接打开应急照明。紧急照明要保证客室多数区域的亮度大于等于 30 lx，地板所有区域的亮度大于等于 5 lx。

乘务员室内的卤素聚光灯与“应急照明”连接，由乘务员室内的开关控制。

5.2.3　照明设计规范和维护

动车组照明设计规范和标准如下。

UIC 555　　车辆内电气照明

EN 50 264　　　　特殊性能的铁路车辆电缆—标准墙壁
EN 50 306　　　　特殊性能的铁路车辆电缆—薄墙壁
IEC 332—3　　　　电缆燃烧试验第三部分：集束电线或电缆试验
UIC 564—2　　　　铁路列车客车车厢的防火措施

对于照明系统的保养和维修无特殊要求，荧光灯管和卤素灯在不亮时予以更换。

5.3 CRH2 型动车组照明系统

5.3.1 照明系统布置

CRH2 型动车组照明包括客室照明、通过台照明、厕所及洗脸间的照明和多功能室照明等部分。全列车使用灯具如表 5－3 所示。

1. 客室照明

客室内设有 DC 100 V 的快速启动荧光灯，部分兼用作应急照明，所有灯具均为通过灯罩的隐形照明。荧光灯及照度符合国家标准，照度不小于 200 lx。

CRH2 型动车组照明系统在车厢内的布置如图 5－15～图 5－18。

2. 通过台照明

通过台及走廊车顶设有 DC 100 V、20 W 荧光灯（应急照明设灯在 2、4 位侧），各车走廊上有良好的照明，照度不小于 30 lx。

3. 厕所及洗脸间的照明

采用 DC 100 V、20 W 及 40 W（残疾人用）的白色荧光灯，兼作应急灯。

4. 多功能室照明

多功能室照明采用 DC 100 V、40 W 荧光灯，兼作应急灯。

表 5－3　CRH2 型动车组灯具一览

序号	灯具	型号	数量/列	备注
1	灯具 110 W（不包括灯管）	L11112T0	79	客室
2	逆变器　110 W	110TL—1 005DC4	79	客室
3	灯具 40 W（不包括灯管）	L4 121T0	34	客室
4	逆变器　40 W	40TL—100DDC5	34	客室
5	灯具 20 W（不包括灯管）	L2 116T0	6	客室
6	逆变器　20 W	20TL—100DDC5	6	客室
7	灯具 20 W（不包括灯管）	L2 140FA—100D	30	通过台
8	灯具 20 W（不包括灯管）	L2 140FA—100D	6	走廊
9	灯具 20 W（不包括灯管）	L2 141FA—100D	7	洗脸间
10	灯具 40W（不包括灯管）	L4 118FA—100D	1	坐式厕所
11	灯具 20 W（不包括灯管）	L2 143FA—100D	7	坐式厕所
12	灯具 20 W（不包括灯管）	L2 143FA—100D	4	小便间

续表

序号	灯具	型号	数量/列	备注
13	灯具 20 W（不包括灯管）	L2136F0—100D	2	乘务员室
14	灯具 20 W（不包括灯管）	L2 158T0—100D	1	桌灯
15	灯具 40 W（不包括灯管）	L4 119FA—100D	1	多功能室
16	下射灯 60 W		10	
17	荧光灯 110 W	FLR110HW/A	68	
18	荧光灯 40 W	FLR40SW/M	30	
19	荧光灯 20 W	FLR20SW/M	67	
20	荧光灯 110 W	FLR110HEX—L/A	11	电灯泡颜色
21	荧光灯 40 W	FLR40SEX—L/M	6	电灯泡颜色
22	荧光灯 20 W	FLR20SEX—L/M	4	电灯泡颜色
23	灯具 15 W（不包括灯管）	L1511T0—100D	1	小卖部

5.3.2 灯具结构

侧顶棚由荧光灯、逆变器、喇叭、配线、构架一体化的侧顶棚组件、灯具罩和一体化的侧顶棚板组成。灯具罩具有一侧固定的聚碳酸酯支持结构，为半直接照明方式，使用FRP的侧顶棚挡板作为逆变器和喇叭的检查盖。

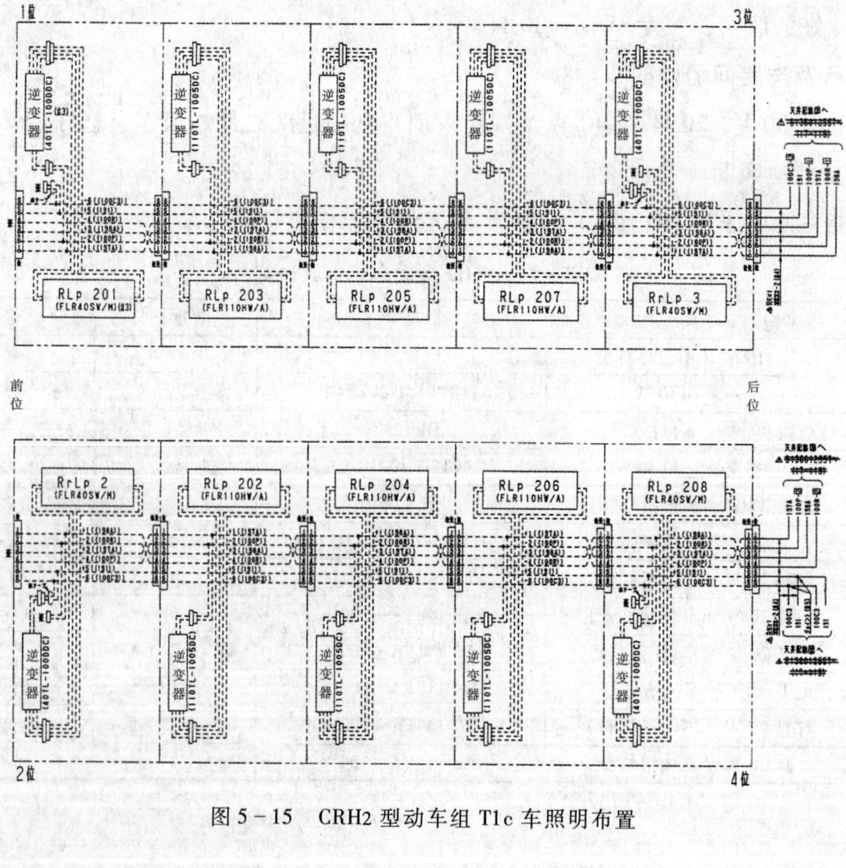

图 5－15　CRH2 型动车组 T1c 车照明布置

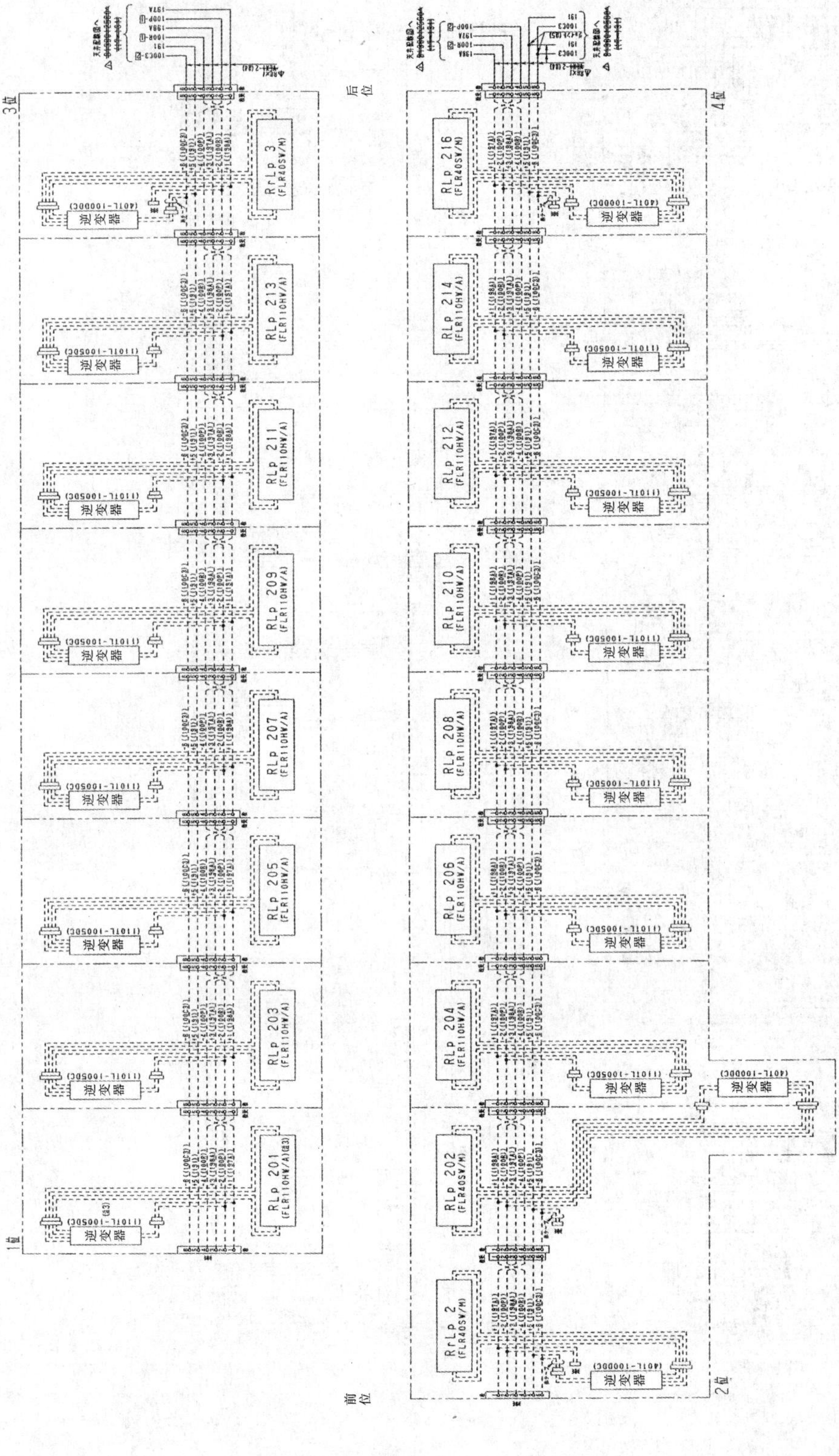

图5-16　CRH₂型动车组M2车照明布置

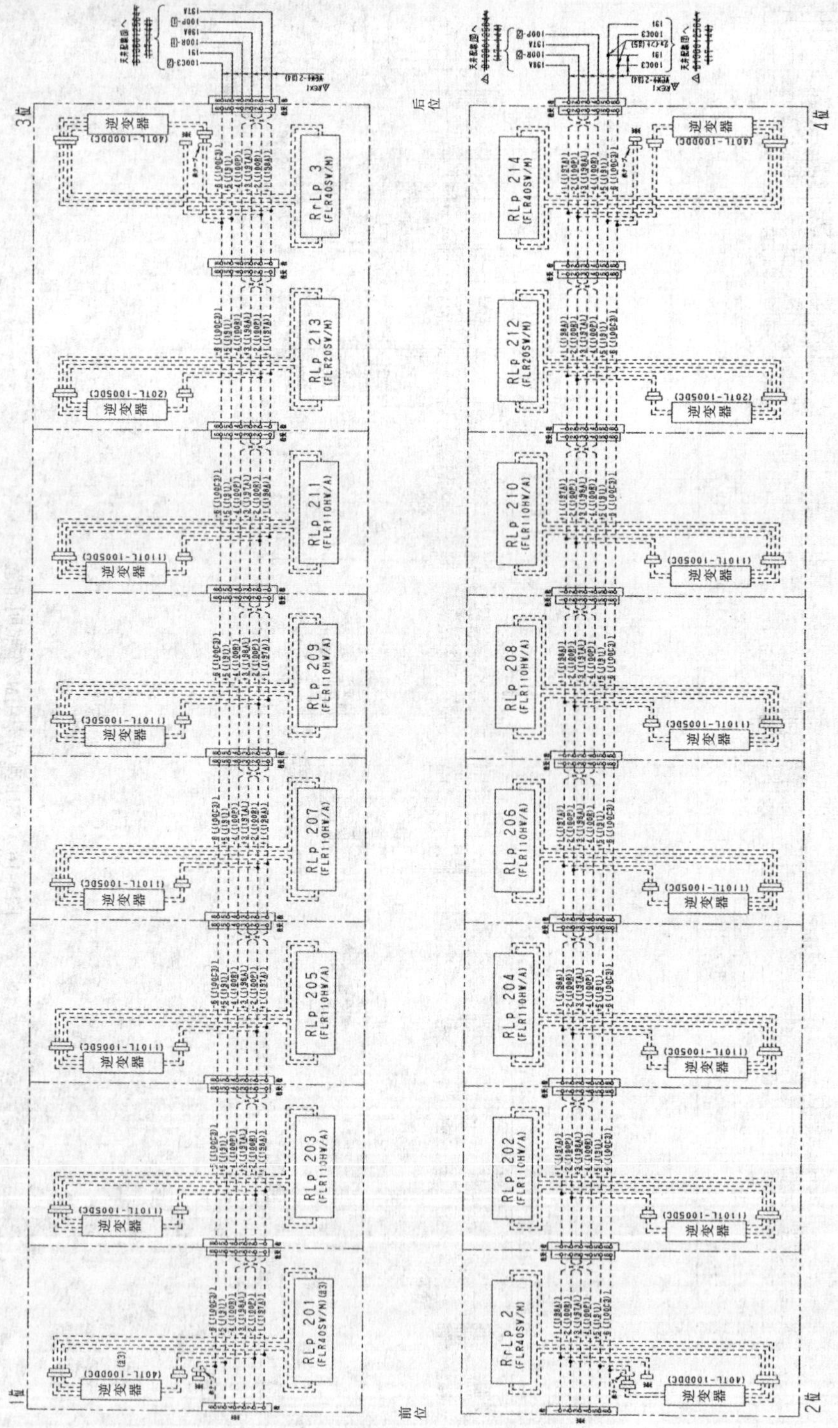

图5-17 四方/川崎动车组M1车照明布置

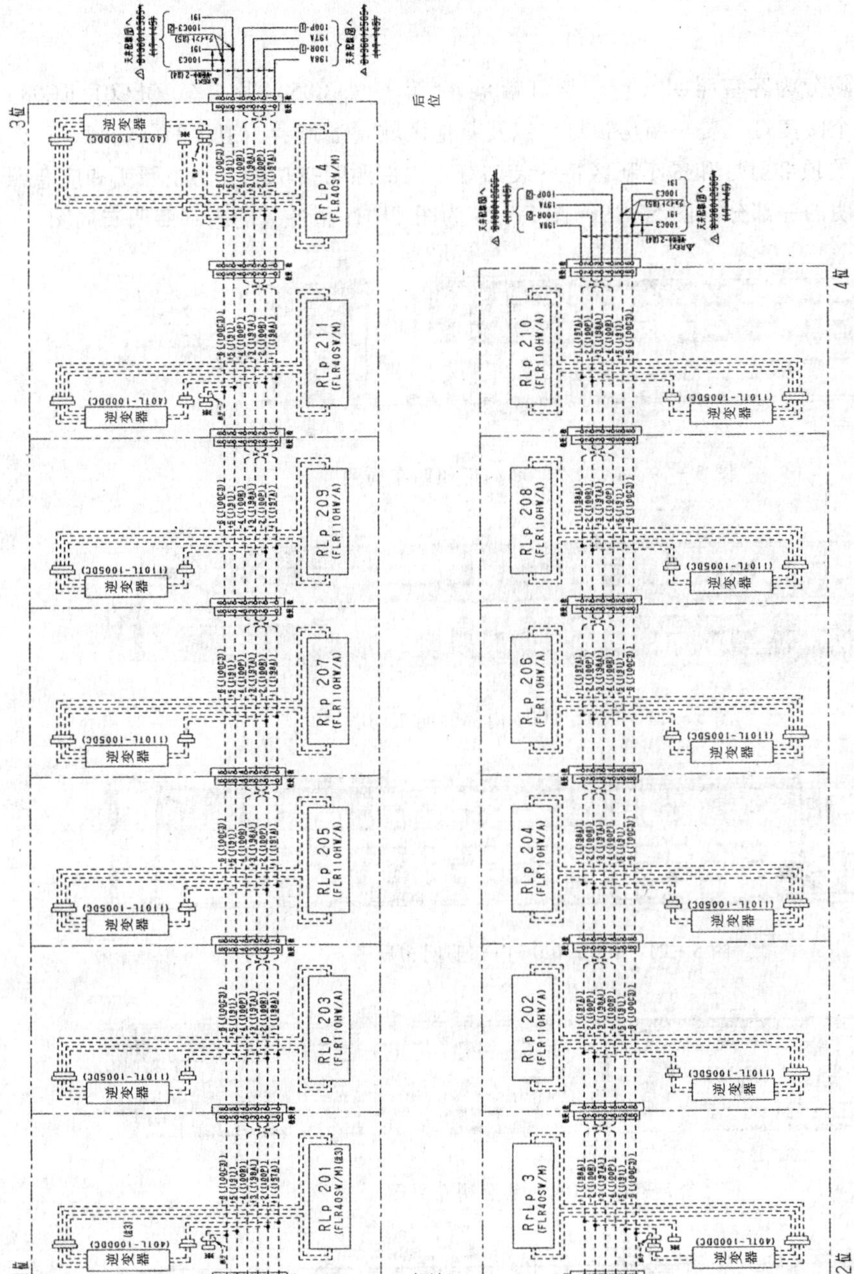

图5-18 CRH$_2$型动车组M1K车照明布置

5.4 CRH3 型动车组照明系统

5.4.1 概述

内部照明按区域分为客室照明（行李架灯带）、一等车（FC05）及头车（EC01/EC08）休闲区各坐席的单个阅读灯、餐车厨房顶灯，以及其他区域（通过台、卫生间、走廊、司机室、乘客服务区）的顶部射灯和餐车吧区特殊装饰灯。内部照明按功能分为主照明和应急照明，阅读灯是主照明的一部分。图 5－19～图 5－23 为图 CRH3 型各车的内部照明布局图。

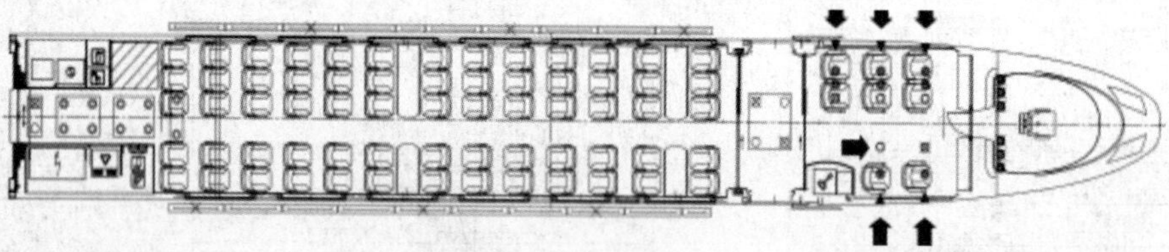

图 5－19　EC01/EC08 内部照明布局图

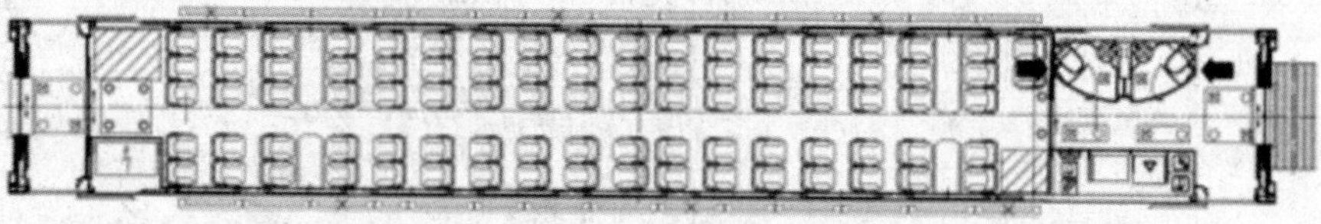

图 5－20　TC02/TC07 内部照明布局图

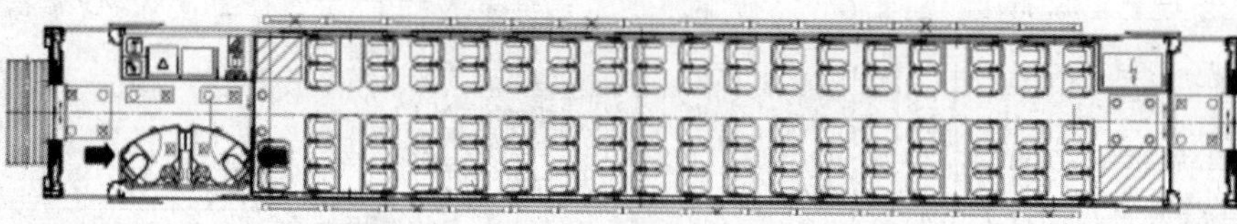

图 5－21　IC03/IC06 内部照明布局图

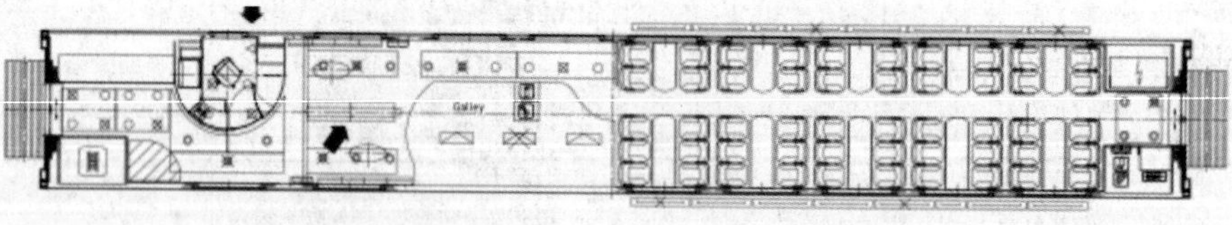

图 5－22　C04 内部照明布局图

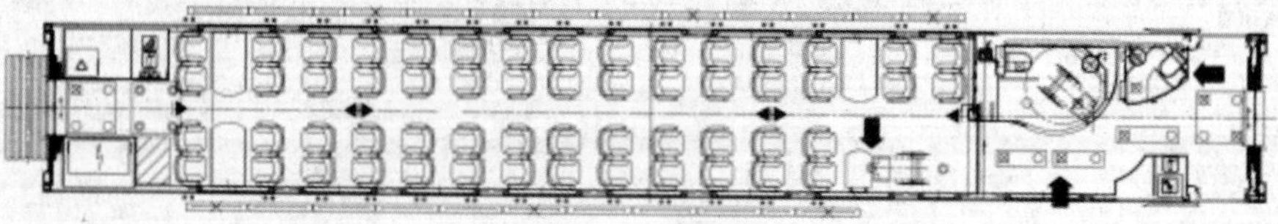

图 5－23　FC05 内部照明布局图

5.4.2　照明系统的分布与功能

1. 客室主照明

客室区域的主照明主要指行李架灯带。如图 5－24 所示，行李架灯带（客室灯带）为内置荧光灯，不同长度的灯具模块安装在行李架的正下方的支撑型材上。

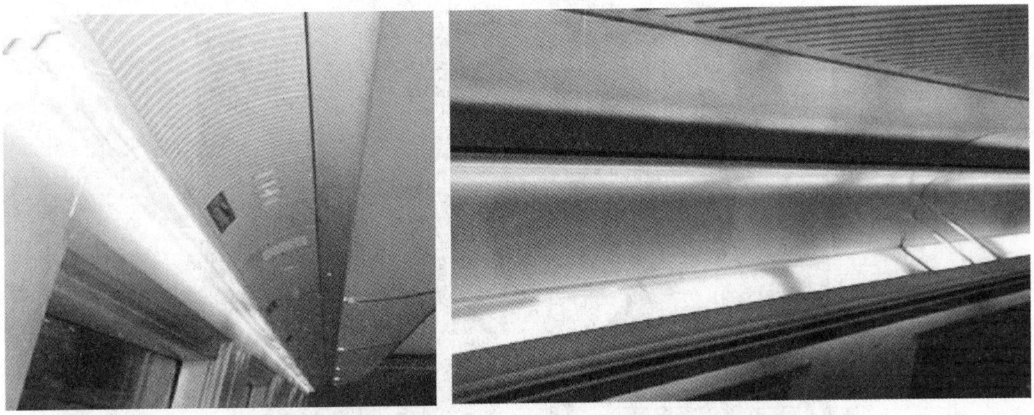

图 5－24　客室主照明及行李架灯带效果图

用于行李架灯带光源的荧光灯有 36 W/1 200 mm、30 W/895 mm 和 18 W/590 mm 三种。灯具模块内的逆变器安装在每个行李架端部，通过连接器（WAGO）向行李架灯带供电。

2. 顶部射灯

为了产生一个变化的旅行环境，加强灯光照明效果，走廊、通过台和卫生间等区域采用顶部射灯，效果图及安装图如图 5－25 所示。

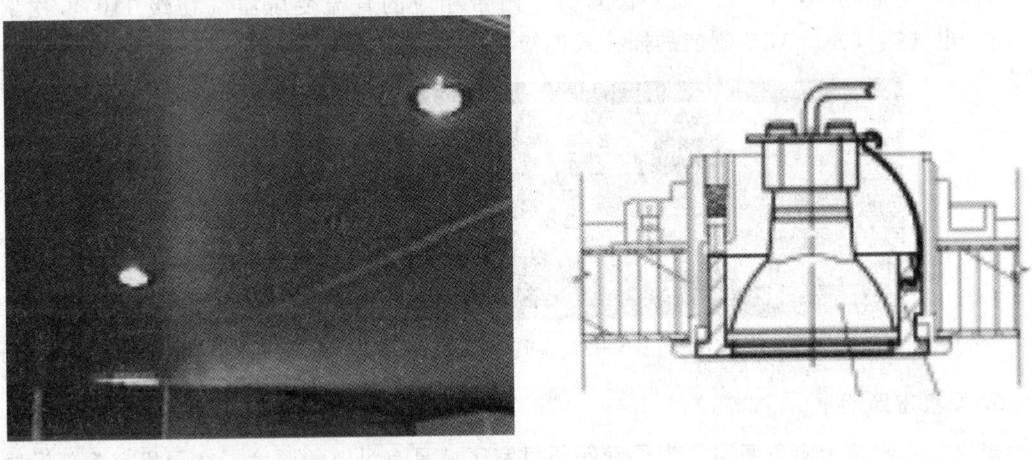

（a）效果图　　（b）安装图

图 5－25　顶部射灯

射灯光源为卤素灯，分为 10 W/DC 110 V、10 W/DC 12 V、20 W/DC 110 V 和20 W/DC 12 V 四种。射灯附带相应的直流变压器（初级 110 V/次级 12 V)，电气接口采用 WAGO 制造的插接式连接器及接线端子。

3. 餐厅顶灯

为加强照明和装饰效果，餐厅顶部区域采用顶灯，光源为 2 个长 895 mm 的 30 W 的荧光灯，灯具模块内带有逆变器，图 5 - 26 所示为其效果图。

图 5 - 26　餐厅顶灯效果图

4. 阅读灯

在一等车 FC05 的客室和 EC01/08 车休闲室的灯带上，装有与按钮开关集成在一起的、可由旅客单独开关和调节的阅读灯，如图 5 - 27 所示。

阅读灯光源为 10 W/DC 12 V 卤素灯，附带相应的直流变压器（初级 110 V/次级 12 V)，电气接口为 WAGO 制造的插接式连接器及接线端子。

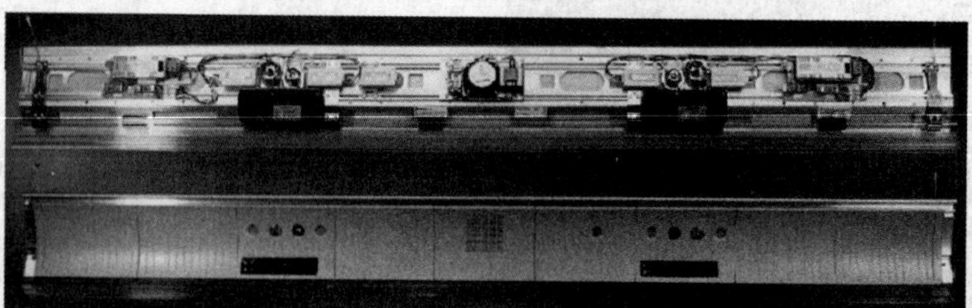

图 5 - 27　阅读灯安装图

5. 司机室照明

司机室照明属于应急照明。为了确保司机室区域具有足够的照度，在司机室头部设置了 6 盏 20 W/DC 12 V 的射灯，如图 5 - 28 所示。射灯光源为卤素灯，附带相应的直流变压器（初级 110 V/次级 12 V)，电气接口采用 WAGO 制造的插接式连接器及接线端子。

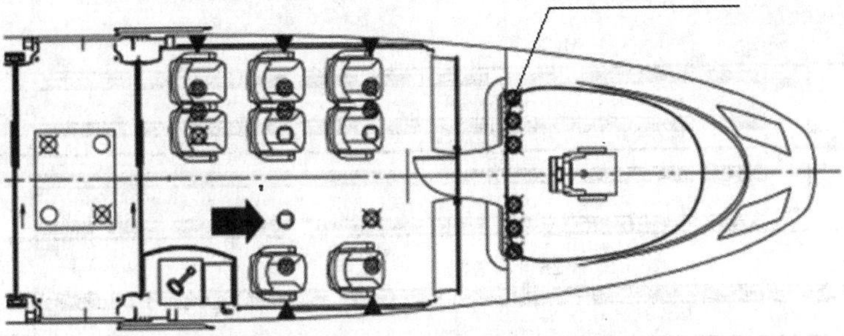

图 5－28　司机室区域顶灯布置图布置

5.4.3　内部照明供电及控制

内部照明主要是 DC 110 V 供电，部分顶部射灯自带直流变压器，将 DC 110 V 变换成 DC 12 V，采用 DC 12 V 供电电压。

内部照明的控制元件包括：每个头车一端控制板上的“列车灯开/关”照明按钮、司机控制台上的司机人机界面 MMI 和 BC04 车上乘客服务室的人机界面 MMI。

5.4.4　应急照明

应急照明属于内部照明，提供所有区域的基本照明。正常供电时，应急照明和主照明一起工作；出现供电故障时，应急照明由直连电池供电以保证照明不间断，司机室的卤素顶射灯属于应急照明，可单独切换。

在图 5－19～图 5－23 所示各车内部照明布局图中，标记为“×”的为应急照明灯具，包括：客室行李架灯带部分 30 W 荧光灯、通过台区域的部分射灯、司机室的顶部射灯、卫生间内的顶部射灯、乘务员室的顶部射灯、走廊区域的部分射灯和厨房的部分 18 W 顶灯。

应急照明所应用的控制元件包括：每个头车司机室操纵台上的“BD 应急系统”控制开关、司机人机界面 MMI 和 BC04 车乘客服务室里的人机界面 MMI。

应用司机室操纵台的人机界面和/或餐车乘务员室的人机界面的“配电照明”屏幕可转换应急照明，其中：“照明 0”对应“应急照明和主照明关”；“照明 1/3”对应“应急照明开”；“照明 1”对应“应急照明和主照明开”。

5.5　CRH5 型动车组照明系统

5.5.1　概述

CRH5 型动车组照明系统的电力来源为 110 V 直流母线和蓄电池，全车照明系统包括照明模块、顶灯和聚光灯三种类型。照明布置如图 5－29 所示，普通照明布置在车顶中部以及侧墙与车顶交接处，一般采用荧光灯，由 110 V 直流转换成 220 V 交流电供电；车内座椅上方的阅读灯和餐车使用的卤化物灯，由 110 V 直流转换成 24 V 直流电供电。

车内照明控制开关根据照明的种类分为全车照明、半车照明、夜晚照明、紧急照明和故障显示等，在各节车厢内和司机室均可对照明进行控制，图 5-30 为司机室内的照明控制开关。

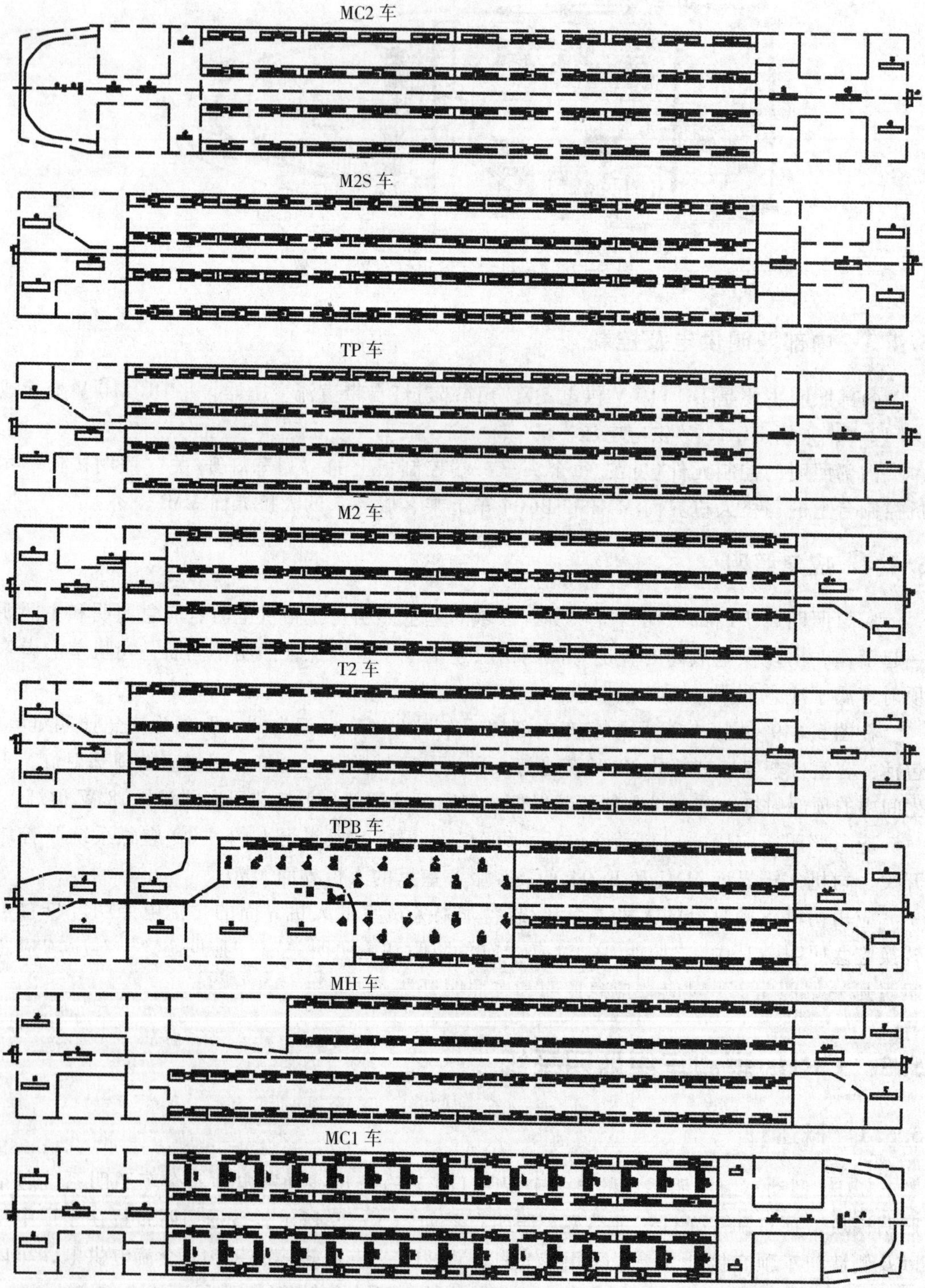

图 5-29　CRH5 型照明系统布局

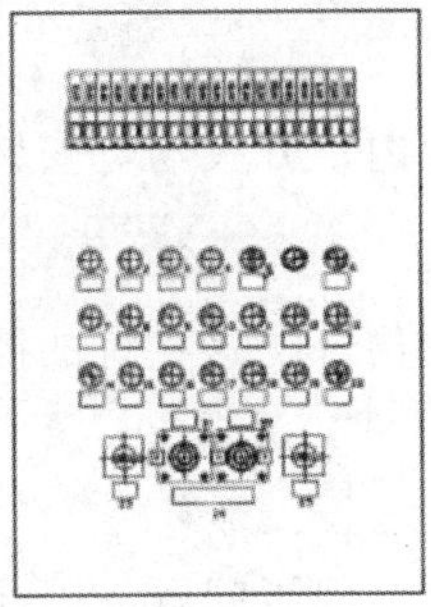

图 5－30 司机室内的照明控制开关

1. 全车照明

全车照明指车内所有照明都工作。司机室的“列车控制”开关打开后，这些照明可在各车厢内通过“全灯控制器”开关进行控制。若影视显示器打开，它上方的 2 个灯将熄灭。

2. 半车照明

半车照明是为白天列车穿越隧道时设置的工况。该工况下，只有侧墙上方的荧光灯和车顶内的紧急照明灯点亮。在司机室的“列车控制”开关打开后，该照明可以在各车厢内通过“半灯控制器”开关控制。

3. 夜晚照明

夜晚照明由乘务员室内的开关控制，采用夜晚照明时，只有车顶内的紧急照明灯、侧墙和厕所的部分灯点亮。夜晚照明开关不受司机室内总开关的控制。

4. 紧急照明

紧急照明是在紧急状态下自动点亮的，门口以及厕所的部分灯也在紧急照明时点亮。

5. 司机室照明

司机室照明由司机操纵台上的“司机室灯控制器”开关控制，位置如图 5－31 所示，它可以使司机左侧的灯单独亮，也可以使司机室内的两个灯都亮。

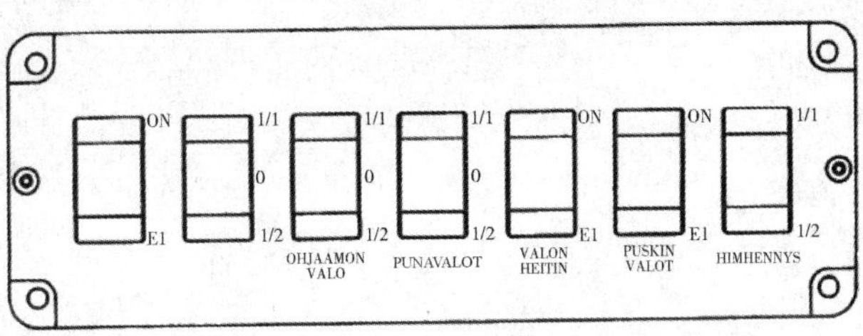

图 5－31 司机室内的照明控制开关

6. 关灯操作

车内照明可以由“灯光关闭控制”开关关闭，在司机室内可以通过“全灯控制器”开关将整列车的照明关闭。餐车和乘务员室的照明有自己的控制开关。

7. 阅读灯

阅读灯安装在座椅上方的行李架内，开关与灯安装在一起，由乘客自己控制。

8. 餐车照明

餐车除有荧光灯以外，还有卤化物灯，这些灯的照明由餐车配电盘单独控制。

5.5.2 照明的维护

当照明出现问题时，通常是灯管出现了问题，因此，首先需要更换灯管，当更换灯管不起作用时，有可能是电源转换器出现了故障，荧光灯转换器的型号如表 5－4 所示。对于客室阅读灯和餐车射灯所采用的 24 V 卤化灯，当更换灯管不起作用时，可能是开关出现了故障。

表 5－4　荧光灯转换器型号

灯管功率	8 W	18 W	30 W
转换器型号	TM47187	TM65198	TM65198

思考题

1. 动车组照明分为哪些类型？
2. 照明设计中一般应遵循哪些原则？
3. 试分析 CRH1 型动车组照明系统的组成。
4. 试分析 CRH2 型动车组照明系统的组成。
5. 试分析 CRH3 型动车组照明系统的组成。
6. 试分析 CRH5 型动车组照明系统的组成。

第6章　火灾探测系统

6.1　火灾探测系统概述

6.1.1　火灾探测系统发展史

火灾自动报警系统诞生已有100多年历史，根据其发展过程，可划分为5代。

第一代，从19世纪40年代至20世纪40年代，火灾自动报警系统的发展处于初级阶段。在此期间，由英国人于1890年研制的感温探测器占了主导地位。

20世纪初，定温探测器得到了改进和发展，该型探测器造价较低，误报也少，但灵敏度较低，探测火灾的速度较慢，尤其对阴燃火灾往往不响应，常发生漏报。

20世纪20年代至30年代，为满足迅速探测火灾的需要，人们利用升温速率原理，发明了对火灾的响应速度比定温探测器快得多的差温火灾探测器，分空气管式和机械式两种类型。

此外，人们又将差温和定温两种功能组合在一起，研制出了兼有差温和定温两种功能的差定温组合式火灾探测器。

第二代，从20世纪50年代至70年代，这30年中，感烟火灾探测器登上舞台，将感温火灾探测器排挤到次要地位。火灾信号传输的导线为多线制，包括 $N+1$ 线和更多的线。

1940年，瑞士科学家 Walter Jaeger 对电离室进行测试，发现当烟雾进入电离室时，电离电流会骤降，此现象触发了他利用这一原理开发一种新的火灾探测器的意念。1941年，离子式烟雾探测器正式面世，使火灾探测技术进入了一个崭新阶段。感烟探测器的灵敏度比感温探测器大大提高，实现了预报火灾的目的，此后经不断完善，至20世纪70年代，已逐渐取代了感温探测器的主导地位，市场占有率达90%。

由于离子式感烟探测器内置的放射性元素“镅241”，在制造、运输、贮存及损坏弃置等方面对人体有害，因此，世界环保组织提出用其他感烟探测器代替离子式感烟探测器。

20世纪70年代末期，为了扩大火灾探测的范围，并针对离子式感烟探测器抗干扰能力及稳定性差和误报率高等不足，光电式感烟探测器问世。

随着利用光散射原理探测烟雾的光电感烟探测器在技术上日趋成熟，离子式感烟探测器长达20年垄断市场的局面被打破。离子和光电两种感烟探测器在性能上的差异也受到了人们广泛的关注。实践证明，离子感烟探测器对焰火较灵敏，而光电探测器对缓慢阴燃火较灵敏。现在，这两种探测器每年的销售量大约是一对一，平分秋色。

第三代，从20世纪80年代初开始至20世纪80年代后期，总线制火灾自动报警系统蓬勃兴起。在此期间，由于电子器件落后的原因，人们开发总线制火灾自动报警系统的设想不能实现。幸运的是电子工业的发展为实现人们这一设想提供了可能，从而把以前的多线制改成两线制系统，也就是人们一般所称的总线制系统。总线制系统在经济方面能节省布线费用，但最大缺点是调试困难，抗干扰能力差。在此阶段，瑞士CERBERUS公司首先推出F 900离子感烟探测器总线制产品，之后各国相继研制成多种地址编码总线制系统。

第四代，从20世纪80年代后期开始至今。由于模拟量可寻址技术的出现，给火灾探测技术带来了一场革命。在模拟量火灾探测器系统中，处理讯号的方式是模拟量式而不是开关量式，探测器实际是一个传感器，本身不决定“火灾”或“非火灾”，只是将一个模拟量讯号传送到控制器，由控制器中的微处理器通过软件程序判断讯号的性质而发出火警讯号。由于每个探测器的地址及模拟输出量均可通过报警系统查询，系统的可靠性大大提高，误报率也得以降低，使火灾探测技术迈进了一大步。但严格地讲，该系统只是一个初级智能系统，它的智能是单向性的，只在控制机中有智能功能而在探测器中没有智能功能，且控制机中的智能功能也只是按照规定的算法和程序运行，尽管它的实报与误报的比例在10:1以下，但随着火灾自动探测系统应用的日益普遍，其误报的绝对数量不断增加，影响了它的应用。因此，寻找适当的信号处理算法和探测方式在确保准确检测火灾的同时又具有极低的误报和漏报，一直是火灾自动探测研究的首要任务。

第五代，火灾智能预警系统。随着经济的飞速发展和财产的日益增长，预防火灾的发生越发重要。由于以往的报警器是在起火之后才响起，即使消防队员接到报警，立即赶往现场，损失的财产也远比救出来的多。因此，第五代火灾智能预警系统的设计思路和要求是：当烟火尚未出现，为用户提供足够的救火时间，系统绝对可靠，不允许有漏报，同时误报率应越低越好。

20世纪90年代以来，在澳洲和欧洲出现的极早期火灾智能预警系统，使火灾探测技术发生了一场革命。该系统采用了先进的激光探测技术和独特的主动式空气采样技术及一种全新的“人工神经网络”算法，具有很强的适应性、学习能力、容错能力和并行处理能力，可用全方位的方法判断火灾信号的真假，为火灾探测技术开辟了崭新的发展途径。这种分布式智能系统除了控制主机带有前述的智能外，每个子机内也设置了具有“人工神经网络”的微处理器，子机与主机可以进行双向智能信息交流，使整个系统的响应速度及运行能力空前提高，误报率几乎接近为零，确保了系统的高灵敏性和高可靠性。

通常使用的离子式和光电式感烟火灾探测器，其灵敏度范围适用于保护一般民用建筑场所，不能进行早期预警。在现实中一些重要或特殊场所，要求对火灾进行超早期报警，以达到“防而不消”的消防最高境界，由此产生了对高灵敏度火灾探测器的工程需求。近年来，国外开发出了高灵敏度人工智能感烟火灾探测报警（High Sensitivity Artificial－intelligence Smoke Detection，HSASD）方法，能探测到人眼看不见的烟，并发出报警信号，为早期探测预报火灾提供了有效的手段。

初期的火灾可能阴燃、闷烧90 min以上，虽然少量的烟很难被肉眼所见，但“极早期火灾智能预警系统”却能将其侦测出来，不同于传统感烟火灾探测器只是被动等待烟雾出现，它能够不断地主动抽取空气样本到侦测器内进行分析，因此，对初期火灾具有极灵敏的反应，能主动地显示烟雾浓度的连续变化量，提醒潜在的危险以提前消除火灾隐患。

不同类型火灾探测器的报警阈值与火灾发展之间的关系如图6－1所示。

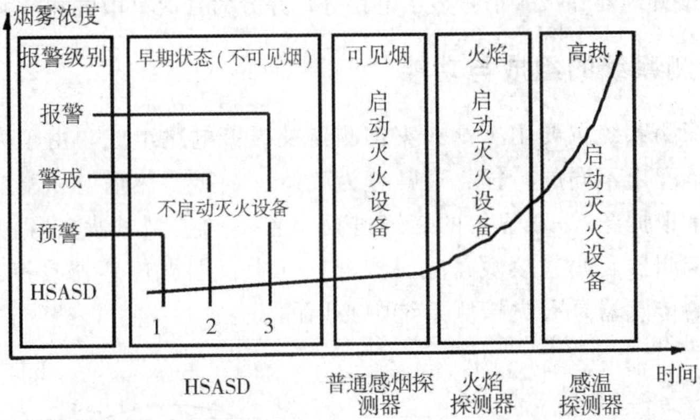

图6－1　不同类型火灾探测器报警阈值与火灾发展过程的关系

烟是由弥散质和弥散剂组成的物质。由于弥散剂由空气和燃烧体组成，弥散质由烟粒子（指燃烧或热解产生的固体或液体微粒）组成，这样可把烟看成是一种由空气、燃烧体和烟粒子组成的混合体。几乎所有的燃烧过程（包括热解和灼热燃烧）都会产生微小粒子，根据粒径大小和粒子浓度不同，烟可能是肉眼看不见的。明火时，烟粒子的粒径远小于阴火时的粒径。根据化学成分的不同，烟的颜色有明暗之分。

烟粒子从其形成到在大气中传播均处于动态，由于布朗运动，离子相互碰撞，这对烟粒子粒径分布的变化起着重要的作用。两个粒子相互碰撞后形成一个单粒子，其体积是碰撞前两个粒子体积之和，这一碰撞结果称为凝并。凝并过程中，总粒子的体积保持不变，但粒子个数减少，在高粒子数浓度时，粒子凝并会造成粒子数量的大量减少，减少的速率与粒子浓度的平方成正比，如1 000个直径0.001 mm的粒子经若干次碰撞后可凝并成1个1 mm直径的粒子。

对于阴烧烟，14 min后，粒子数将减少到初始浓度的二分之一，这样，烟雾很难到达常规的典型感烟探头，因此，要想实现火灾的极早期探测，特别是在人眼尚见不到烟的情况下进行极早期火灾探测，依靠普通的点型或线型感烟火灾探测器是不可能实现的。其原因主要在于：①普通的感烟火灾探测器为被动工作方式，等待烟依靠空气自然对流到达后才能探测。在火灾早期，烟的扩散速度通常很慢，需经过较长的时间才能到达探测器，有的根本就到达不了。探测器无法实现超早期火灾探测报警；②普通感烟火灾探测器使用的传感器是靠黑烟遮挡住光源或放射源而报警的，对人眼看不见的烟它无法探测到。

高灵敏度空气采样式感烟火灾探测器恰好在这两方面发挥了其优越性。它一改被动等烟的工作方式为主动吸气工作方式，主动抽取空气样本并进行烟粒子（包括不可见烟粒子）探测计数分析，同时，它采用独特设计的检测室和现代高科技技术的激光器件，使可靠性和灵敏度增加了近千倍。

国际上将空气采样式感烟火灾探测器定义为通过管道抽取被保护空间的空气样本到中心检测室，以监视被保护空间内烟雾存在与否的火灾探测器。该探测器能够通过测试空气样本了解烟雾的浓度，并根据预先确定的响应阀值给出相应的报警信号。主要组成包括用于抽取空气样本的管道网络，高效长寿的气泵、空气流速控制器、烟粒子激光探测器、信号处理电路、“人工神经网络”微处理器和报警信号显示电路等，并分为普通灵敏度和高灵敏度两类。

6.1.2 火灾探测系统的组成与功能

早期的火灾探测系统主要由感烟火灾探测器及报警电路组成。由于火灾过程中的燃烧产物在不同时刻体现出不同的特征，通常分为气体、烟雾、热辐射和温度，因此，为了实现火灾报警，通常根据图 6-2 显示的燃烧进程布置不同类型的火灾探测器，包括烟雾传感器、火焰光学探测器和快速热敏高温探测器。其中，烟雾传感器具有最快的报警时间，因此，这种类型的传感器是火灾探测系统中必用的。

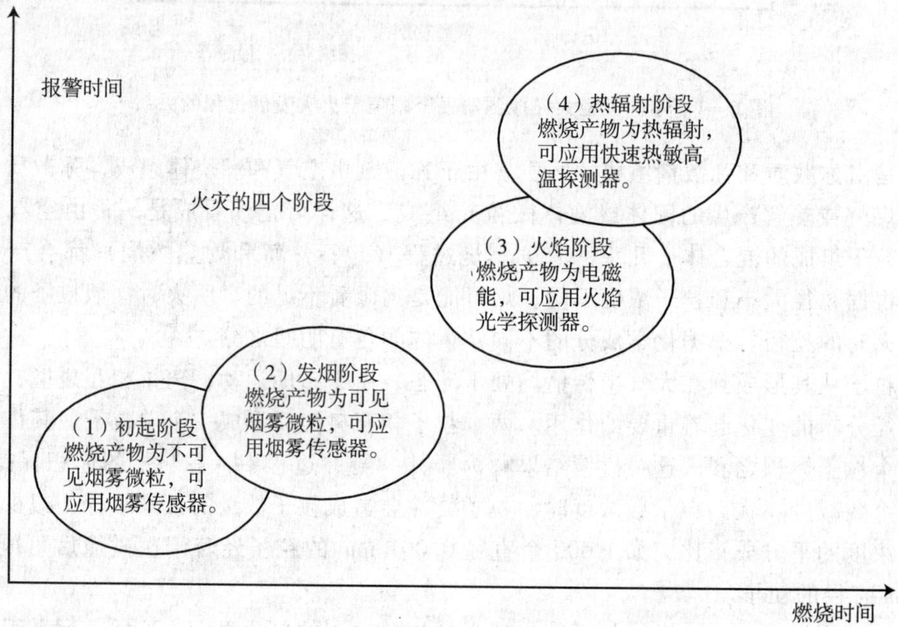

图 6-2 火灾发生的四个阶段以及相应探测器件

现代消防系统随着计算机的发展日益向高度自动化方向发展，在短短的 20 年中，经历了分立元件、数控、单片机到工控机的发展，控制形式也由一对一的多线制发展到总线制。目前总线制已成为发展的主流，其中四总线制是总线中最常使用的控制方式，具有线制简单，工程调试方便及对远程开关的功耗、线阻、压降等指标要求低的优点。

在四总线中，四线指电源 24 V 线、编码发射线（信息发送线）、A/D 采样线（信息返回线）和地线。DC 24 V 是国标中优先使用的电源等级，其功率应满足最大负荷要求；编码发射线是将正在巡检的部位点和将要携带的控制状态编码、发送，编码中含有启动位、地址位、数据位和奇偶校验位；A/D 采样线是将火灾报警控制器和远程开关的模拟量或数字量送入控制器，以便对返回信息进行处理。

6.2 CRH1 型动车组火灾探测系统

6.2.1 系统任务与烟火报警系统分布

CRH1 型动车组列车配备有烟火报警系统，可以迅速探测到列车内的烟火，用以发现驾驶室、乘务员室、卫生间及客室的烟雾或高温险情，预防火灾的发生及扩散。

烟火报警系统分布在列车上所有车厢，表 6－1 和图 6－3 列出了不同车厢探测器的分布情况，包括隐藏的光学烟/热组合探测器、乘务员室内的控制设备和明火/热险报警指示器。

M1/M2 车厢是可吸烟车厢，光学探测器是烟/热组合探测器，可以识别吸烟排出的烟雾和明火烟雾的差异，因为明火不但产生烟还有热。

控制设备位于 Tb 车厢乘务员室。在列车上，有两个连接在控制设备的闭合电路，闭合电路带有可探明位置的探测器。每节车备有 6 个探测器，控制设备通过 RS 485 总线连接到列车控制管理系统（TCMS）上，故障警报提示、服务警报或检测器故障警报会从每个独立的检测器通过控制器传输到 TCMS IDU 指示器上，信号通过 BT 标准界面协议传输。

指示器连接在控制设备上，置于乘务室内。指示器前端贴有列车配置图，如图 6－4 所示。指示器显示警报器的位置，指示器带有重置按钮，系统在警报之后，可以被重置。

表 6－1 烟火报警系统分布

Mc 车厢	位置	记号
1 烟/热组合探测器	驾驶室	X
1 烟/热组合探测器	卫生间	X
3 烟/热组合探测器，配备排气盒，排气风扇和排气管	客室	Z
1 烟/热组合探测器，配备排气盒，排气风扇和排气管	列车门廊	Z
M 和 Tp 车厢		
1 烟/热组合探测器	每个卫生间	X
3 烟/热组合探测器，配备排气盒，排气风扇和排气管	客室	Z
1 烟/热组合探测器，配备排气盒，排气风扇和排气管	通过台	Z
Tb 车厢		
1 烟/热组合探测器	乘务员室	
1 烟/热组合探测器	卫生间	X
1 烟/热组合探测器，配备排气盒，排气风扇和排气管	餐车区域	Z
1 热险探测器	餐车	Y
1 烟/热组合探测器，配备排气盒，排气风扇和排气管	通过台	Z
1 烟/热组合探测器，配备排气盒，排气风扇和排气管	客室	Z
1 控制设备	乘务员室	
1 指示器	乘务员室	

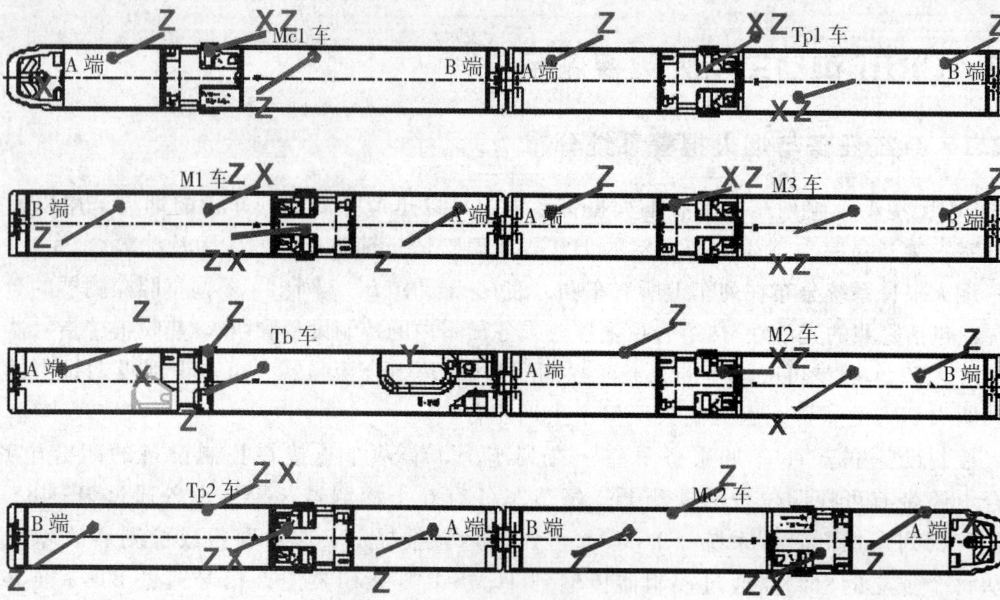

图 6－3　火灾探测系统设备位置

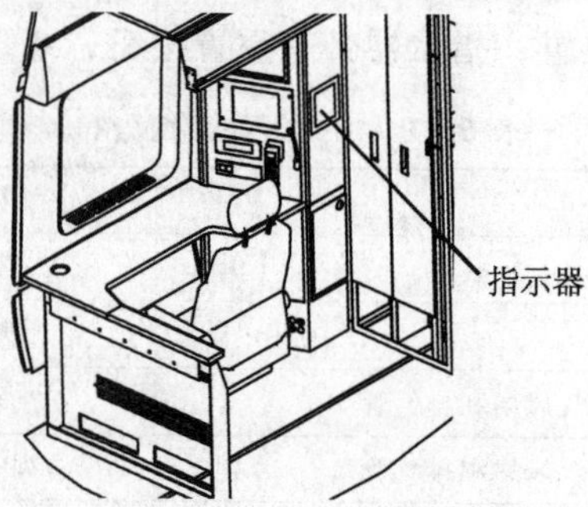

图 6－4　乘务员室火情指示器

CRH_1 型动车组的烟火报警系统采用 TS1000 模块、可编址的烟雾探测器和控制单元，适用于恶劣环境，该系统在探测、控制和通信方面的设计能针对实际安装环境调节适当的敏感度；组合探测器在烟雾蔓延的测定方面能区别是隐火还是大火，TS1000 设有与自动灭火系统相连的接口，并据此选出最合适的自动控制方式。烟火报警系统的结构框图及接线如图 6－5 所示，其主要部件如表 6－2 所示。

表 6－2　烟火报警系统主要部件

部件名称	符　号
中央单元 TS1000	
操作界面 RS100	
可编址的组合探测器（烟雾和热度）	△
用于控制的可编址 I/O 单元	▽
吸气式探测器，用于空间受限或有潜在破坏危险的场合	⧖

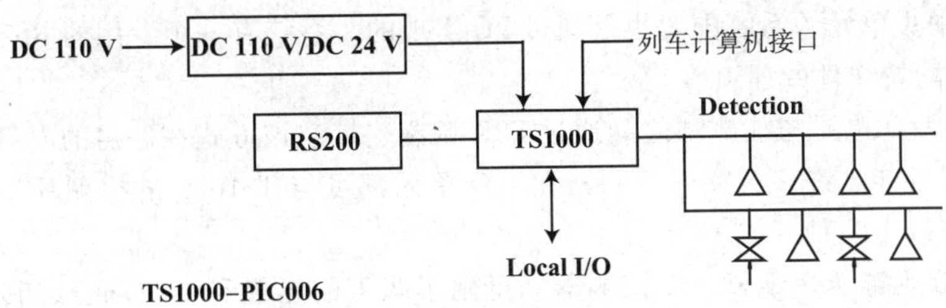

（a）结构框图

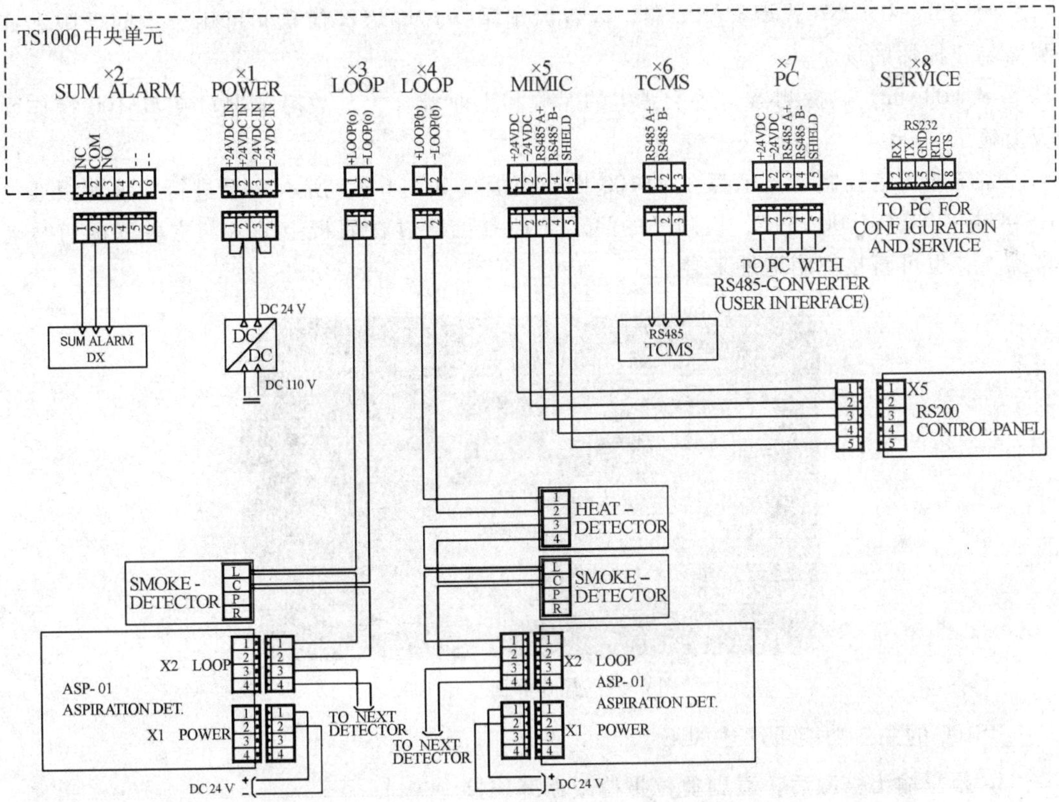

（b）接线图

图 6－5　烟火报警系统的结构框图及接线

TS1000 的外形如图 6－6 所示，含有主板、CPU、RAM 和 ROM，主板有串行接口、数字输入输出，系统与“地”悬浮，所有接插件均为 WAGO 连接。系统的控制和显示有两种方式，一种是通过操作员面板 RS100 控制单元（这是通常的方式），其通信信号接口为 RS485；另一种是通过 PC，与 PC 之间的连接也是 RS485 接口方式。

图 6－6　中央单元（TS1000）

TS1000 中央单元的系统配置也是通过 PC 实现的，系统有一个专用的 RS232 接口，提供从 PC 下载配置文件的通道。

探测器、I/O 单元与检测环之间通过 FSK 调制连接，该方式在恶劣的电气环境下具有良好的抗干扰性能。许多类型的探测器和 I/O 单元都可与 TS1000 的检测环接口，常用的传感探测器有以下几种。

- OA130 烟雾、热组合光学探测器，可用于恶劣的船舰和工业场合，其故障情况可在 RS100 操作面板上显示。
- ASP－01 吸气式烟雾探测器，内置风扇采样环境烟雾信息，可用于空间受限和探测器易于损坏的场合。
- TDT－2K 热探测器，适于恶劣的船舰和工业场合，其故障情况可在 RS100 操作面板上显示。

系统的所有控制与显示都在 RS100 操作面板（如图 6－7 所示）上进行，该面板通过 RS485接口与 TS1000 连接，检测环的显示与控制可通过在面板上输入与之关联的符号名来操作，也可直接使用地址来寻址。

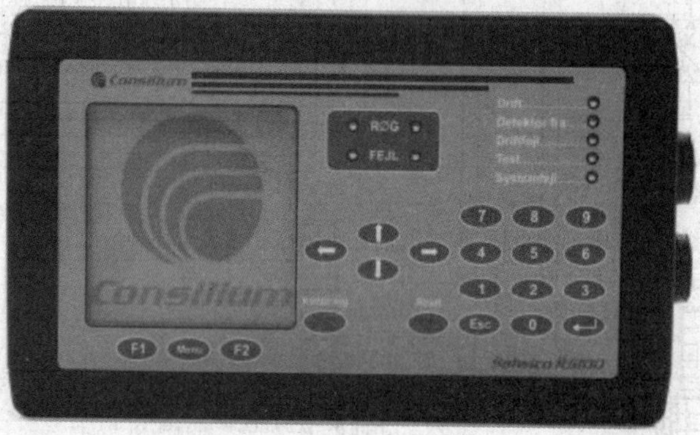

图 6－7　操作界面（RS100）

RS100 的主要功能可简述如下。

1. 报警输出被激活，直到复位报警或断开连接

如果可能的报警位置超过一个，则会滚屏显示，示例如下：

① LED 显示“RK”（注：在丹麦语中“RK”＝“SMOKE”）；

② 屏幕显示“Engine ××”（即××号机）；

③ 屏幕显示“Section 1 Smoke detector 12 Alarm”（1 号区 12 号探测器报警）。

2. 故障激活“一般故障输出”直到所有故障被复位

如果可能的报警位置超过一个，则会滚屏显示，示例如下：

① LED 显示“FEJL”（注：在丹麦语中“FEJL”＝“FAULT”）；

② 屏幕显示“Engine ××”（即××号机）；

③ 屏幕显示“Section1 Smoke detector 12 Contaminated”（1 号区 12 号探测器受污染）。

3. 反常状态下不激活输出和声音信号，示例如下：

① 屏幕显示“Detector contaminated”（探测器受污染）；

② 屏幕显示“Engine ××”（即××号机）；

③ 屏幕显示“Section1 Smoke detector 12 Contaminated”（1 号区 12 号探测器受污染）。

4. 历史

对系统中的事件（Actions）按时间顺序列表，最多可存储 200 个事件的时间和日期，存贮信息不受掉电的影响。该列表信息可通过 RS232 接口存取。

5. 测试模式

当对探测器进行测试时，所有输出返回到默认状态且不受影响。

6.2.2　火灾探测系统功能

1. 明火/热险警报

如果烟火报警系统发现列车内有烟/热险，它会向测试、控制和监视系统（TCMS）发出指示，相关信息会显示在驾驶室和乘务员室的 TCMS IDU 显示器上，如图 6-8 所示。在指示器上，不同车厢探测器的位置会用发光二极管标识，如果驾驶室里有警报指示，标注驾驶室的发光二极管会在指示器上发亮。

一旦探测到列车内的烟/热险，TCMS 会关闭空气处理设备以及回流空气，同时关闭过道门，排气系统会以最大气流方式排出烟气。

指示器上配有重置按钮，按下后，系统会在警报指示后重置。二极管在重置后停止发光。在重置烟火报警系统之前，驾驶员或乘务员要对列车进行检查，查明导致警报的原因。

2. 运行警示

运行警示、清洁或更换探测器、故障警示和探测器故障会通过测试、控制和监视系统（TCMS）信号界面进行处理。

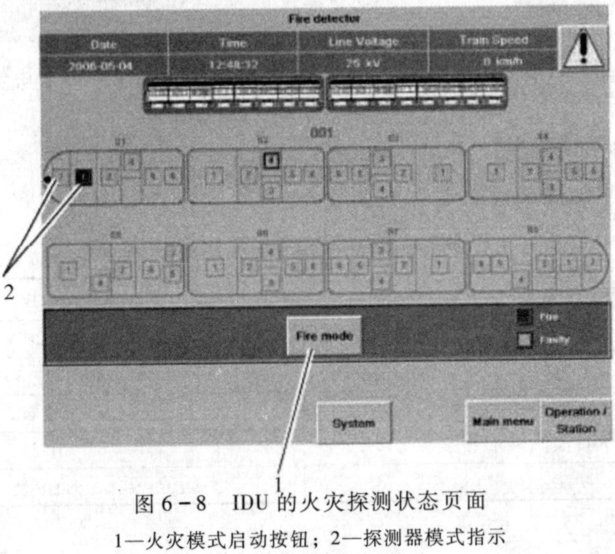

图 6-8　IDU 的火灾探测状态页面

1—火灾模式启动按钮；2—探测器模式指示

3. 冗余

明火/热险警告系统的故障会被 TCMS 系统检测到。若控制设备和 TCMS 间没有通过串列式连接交换数据，那么连接到 DX 交换设备的控制设备会发出数字输出，产生总警报。

6.2.3 火灾探测器功能

1. 烟/热组合光学探测器和具有吸式风扇的排气盒

烟/热组合光学探测器性能指标如表 6-3 所示，烟/热组合光学探测器和具有吸式风扇的排气盒外形图如图 6-9 和图 6-10 所示。

表 6-3 烟/热组合光学探测器性能指标

烟/热组合光学探测器	性能指标
感应方式（烟气）	散光类型，红外线
感应方式（热）	热模拟
名义工作电压	DC 28 V
工作电压范围	DC 19 ~ 35 V
工作电流	220 μA
入口保护	IP 22
功能	可寻址

图 6-9 烟/热组合光学探测器

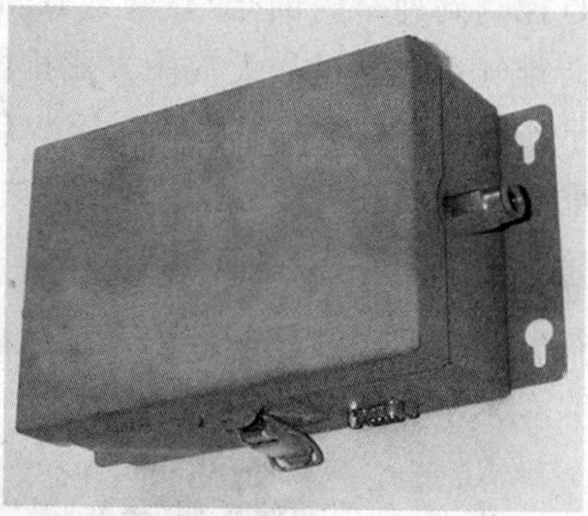

图 6-10 具有吸式风扇的排气盘

2. 热敏探测器（餐车用）

餐车用火灾探测的热敏探测器性能如表 6-4 所示，外形图如图 6-11 所示。

表 6-4 热敏探测器性能指标

热敏探测器	性能指标
名义工作电压	DC 28 V
工作电压	DC 19 ~ 30 V
工作电流	0.2 mA
入口保护	IP 55
功能	可寻址

3. 火灾探测中央处理器

火灾探测中央处理器的性能指标如表 6 - 5 所示，外形图如图 6 - 12 所示。

表 6 - 5　中央处理器性能指标

火灾探测中央处理器	性能指标
供给电压	DC 24 V
电流损耗	200 mA
尺寸大小（宽×高×厚）	260 mm×230 mm×70 mm
探测器电路	两套闭合电路，每套里面有 24 个探测器
串列界面 RS 485	与测试控制监测系统互联
数字输出	一个数字输出，总报警
服务界面	服务器笔记本电脑连接

图 6 - 11　热敏探测器

图 6 - 12　中央处理器

6.2.4　系统服务及维护

在控制设备上有服务界面，并带有同服务器笔记本相连的服务端口，服务程序可以处理不同参数的设定，并显示每个探测器的状态。

线路上每个探测器都有自己唯一的地址，可以为控制设备里的每个探测器地址保存不同的设置。线路中的探测器更换后，系统在初始化启动过程中会为新的探测器指定一套具体的设定。

烟雾探测器发出的假警报次数随着探测器变脏而增多，鉴于此原因，服务警报系统将显示烟雾探测器需要清理的时间。当服务警报系统发出警报时，烟雾探测器 LED 灯变黄，司机显示器上显示警报来自哪节车厢。每个控制器都有警报服务系统复位按钮，如果控制器上同时出现火灾警报与服务警报，火灾警报将会优先提示。

每节车驾驶室的 K3 箱内都置有火灾警报控制器，如图 6 - 13 所示。每个控制器都与烟雾探测器相连，通过输入/输出数字信号向列车计算机系统传达火灾警报。

每个控制器都安有 3 盏带颜色的 LED 灯，用以显示状态，其中，红灯表示火灾警报，黄灯表示服务警报，绿灯表示系统运行中。控制器上装有服务警报复位按钮。

灭火器的布置如图 6－14 所示。

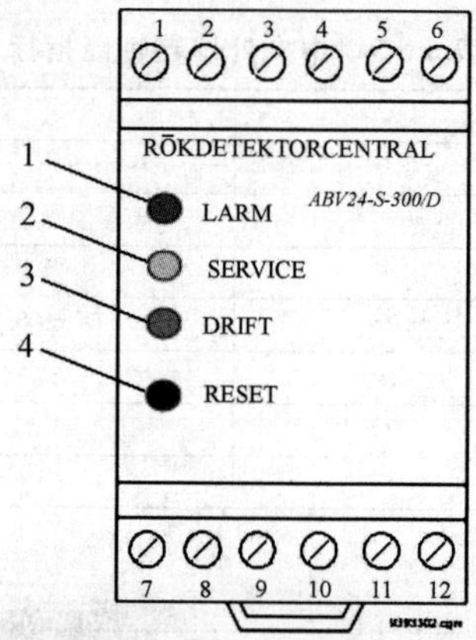

图 6－13　火灾警报控制器

1—红灯（火灾警报）；2—黄灯（服务警报）；
3—绿灯（系统运行中）；4—服务警报复位按钮

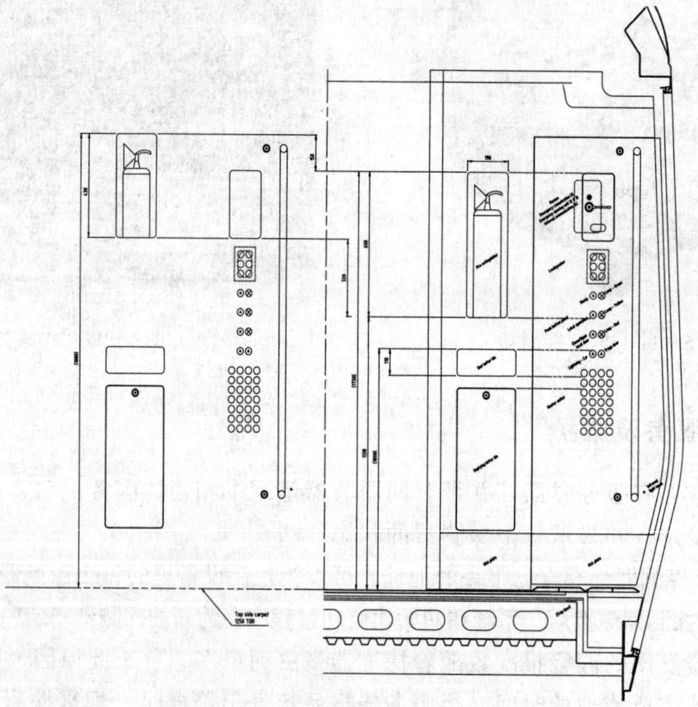

图 6－14　车内灭火器的布置

6.3　CRH_2 型动车组火灾探测系统

各车厢内有火灾报警按钮，发生火灾时，按下火灾报警按钮，主控列车蜂鸣器发出响声，司控台显示屏同时出现报警提示，通知司机紧急事故发生，司机可以采取措施使动车组立即停车，疏散旅客；也可根据当时情况，驶离不宜停车的区段。

CRH2 型动车组配置粉末式和液体式两种灭火器，灭火器平面布置如图 6－15 所示。乘务员室内配置如图 6－16 所示，通过台配置（与枕木平行的配置）如图 6－17 所示，通过台配置（与轨道平行的配置）如图 6－18 所示，小卖部配置如图 6－19 所示。

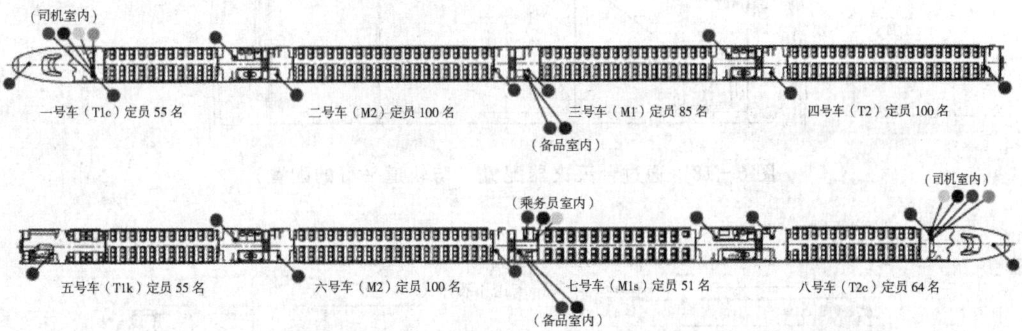

图 6－15　动车组灭火器平面布置图

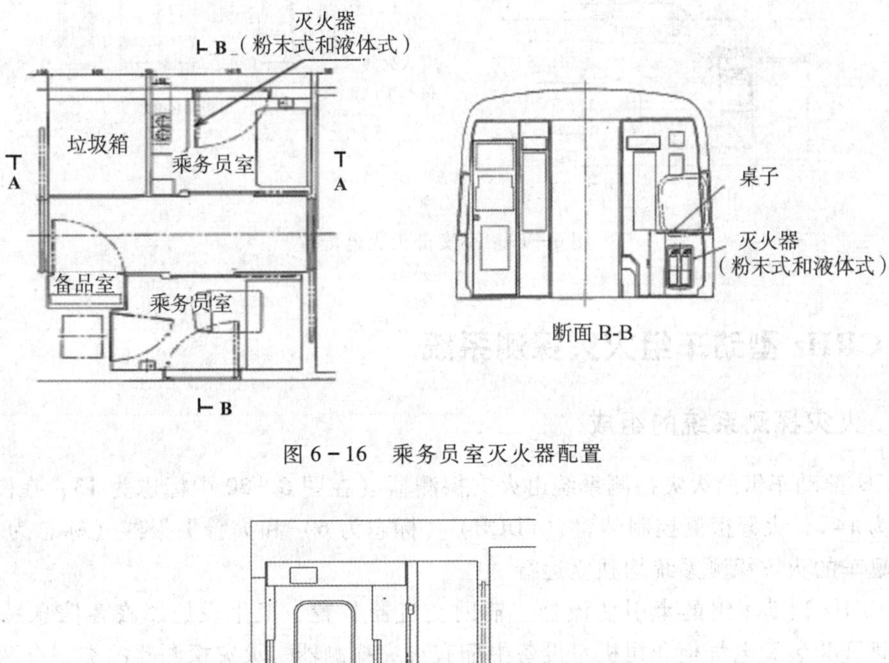

图 6－16　乘务员室灭火器配置

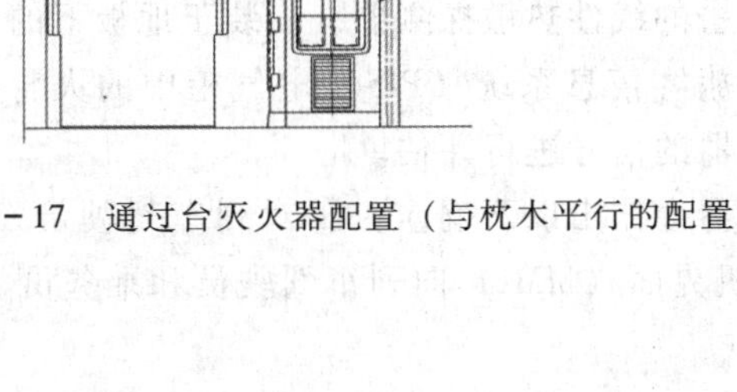

图 6－17　通过台灭火器配置（与枕木平行的配置）

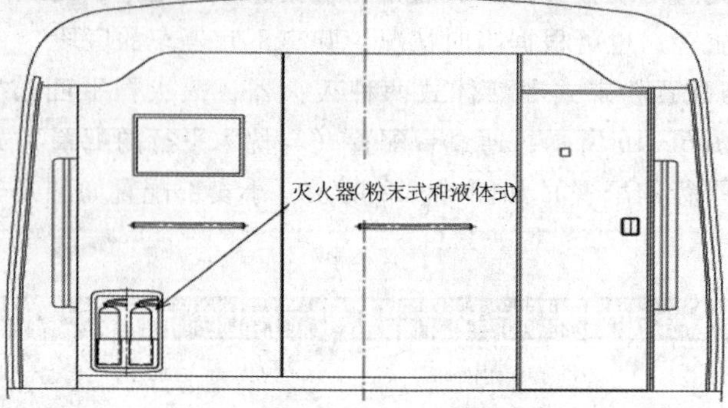

图 6-18　通过台灭火器配置（与轨道平行的配置）

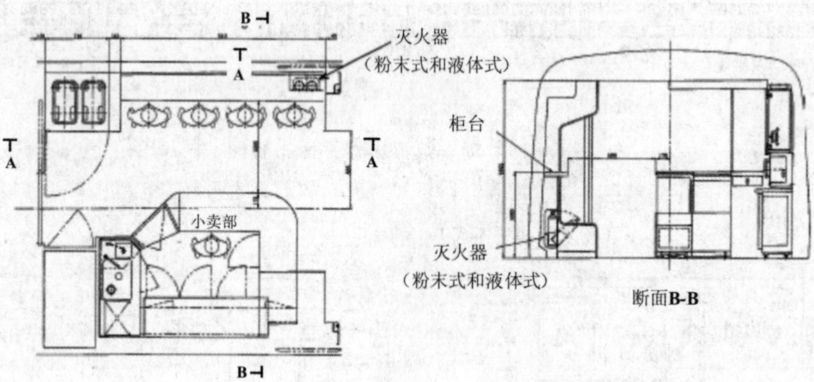

图 6-19　小卖部灭火器配置

6.4　CRH3 型动车组火灾探测系统

6.4.1　火灾探测系统的组成

CRH3 型动车组的火灾探测系统由火灾探测器（在图 6-20 中标志为 13，在图 6-21 中标志为 14），火警探测控制装置（FDCU）（标志为 6）和火警警报器（标志为 10）组成，每辆车的火灾探测系统均独立运行。

在 CRH3 型动车组的牵引变流器、辅助变流器装置、卫生设施、旅客信息系统电气柜、车辆开关装置电气柜和司机室设备中配有火灾探测器。火灾探测器的类型有两种：一种是能够在早期检测到火灾的光学烟感器，直接由蓄电池供电，每辆车 4~6 个；另一种是可以提供火灾早期预警的线性热敏探测器，安装于地板下的设备，如：牵引变流器和辅助变流器。每节车厢的旅客信息系统（PIS）电气柜中的火警探测控制装置（FDCU）用于对来自本车火灾探测器的信号进行评估。

出现火警时，探测器会作出以下响应：①对列车驾驶员发出警报信号（声音信号和视频信号）；②通过人机界面（MMI）向列车驾驶员和乘务员发出故障信息；③向乘客服务区范围内的乘务员发出警报信号；④通过蜂鸣器向整列动车组发出声音警报信号；⑤通过受火灾影响车厢中的警报器发出可见警报信号；⑥自动切断受火灾影响车厢中的空调系统（非风扇减速运转期间）；⑦自动打开整列车的应急照明系统；⑧借助启动的火警回路，停止电气柜的通风。

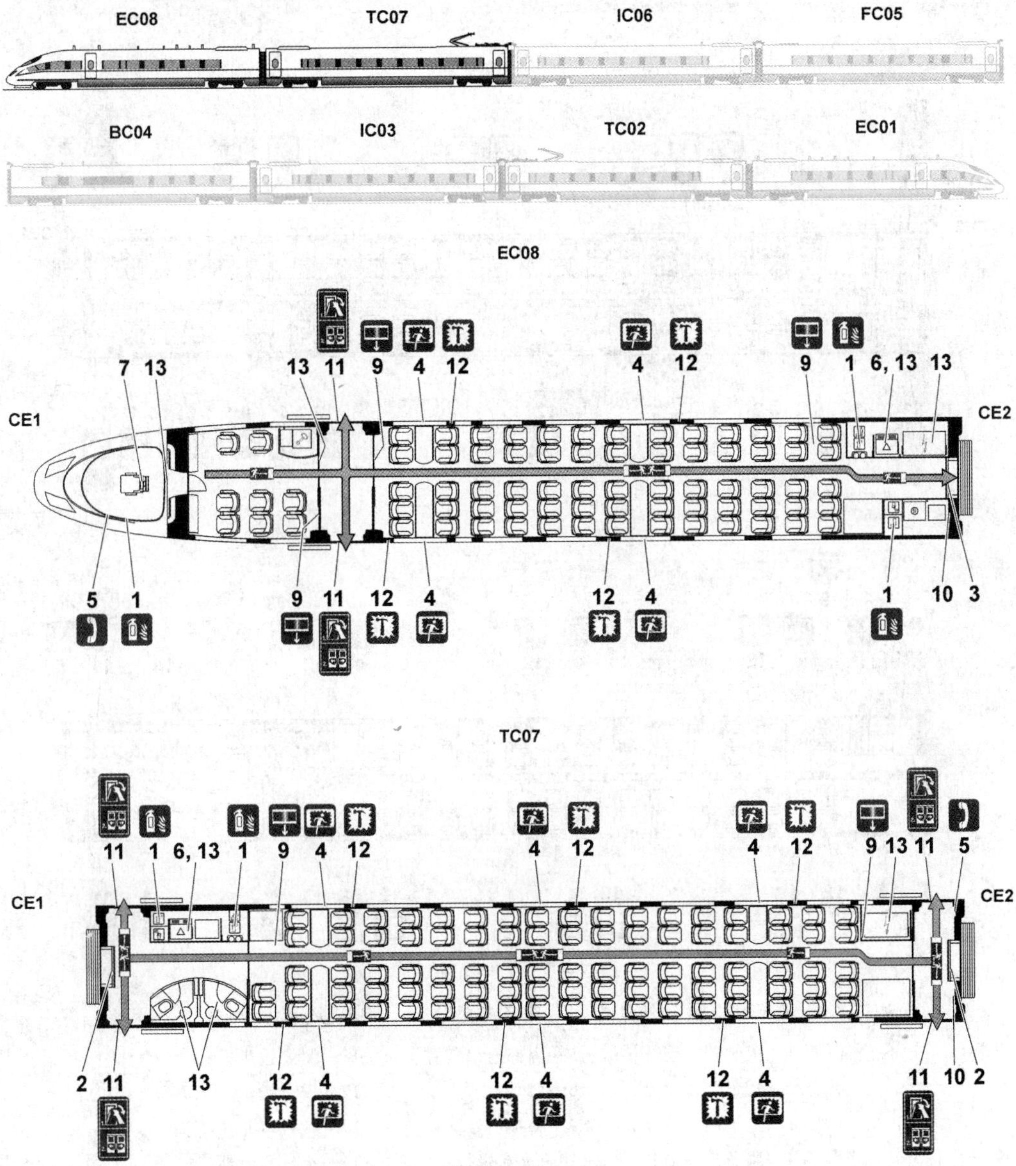

图 6－20　第二列牵引装置中的紧急设备，TC07/ EC08 车厢

1—灭火器；　5—内部通信装置；　10—火灾警报器；

2—通道门，手动；　6—FDCU；　11—紧急逃生门；

3—通道门，自动；　7—救生梯；　12—安全锤；

4—紧急出口窗；　9—警报信号盒；　13—火灾监测器

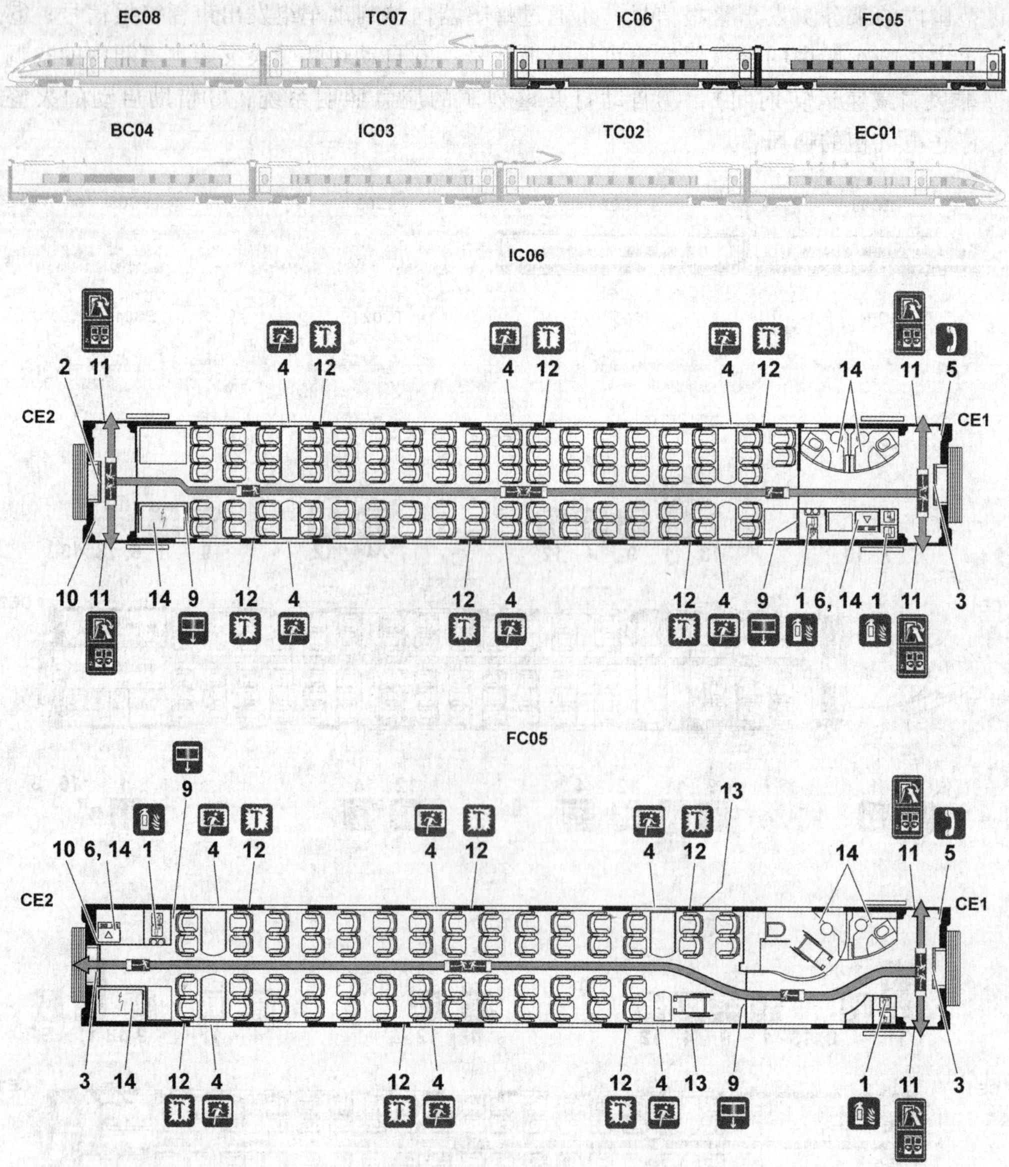

图 6-21　第二列牵引装置中的紧急设备，FC05 / IC06 车厢

1—灭火器；　5—内部通信装置；　11—紧急逃生门

2—通道门，手动；　6—FDCU；　12—安全锤

3—通道门，自动；　9—警报信号盒；　13—拖鞋（地板下）

4—紧急出口窗；　10—火灾警报器；　14—火灾监测器

火灾发生时，首先要先确定受到火灾影响的区域。火警装置监测到的火灾将被显示到驾驶员和列车员的人机界面上，同时发出声音警报信号。在人机界面上选择相应诊断信息，就可以找出受火灾影响的车厢以及具体区域。需要注意的是，如果人机界面失效，将不再显示受影响车厢以及具体区域，但声音警报信号仍然激活，受影响车厢只能通过车厢

上的火灾警报器来确定。

另外，为了将火灾发生时烟雾的扩散控制到最小，必须关闭整列动车组上的空调系统。火警装置将触发受影响车厢空调系统的自动关闭功能。如果列车外部发生火灾，也有必要关闭空调系统以防止烟雾被吸入车厢内部。通常，整列动车组的空调系统由驾驶员通过驾驶员人机界面关闭，仅在必要时通过位于每节车厢中的车辆控制面板来关闭空调系统。在火警系统出现故障或火警系统无电力供应的情况下，相关信息将详细地显示在有人驾驶司机室的人机界面上和乘客服务室中，指明发生故障的车辆。

6.4.2 灭火器布置

CRH3 型动车组配置了 CO_2 灭火器和干粉灭火器两种灭火器，具体情况如下：EC01/EC08 车在客舱区的左右两侧配有两台灭火器（注水），同时，在驾驶室机柜中配有一台灭火器（4 kg 粉末填充）；TC02/TC07 车在车厢末端右侧配有两台灭火器（注水）；IC03/IC06 车在车厢末端左侧配有两台灭火器（注水）；BC04 车在车厢末端的右侧配有一台灭火器（注水），并在厨房中配有一台灭火器（4 kg 粉末填充）；FC05 车在车厢末端的左侧配有一台灭火器（注水），并在车厢末端的右侧也配有一台灭火器（注水）。

6.4.3 火警监控回路

CRH3 型动车组采用设置安全回路的方式监控影响行车安全的一些重要信息，并且保证当监控的系统发生故障时，使列车能够导向安全。

图 6-22 为安全回路构成简图。该回路系统采用的原则为：当接通蓄电池电源时，可向列车控制线路（也称回路控制线路 LCL）提供 110 V 的电源，直至最后一节车的全车线路都通过监测接触元件（回路断路器 LIA）进行通电。回路控制线路的电平反馈至列车尾二级列车控制线路（回路状态线 LSL）中。二级线路敷设在整个列车组中，经二级线

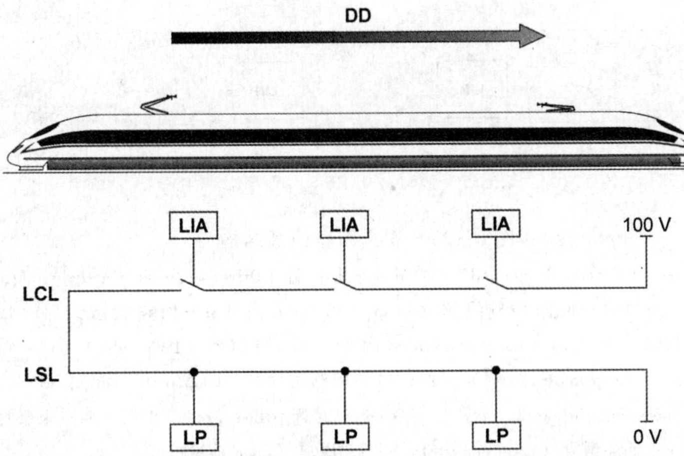

图 6-22 安全回路简图

DD—行驶方向；LCL—回路控制线路；LIA—回路断路器（施动者）；

LP—回路参与者；LSL—回路状态线路

路，状态评估元件（回路参与者 LP）可通过辅助接触器对回路具体状态进行查询。回路中断时，回路状态线路也断电，相应的消息被发送给连接的回路参与者，随后产生相应的结果。出现故障时，通过激活有人驾驶的司机室控制台上相应的故障开关来操控回路，故障开关可控制全车的回路断路器（LIA）。正常运行的列车控制系统可向回路参与者（LP）“报告”被控的安全回路。

列车控制系统可在软件中对安全回路状态进行跟踪，以便作出可靠的诊断，并可检测与安全回路中设定点状态的偏差，并在诊断系统内报告这些偏差。诊断系统可确保向服务人员报告错误事件和消息的检测时间较短，并指导乘务员调整列车操作模式，使其适应制动性能降低的情况，从而排除连续和单个事件影响的累积后果。

安全回路原理结构图如图 6－23 所示。通 110 V 的线路和连接 0 V 的线路在图中用绿线标出。靠近线路的箭头显示通过安全回路的“路径”。控制电路用于处理回路供电/配置的协作，防止回路因司机室更换、联挂和解编等特殊情况长期断开。

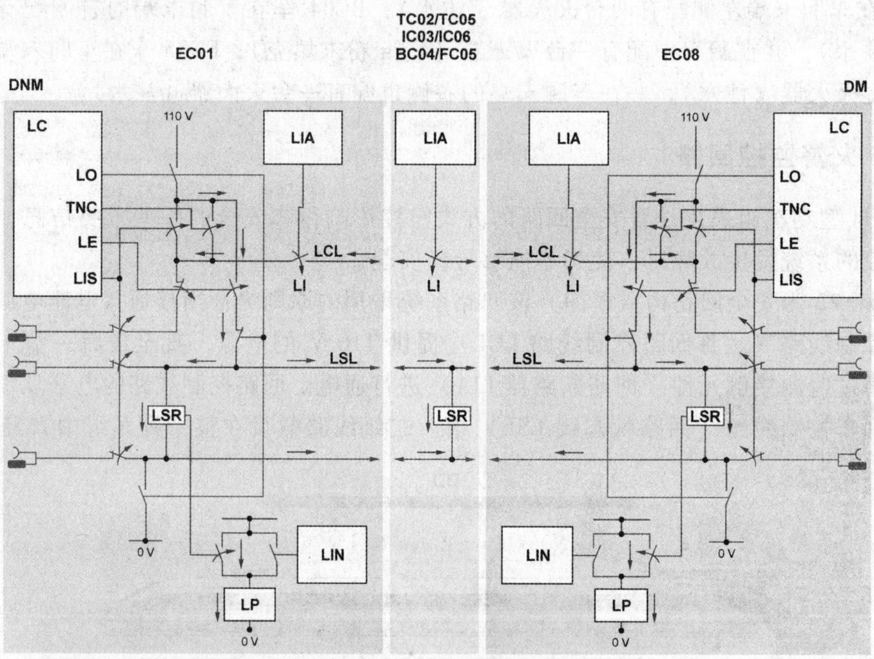

图 6－23　安全回路原理结构

DM—操纵端（Driver's cab manned）；DNM—非操纵端（Driver's cab not manned）；LC—回路控制（Loop control）；LCL—回路控制线路（Loop control line）；LSL—回路状态线路（Loop status line）；LSR—回路状态继电器（Loop status relay）；LI—回路断路器（Loop interrupter）；LIA—回路断路器（施动者）（Loop interrupter（actor））；LP—回路参与者（Loop participant）；LIN—回路禁用（仅限 EBL）（Loop inhibiting（EBL only））；LO—回路接通（Loops on）；TNC—列车未联挂（Trains not coupled）；LE—回路结束（Loop end）；LIS—回路隔离（Loop isolation）

根据闭路原则，正常操作中回路断路器（LIA）的触点处于接通状态，回路状态线路（LSL）通电，回路状态继电器（LSR）被激活，并将“高”（110 V）状态报告给回路参与者（LP），LP直接评估回路状态。如果一个激活的LP决定一个状态值报告，它会断开回路断路器（LIA），回路状态线路（LSL）采用“低”状态，LSR断开。

火警监控回路是CRH_3型动车组6个安全回路中的一个，是一条与列车控制无关的警报线。动车组出现火灾时，火警回路将发出火警信号。如果通过回路报告了火警信息，司机室中将出现视听信号，司机可通过回路状态接触器看到信号，声音信号将通过各车声音发送系统传输给乘务员，乘务员通过每节车厢的声音传播听到信号。

一旦列车火警发生，火警回路所有回路状态继电器（LSR）必须断开，中央控制单元（CCU）可读取LSR的情况，通过司机人机界面（MMI）的声音信号传给司机。

取消火警回路的监控功能可将操纵端的“火警回路”故障开关（如图6－24所示）旋到“关”的位置，该操作将导致动车组的火警回路不再处于监控状态。“火警回路”故障开关的位置由列车控制来识别，产生司机MMI的记录信息和相关信息；如果故障开关在非操纵端起作用，回路也将断开，并通过CCU在司机的MMI产生相关信息。

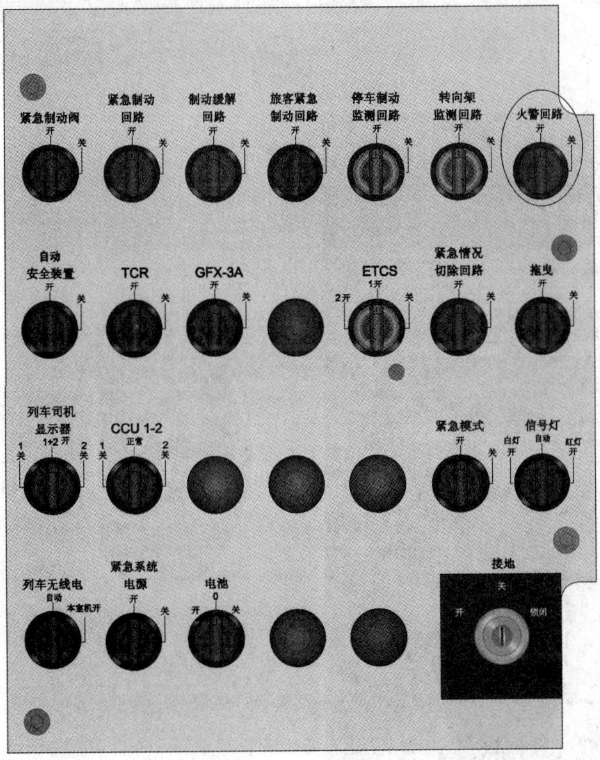

图6－24　故障开关控制台上的火警回路开关示意

全车的火警探测控制单元（FDCU）触点在火警期间可将火警监控回路中断。为确保火警回路在FDCU破坏的情况下不再自行接通，火警将通过接触器电路切换至自持模式。

各车的操控电路由位于各车（仅头车EC01/EC08有自动列车保护系统）上的线路安全开关“紧急制动回路、自动列车保护和火警中心”供电。触发线路安全开关将导致无法操控相应车上的火警中心、紧急制动回路和自动列车保护。

6.4.4 火灾探测系统的控制元件

CRH3 型动车组各节车厢内部均设有两类车辆控制面板：第一类主要功能为制动、空调和照明；第二类位于电气柜中，控制特定车辆的火警系统、转向架监控和外部电源等功能，如图 6－25 和图 6－26 所示。

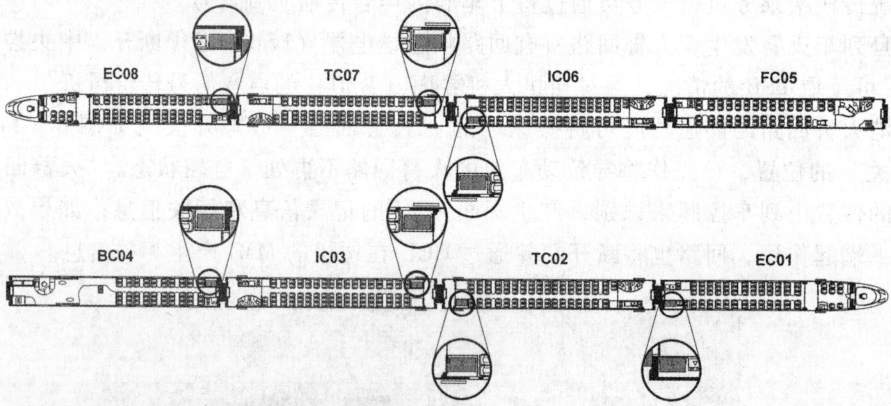

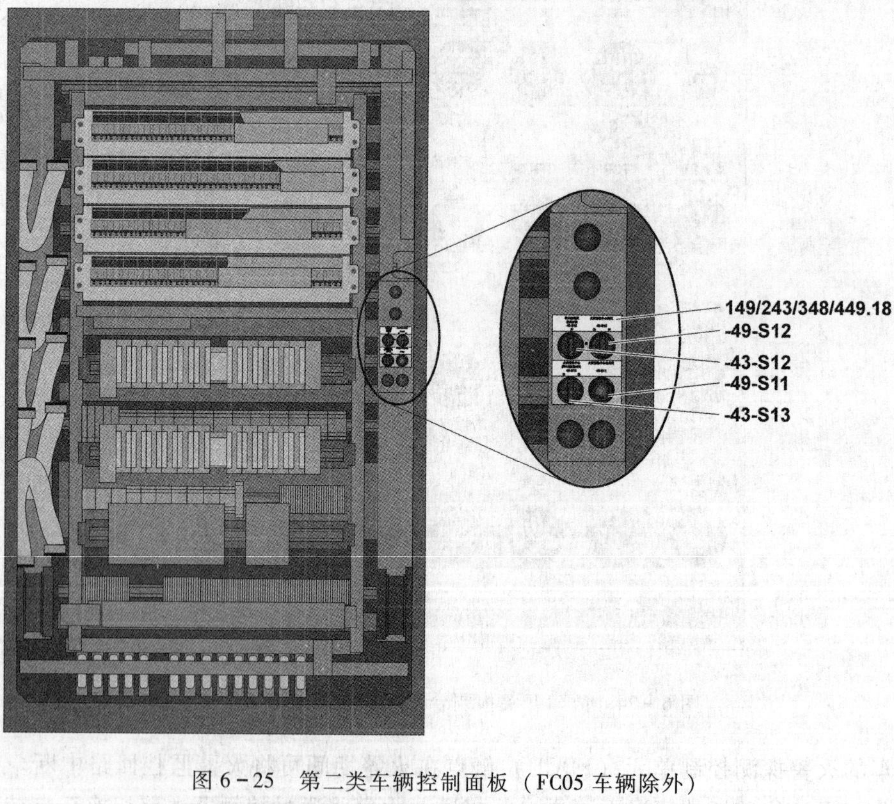

图 6－25　第二类车辆控制面板（FC05 车辆除外）

49－S11—“FDCU 响应线”按钮；43－S12—“转向架监控”控制开关；
49－S12—“FDCU 测试”控制开关；43－S13—“FDCU 故障”开关

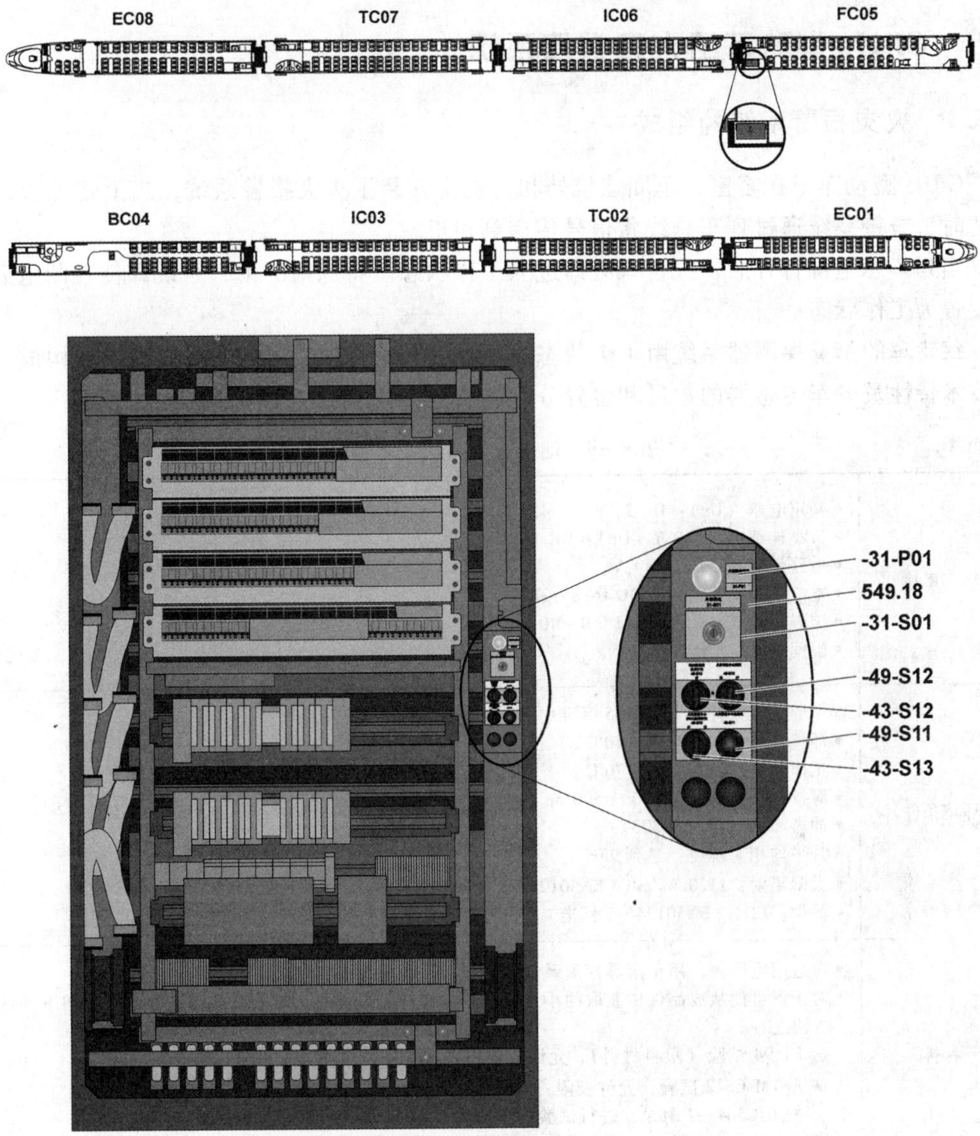

图 6－26　第二类车辆控制面板（仅用于 FC05）

49－S11—“FDCU 响应线”按钮；49－S12—“FDCU 测试”控制开关；
43－S13—“FDCU 故障”开关；31－P01—“外部供电就绪”指示灯；
31－S01—“外部供电”钥匙开关；43－S12—“转向架监控”控制开关

与火灾探测系统相关的按钮功能如下。

- “FDCU 响应线”按钮：此按钮上的指示灯点亮表示火灾警报已经被触发，消除火灾后，按下此按钮可复位火灾警报。
- “FDCU 测试”控制开关：启动火警中心的试验运行方式。
- “FDCU 故障”开关：出现故障时，该旋钮会使对火灾警报中心的报警功能无效。

6.5 CRH5 型动车组火灾报警系统

6.5.1 火灾报警系统的组成

CRH5 型动车组在客室、车厢连接处和司机室安装了火灾报警系统，当上述部位出现火情时，报警系统通过列车总线将信号传递到司机室。

当列车总电源打开后，报警系统即进入工作状态。特殊情况下，系统即使在断电后也可设置为工作状态。

每辆车的烟雾探测器系统由 1 个状态显示控制板和 4 ~ 6 个烟雾探测传感器构成，系统技术特性及各车传感器的数量和位置分别如表 6 - 6 和表 6 - 7 中所示。

表 6 - 6 烟火报警系统技术特性

供电电压	● 额定电压（Un）：DC 24 V。 ● 最小连续电压（0.7 * Un）：DC 16.8 V。 ● 电路最优化：DC 29.4 V。 ● 电气设备工作范围：DC 16.8 ~ 36 V。 ● 装置不被破坏的范围：DC 0 ~ 40 V。 ● 瞬间偏差：EN50155。
环境条件	参考的环境条件为 EN50155 标准中 T3 类的条件，特别注意以下要求。 ● 环境温度： - 25℃ ~ + 40℃。 ● 工作温度： - 25℃ ~ + 70℃。 ● 海拔高度：海平面以下 1 500 m。 ● 冲击和振动：EN61373。 ● 月平均相对湿度：达到 95%。 ● 太阳辐射：1120 W/m^2（EN50125 - 1 标准）。 ● 污染：PD4（EN50124 - 1 标准）。
材料	● 在适用范围内，用于烟雾探测系统结构上的材料应按 NFF16101。 ● 对于不可能从成品件中获取的小尺寸材料，在产品装货单上要求试验的试件，应使用下列试验方法之一。 ✓ UL 94 试验（塑料材料），允许极限：V_0 级。 ✓ ASTM C542 试验，允许极限：在试验结尾，无后白热。 ✓ 按 UIC564—2 附录 6 进行试验（尤其对于垫圈）：允许极限：A 级。 ● 燃烧性能、烟雾散发、潜在毒性：参见 NFF16101 和 UIC564—2 标准。

表 6 - 7 各车传感器的数量和位置

车型	电气箱	车厢	盥洗室	总计
MC2	2	2	2	6
M2S	2	2	2	6
TP	2	2	2	6
M2	2	2	2	6
T2	2	2	2	6

续表

车型	电气箱	车厢	盥洗室	总计
TPB	2	2		4
MH	2	2	1 + 1HK	6
MC1	2	2	2	6

状态显示控制板用以显示客车内系统的状态，包括一个前板，对于每个传感器，前板上设置有黄色故障灯、红色报警灯和绿色运行灯，共 18 个指示灯。此外，前板上还设置有试验按钮、消声按钮和蜂鸣器。

控制板为标准欧洲尺寸 100 × 160 mm，连接到配备有 48 个 DIN41612 后销连接器的 100 × 160 m 欧洲标准架上，控制板电路结构应保证内部安全性，在烟雾情况下，安全警报以安全方式向司机及全体人员发出信号，以识别危险来源。

烟雾探测传感器与电气柜内的电路板实现本地连接，该板采用布尔逻辑控制车内所有传感器并将输出值发送至与列车线回路连接的继电器触点。探测到烟雾后，该触点断开，司机台上发出警报。

MC1 和 MC2 车 QCA 柜内的按钮可测试整个系统，按下按钮时，每辆车上的传感器便可接收测试请求和本地闭合及开断报警触点。

组内诊断系统可检查传感器是否正常工作，如发现异常，将记录故障并向司机和列车乘务人员生成一份报告。系统所有接线均为电线连接，且传感器和电路板之间无串行电路。

烟雾探测传感器为光学型，用于烟雾传感器上的敏感元件材料无任何放射性。传感器可由蓄电池直接供电，也可通过安全线由控制板供电，具有以下特点。

① 一个发出警报信号的单刀双掷触点。触点是正常开着的，但在正常工作和没有烟雾探测时，触点是闭合的。

② 测试输入端。如果输入端为电池正极，传感器开始测试次序，打开警报触点，如果一切正常，几秒后关闭。

③ 故障输出端。如果传感器正常工作，输出端为电池正极。输出端与指挥中心的输入端相连。

烟火探测传感器的布置、烟火报警系统及其控制板电路图分别如图 6 − 27 ~ 图6 − 30 所示。

当车厢连接处出现火情时，探测系统除了通过列车总线报警外，还通过蜂鸣器报警，客室和司机室没有安装蜂鸣器。火警信息通过声光方式在司机操纵台上显示，司机可以通过车辆状态诊断系统获知报警的车厢位置，还可通过按钮对于误报进行复位处理。报警信息也会随着温度或者烟雾的不断减少而自动停止。

火灾探测器的灵敏度一般是在工厂设置好的，经过制造商许可，也可通过调节探测器中的分压器来调节其灵敏度。

火灾报警系统的供电电压是直流 110 V 和 24 V，电流保护设置为 1 A。火灾报警系统常见故障和措施如表 6 − 8 所示。

表 6-8　火灾报警系统的常见故障和措施

常见故障	故障原因	处理措施
按住“热或烟雾”模拟按钮，报警系统无动作	无供电电压	打开 24 V 直流电
	报警器无输出	更换探测器
报警系统持续误报	检查探测器灵敏度	通知供货厂家，降低灵敏度
	传感器电压大于 12 V 或者小于 9.5 V	更换火灾报警系统处理单元中供电模块
火灾报警系统处理单元显示电池失效	无供电电压	打开 24 V 直流电
	电池电压大于 12 V	更换火灾报警系统处理单元中供电模块
	电池电压小于 12 V	更换电池

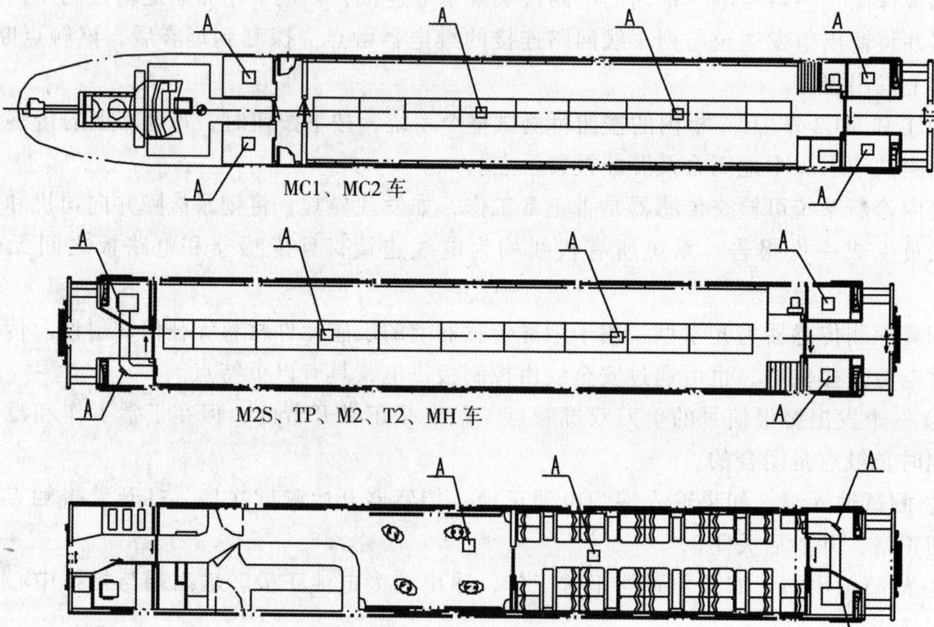

图 6-27　烟火探测传感器布置图

A—烟火探测传感器

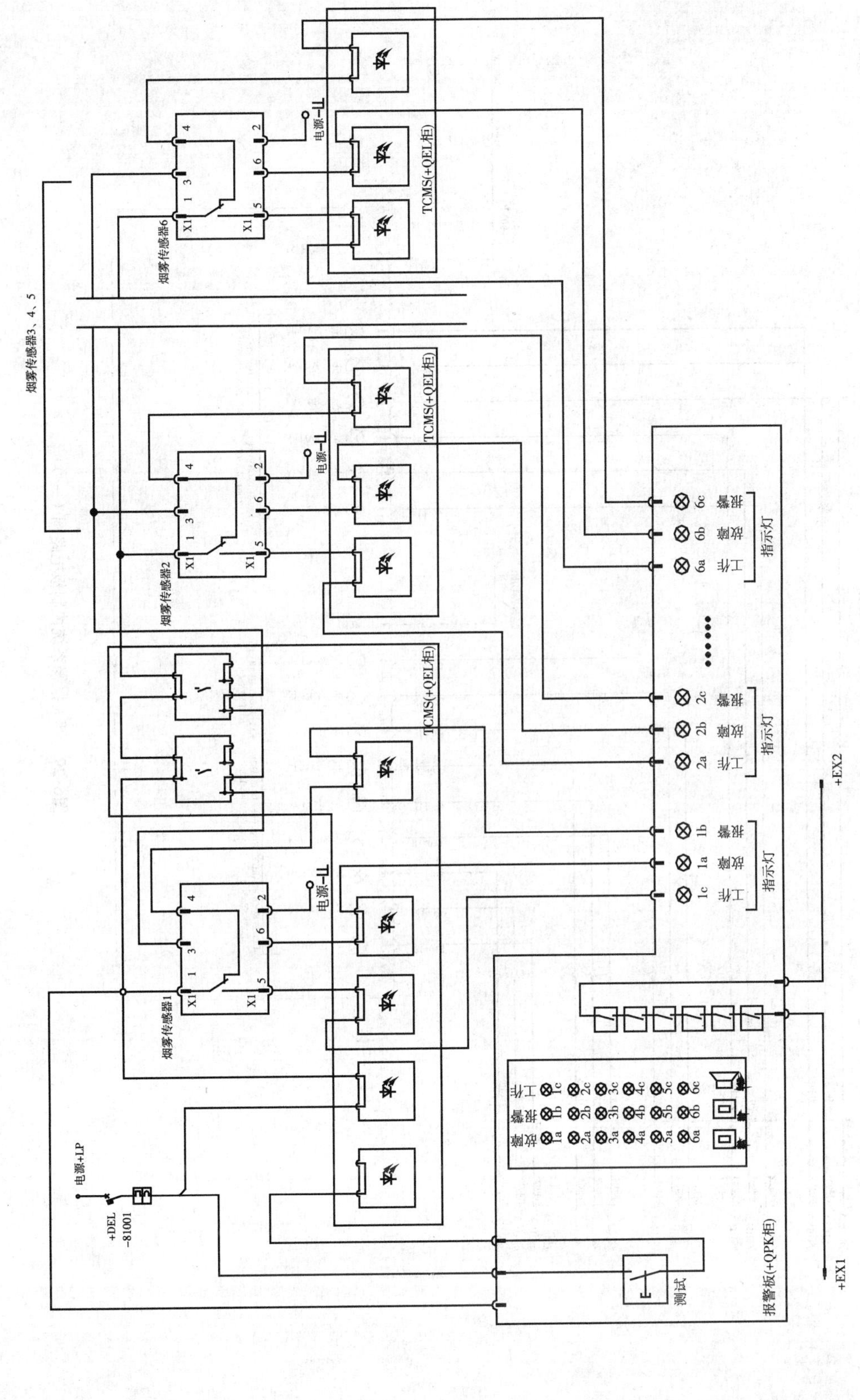

图6-28　烟火报警系统图

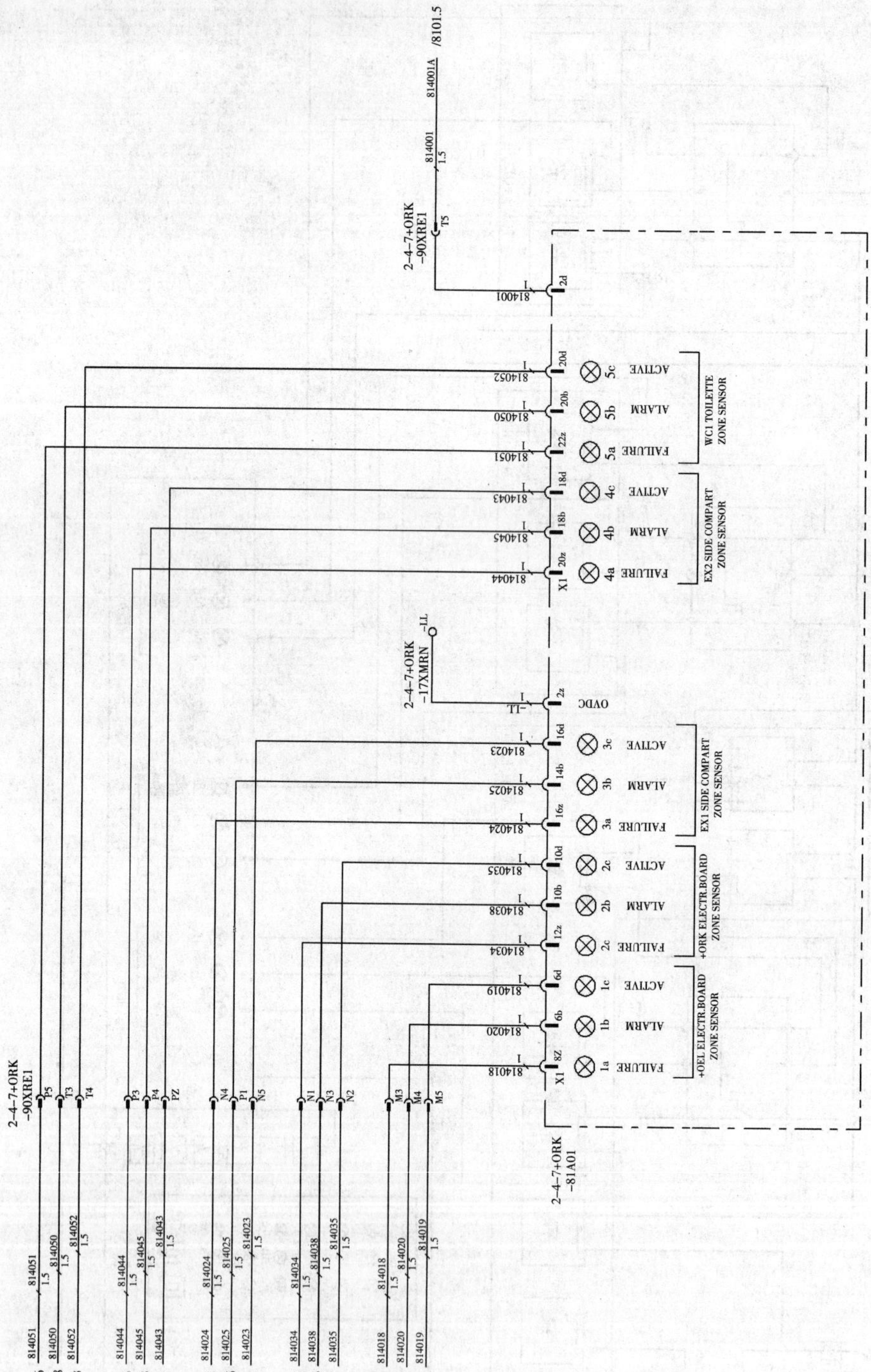

图6-29　烟火报警系统控制板电路图（一）

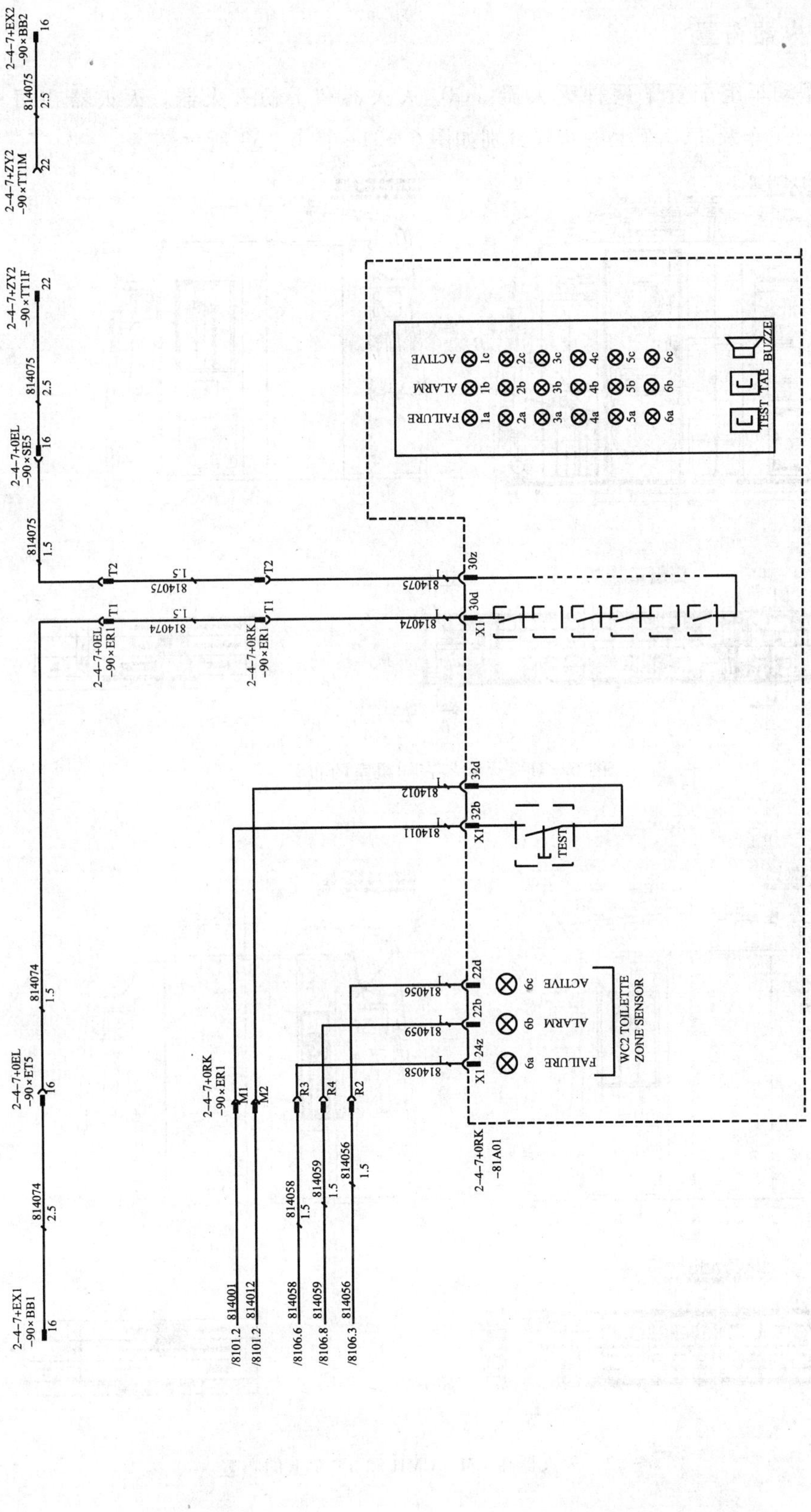

图6-30　烟火报警系统控制板电路图（二）

6.5.2 灭火器布置

CRH5 型动车组配置了两种灭火器：CO_2 灭火器和干粉灭火器。灭火器在司机室、CM、CMH、TT 车及 TTC 车上的布置分别如图 6－31～图 6－33 所示。

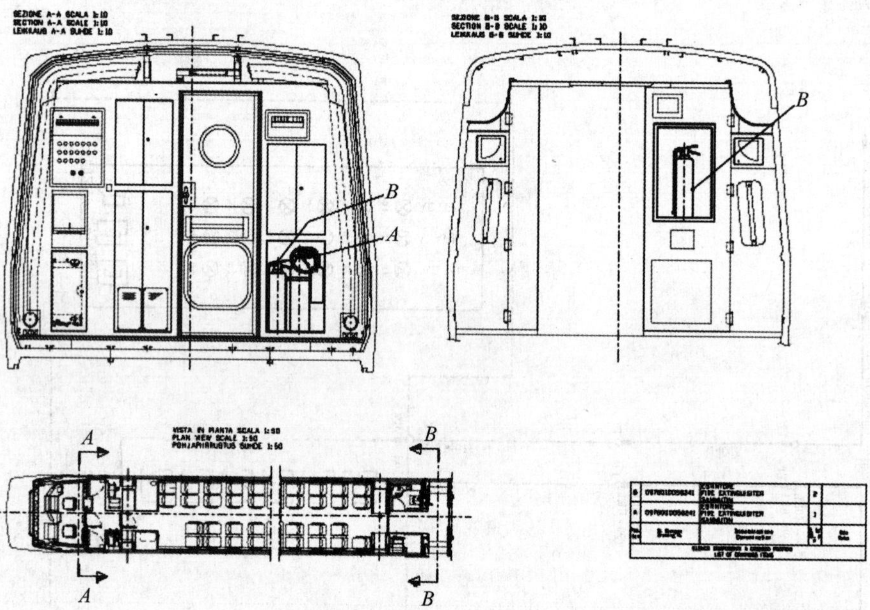

图 6－31 灭火器在司机室的布置

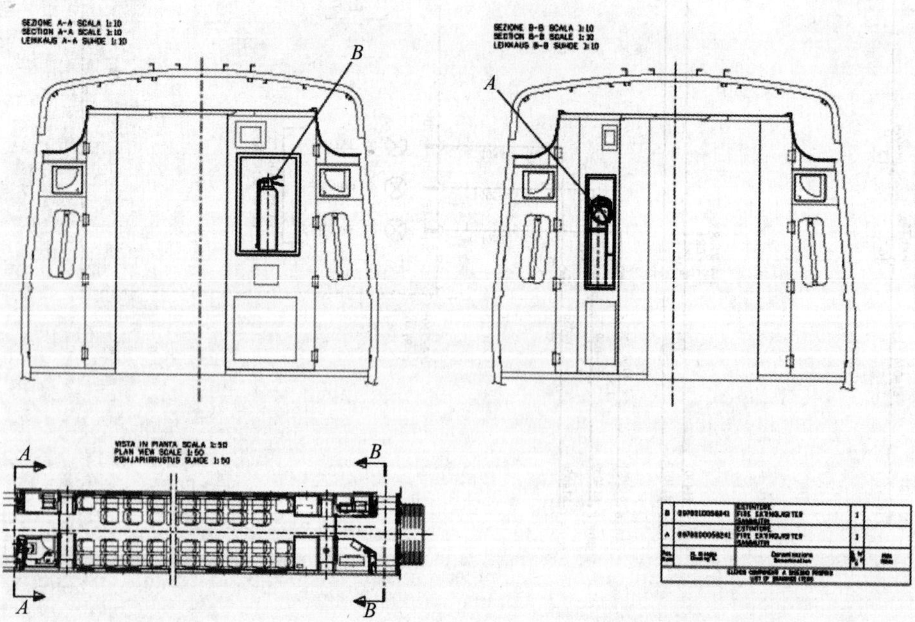

图 6－32 灭火器在 CM、CMH 和 TT 车上的布置

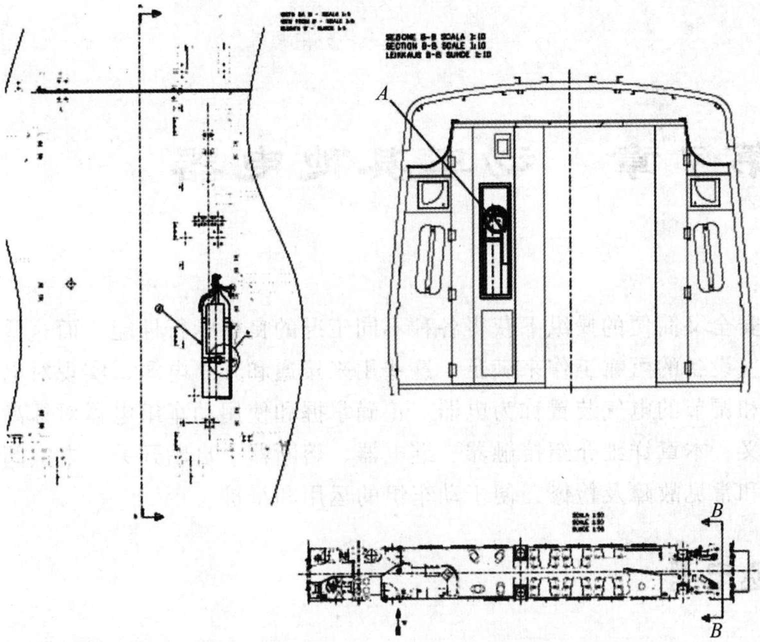

图6－33 灭火器在TTC车上的布置

思考题

1. 简述火灾探测系统的发展历程。
2. 试分析 CRH_1 型动车组烟火报警系统的组成及工作原理。
3. 试分析 CRH_3 型动车组火灾探测系统的组成及功能。
4. 试分析 CRH_5 型动车组火灾探测系统的组成及工作原理。

第 7 章　动车其他电器

动车组要求在既安全又简便的操纵下获得各种不同工况的良好运行性能，而这些要求是通过一系列不同电气设备的可靠工作来满足。这些用来接通和开断电源，实现对电路或非电对象控制、保护和调节的电气装置称为电器。正确掌握和使用动车组电器对提高动车组可靠性有着重要意义，本章详细介绍接触器、继电器、熔断器、自动开关、电空阀等动车组电器的工作原理和常见故障及检修，便于动车组的运用和维护。

7.1　接触器与继电器

7.1.1　接触器

接触器是用来接通或切断带有负载的主电路或大容量控制电路的自动切换电器，用于频繁地接通和切断正常工作情况的主电路和辅助电路。与其他开关电器比较，接触器的特点有以下几方面。

① 动作次数频繁。

② 能通、断较大电流，但一般情况只开断正常额定电流，而不能开断短路或故障电流。

③ 可以实现一定距离的控制。

下面对各类常用接触器进行介绍。

1. 电磁接触器

在辅助电路和控制电路中使用的接触器均为电磁接触器，交流电磁接触器主要应用在辅助电路中，直流电磁接触器用在控制电路中。

2. 交流电磁接触器

以交流三相电磁接触器为例予以说明，它适用于交流 50 Hz，电压为 380 V 的电路中操纵负载的接通或断开。

接触器触头系统包括灭弧罩、栅片、底板、转轴、底座、触头支持件、静触头、动触头、消弧电阻等，如图 7－1 所示。接触器磁路系统包括联锁触头、转轴、磁轭、线圈、短路环、衔铁等，如图 7－2 所示。

结构特点是：灭弧罩由高强度耐弧陶瓷制成，罩内有割弧栅片，可分割电弧或短弧而冷却，每相还装有金属短弧片，可短接各触桥引出的电弧，采用这些措施以促进交流电弧尽可能在第一个半波过零点时熄弧。为了保证接触器达到工作制的熄弧能力和电寿命要求，还在断口并联了消弧电阻。在磁路系统采用硅钢片叠装而成的 E 型铁芯，以减小磁滞和涡流损耗；为了减小交流吸力的脉动，在铁芯的两端柱上设有短路环，整个磁系统采用弹性固定以提高机械寿命；为了适合列车上的直流控制，采用了双线圈结构，启动线圈和保持线圈的工作依靠接触器自身的一对常闭和常开辅助触头来完成。

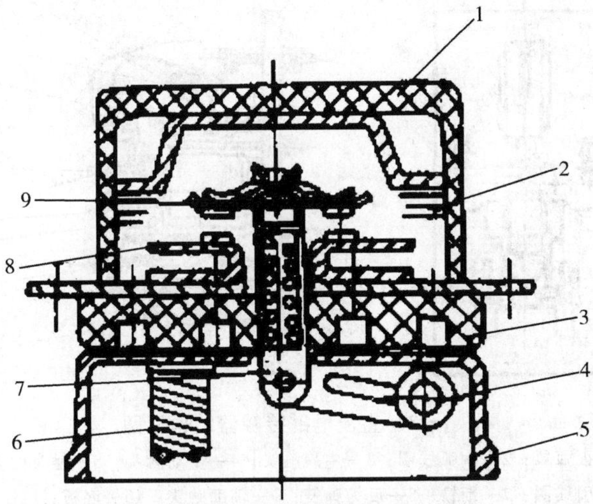

图 7－1　交流电磁接触器触头系统简图

1—灭弧罩；2—栅片；3—底板；4—转轴；5—底座；
6—消弧电阻；7—触头支持件；8—静触头；9—动触头

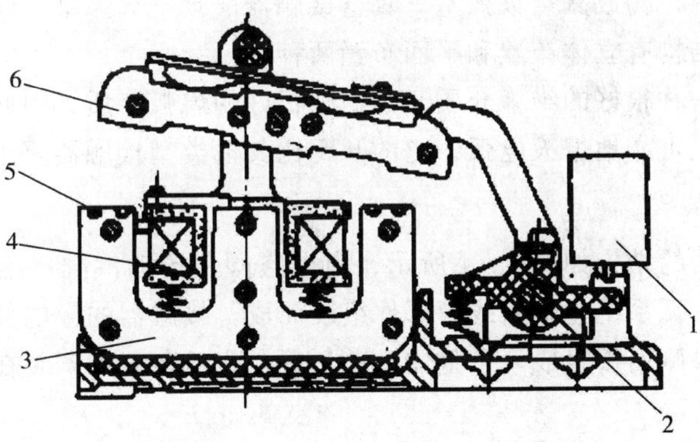

图 7－2　交流电磁接触器磁路系统简图

1—联锁触头；2—转轴；3—磁轭；4—线圈；5—短路环；6—衔铁

3. 直流电磁接触器

直流电磁接触器的结构如图 7－3 所示，采用整体软钢制成，衔铁绕磁轭的棱角转动。为了减少吸引线圈安匝数，以减小电磁结构尺寸，采用了具有极靴的铁芯，选取小的气隙使磁阻减小，选取较大的杠杆比，从而使触头有较大的开距；为了避免由于剩磁带来的衔铁不释放现象，采用 0.1～0.2 mm 紫铜片装在衔铁上作为气隙。接触器的触头系统采用铜基指形主动触头，直接安装在衔铁上，主静触头为T形与弧角一起装于支架上。其为单极常开式，带有由串联的吹弧线圈和石棉水泥灭弧罩构成的磁吹灭弧装置，灭孤罩为迷宫式曲缝结构。常开辅助联锁触头在主触头的两侧，常闭辅助联锁触头在衔铁的另一端。

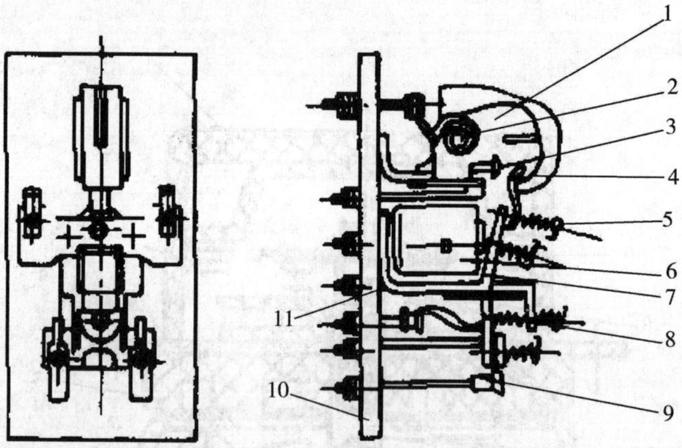

图 7－3　直流电磁接触器结构简图

1—灭弧罩；2—吹弧线圈；3—主静触头；4—主动触头；5—触头弹簧；6—吸引线圈；7—衔铁；8—反力弹簧；9—辅助触头；10—底板；11—磁轭

4. 真空接触器

真空接触器主要组成部分与电磁接触器相似，所不同的是它的主触头密封在高度真空的玻璃或陶瓷圆筒内，构成真空灭弧室。真空接触器由真空灭弧室、电磁系统、支架等几部分组成，其总体结构有立体布置和平面布置两种。

由于真空既是一种很好的绝缘介质又是一种很好的熄弧介质，因此真空接触器触头只要分开很小距离就能可靠地熄灭电弧，它的开距比其他类型接触器要小的多。

5. 电空接触器

典型电空接触器的结构如图 7－4 所示，由电空阀、传动汽缸、绝缘杆、动静触头及其弧角、灭弧罩、吹弧系统、软联线等部件组装而成。接触器的导电部分和传动汽缸通过绝缘杆连接后用两块侧面板组成一个整体。动、静触头弧角分别安装在弧角支架和静触头座上。

电空接触器接通和分断电路的动作原理为：当电空阀线圈得电时打开气路，压缩空气经电空阀进入传动汽缸，通过皮碗推动活塞杆带动动触头向上移动与静触头闭合，接通电路；当电空阀线圈失电时，传动汽缸中的压缩空气经由电空阀排入大气，在汽缸中反力弹簧作用下，动触头下移与静触头断开，将电路分断。这时，联锁触头组通过装于推杆上的联锁板的上下移动也随之进行分合的联锁转换，使电空接触器不发生误动作。

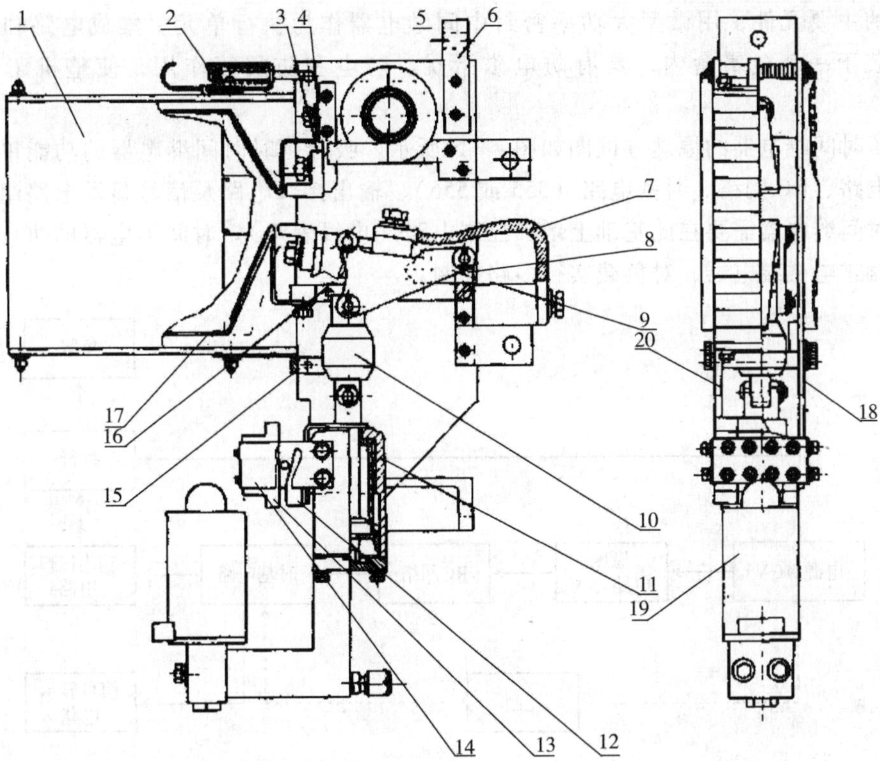

图 7－4　电空接触器结构简图

1—灭弧罩；2—挂钩；3—静触头；4—静触头弧角；5—吹弧线圈；6—安装杆；7—软联线；8—杠杆出线座；9—杠杆支架组装；10—绝缘杆；11—传动汽缸；12—联锁板；13—联锁触头；4—联锁支架；15—灭弧室支板；16—动触头弹簧；17—动触头弧角；18—右侧板；19—电空阀；20—左侧板

7.1.2　继电器

继电器是根据某一输入量来换接执行机构的电器，用于控制电路。继电器也可认为是传递讯号的电器，对于大部分继电器来说，输入量可以是电压、电流等电量，或者是热、光、声和机械力等非电量。继电器与接触器不同的是，继电器一般是指控制电路中的主令电器和执行电器之间进行逻辑转换及传递的控制电器。因此同接触器相比较，继电器触头容量小，没有灭弧装置，体积和重量也比较小，但动作的准确性要求较高。

继电器由执行机构和控制机构两部分组成。按执行机构的种类可分为有触点继电器和无触点继电器两种。有触点继电器的执行机构为触头，它的开关特性比较理想，而无触点继电器的开关特性差些，但它具有体积小，重量轻，动作迅速，耐冲击，耐振动等优点。继电器的种类和形式很多，下面对几种典型继电器作一简要叙述。

1. 时间继电器

电子时间继电器作为控制电路中的时间控制元件，采用集成电路 555 或 556 作为功能单元的主要元件，用微型大功率密封中间继电器作为执行单元。集成电路和元器件固体封装于一个金属盒内，具有防电磁干扰、防尘和防震等作用，使整机工作更为可靠。

电子时间继电器的原理方框图如图 7－5 所示，吸合延时时间继电器的功能单元主要由稳压电路、RC 网络、时基电路（555 或 556）、输出接口电路及信号显示电路组成。释放延时时间继电器需要在此基础上增加控制电路（虚线表示）。时间继电器的执行单元为小型密封式电磁继电器，对负载实行多路控制。

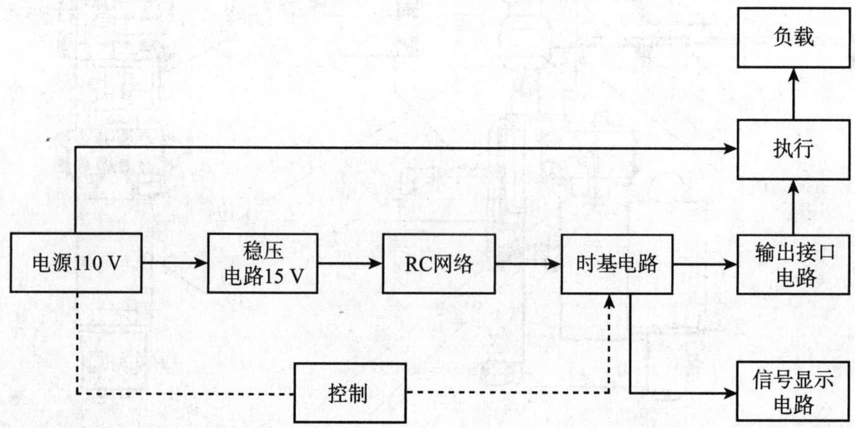

图 7－5　电子时间继电器原理方框图

2. 中间继电器

中间继电器在控制电路中作为逻辑传递的一个环节元件，用于增加信号数量、量值放大以及开闭逻辑状态转换。直动式立体布置结构的中间继电器如图 7－6 所示，其磁系统采用螺管直动式，铁芯和线圈布置在继电器中央，8 对双断点桥式触头分别布置在磁轭的两旁。为了获得较平坦的吸力特性和足够的开距，铁芯采用锥形止铁。继电器的反力持性依靠触头支架上的一对拉伸弹簧调节，衔铁上还装有一只手动按钮，以供检查及故障操作之用。8 对桥式触头可根据需要任意组合成 2 开 6 闭、4 开 4 闭、6 开 2 闭的方式，但必须注意两个触头盒中的常开、常闭触头数应对称布置。其触头系统采用永磁钢吹弧以提高触头直流分断能力。小型化的永磁钢嵌在静触头的下部，采用无极性布置法，可以将直流电弧拉开，实现吹弧目的。

3. 电流继电器

电流继电器作为主电路原边过流保护和辅助电路过流保护之用。电流继电器的磁系统是由呈角板形的磁轭、固定在磁轭上的圆形铁芯及平板形衔铁所组成，如图 7－7 所示。衔铁绕磁轭棱角支点转动而成拍合式动作。磁系统上部衔铁一端装有反作用弹簧，继电器不通电时，借助于反作用弹簧的反力使衔铁打开，同样也利用改变弹簧压力大小来调节继电器动作电流整定值。在磁系统下部装有触头组，与衔铁支件连接，并由衔铁带动触头开闭。在铁芯端的衔铁上装有非磁性垫片，利用调整非磁性垫片的厚薄来调节继电器的释放电流值，即调整返回系数。

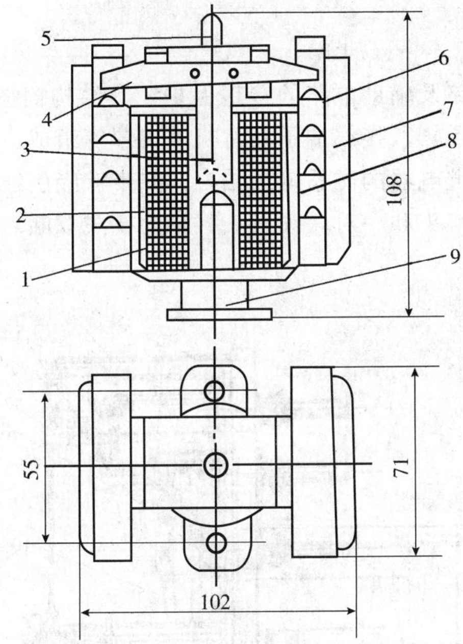

图7－6　中间继电器结构简图

1—线圈；2—磁轭；3—铁芯；4—衔铁；5—按钮；6—触头组；7—防尘罩；8—反力弹簧；9—支座

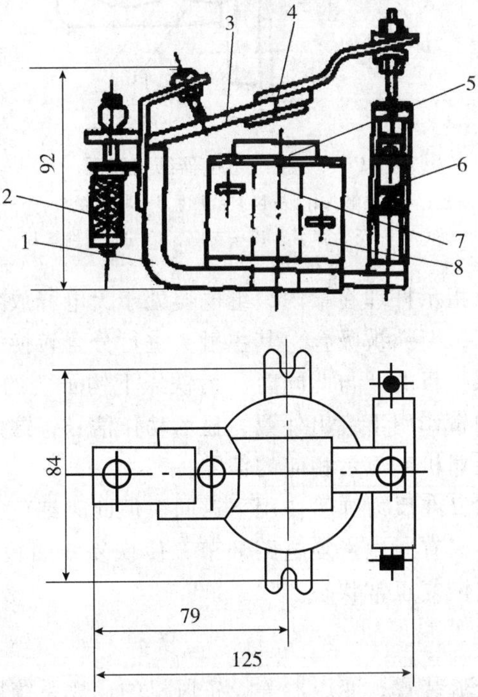

图7－7　电流继电器结构简图

1—磁轭；2—反力弹簧；3—衔铁；4—非磁性垫片；5—极靴；6—触头组；7—铁芯；8—线圈

4. 接地继电器

接地继电器用于主电路及辅助电路的接地保护。其结构简图如图 7－8 所示，主要由电磁系统、触头系统、指示器、接线端子及有机玻璃罩等组成，组装在由酚醛玻璃纤维压制成的底板上。图示接地继电器的磁系统为拍合式并带有吸引线圈，指示器带有恢复线圈及螺管式磁路。有两对主触头和一对联锁触头，都为桥式双断点，主触头由衔铁控制，联锁触头由指示杆带动。

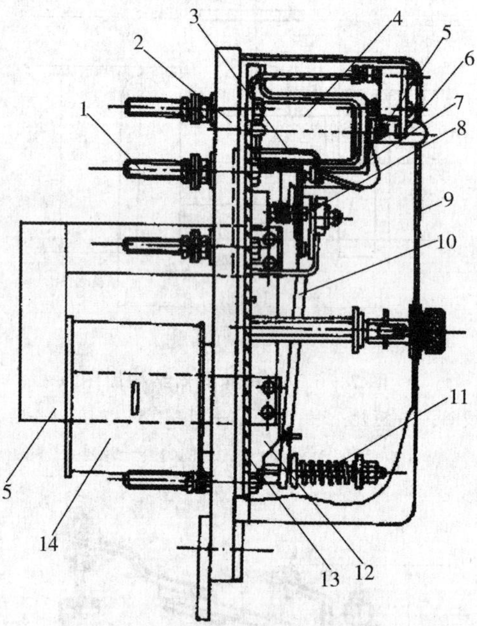

图 7－8　接地继电器结构简图

1—接线端子；2—底板；3—主触头；4—恢复线圈；5—联锁触头；6—指示器；7—钩子；8—扭簧；9—外罩；10—衔铁；11—反力弹簧；12—支座；13—非磁性垫片；14—吸引线圈；15—铁芯

正常工作状态，红色指示杆埋在罩内，继电器处于无电释放状态。一旦发生接地故障时，在电磁吸力的作用下，衔铁被吸合，其主触头进行分合转换，开闭有关控制电路，使断路器分断，从而达到保护目的。与此同时，衔铁压下钩子 7 的尾部，迫使钩子 7 转开，使红色指示杆脱扣并在弹簧作用下跳出外罩，显示动作信号，这是一种机械式信号，同时联锁触头也随之闭合，在司机室显示相应的信号。

当故障消失后，衔铁又在反力弹簧作用下返回。但此时红色指示杆未能回复罩内，司机室的信号也未能熄灭。只有通过恢复电路环节，使恢复线圈短时得电，将指示杆吸入，联锁触头断开，继电器才恢复正常状态。

5. 风速继电器

风速继电器安装在变流装置、变压器等设备风机的通风系统风道里，用来反映通风系统的工作状态，以确保通风系统有足够的风量。

风速继电器的结构如图 7－9 所示，它是机械式继电器，测量机构是在风压力作用下绕轴转动的叶片装置，执行机构是微动开关触头。在风叶片的轴上铆有传动块并套有传动组件，它们通过扭簧传递力矩。当风叶片在风压力作用下转动时，传动块随着转动，传动块通过扭簧拨动传动组件，克服反力弹簧的作用，压迫微动开关动作，使其常开触头闭合，接通相应的控制电路正常工作。当通风系统发生故障无风量或风量很小时，风叶片在扭簧和反力弹簧的作用下恢复到原位，使继电器返回，微动开关释放，其常开触头打开，从而切断相应的控制电路。继电器的动作风速值靠调节反力弹簧来整定，其返回系数较高。

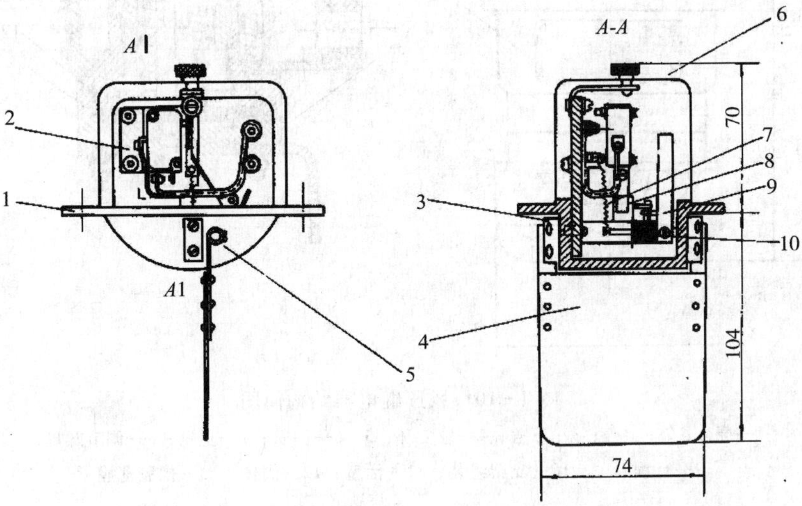

图7－9　风速继电器结构简图

1—底座；2—微动开关；3—挡块；4—风叶；5—转轴；6—盖；7—反力弹簧；8—传动组件；9—传动块；10—扭簧

6. 风压继电器

风压继电器用作气路保护之用，如用作主断路器的气路保护，当主断路器储风缸压力超过设定值时，压力继电器动作，触头闭合，接通主断路器合闸电路，主断路器方能合闸。避免主断路器在低气压下合闸，而无法保证可靠分闸的危险。

风压继电器的结构简图如图7－10所示，作用原理：支架组装10的传动件用铁片造型而成，它通过两个拉力弹簧活动穿装于支架组装10的孔中。当风压低于设定值时，支架组装10的传动件处于图示位，它与行程开关9的按钮分离。当气路中的空气压力达到设定值时，橡胶膜阀13在空气压力的作用下克服反力弹簧6的作用力推动活塞11上移、从而推动支架组装10的传动件，使它克服弹簧拉力弹簧的作用，绕与支架组装10的活连接点顺时针方向转动，触动行程开关9的按钮，行程开关开始动作。

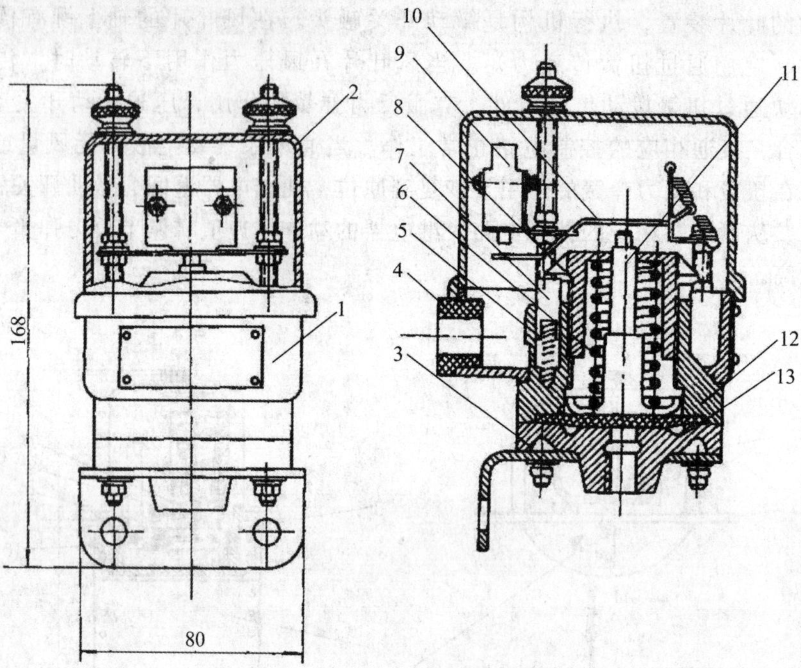

图 7－10　风压继电器结构简图

1—壳体；2—上盖；3—下盖；4—橡皮环；5，6—弹簧；7—止销；8—调节螺母；9—行程开关；10—支架组装；11—活塞；12—阀体；13—橡胶薄膜

7. 继电器的选用与保护

继电器按照下列步骤进行选用。

① 根据输入信号的性质、使用环境、动作频率、寿命要求及工作制度和安装尺寸等因素选择继电器的种类和型号。

② 根据输入信号的电气参数，选定继电器的输入参数。

③ 根据控制要求确定接点的种类（常开或常闭）。

④ 根据被控回路的多少，确定继电器接点的对数或组数。

⑤ 根据负载的性质与容量，确定继电器触点的容量。

对于动作频繁的继电器，其触点由于电弧和烧损等故障，会引起其接触电阻发生变化，进而引起继电器线圈输入电压降低，当线圈输入电压低于85%额定电压时，继电器不能正常工作，为此，控制电路电压益选取较高值。采用低压控制时，建议采用并联型触点，以提高工作可靠性。对于触点接触电阻，应定期进行检查。

继电器触点用于开断直流感性负载时，一般在额定电压不变的情况下，开断电感性负载的电流只能为开断电阻性负载的30%左右。

造成开断电感性负载能力降低的原因是电弧的产生，该电弧是由于自感电势与电源电压叠加，使得刚分开一点点距离的接点间隙中的空气被击穿而放电。克服这种问题可以采用以下三种办法。

① 在触点两端并联电阻和电容。在触点断开瞬间，电容器存储电感负载的能量，使

供给触点的电弧能量减少并加快熄灭；触点再闭合时，电阻会限制电容对触点的放电电流，避免触点烧损。

② 在电感负载两端并联电容和电阻。

③ 在电感两端并联续流二极管。

8. 典型动车组用继电器

CRH_2 型动车组总配电盘、控制继电器盘使用了可靠性高的继电器，即采用印刷电路板型多极继电器，这些继电器电路配置在不同的印刷电路板上。继电器的规格如下。

1）继电器的型式

继电器的型式如图 7－11 所示。

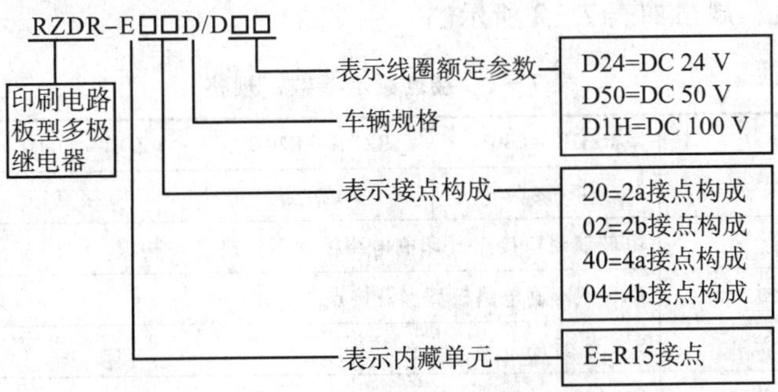

图 7－11　继电器的型式

2）线圈规格及其动作特性参数

继电器线圈规格及其端子特性参数如表 7－1 所示。

表 7－1　继电器线圈规格及其端子特性参数

型式	线圈规格[①]（20℃）		动作特性参数
	额定电源	阻抗值	
RZDR－E40D/D1H RZDR－E04D/D1H	100 V	4 010 Ω	（1）使用电压：70～110 V 使用温度：－25℃～＋60℃ （2）最低动作电压：70 V 以下 环境温度：＋60℃，热启动 （3）释放电压：10 V 以上 环境温度＋20℃，冷启动
RZDR－E20D/D1H RZDR－E02D/D1H		6 350 Ω	
RZDRE40D/D50 RZDRE04D/D50	50 V	1 170 Ω	（1）使用电压：35～55 V 使用温度：－25℃～＋60℃ （2）最低动作电压：35 V 以下 环境温度：＋60℃，热启动 （3）释放电压：5.0 V 以上 环境温度＋20℃，冷启动
RZDR－E20D/D50 RZDR－E02D/D50		1 610 Ω	
RZDR－E40D/D24 RZDR－E04D/D24	24 V	310 Ω	（1）使用电压：21～28.8 V 使用温度：－25℃～＋60℃ （2）最低动作电压：21 V 以下 环境温度：＋60℃，热启动 （3）释放电压：2.4 V 以上 环境温度＋20℃，冷启动
RZDR－E20D/D24 RZDR－E02D/D24		410 Ω	

续表

<table>
<tr><th rowspan="2">型式</th><th colspan="2">线圈规格[①]（20℃）</th><th rowspan="2">动作特性参数</th></tr>
<tr><th>额定电源</th><th>阻抗值</th></tr>
<tr><td>RZDR－E40D/D12
RZDR－E04D/D12</td><td rowspan="2">12 V</td><td>72 Ω</td><td rowspan="2">（1）使用电压：8.4～13.2 V
使用温度：－25℃～＋60℃
（2）最低动作电压：8.4 V 以下
环境温度：＋60℃，热启动
（3）释放电压：1.2 V 以上
环境温度＋20℃，冷启动</td></tr>
<tr><td>RZDR－E20D/D12
RZDR－E02D/D12</td><td>100 Ω</td></tr>
</table>

注：① 各成品间的线圈阻抗值有±10%的误差。

3）接点额定参数、规格

接点额定参数、规格如表 7－2 所示。

表 7－2　接点额定参数、规格

<table>
<tr><td colspan="2">零部件型式</td><td>RZDR－E40D</td><td>RZDR－E20D</td><td>RZDR－E04D</td><td>RZDR－E02D</td></tr>
<tr><td colspan="2">接点组成</td><td>4a 接点</td><td>2a 接点</td><td>4b 接点</td><td>2b 接点</td></tr>
<tr><td colspan="2">接点结构</td><td colspan="4">由玻璃封口接点（印刷电路板型多极接点）构成</td></tr>
<tr><td rowspan="9">接点额定参数</td><td>内藏接点型式</td><td colspan="4">R15 型印刷电路板型多极接点</td></tr>
<tr><td>额定通电电流</td><td colspan="4">5 A 连续</td></tr>
<tr><td>最大冲击电流</td><td colspan="4">DC 100 V，30 A（τ＝10 ms），AC 220 V，30 A（P. F. ＝0.7）</td></tr>
<tr><td>开闭容量</td><td colspan="4">DC 100 V，30 A（τ＝10 ms），0.5 s 通电，1 万次以上</td></tr>
<tr><td>最大断路电压</td><td colspan="4">1 极：DC 100 V，0.6 A（τ＝100 ms）DC 100 V，3 A（阻抗负荷）
DC 100 V，1.7 A（τ＝40 ms，阀负荷 ×10）
2S2P 连接：DC 100 V，5 A（阻抗负荷）
2 极串联连接：DC 100 V，3.4 A（τ＝40 ms，阀负荷×20）</td></tr>
<tr><td>额定使用电流</td><td colspan="4">1 极：DC 100 V，0.51 A（τ＝40 ms），寿命 300 万次以上
DC 100 V，1 A（阻抗负荷），寿命 200 万次以上
2S2P 连接：DC 100 V，1.1 A（τ＝200 ms 可变电阻连接），寿命 100 万次以上</td></tr>
<tr><td>接点接触阻抗</td><td colspan="4">用 DC 6 V，1 A 通电为 500 mΩ 以下</td></tr>
<tr><td>最小使用电流</td><td colspan="4">模拟电路 24 V，1 mA：1 接点故障率 $\lambda_{60} \geqslant 4.6\times10^{-9}$（1/次）
数字电路 5 V 光电耦合器输入电路：1 接点故障率 $\lambda_{60} \geqslant 4.6\times10^{-9}$（1/次）</td></tr>
<tr><td>耐过电流量</td><td colspan="4">（50 A 框架调整到 15 A）用 NFB 的动作特性不会熔敷</td></tr>
<tr><td rowspan="4">动作时间特性</td><td>各接点的动作时间误差</td><td colspan="4">约 1 ms</td></tr>
<tr><td>动作时间</td><td colspan="2">约 5 ms</td><td colspan="2">约 3 ms</td></tr>
<tr><td>复原时间</td><td colspan="2">约 6 ms</td><td colspan="2">约 8 ms</td></tr>
<tr><td>接点跳动时间</td><td colspan="4">3 ms 以下</td></tr>
<tr><td rowspan="2">绝缘特性</td><td>绝缘电阻</td><td colspan="4">100 MΩ 以上（DC 500 V 兆欧表），接点—接点极间、接点，线圈和大地间</td></tr>
<tr><td>耐压</td><td colspan="4">接点间：AC 800 V，1 min（漏电流：5 mA）
接点极间、接点—线圈间：AC 1 500 V，1 min（漏电流：5 mA）
对地间：AC 1 500 V，1 min（漏电流：5 mA）</td></tr>
<tr><td colspan="2">振动特性</td><td colspan="4">符合 JIS E 40312 类 B</td></tr>
</table>

续表

零部件型式		RZDR－E40D	RZDR－E20D	RZDR－E04D	RZDR－E02D
冲击特性		符合 JIS E 40322 类 B			
机械寿命		试验环境：一般工厂环境常温、常湿条件下为 1 亿次以上			
温度特性	使用环境温度	－25℃ ～ ＋60℃			
	保存环境温度	－40℃ ～ ＋80℃			
结构	大致重量	约 130 g	约 60 g	约 130 g	约 60 g
	连接方法	基板装配型			
	清洗方法	装上自动夹头后，可以水洗（根据零部件制造厂的清洗条件）			

7.2 一般电器

7.2.1 熔断器

熔断器是一种用作过载和短路保护的电器。它主要由熔断管（座、盒）和熔体（金属丝或金属片）两部分组成：熔断器管用来容纳熔体和填料，同时还是灭弧室；而熔体既是熔断器的量测元件又是执行元件，它串联于被保护电路（如图 7－12 所示）中。为了保证被保护电路在正常工作时可靠通流，要求熔体在通过正常工作电流时不熔断，而当流过熔体的电流越过其额定电流一定值时，熔体自行熔断，切断电路，使电路获得保护。由于熔断器测量机构和执行机构合为一体，所以它的结构极为简单，并具有使用维护方便，体积小重量轻，价格低廉等优点，因此得到广泛地使用。

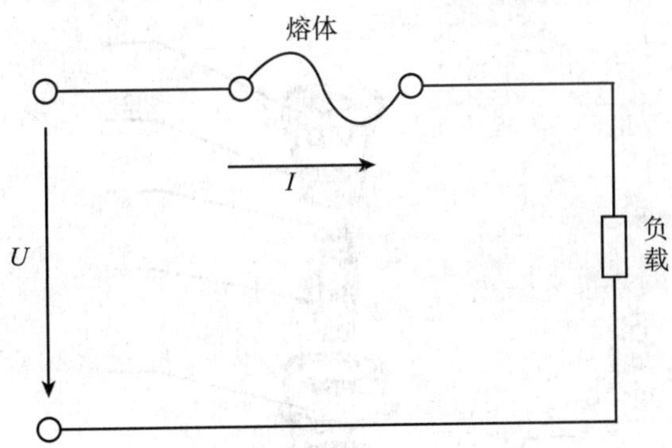

图 7－12 熔断器工作原理

1. RCl 型瓷插式熔断器

RCl 型瓷插式熔断器为最简单的熔断器，其结构如图 7－13 所示。它由瓷底座和瓷插件两部分组成，配以铜制动触头和静触头。瓷底座中有一空腔与瓷插件的凸出部分形成灭弧室。熔丝可以根据具体电流的大小选用铜丝或铅丝（或市场所供应的铅合金丝）。这种熔断器在大电流等级使用时，常在灭弧室里垫衬编织石棉带，一方面可保护瓷件，另一方面可冷却电弧，提高分断能力。

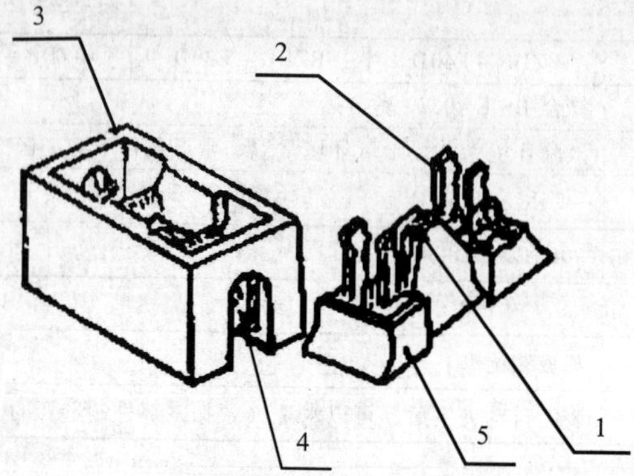

图 7-13 RCl 型瓷插式熔断器结构简图

1—熔丝；2—动触头；3—瓷底座；4—静触头；5—瓷插件

该型熔断器额定电流从 5 A 到 200 A 共 8 个等级，熔体额定电流从 2 A 起有 18 个等级，一般作为分支电路短路保护之用。由于没有特殊熄弧措施，这类熔断器的极限分断能力不大，最大只为 3 000 A（有效值）。

2. RLl 型螺旋式熔断器

RLl 型螺旋式熔断器的结构如图 7-14 所示。它主要由瓷帽、熔断管、瓷套及底座组成。熔断管内装有一组熔丝，并有添料石英砂，管子有螺丝，旋入瓷底座后，熔体便接通电路。熔断管的盖上有一熔断指示器。当熔体熔断时，指示器被释放且在一小弹簧作用下弹出，通过瓷帽上的观察孔显示其动作。

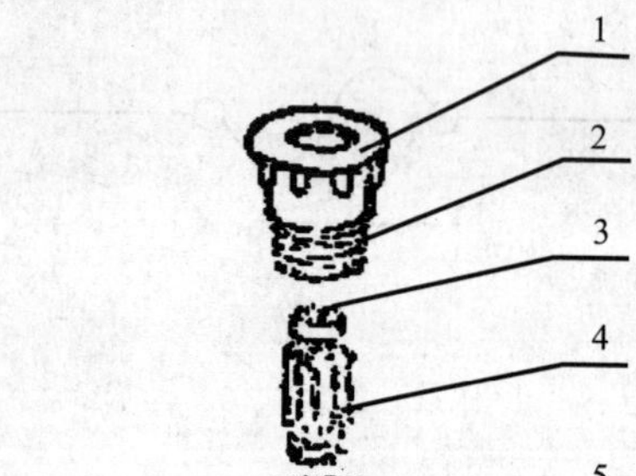

图 7-14 RLl 型螺旋式熔断器结构简图

1—瓷帽；2—金属件；3—指示器；4—熔断管；5—瓷套；6—上接线；7—下接线；8—底座

填料石英砂的颗粒大小要适当，其用途是使熔体熔断时产生的电弧在石英砂颗粒间得到强烈冷却而加速熄灭，因此这类熔断器的极限分断能力较强。当额定电流为 200 A 时，极限分断能力为 50 000 A（有效值）。

该型熔断器一般用于配电线路中作过载和短路保护，由于具有较大的热惯性，也常用作电动机保护。

3. RSO 型快速熔断器

RSO 型快速熔断器的结构如图 7－15 所示。陶瓷管体内装有填料石英砂和变截面的熔片。熔片狭部特细，极易熔断。为了减小狭部电阻，片子以纯银制成。此类熔断器能快速动作，主要关键在于细小的狭部，其熔体熔断时间小于 1/4 周期，具有较大的限流作用。

RSO 型快速熔断器的接线采用汇流排式固定接头，借以增强特性的稳定性。另外，装有动作指式信号装置。当熔断器动作时，拉住指示器的指示熔件也熔断。指示器被释放，并在一小弹簧作用下跳出盖面，以示动作。

该型快速熔断器的额定电流到 300 A，极限分断能力最大为 50 kA（有效值）。它适用于交流 500 V 以下的硅整流器或可控硅元件的短路保护及某些适当的过载保护。

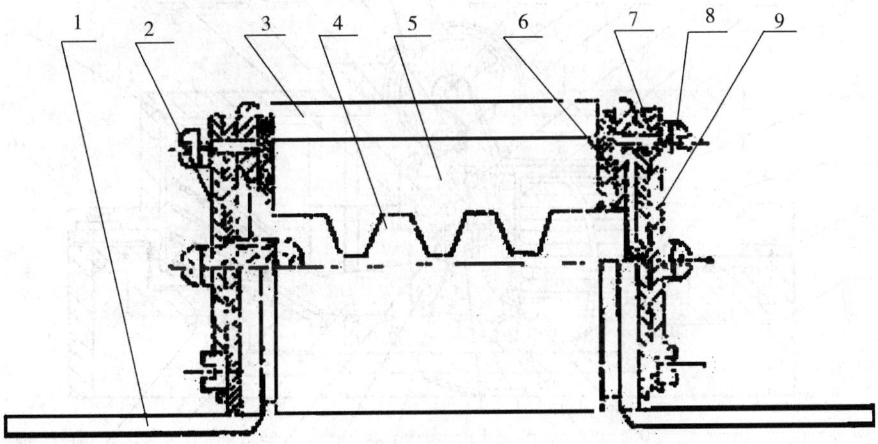

图 7－15　RSO 型快速熔断器结构简图

1—接线板；2—指示熔件；3—陶瓷管体；4—熔体；5—石英砂；6—绝缘垫；7—盖；8—螺钉；9—指示器

7.2.2　自动开关

自动开关又称自动空气断路器，是一种结构较为复杂、动作性能较为完善的配电保护电器，用来自动切断故障电路，同时也用来以手动非频繁地切换正常电路，和其他开关电器比较有以下主要特点。

① 能开断较大的短路电流。

② 具有对电路过载、短路的双重保护。

③ 允许操作频率低。

1. 单极式自动开关

单极式自动开关大量用于控制电路，作为电路的过载和短路保护装置，其结构如图7-16所示。它主要由动作机构，触头装置和灭弧装置等组成，并且其全部构件除接线柱2、16外其余均装于塑料外壳内。塑料盖3的上方露出手柄10以供手操纵和显示自动开关所处“分”或“合”。

动作机构主要由操纵电磁铁4、手柄10、锁扣杆12、传动杆14、动触头19及开断扭簧24等组成。控制件22的一端铰链装于传动杆14上，并有一微力扭簧20使其另一端产生一个绕此铰链点顺时向的作用力，以便接受操纵杆23的作用力，和控制锁扣杆12的锁口。操纵电磁铁4固装于支架7上，而手柄10、锁扣杆12、传动杆14，动触头19相互间顺次由动点铰链11、13、21相连接后，通过定点铰链9、25安装于支架7上。最后整个动作机构通过支架7由螺钉27固装于基座1中。

触头装置由银合金材质的静触头18和动触头19组成。由于自动开关开断电流大，而开断次数少，操作频率不高，所以其灭弧装置均采用栅片灭弧结构。

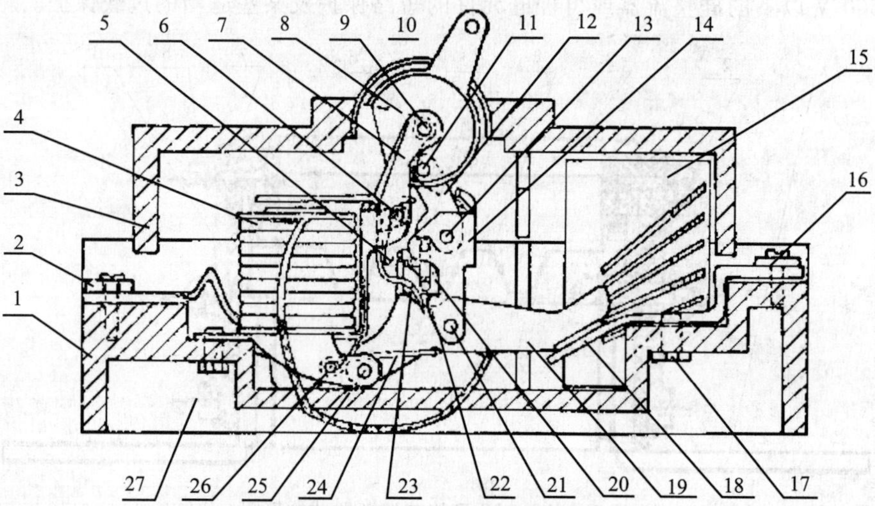

图7-16 单极式自动开关结构简图

1—塑料基座；2、16—接线柱；3—塑料盖；4—操纵电磁铁；5、8、20—压簧；6、9、25、26—定点铰链；7—支架；10—手柄；11、13、21—动点铰链；12—锁扣杆；14—传动杆；15—灭弧罩；17、27—螺钉；18—静触头；19—动触头；22—Ⅱ形控制件；23—操纵杆；24—开断扭簧

1）触头的闭合

自动开关触头的闭合，只能人为地推动手柄10，从“分”位至“合”位来达到。在此过程中，随手柄10绕定点铰链9顺时向转动，锁扣杆12通过动点铰链13及其锁扣对控制件22使传动杆14推动动触头19克服开断扭簧24的作用而闭合。当触头闭合后，动点铰链11所受扭簧24的反作用力的方向已朝图面左移至定点铰链9的左方而受到支架7的固定，使自动开关动作机构处于自保持的稳定工作状态。

2）触头的开断

自动开关触头的开断，既可人为地推动手柄10从“合”位至“分”位来实现，又能在电路发生故障时自动开断。图示状态的手柄 10 在“合”位，而触头处于闭合，被保护电路处于正常工作状态。

（1）手动开断过程

当人为地推动手柄 10 至“分”位，则动点铰链 11 所受扭簧 24 传来的反作用力方向就朝图面右边移动至定点铰链 9 的右侧，使动作机构失去稳定，在开断弹簧 24 的作用下触头迅速开断。

（2）自动开断过程

当被保护电路发生过载或短路时，操纵电磁铁 4 动作，操作杆 23 克服扭簧 5 的弹力绕定点铰链 6 反时向转动，推动控制件 22，使其与传动杆 14 相铰链的一端克服扭簧 20 之力作反时向微动而失去对锁扣杆 12 锁扣部分的支撑，锁扣杆 12 和传动杆 14 间的连接就失去稳定。在开断扭簧 24 的作用下，动触头 19 断开，切断故障电路。与此同时，手柄 10 转至“分”位，以示自动开关已动作，并且扭簧 8 对锁扣杆 12 与传动杆 14 间起拉伸作用，使控制件 22 与传动杆 14 相铰链的一端在扭簧 20 的作用下进入锁扣杆 12 的锁口，为重新闭合作准备。

2. 三极式自动开关

三极式自动开关作为辅助电路电气设备的过载和短路保护，其结构如图 7－17 所示。它主要由操作机构，自动脱扣机构，触头装置和灭弧装置等组成。全部构件除手柄 4 露出于塑料上盖 1 以供手动操作和显示自动开关所处状态外，均组装在塑料“盒子”内，成为一个开关箱。因此它具有结构紧凑、使用安全、操作方便等特点。该型自动开关的三对触头，均装在开关的同一侧。三个静触头固装于电路的硬联结上，而三个动触头通过支架固装于同一个绝缘方轴 15 上，动作具有良好的同步性。各动触头上装有一个螺旋弹簧，以改善其工作性能。触头是用银钨合金制成，具有良好的导电性和耐磨性。该自动开关的灭弧装置，采用了金属栅片灭弧罩。

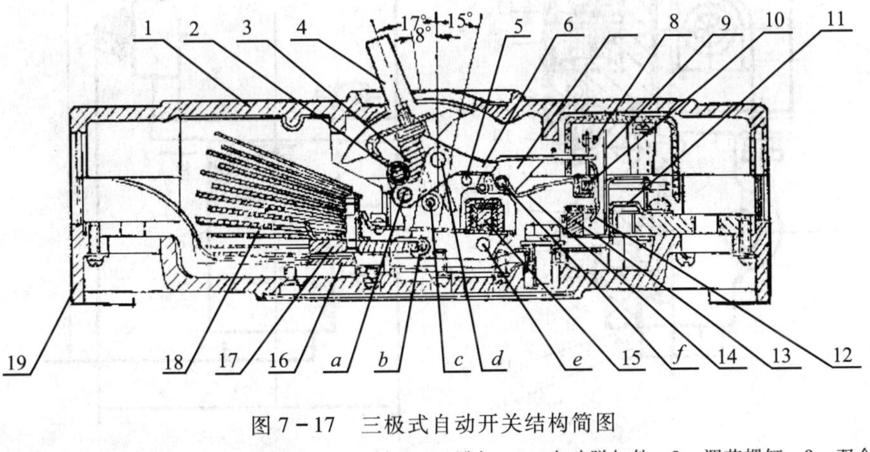

图 7－17　三极式自动开关结构简图

1—塑料上盖；2、5—止挡；3—工作弹簧；4—手柄；6—跳扣；7—自动脱扣件；8—调节螺钉；9—双金属片；10—牵引杆；11—热元件；12—传动杆；13—电磁铁；14—牵引杆复位弹簧；15—绝缘方轴；16—静触头；17—动触头；18—灭弧罩；19—塑料基座；a、f、e—定点铰链；b、c、d—动点铰链

7.2.3 电空阀

电空阀是一种借助电磁吸力来控制压缩空气管路开通或截断的阀，从而实现远距离控制气动器件的目的。电空阀类型较多，按电磁铁的型式分有拍合式和螺管式；按结构形式分有立式和卧式；按作用原理分有开式和闭式。但就结构来说，它们都由电磁机构及气阀两部分构成，工作原理也是相同的。下面以螺管式电磁铁、立式安装的闭式电空阀为例予以说明，其结构如图 7－18 所示。

它由电磁机构及气阀两大部分构成。电磁机构由铁芯座、磁轭、动铁芯、铜套、线圈、接线柱等组成。气阀部分由阀座、阀门、阀杆、滑道、弹簧等组成。阀门由阀门体中压注橡胶制成，密封性能较好。

工作原理：线圈无电时，在弹簧及压缩空气作用下，下阀门封闭，上阀门打开，因而压缩空气不能进入传动气缸，此时传动气缸与大气相通。当线圈通电后，在电磁吸力作用下，动铁芯带动阀杆上移，使上阀门封闭，下阀门打开，此时传动气缸与大气间的退路被截断，压缩空气进入传动气缸。

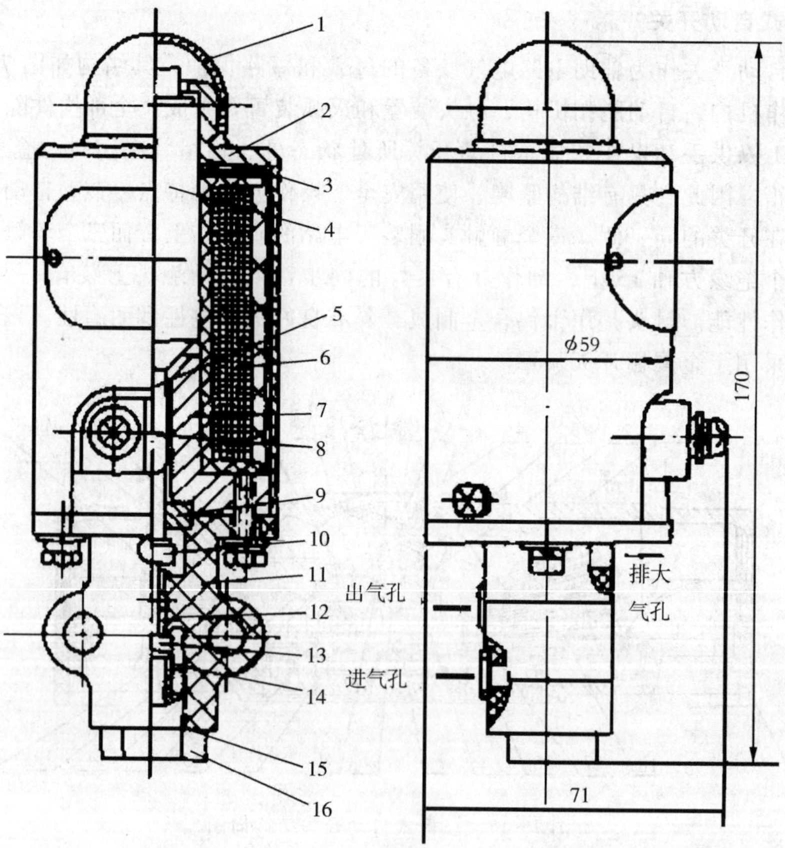

图 7－18 螺管式电磁铁、立式安装的闭式电空阀

1—防尘帽；2—磁轭；3—铜套；4—动铁芯；5—心杆；6—线圈；7—铁芯座；8—接线座；9—滑道；10—上阀门；11—阀座；12—阀杆；13—下阀门；14—弹簧；15—密封垫；16—螺母

7.2.4　CRH2 型动车组综合配电盘内短路端子

CRH2 型在综合配电盘内设置了用于应急处理的短路端子，在发生与行车指令相关的故障时，该电路通过操作开关进行应急处理。

短路开关功能如表 7－3 所示。

表 7－3　紧急时短路开关功能一览表

相关电路	短路线号	发生现象	事例	应急对应事例	备注
行车指令逻辑电路	1－1CA	不能启动	由于 MCR，JTR，转换开关 R，DIR 不良，加速指令 R 不能励磁时	用本开关进行短路	即使 DIR 不良时也能使用，用 DIRS 可短路
行车指令逻辑电路	1B－1C	不能启动	由于 JTR 不良，加速指令 R 不能励磁时	用本开关实施短路	
行车指令逻辑电路	2－152A	紧急制动不能缓解	由于 JTR 不良 152 线加不上电压时	用本开关实施短路	
行动电路	3－3D	意外紧急制动不能缓解	由于气压开关不良，MRrA-PSR 不能励磁时	用本开关实施短路	
行车指令逻辑电路	9－11	不能启动	因某种原因，用作加速 9 线或 11 线加不上电压时	用本开关实施短路	
行车指令逻辑电路	9A－9B	不能启动	由于 MCPR 不良，加速 9 线加不上电压时	用本开关实施短路	
辅助电路	102B－110	受电弓不能抬升	由于后部 MCRR 不良等原因电源没有接通，EGSR 不能励磁时	用后部的本开关将其短路	
辅助电路	102B－111	受电弓不能抬升	由于后部 MCRR 不良等原因没有电源接通 VCBRR 不能励磁时	用后部的本开关将其短路	
辅助电路	102E－105	无控制电源	由于 BV 不良，105 线加不上电压，不能接通 BatK1 时	用本开关实施短路	
行车指令逻辑电路	140－4	不能启动	由于 MCR 或是换向器前 R 不良，4 号线没有电压时	用本并关实施短路	电源状况由电源表示灯显示得知
行车指令逻辑电路	140－5	不能启动	由于 MCR 或是换向器后 R 不良，5 号线没有电压时	用本开关实施短路	电源状况由电源表示灯显示得知
制动电路	140－153S	意外紧急制动不能缓解	因某种原因 153S 线没有电压时	用本开关实施短路	电源状况由电源表示灯显示得知
制动电路	140－155S	意外紧急制动不能缓解	因某种原因 155S 线没有电压时	用本开关实施短路	电源状况由电源表示灯显示得知
行车指令逻辑电路	155A－155E	意外紧急制动不能缓解	由于 JTR 不良，造成 155R 不能励磁时	用本开关实施短路	
行车指令逻辑电路	3－154G1	意外紧急制动不能缓解	由于 JTRTD 不良，JTR 不能励磁时	用本开关实施短路	
ATC 电路	169A－169B	主速度表显示不能消除	由于 MCRR 或是 MXR 不良，主速度表显示不能消除	用后部的本开关实施短路	
ATC 电路	169C－169D	副速度表显示不能消除	由于 MCRR 或是 MXR 不良，副速度表显示不能消除	用后部的本开关实施短路	

思考题

1. 简述动车组常用接触器的作用和类型。
2. 简述动车组常用继电器的作用和类型。
3. 继电器的选用应遵循哪些原则？
4. 常用自动空气断路器有哪几种类型？

第 8 章 车内其他电气设备

8.1 电开水器

8.1.1 开水器分类、结构、性能指标

1. 基本术语和定义

1）开水器

在正常工作状态下，放水开关或阀打开就能连续供给开水的器具。

2）电加热器

利用电能将水加热到沸点的器具。

3）电磁加热器

由电磁感应的涡流在加热器中产生热能的加热。

4）电阻加热器

由电流在加热器中产品电阻热的加热器，该电流不是由电磁感应引起的。

5）感应线圈

感应加热的线圈，其内通交流电流并产生磁场以在加热器中感应出电流。

2. 主要分类

1）开水器按加热方式分类

① 电阻式开水器。

② 电磁式开水器。

2）开水器按供电电源型式分类

① 适用于具有交流供电电源客车的开水器。

② 适用于具有直流供电电源客车的开水器。

3）开水器按使用场合分类

① 适用于 Z 型客车（座车）用开水器。

② 适用于 W 型客车（卧车）用开水器。

③ 适用于其他车型用开水器。

4）标记

KSQ	× —	× —	× —	×
“开水器”	产品序号	电源类型	额定功率	水箱容积

示例：

额定功率为4.5 kW，储水腔容积为35 L，交流电源Ⅱ型开水器标记为：

KSQⅡ—A—4.5—35

3. 技术要求

1）环境条件

海拔：≤1 500 m；温度：+5℃ ~ +45℃；相对湿度：最湿月月平均最大相对湿度不大于90%（该月月平均最低温度为25℃）。

2）主要技术参数

开水器主要技术参数如表8－1所示。

表8－1　开水器主要技术参数

技术项目	座车	卧车
额定功率/kW	4.5	3
产开水量/（L/h）	≥40	≥25
出水温度/℃	≥95	
储水腔容积/L	≥18	
降温速度/（℃/h）	≤5	

3）一般要求

① 开水器的结构简单、实用、运用安全可靠，且便于维护和保养。

② 开水器壳体采用不锈钢材质制造，表面平整，不允许有划痕等任何明显缺陷。

③ 开水器内、外胆材质厚度应不小于1.2 mm，内胆采用不锈钢（或不低于其性能的材质）制造，焊缝平直、均匀、整齐、牢靠，无虚焊、缺焊、焊穿等缺陷。

④ 与饮用水接触的材料、涂层等均应符合国家卫生标准。

⑤ 开水器主要零部件应按相应的检验规则检验合格后方可使用。

⑥ 开水器应能承受45 kPa水压试验，各处不应渗漏现象。

⑦ 在TB/T3058—2002规定的1类A级的振动条件下，开水器应能正常工作。

⑧ 开水器工作时，旅客所能触及的开水器外壳的表面最高温度应不大于60℃。

⑨ 开水器使用的紧固件或高速件，应采用锁紧措施，以保证在正常使用条件下不会松动。

⑩ 开水器与外部相连管座为R_C 1/2。

⑪ 开水器内胆及电加热元件表面应做防垢处理或采用其他有效防垢措施。

⑫ 开水器尽可能采用一体式结构。当必须采用分体式时，其控制箱相应的隔热、防水、防潮功能并达到绝缘要求。

4）结构设计要求

① 开水器采用沸腾翻水式原理，以保证能连续提供符合卫生标准的饮用开水。

② 电阻加热器与电磁加热器均应采用不锈钢材质，正常使用寿命电阻加热器不少于6 000 h，电磁加热器不少于9 000 h。

③ 开水器应采用性能可靠的自动进水系统，并能保证封水性能良好。

④ 开水器应设置缺水自动报警保护装置。当加热腔内水位低于控制水位时，缺水自

动报警保护装置自动报警并切断加热电源。

⑤ 开水器应设置防干烧保护装置。当加热腔内温度达到130℃时，防干烧保护装置应在3 s内切断加热电源，并不自动恢复。

⑥ 开水器的电路及电器件应有短路、过载保护措施。

⑦ 开水器进水管路中应设置水过滤装置。

⑧ 开水器应设置储水腔满水自动断电保护装置。

5）电气安全要求

① 开水器的壳体应设置接地端子，并有接地标志。接地用铜导线的最小截面积为4 mm^2。应采用不锈钢材质、不小于M5的接地螺栓。

② 在正常工作状态下，开水器泄漏电流不大于0.5 mA/kW。

③ 交流电源开水器应有漏电保护装置，漏电保护动作值不大于30 mA，动作时间不大于1 s。

8.1.2 开水器试验方法

1）水压试验

向开水器内注水至规定水位，在45 kPa水压下保持12 h，观察各处泄漏情况。

2）振动试验

开水器在工作状态下，按照TB/T 3058—2002的1类A级规定进行。

3）封水性能试验

当开水器加热腔内水位至规定水位时，自动进水系统应能自动截断水路，停止注水。

4）缺水自动报警保护试验

使加热腔内水位低于控制水位时，缺水自动报警保护装置应自动报警并切断加热电源。

5）防干烧保护试验

使开水器缺水并使缺水自动报警保护功能失效，当加热腔内温度达到130℃时，检验防干烧保护装置是否在3 s内动作、自动切断加热电源，并不可恢复。

6）储水腔满水自动断电保护试验

使储水腔内开水达到满水水位，观察是否自动断加热电源。

7）产开水量试验

向开水器加热腔内注水（冷水温度18℃时）至规定水位时通电，从开水器第一次沸腾翻水时开始计时，开水器连续工作1 h，测量开水器产开水量。

8）降温速率试验

当开水器储水腔处于满水状态时，切断电源，停止加热，并同时测量储水温。以后每隔0.5 h测量一次，共测量6次（室温15℃ ~20℃），计算降温速率。

9）电压波动试验

当调压器使电源电压在规定的电压范围内变化时，加热器应能正常工作。

10）漏电保护试验

模拟漏电工况，检查漏电保护装置动作是正常。

11）泄漏电流试验

交流电源开水器正常工作时，按图 8－1 测量电源线与开水器壳体之间的泄漏电流。

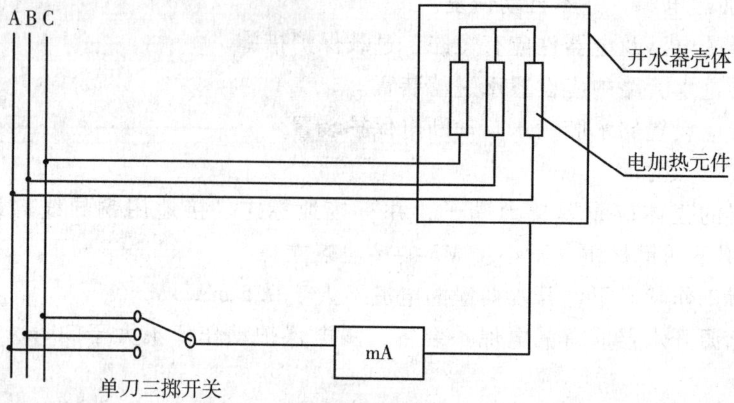

图 8－1　开水器泄漏电流测量电路

12）绝缘电阻值的测定

用 500 V 兆欧表测量热水器电路的绝缘电阻，主电路的绝缘电阻用 1 000 V 兆欧表测量。

首先将规定的兆欧表接到开水顺上（或电加热元件）的带电和非带电部分之间，然后以 120 r/min 的速度摇动兆欧表，1 min 后，读取绝缘电阻值。

冷态绝缘电阻值在非工作状态下测量；热态绝缘电阻值在断电后 30 s 内测量；湿热态绝缘电阻值按 GB/T 2423.4—1993 的规定进行湿热试验后测量。

开水器整机绝缘电阻值应达到：

冷态：≥5MΩ；热态：≥2MΩ。

开水器电加热元件绝缘电阻值应达到：

冷态：≥200MΩ；热态：≥20MΩ；湿热态：≥2MΩ。

13）介电强度试验

在开水器的带电部件与非带电金属壳之间施加电压，开始测试时，施加电压不应大于额定电压的一半，然后逐渐升到在 50 Hz、2 500 V 状态下，历时 1 min 应无击穿、闪络现象。

14）表面温度试验

用半导体点温计测量开水器可触及表面的温度，表面最高温度应不大于 60℃。

8.1.3　典型动车组电开水器

1. CRH_2 型动车组饮水机主要技术参数

- 主电路额定电压：AC 400 V ± 40 V；
- 额定功率：4.5 kW；
- 热水水温：≥95℃；
- 进水压力：100 kPa；
- 热水箱储水量：≥17 L；

• 热水箱产水量：≥40 L/h（进水水温为 18℃时）。

2. CRH_2 型动车组冷热饮水机工作原理

1）工作原理

饮水机的结构与工作原理图如图 8－2 所示。饮水机采用沸腾翻水式原理，设有保温装置，以保证能连续提供符合卫生标准的饮用热水，并且使生、热水分开，保证乘客饮用水的安全。

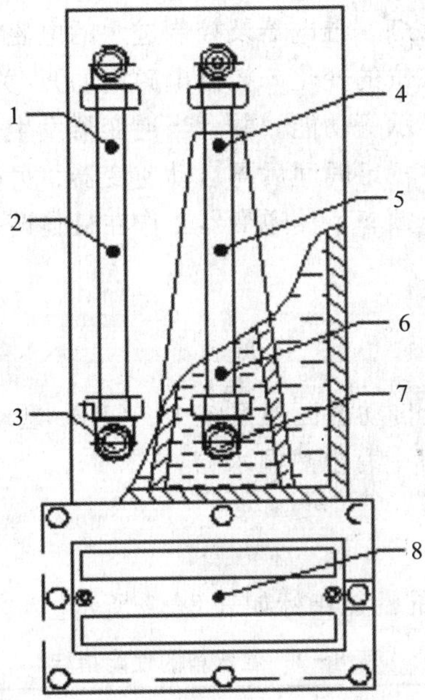

图 8－2　饮水机结构与工作原理图

1—贮水箱上限水位；2—贮水箱中水位；3—贮水箱水位检测管；4—产水箱上限水位；5—产水箱中水位；6—产水箱下限水位；7—产水箱水位检测管；8—加热器

① 补水电磁阀通电后，冷水经电气箱冷却管注入水箱中的烧水箱，当水位到达产水箱上限水位时补水电磁阀关闭，停止补水并开始加热。

② 水沸腾后从翻水膨胀筒上端跃出，进入贮水箱，使烧水箱水位下降，当降至产水箱的中水位时补水电磁阀打开补水，至上限水位时停止补水。

③ 当贮水箱内热水水位升至上限水位时，停止加热，自动进入保温状态。

④ 当取用热水使贮水箱内开水水位降至下限水位时，再次开始加热，如此即可连续不断地供应热水。

2）特点

① 饮水机采用的自动补水系统，性能可靠，并能具备良好的密封性能，设置有缺水自动报警保护装置和防干烧保护装置。当加热腔内温度达到 130℃时，防干烧保护装置可在 3 s 内切断加热电源，并不可自动恢复。

② 采用电磁感应加热模式，其感应加热线圈不与水接触，不会因电加热元件老化而导致泄漏电流过大，引起三相大功率变流器保护停止工作。

③ 采用水电隔离的非接触水位检测技术可以解决水垢对水位传感器长期使用的影响。

3）电气控制

① 主回路主要由漏电保护器、整流电路、逆变器和感应线圈等部件组成，AC 400 V 电源经漏电保护器进入电控箱，经过三相整流模块得到 DC 500 V 左右的直流电，由功率模块组成的全桥逆变器把直流电转变成 25 kHz 左右的高频交流电，供给感应线圈，在产水箱腔体中产生涡流并使之发热将水烧开。

② 控制电路主要由 8 位单片微处理器及外围数字电路、脉冲驱动电路、水位传感器、温度传感器、稳压电源、指示灯、继电器及控制进水的电磁阀等部件组成，在微处理器的程序作用下，能根据产水箱水位的变化，控制电磁阀的开/关，逆变器的启/停，进行断水保护、缺水自动补水、水位显示等功能。并且当逆变器发生过流、过热等异常情况时自动保护停机，等恢复正常且延时一定时间后再启动逆变器，另外微处理器能根据逆变器输出的电流电压相位信号调整工作频率，使逆变器工作在最佳谐振状态。

8.2 电热温水箱

电热温水箱一般安置在全自动洗面器系统中，CRH_2 型动车组在 T1c、M1、M1k 车内洗脸间和 M1s 车内的多功能室中有电热温水箱。

8.2.1 技术参数

CRH_2 型动车组中温水箱的性能指标如表 8-2 所示。

表 8-2 温水箱的性能指标

型号	REWS 12A1B1T2（一般用）REWS 12A1B1T3（残疾人用）
重量	约 22 kg（水满时）
电源电压	AC 100 V（+23% ~ -18%），50 Hz
额定功率	1 100 W ±55 V
耐振动条件	JIS E 4031 标准
环境条件	环境温度：0℃ ~ +40℃ 环境湿度：90% RH 以下 冷水水温：0℃ ~ +40℃
供水压力	最低水压：0.1 MPa 最高水压：0.6 MPa
供水管路	G 1/2
出水管路	排水：G 1/2 输出水：ϕ9.5 铜管
水箱容积	11.7×（1±3%）L
上水方式	通过减压阀进入水箱
出水温度	45℃（能够设定为 30℃ ~75℃）
加热器	带屏蔽的加热器
安全保护装置	温度过高自动断电
温度调节装置	液体膨胀式恒温箱

8.2.2　结构组成

CRH_2 型动车组温水箱由不锈钢制水箱、保温材料及钢制外套构成。如图 8-3 所示，在水箱内部安装加热器，并且在内部设置减压阀、溢流阀。来自水箱的冷水经过减压阀进入温水箱，加热后的热水经溢流阀和连接管进入多功能洗面器的冷热混合电磁阀。

当接通温水箱工作电源时，电加热器开始工作，加热到设定温度时自动停止。温水箱具有防止水沸腾和异常温度上升的自动保护结构。

用水时在水泵供水压力作用下，输出热水与冷水混合后送至多功能洗面器的自动出水口。

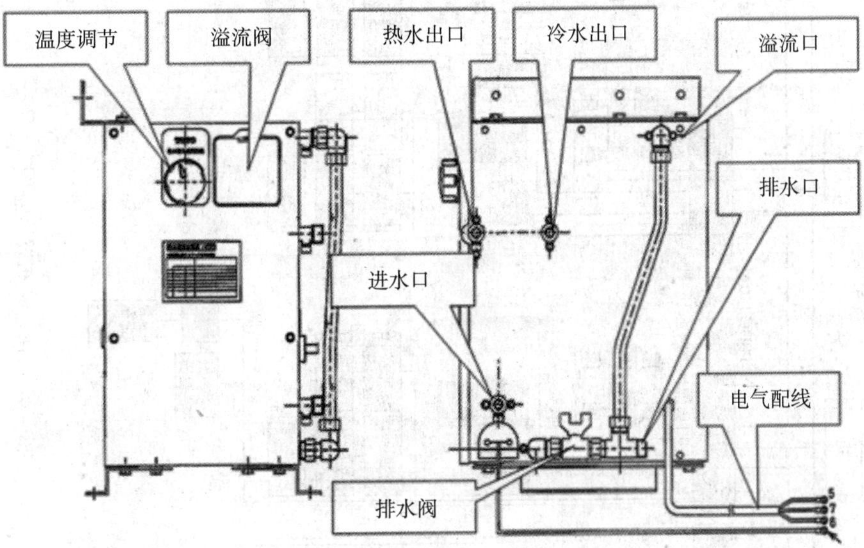

图 8-3　温水箱结构图

8.3　动车组广播系统

8.3.1　CRH_1 型动车组广播系统

1. 广播系统的主要任务与布置

广播系统的主要任务是向乘客显示与旅行相关的广播信息、负责乘务人员和乘客间的语音通信。该系统在乘客区域内，具有电子信息显示，并与通过扩音器的数字公告通知相结合。广播系统布置示意图如图 8-4 所示。

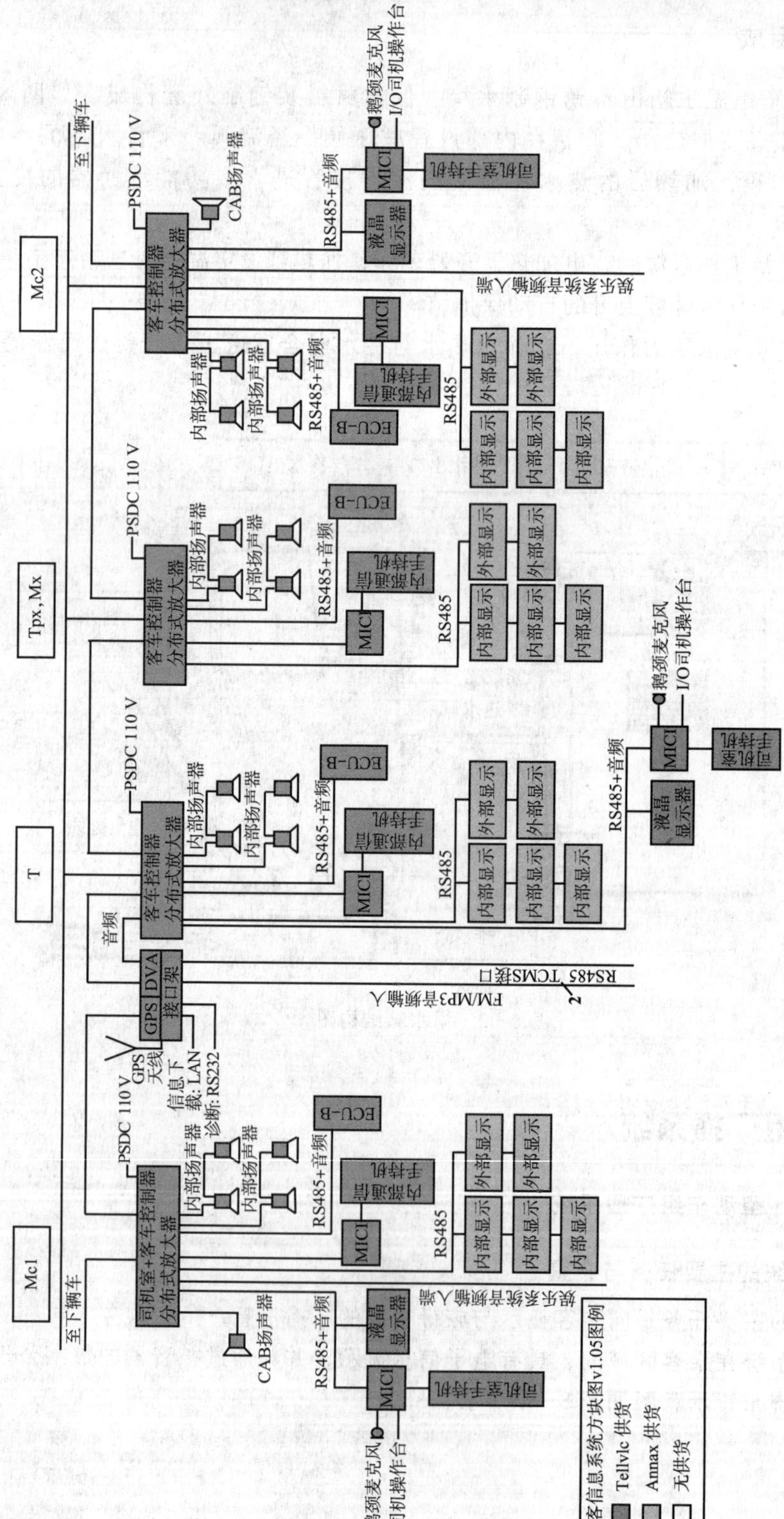

图8－4 广播系统布置示意图

广播系统中字母的定义如下。

IR：接口架，包括 DVA 和 GPS 接收器。

CC：客车控制器，包括放大器。

DVA：数字扩音器。

PECU/B：带有制动杆的乘客应急通信单元。

ID：内部显示。

HS 手提步话机。

GNM：鹅颈管麦克风。

CIB/C 通信接口箱—司机室/乘务员舱。

CIB/V 通信接口箱—走廊。

MITRAC：CRH_1 内部通信协议。

LS：扬声器。

LR：行李架。

FL：功能表。

VT：走廊。

TCMS：列车电脑管理系统。

GPS：全球定位系统。

ES：娱乐系统。

2. 主要组件以及功能

客车控制器	1 个/车厢单元
接口架	1 个/动车组
数字扩音器	1 个/动车组
手提步话机、手提步话机座—司机室	2 个/动车组
鹅颈管麦克风—司机室	2 个/动车组
扬声器—司机室	2 个/动车组
手提步话机、手提步话机座—乘务员室	1 个/乘务员室
扬声器—乘务员室	1 个/乘务员室
鹅颈管麦克风—乘务员室	1 个/乘务员室
乘务员/司机室显示单元，CDU	1 个/乘务员室
手提步话机、走廊	1 个/车厢单元
CIB/走廊	1 个/手提步话机
司机室—乘务员室	1 个/手提步话机
走廊扬声器	2 个/走廊
厕所扬声器	1 个/厕所
行李架扬声器	1 个/行李架
功能表扬声器	1 个/功能表
GPS-导航设备，接收器	1 个/动车组

1）客车控制器功能

管理红外线通信、管理至显示的通信、管理至通信接口箱（CIB）的通信、管理至应急通信单元（PECU/B）的通信、管理至显示单元（CDU）的通信、管理至扬声器的通信、管理至内部信息网络的通信、管理至娱乐系统（ES）的通信。

2）接口架功能

接口架管理与客车控制器（CC）的通信、管理至数字扩音器（DVA）的通信、管理至 GPS 天线的通信、管理至 TCMS 的通信、管理至娱乐系统（ES）的通信。

3）数字扩音器

执行所有自动播音公告。

4）手提步话机

使列车人员能够进行公告、对讲。

5）鹅颈管麦克风

使乘务人员能够进行公告以及相互之间的通信。

6）扬声器

让乘客和乘务人员听到公告、来自娱乐系统的声音。

7）通信接口箱

管理与手提步话机（HS）的通信、管理至麦克风（GNM）的通信、管理至司机室/乘务员室内数字 1/0 按钮的通信。

8）娱乐设备

娱乐系统是一个安装于动车组内的分布式系统，其结构如图 8-5 所示。

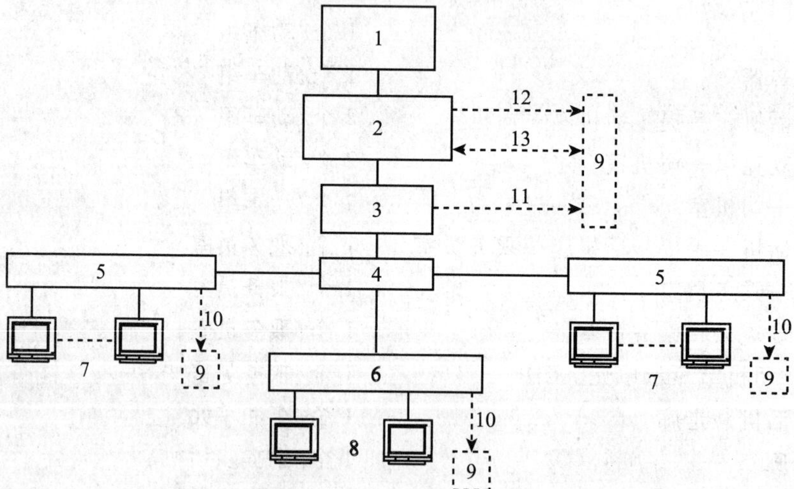

图 8-5　娱乐系统结构

1—多媒体娱乐控制单元；2—多媒体服务器；3—置顶盒带网络集线器；
4—调节器分组；5—Mc 车调节器；6—Tb 车调节器；7—监视器；8—监视器；
9—PIS 系统；10—视频和声频信号；11—MP3 声频信号；
12—FM 无线电信号；13—数据通信

9）车内信息系统（PIS）功能

动车组路径信息的创建和编辑是在单独的环境中实现的。在地面电脑上通过一个特殊的应用程序完成。

PIS 系统提供了在列车员和乘客之间进行通信的几种形式。

① 播音，列车员发布的口头信息。

② 列车员之间的内部通信。

③ 乘客紧急通信。

④ 通过数字声音自动播放的车站信息。

⑤ 通过内部和外部显示器自动显示的车站信息。

⑥ 通过内部和外部显示器显示的一般信息内容。

⑦ 娱乐播放的声频分配（带静音功能）。

此系统还有 GPS 定位功能。

10）娱乐系统（ES）功能

ES 和 PIS 系统可以共享几种信息。

① 从 PIS 到 ES 的路由数据

PIS 发出路由数据，ES 选择显示在每一个视频监视器上。显示的数据有：

- 自动车站信息；
- 播音内容和预设的信息。

② PIS 和 ES 之间的声道数据

ES 为 PIS 提供应将来自 ES 的声道与哪一个 PIS 车辆控制器相连的数据。

PIS 发送是否在每个 MC 车或餐车内有影像在播放的信息数据（如果没在放映影像，就会在 MC 车和 TB 车内播放 MP3 或 FM－无线电广播）。

③ 从 ES 到 PIS 的声频信号

ES 与 PIS 有个声频连接，可将来自每个声道如视频、MP3 或 FM－无线电等的声音传输到 PIS。

8.3.2　CRH_2 型动车组广播系统

CRH_2 型动车组的广播联络系统向乘客提供较为完善的广播信息服务，同时司机和乘务人员可以通过广播联络系统实现车内通信联络、列车广播等功能。广播联络系统具有一台自动广播装置（ADD）安装在 7 号车（M1s）的乘务员室内，由乘务员负责管理，用于列车广播，司机利用设置在两个司机室内的司机室控制放大器（CAMP1）和联络装置（INT），完成司乘人员通信联络、列车广播的动作。

广播联络系统从列车信息控制系统处接收播放所需要的信息，播放预先设定的车内广播。即使发生停车车站变更（车辆行驶晚点）等情况，由于从列车信息控制系统获得的信息会发生相应的修改，所以可以准确地播出内容。旅客信息的显示确认和外部声音的输出设定等都能在广播联络系统自动广播装置（AAD）的液晶显示器完成。在装置无异常状况，并且从外部通信接收到运行信息时，本装置会自动转移到自动运行。

1. 系统构成

CRH_2 型动车组广播联络系统的设备主要有：自动广播装置（AAD）、司机室控制放大器（CAMP1）、联络装置（INT）、乘务员室控制放大器（CAMP2）、配电盘控制放大器（CAMP3）、输出放大器（PAMP）、车内扬声器（SP）、通过台扬声器（SPD）、监视器扬声器（MSP）、司机室监视器扬声器（MSP）、乘务员室车门扬声器（DOSP）、车门音响装置、控制器、呼叫显示盘等。广播联络系统的设备构成表如表 8-3 所示。

表 8-3 广播联络系统的设备构成表

装置	T1c	M2	M1	T2	T1k	M2	M1s	T2c	合计
自动广播装置 AAD	0	0	0	0	0	0	1	0	1
联络装置 INT	2	0	0	0	0	0	0	2	4
（司机室）控制放大器 CAMP1	1	0	0	0	0	0	0	1	2
（乘务员室）控制放大器 CAMP2	0	0	0	0	1	0	2	0	3
（配电盘）控制放大器 CAMP3	0	1	0	1	0	1	0	0	3
输出放大器 PAMP	1	1	0	1	0	1	0	1	5
车内扬声器 SP	6	9	8	9	9	9	7	6	63
通过台扬声器 SPD	3	2	3	2	4	2	3	2	19
监视器扬声器 MSP（司机席）	1	0	0	0	0	0	0	1	2
监视器扬声器 MSP（乘务员室）	0	0	0	0	1	0	2	0	3
车门扬声器 DOSP	4	4	4	4	4	4	2	4	30
车门音响装置	1	1	1	1	1	1	1	1	8
车辆广播控制器	1	0	0	0	0	0	0	0	1
呼叫显示盘	1				1		2	2	5

2. 系统功能

广播联络系统启动时首先从列车信息控制系统接收广播所需要的信息，然后根据这些信息进行准确的广播。广播所需要的信息是指里程信息、停车站信息、联挂条件等。如果行车线路数据发生了变化，可以通过更换 CF（Compact Flash）存储卡的方式解决。更换 CF 卡时，行车线路变更的处理可由自动广播装置进行。自动广播装置与列车信息控制系统之间信息传输采用 20 mA 电流环方式。自动广播装置的显示屏为触摸式。

CRH_2 型动车组的广播联络系统具有如下功能。

① 通过控制放大器上的电话机可以为乘客进行广播介绍等。另外，两列动车组连挂时，通过配置列车信息控制系统，可以按动车组编组单位播放不同的广播信息。

② 自动广播装置启动时首先从列车信息控制系统接收广播所需要的信息，然后根据这些信息进行准确的广播。即使发生停车车站变更（车辆行驶晚点）等情况，由于从列车信息控制系统获得的信息会发生相应的修改，所以可以准确地播出内容。

③ 自动广播装置可以从无线收音装置接收 2 路 AM 和 2 路 FM 音频信号。

④ 广播联络系统在联络状态时具有单独联络和全体联络功能。

⑤ 在列车两端的司机室内有联络装置可以进行专线相互联络。

⑥ 广播联络系统具有音量自动控制（ALC）功能，可以根据周围环境自动控制广播音量的大小。司机室控制放大器（CAMP1）及乘务员室控制放大器（CAMP2）中内置用于噪音检测的传感器话筒，并设有自动控制音量电路，可以根据周围的噪音状况进行广播（使用可变范围为 6 dB）。

⑦ 在车门开关的时候，车门音响装置处的蜂鸣器会发出鸣叫声提醒乘客注意。

⑧ 广播联络系统的先后顺序为：人工广播、自动广播、无线收音广播。

3. 主要设备

1）司机室控制放大器（CAMP1）和联络装置（INT）

在广播联络系统中共有两台 CAMP1 和 4 台 INT，分别安装在列车头尾的司机室内。每个 CAMP1 连接两台 INT 设备。CAMP1 为在司机室内工作的司机提供包括全体呼叫、单独呼叫、全体广播和自动噪声控制等通信和广播功能，INT 仅用于列车两端的司机室内的通信联络。

2）乘务员控制放大器（CAMP2）

乘务员控制放大器在整套系统中共有 3 台，其中有一台安装在小卖部，两台安装在列车的乘务员室内，并与自动广播装置相连。为乘务员提供全体呼叫、单独呼叫、全体广播和自动噪声控制等通信和广播功能。

3）配电盘控制放大器（CAMP3）

配电盘控制放大器在整套系统中共有 3 台，安装在列车的配电室内。为在配电室内工作的人员提供全体呼叫和全体广播的功能。

4）自动广播装置（AAD）

自动广播装置在整套系统中只有一台，安装在列车的乘务员室内。自动广播装置，从列车信息控制系统获取广播所需的必要信息，如公里里程距离信息、停车站信息及联挂条件等。自动广播装置还可以自动地向乘客提供音乐的播放及向导信息播放。由于自动广播装置能够从列车信息控制系统得到及时更新的信息，即使发生停车站变更（车辆行驶晚点），自动广播装置也会根据变更信息的内容进行自动广播。如果行车线路数据发生了变化，可以对应变更 CF 卡，从而保证列车广播装置能播放正确的内容。

5）车门音响装置

车门音响装置是通过设置在通过台处的扬声器播放语音信号，告知旅客车辆侧拉门开闭状态的装置。在每辆车上各安装一台，全车共计 8 台设备。车门音响装置使用不同声音来提醒乘客车门开关状态。当一侧车门开启时，装置接到信号会控制车门喇叭发出“声音 1”持续 4 s 时间，当此车门关闭时，装置接到信号会控制车门喇叭发出“声音 2”持续6 s时间，当开启另一侧车门时，与上述相同。车门音响装置、车门扬声器及控制继电器盘等设备之间连接示意图如图 8－6 所示。

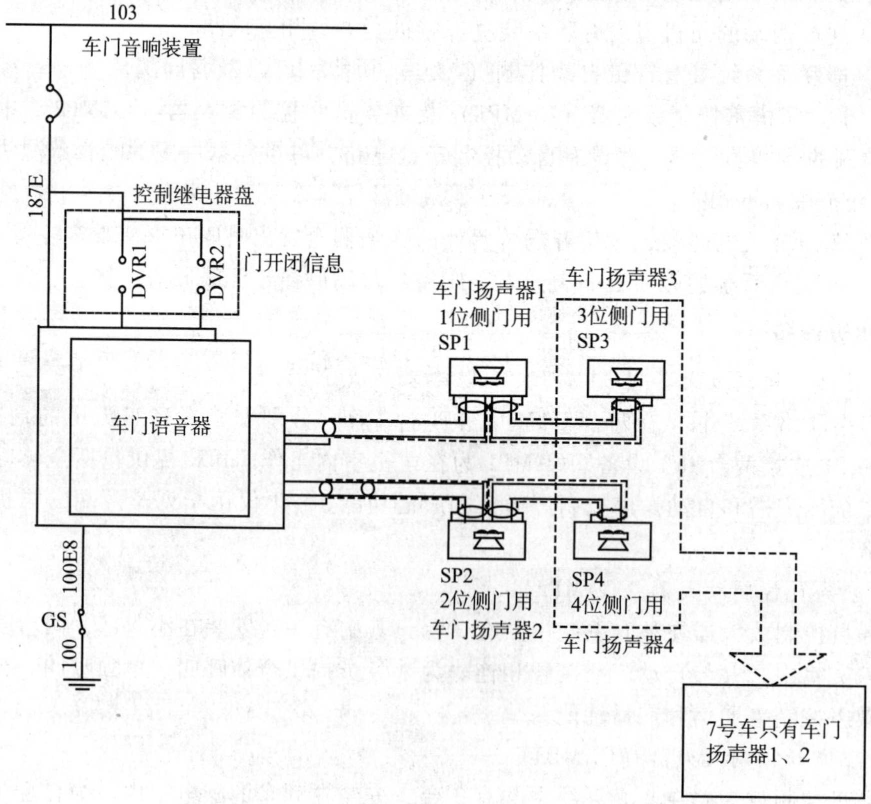

图 8-6　车门音响装置与其他设备之间连接

6）输出放大器（PAMP）

输出放大器用于将系统音频信号进行信号放大和功率放大并输出给各扬声器进行广播，同时提供控制接口，可以和列车信息中央装置相连，由列车信息中央装置通过输出放大器对扬声器输出进行控制、开启或关闭。

7）车辆广播控制器（CONT）

车辆广播控制器的功能是当两列车联挂的时候，两列车通信所用。

车辆广播控制器和列车信息中央装置相连，提供广播的状态检测并传送到列车信息中央装置，在两列联挂时，由列车信息中央装置进行联挂后的控制。

8）车内扬声器/通过台扬声器（SP）

车内扬声器/通过台扬声器安装在列车内和通过台的位置上，主要功能是接收 PAMP 发出的声音信号并输出广播给乘客。车内扬声器为灰色，通过台扬声器为白色。

9）监视器扬声器（MSP）

监视器扬声器安装在司机室、乘务员室和小卖部中，司机室内安装的为灰色，乘务员及小卖部内安装的为近白色，主要功能是接收系统音频信号并输出广播给乘务人员，并有音量调节旋钮可手动调节扬声器音量的大小。当监视器扬声器所在的车进行广播的时候，此扬声器不发出声音。

10）车门扬声器（DSP）

车门扬声器安装在车门口，接收车门音响装置发出的音频信号，输出声音提醒乘客车门的开关状态。

4. 系统信息输入接口

1）广播联络系统与列车信息控制系统接口连接方式（如图 8－7 所示）。

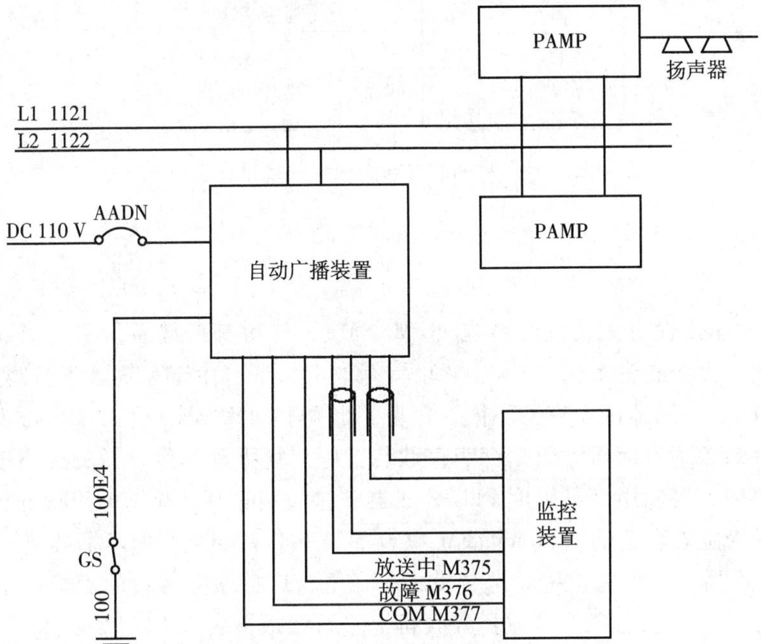

图 8－7　列车信息控制系统与广播联络系统的接口连接方式示意图

传输规格为：

传输线路，双绞屏蔽线；

通信方式，4 线式、半双工；

通信速度，9 600 bps；

线路电压，DC 24 V ±1. 2 V。

2）广播联络系统与无线收音系统的接口

广播联络系统与无线收音系统的接口如图 8－8 所示。乘务人员可以选择频道，通过自动广播装置向客室旅客进行广播。

5. 系统动作原则

1）广播的优先顺序

广播联络系统的先后顺序为：人工广播、自动广播、无线收音广播。人工广播由乘务人员通过车内广播设备人工实施，自动广播由自动广播装置自动实施，无线收音广播由自动广播装置接收无线收音系统的音频信号自动实施。

2）广播系统的报站时间

当自动运行时列车出站后 10 s 开始报出站广播，当离到站距离小于 5 km 时报到站广

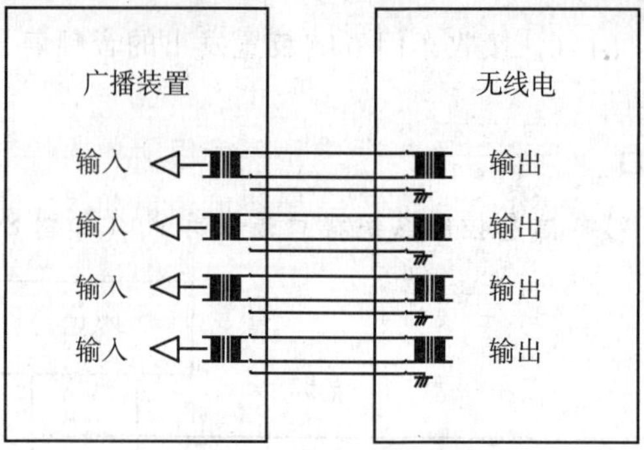

图 8-8　广播装置与无线电的接口示意图

播，其他时间为无线电 1 ~4 路及备用输入的广播。

6. 无线收音系统

CRH_2 型动车组设有无线收音系统（FM/AM），使得其广播系统具有 AM/FM 收音机收听服务功能。无线收音系统（FM/AM）具有如下特征：由于车辆处于长距离运行之中，AM/FM 电台的频率因地区而有所不同。需要不断调整 AM/FM 电台，CRH_2 型动车组将沿线的广播电台的频率事前作为数据存于存贮装置中。根据动车组发送的距离信息，从存贮装置中选择频率，再使用高灵敏度 PLL 合成器，接收机选择 AM/FM 接收电台。通过参照距离信息，尽管随着车辆的运行 AM/FM 电台的频率会有变化，但不需要再次调谐就能够收听 AM/FM 广播。也可以按手动选台模式，在电台广播服务装置的面板的键上直接设定频率。选台后，高灵敏度 PLL 合成器接收机上进行播放 AM/FM 广播。

接收频道最多 4 个台、进行如下分配。

频道—1：AM 自动选台。

频道—2：AM 手动选台。

频道—3：FM 自动选台。

频道—4：FM 手动选台。

接收频道分别为：

FM 频段：87. 50 ~108 MHz

AM 频段：530 ~ 1 620 kHz

1）系统构成

无线收音系统由安装在乘务员室的无线收音主机和安装在车辆顶部的接收天线组成。用于接收 AM 及 FM 电台信号并转为音频信号传输给自动广播装置。无线收音系统有两种工作方式：手动方式和自动方式。每种方式可以分别接收 1 路 FM 和 1 路 AM 信号，并同时传送给自动广播装置。无线收音系统的工作原理如图 8 - 9 所示。

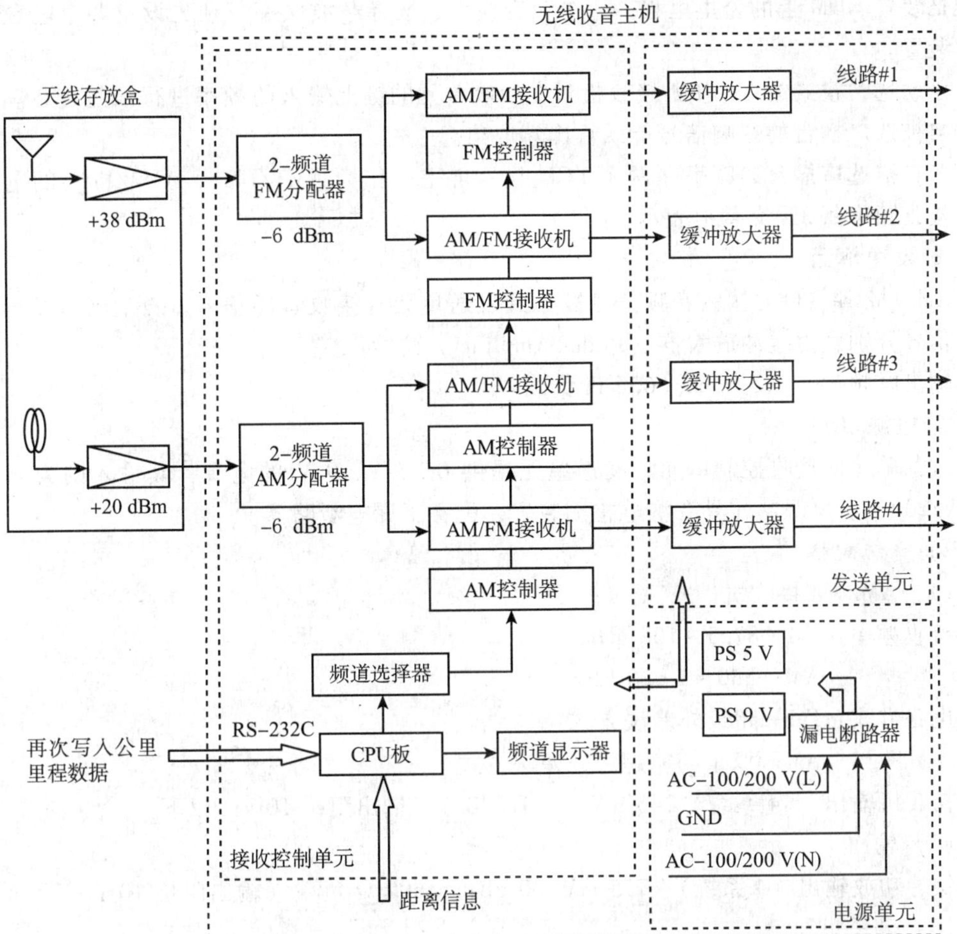

图 8－9　无线收音系统工作原理图

(1) 天线存放盒

天线存放盒是安装在 7 号车的天花板内，用于接收外部 AM/FM 电台的电波。

天线存放盒由 AM 用环形天线、AM 平衡/不平衡变换器、AM Booster、AM DC 电压/信号分离电路、半波长变形 FM 天线、FM 阻抗变换器（BALUN）、FM Booster、FM DC 电压/信号分离电路所构成。供给电源为 AM：5 V、10 mA 以下；FM：5 V、100 mA以下。AM Booster 的增益为 20 dBm，FM Booster 的增益为 38 dBm。

(2) 无线收音主机

无线收音主机从结构上可分为信号接收控制单元、发送单元、电源单元等三个组成部分。各单元的功能为以下几方面。

① 信号接收控制单元

被放大的信号通过 AM/FM 二分配器，受到－6 dBm 的衰减，被分配为 AM/FM 各两个信号。被分配的两个信号被送到 AM/FM 各二台的 AM/FM 电台信号接收机中。

自动选台模式的 AM/FM 信号接收机根据 HDLC 格式的公里里程信息，按照预先刻录在记忆装置 ROM 上的公里里程——电台变换表、选择载波频率，预先设定各个电台信号接收装置。

手动选台模式的 AM/FM 接收机对在接收单元的键上输入的频率进行预先设定。其结果各自被选广播台的音响信号能从输出端取出。

各自被选广播台的频率在两个 LCD 显示屏上，作为 AM1/FM1，AM2/FM2 的电台信号，接收频率每 3 s 交替地表示。

② 发送单元

AM/FM 各二台的接收音频信号被送到发送单元。接收音频信号、再生音频信号的 4 系统信号分别经由缓冲放大器（Buffer Amplifier）输出。

输出电频为 0.775 Vrms（600 Ω 负载）。

③ 电源单元

电源单元向接收控制单元、发送单元提供 DC 5 V、9 V 的电源，其输入则为通用的 100 V/200 V。电源单元具有漏电检测装置，配备了漏电断路器。

2）系统规格

（1）AM/FM 接收机

接收频率：FM—87.5 ~ 108 MHz
AM—530 ~ 1 620 kHz

电路方式：FM—超级外差法方式
AM—双重切换超级外差法方式

接收机输出：（4 系统）245 mV（ – 10 dBs）（输出阻抗 10 kΩ 以下）

（2）输出

缓冲功放输出（4 系统）：775 mV（0 dBs），600 Ω 负载（输出阻抗 10 Ω 以下）

（3）公里里程

① 公里里程信息改写

公里里程频率信息可以安装在客户端 PC 上。

输入接口：RS232C DSUB9（MALE）PIN 配置（DOS/V 互换）
对于没有 RS232C 输出的 PC 变换 USB - RS232C

软件：公里里程信息 INSTALER（CSV FORMAT DATA）

② 距离信息标准规格

通信方式：2 线式，单方向

通信速度：4 800 bps

线路电流：标记（“1”）27 ~ 33 mA
空闲（“0”）0 ~ 2 mA

线路电压：24 V

传送操作顺序：按照 HDLC

检测出错误：CRC - CCITT

格式化：　开始标志（flag）　7EH
ADDRESS　70H

	控制标志（flag）	11H
	正文（text）	18 byte
	CRC	2 byte
	完成标志（flag）	7EH
注（正文）	时刻	3 byte
	线路区间编码	1 byte（0～255）
	公里里程	4 byte
	预备	10 byte

（4）系统构成

天线存放盒：1 台，7 kg；5 V，110 mA 以下

无线收音主机：1 台，25 kg；AC 100 V/200 V，100 V · A

8.3.3　CRH_3 型动车组广播系统

CRH_3 型动车组的广播及内部电话用于司机和乘务人员或乘客之间的语音通信。司机室内部通信站不仅可以实现对全列广播、可选车厢的广播，实现各通信站的拨号（在单动车组或重联动车组都可实现）；而且在车辆控制器（CCT）故障时，还可以实现司机室与各车厢之间的内部相互通信。具有音量的设置功能，操作人员可以在列车乘务区借助于系统总控单元（STC）的服务端口设置广播的基础音量。各车厢广播声音的设置可以根据列车的运行速度自动调整，整列车的音量设置和可选的广播保持不受背景音乐音量设置的影响。

广播和内部通信系统包括安装在各处的电话听筒和音频控制单元，电话音频信号和控制信息通过音频控制单元连接至 UIC568 与 RS485 总线。各车厢电话通过两对（4 芯）线路连接，其中一对用于拨号和通话。RS485 上的通信信息主要用于实现列车广播的切换。

广播和内部通信的基本功能在每个单动车组内都是可用的。重联的动车组中，每个动车组和整列车的基本功能也同样可用。

各车厢内部通信站通过拨号键实现对全列广播、可选车厢的广播。实现各通信站的拨号，在单动车组或重联动车组都可实现。但此功能仅在连接了 CCT 的情况下可用，一旦车辆控制器（CCT）因故障失效，此功能将不可用。

每节车厢的内部通信子系统都包含有一个内部通信站和防火箱及连着扬声器的 CCT，CCT 与防火箱都安装在 PIS 柜中，各个车的防火箱都连在 UIC 总线上，扬声器安装在行李架上。内部通信站、防火箱外形分别如图 8－10、图 8－11 所示。

列车内部电话如图 8－12 所示，具体包括：

- 配备通话按钮的听筒；
- 配备锁扣装置（将听筒锁到托架上）的托架；
- 挂钩开关（托架上由听筒上的一块磁铁触发的一个红色开关）；
- 配备有操作键和指示灯的防尘键盘。

图 8-10　内部通信站

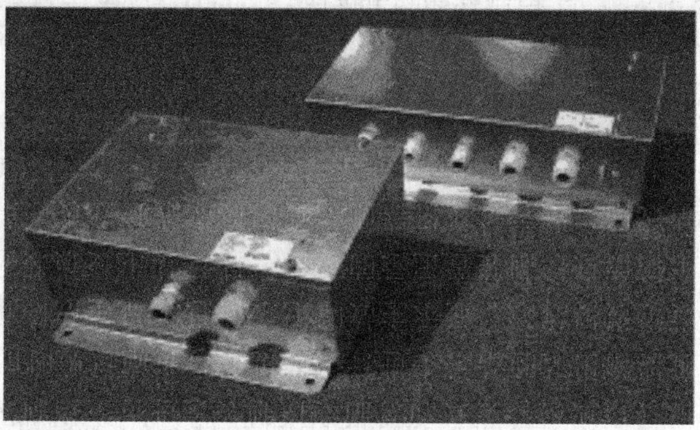

图 8-11　防火箱

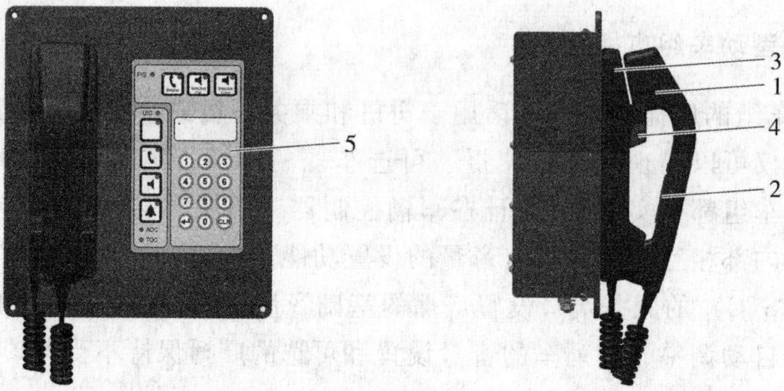

图 8-12　列车内部电话

1—听筒；2—通话按钮；3—托架；4—挂钩开关；5—防尘键盘

列车内部电话的操作步骤如下：

- 摘下话筒；
- 按下功能按钮或数字键实现特定功能；
- 等待直到连接被接通；
- 按按钮开始说话；
- 通话结束后挂起话筒。

8.3.4　CRH_5 型动车组广播系统

1. 广播设备

1）扬声器网络

扬声器设置在包间、通道、卫生间、乘务员室和司机室中。单车扬声器总功率为 30 W，根据车厢功能不同，该数值可有变动。扬声器的外形如图 8-13 所示。

2）音频播放

音频信号和控制信息连接至 UIC568 与 RS485 总线。旅客信息系统管理单元（PMU）能够自动根据位置信息播报预先录制好的报站信息（DVA），例如，下一站（在用户设定的距离下一站的某个位置处开始），当前站（由列车停车＋车门开启触发）。无报站信息时可播放 MP3 音乐、节目、风景介绍或当日整点新闻等，通过扬声器供各车厢乘客收听，有报站信息时背景音乐暂停，收音机节目中断。

PMU 播报到站信息前，应通过 RS485 切断音视频读出单元（AVRU）其他音频的输入，保证座位接收器中的各声道音频只是报站信息，并通过以太网（LAN）暂停所有音频的节目，DVA 结束后，继续前一段节目。

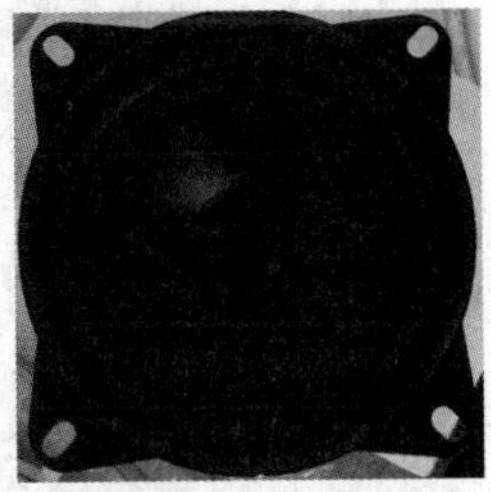

图 8－13　扬声器

PMU 与 AVRU 通过 LAN 相连。司乘人员临时广播可通过电话话筒实现。通过车厢音频放大和控制器（ACU/APU）切换到音频线路。乘务员进行本车广播时不影响全列语音通告。当一个乘务员发布全列通告时，其他车厢的全列播音功能必须锁定，其他乘务员不能再发布全列通告。此时能够通过话机上的 LED 来指示其锁定或占线状态，但司机广播优先。

3）车厢音频放大和控制器（ACU/APU）

APU 具有冗余的功放单元，分别输出至两路扬声器和乘务员监听扬声器，实现列车的音频放大。ACU 连接至 UIC568 总线、RS485 总线等，完成本车控制功能，并可控制与电话网络的连接。在乘务员广播通告前先播放提示音（如，叮咚声），应由 ACU 触发，司机室和列车长室的音量可手动调节。

4）收音机单元

FM 收音机单元，安装在音视频读出单元（AVRU）内，通过车外调频（FM）天线可接收 88～108 MHz 波段的 FM 立体声广播节目，数字调谐，左右声道音频输出。广播和收音机占用广播线，由 PMU 仲裁哪一个优先播放，经过各车厢的 APU 进行功率放大，通过扬声器播放。

2. 列车内部电话

内部电话用于司机和乘务人员之间的通信，包括安装在各处的电话听筒和音频控制单元（ACU），电话音频信号和控制信息通过 ACU 连接至 UIC568 与 RS485 总线。各车厢电话通过两对（4 芯）线路连接，其中一对用于拨号和通话，另一对用于优先级控制（DC 24 V 逻辑控制）。司机室的电话借助总线可与地面无线电连接。RS485 上的通信信息主要用于实现列车广播的切换。电话的外形图如图 8－14 所示。

话机设置“群呼”、“乘务员”、“拨号确认”、“司机室通话”（仅司机室电话有此键）、“全列播音”、“本车播音”、“重联”、“地面”和各“数字号码”（0～9）键，及“通话结束”键，在话筒上有“通话接通”键。

图 8－14　列车内部电话

① 群呼键（I）：用于所有电话响铃，直到有一个接通。用于司机和全体乘务员通话。

② 乘务员键（CT）：每车均有。用于组内所有乘务话机群呼，通话前在广播里播放一个提示音（或铃声），直到有一个人先拿起电话，并接通。

③ 重联键（CV）：用于重联列车之间通话，仅司机室有。

④ 单车键（IN）：与号码键组合使用，用于拨号后呼叫确认。拨号后需等待几秒，然

后按“通话接通”键。

⑤ 司机室通话键（IC）：仅用于司机室通话优先。

⑥ 地面键（R）：用于接地列车无线电话使用，仅司机室有。

⑦ 全列播音键（TA）：用于对全列乘客通告。

⑧ 本车播音键（C）：用于对本车乘客通告。

⑨ 通话结束键（END）：用于通话结束。

⑩ 通话接通键（ON）：在话筒上有通话接通键，用于开始通话，并保证独占线路，优先级除外。

8.4 旅客信息显示系统

动车组旅客信息系统是一个能够给旅客提供与旅行相关的语音及文字信息或音频和视频服务的系统，利用动车组通信网络实现信息的传输，通过内外显示器为旅客提供列车车次、车厢号、当前到站、前方到站、正晚点情况，当前时间、运行速度和临时停车等列车行车信息、车内外温度和由乘务人员编辑的其他信息，提供列车内部的广播、对讲、通信功能及给旅客的娱乐功能。包括车外及车内信息显示设备、车内标志、列车通话系统及列车广播和电视等娱乐显示设备等。下面首先以 CRH2 为例叙述典型动车组旅客信息显示系统的组成，然后，再分述其他各型动车组旅客信息显示系统。

8.4.1 CRH2 型动车组旅客信息显示系统

CRH2 旅客信息系统由列车信息控制系统的中央装置和终端装置控制，由车内信息显示装置（每车内端门门框上）、车厢号显示装置（每车外墙上）、目的地显示装置（每车外墙上）、自动广播装置和无线广播接收服务装置（7 号车）等设备构成。

1. 信息显示系统构成与配电盘信息显示

CRH2 型动车组信息显示系统分为司机信息显示、列车员信息显示和数据存储处理信息显示三个主要部分。图 8－15 为信息显示系统启动后的初始化显示页面；图 8－16 为进入信息显示分系统的选择页面。

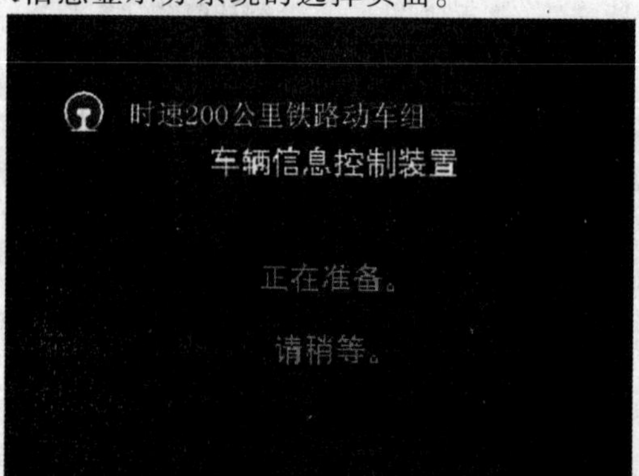

图 8－15 信息显示系统启动后的初始化显示页面

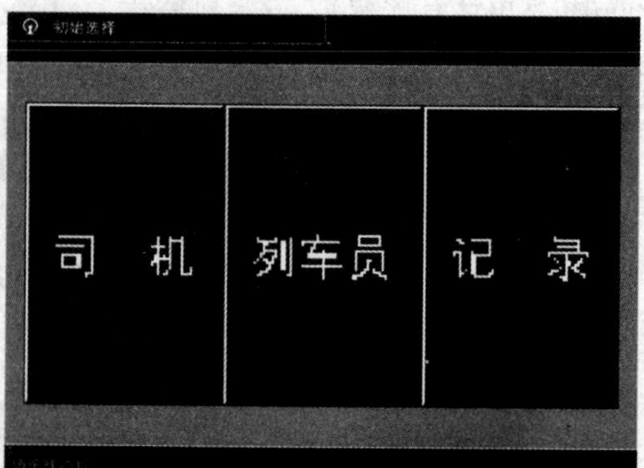

图 8－16 进入信息显示分系统的选择页面

图 8－17 为司机信息显示页面，从屏幕上可以看到行驶状态、车辆信息、故障一览、分合编组顺序、应急手册、出库信息、开放状态、刹车信息、主变换信息（各车厢）页面、累计电力、空转打滑、电源电压、供电分类、车门信息、光传输状态、配电盘信息、车次设定、监控设定、轴温开放、遥控开放和粘着开放按钮，点击可进入相应页面。图 8－18为车内配电盘的状态显示画面示例。

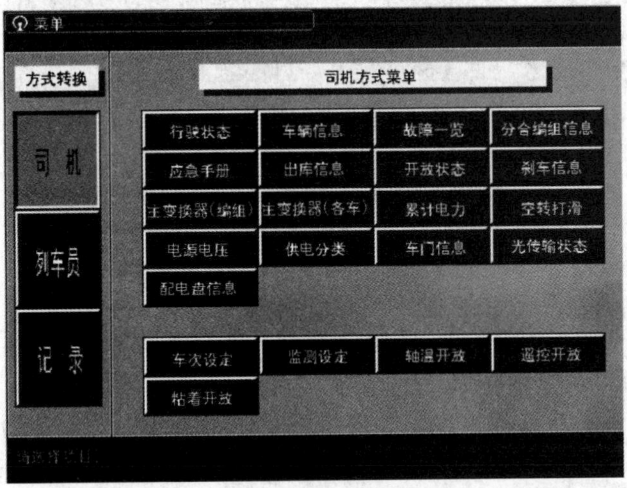

图 8－17　司机信息显示页面

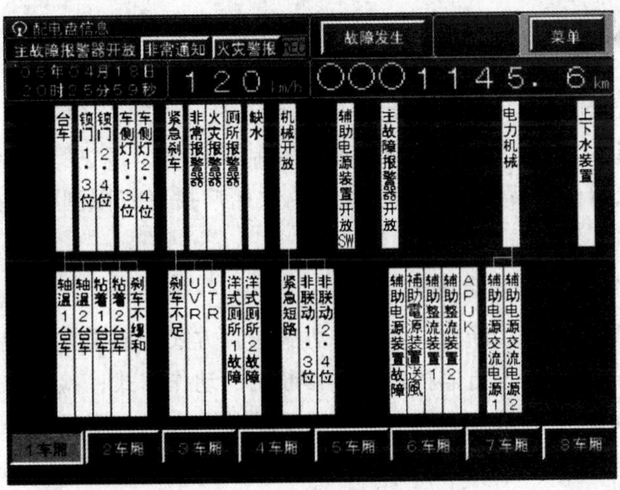

图 8－18　1 车厢配电盘信息显示

2. 列车员方式下的信息显示

图 8－19 为列车员方式下的信息显示，从屏幕上可以看到列车员信息、空调信息、车门信息、车次核对、故障一览、标准温度设定、紧急文设定、手动设定、附属设备控制和广告文显示等按钮，点击可进入相应页面。

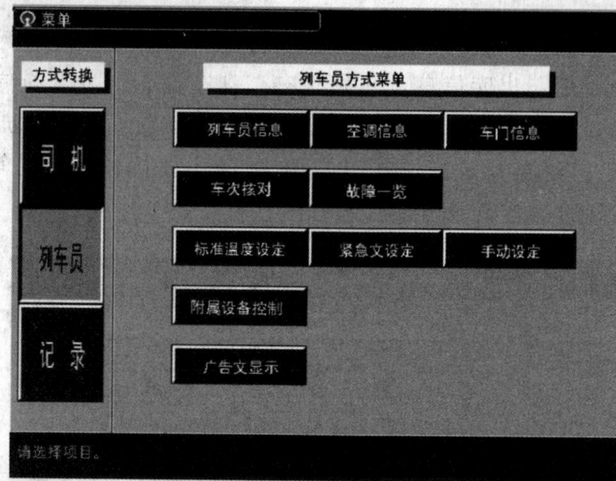

图 8-19 列车员方式菜单页面

乘务员信息画面显示编组、车门、火灾报警、紧急蜂鸣器、卫生间蜂鸣器、缺水、卫生间故障、小便间故障、广播、室内灯、车号信息、自动广播等的状态；空调信息画面显示总体、手动、运行模式、空调减半状态、制冷控制温度、制热控制温度、室内温度控制、空调运转率 1、2 等的状态；服务设备控制画面显示时，空调、广播、车内引导、室内灯、自动广播和关闭广播等形式的广播控制有效，如果切换到其他画面，则会自动返回到整体控制状态；广告文（PR 文）显示画面显示广告；新闻显示为新闻显示的控制输入和显示用画面；空调基准温度设定页面用于设定各车空调制冷和制热的基准温度；在紧急文字设定画面上输入的指定形式的紧急显示文字会传输至各乘客信息显示器上；手动设定页面可设定列车名、列车号、停靠站类型及车辆编号，用于向乘客信息显示器、目的地显示器、车号显示器设定显示内容；在附属设备控制页面中，可进行空调运转方式、广播、车内显示、室内灯、自动广播（列车联挂时）、关闭广播（仅限列车联挂时）的控制输入选择。

3. 监控器上运行及检修信息的显示

监控器具有通常方式、诊断方式和检修方式三种方式。通常方式指营运或收集试运行数据用的动作方式；诊断方式指监控器部自诊断用的动作方式；检修方式指车辆检修或是车上试验用的动作方式。通常方式为电源接通后的基本方式，可通过操作位于中央装置前面板的“方式切换开关”切换成其他各种方式，但“正向 IC 存贮卡输入信息或正从 IC 卡读取数据”、“正在实施车上试验”及“正在清除存贮的数据”等项目正在动作时，禁止方式切换。

1）通常方式

在通常方式下，可以进行的动作有：检知里程、显示车辆检修信息、输入列车车次号、由监控器输入修正信息、显示列车运行状态、显示安全设备动作状态、通过声音对乘务员进行支援、显示车辆异常时的应急手动、输出必要的信号支援手制动操作，并显示对限制速度的提醒、在判断限速区间时，将必要的里程信息传送至限速支援装置、向CTC传送图形数据、显示与其他形式编组时的分解合并状态、输入显示灯断开指令、显示车长信息显示画面、向车内显示器传送显示内容的指令、向列车到站名显示器传送信息内容、向对号坐席显示器传送内容显示指令、向坐席引导表示盘传送显示内容的指令、对空调器的控制、对室内灯的控制、控制各车厢广播的接通和切断、其他编组的广播控制、输出存放条件、对自动广播设备的控制、对无线电收音服务装置的控制、向主变换装置传送信息、向制动控制设备传送信息、向检查记录器传送信息、在故障信息画面上显示发生故障、故障内容及应急处理的要领和处置结果、显示走行距离、加速和再生制动电功率的累计、主故障发生时的状态记录、收集营运中列车或试运行中列车的车辆性能信息、收集营运中列车和试运行中列车空调运转率信息、收集营运中列车或试运行中列车项目选择信息、收集营运中列车或试运行中列车空调运转状况、显示指令通告信息、显示异常摇晃及记录车体振动的设定（只有一次车）、防止摇晃控制装置的状态显示、通过“列车无线信息终端装置”与车辆信息控制装置和新列车无线设备进行信息传输。

2）诊断模式

通过中央装置前面板上的模式切换开关，可进入到诊断模式显示画面，如图8－20所示。

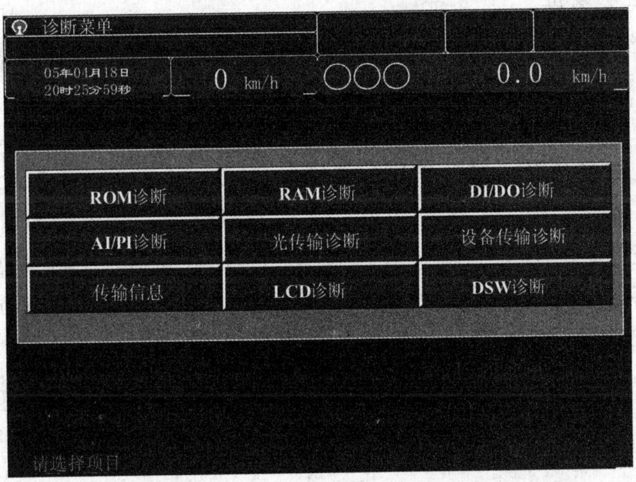

图8－20　诊断模式显示画面

3）维修方式

通过中央装置前面板上模式切换开关，可进入到图8－21所示的检修模式显示画面。

在选择维修方式时，通常方式和诊断方式的各种动作均停止，只进行以下的必要动作：准备（设成检修方式和对制动控制装置进行空挡制动试验）、实施试验、经由存储卡由地面机器输出试验结果、进行试验机器与实施试验时的功能分担、通过监控显示器设定信息、设定模拟故障、显示主故障记录信息、显示故障记录信息、由IC卡读入将停站信息、将车辆信息控制装置记录的各种信息及其主变换装置记录的故障数据写入IC卡、显示停车站数据一览表、在机器侧将其切换成试验方式、车辆信息控制装置根据试验项目对

图 8-21　检修模式显示画面

机器输出相应的控制指令、由车辆信息控制装置及机器分担和管理试验的执行、检查员通过显示器确认机器试验结果的数据。

4. 车外信息显示设备

CRH_2 型动车组车外信息显示设备由侧面目的地显示器和车号显示器组成。

1）侧面目的地显示器

侧面目的地显示器为 LED 显示器，分别设置在每辆车两外侧墙靠近车门处，用于显示车次信息、起始站名和终点站名和列车类别等信息；显示画面包括上段和下段两部分，如图 8-22 所示。上段用于显示车次（英文字母最多 4 个、数字最多 6 位），显示内容由列车信息控制系统传来的英文字母显示数据和数字显示数据；下段为滚动显示（滚动速度为 64 dot/s），用于显示车站名、列车类别等信息显示。侧面目的地显示器的技术参数及 LED 单元规格如表 8-4 和表 8-5 所示。

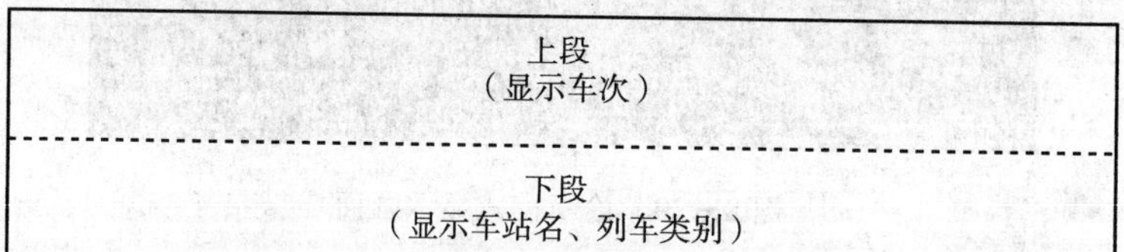

图 8-22　侧面目的地显示器显示画面

表 8-4　侧面目的地显示器技术参数

项目	规格
输入电压	AC 100 V，50/60 Hz
输入电压变动范围	AC 90 ~ 110 V
使用温度范围	-10℃ ~ 50℃

续表

项目	规格
相对湿度	30% ~90%（没有结露）
功率消耗	150 W 以下
绝缘电阻	500 V 绝缘电阻计算为 10 MΩ 以上
绝缘电压	商用电源 AC 1 200 V，1 min

表 8－5 LED 单元规格表

项目	规格
显示颜色	红、绿、琥珀色
目视角度	150°以上
显示控制	上段：固定显示；下段：滚动显示
最大亮灯率	50%

显示文字大小为 16×16 LED 点阵全角文字和 8×16 LED 点阵半角文字（车号用英文数字显示），接收文字编码体系为 GB 2312—80 规格和 ASCII 编码，显示内容由乘务人员通过列车信息控制系统，使用工作卡输入。车辆电源闭合后，列车信息控制系统中设定的列车类别、始发站名、目的地名和车号信息都以 00H 的数据形式向侧面目的地显示器发送。

列车在停车中或停车前（当列车信息控制系统检测到 30 km/h 以下的速度时），侧面目的地显示器接收列车信息控制系统发出的车号信息、列车类别、目的地名和始发站名等数据并进行显示；行驶中（当列车信息控制系统检测到 30 km/h 以上的速度时），列车信息控制系统不再向侧面目的地显示器发送始发、目的地、列车类别和车号等数据，所以侧面目的地显示器为无显示。另外，如果 60 s 内没有从列车信息控制系统接收到信息数据时，侧面目的地显示器上、下段显示的内容将消除。

为了不显示误接收的数据，只有连续两次接收到同样数据时，侧面目的地显示器才将其作为正规的数据进行显示。从列车信息控制系统收到数据后，当需要显示的数据（车号、目的地、始发和类别）有变化时，先消除显示，然后再显示重新接收到的数据内容。

侧面目的地显示器还设置了显示功能的诊断试验模式，在进行试验模式时，从列车信息控制系统收到试验指令后显示试验模式，显示内容为斜线（琥珀色）的滚动显示。

2）车号显示器

CRH_2 型动车组车号显示器为 LED 显示器，每辆车有两个，设置在车门旁，车号显示器技术参数及显示单元规格与侧面目的地显示器一样。车厢号的编排通过列车信息控制系统确定，规律为：单独编组及联挂时的头车 T1c 车为 1，流水号码为 1、2、…（最大为 8），联挂时中间的 T1c 车为 9，流水号码为 9、10、…（最大为 16）。

电源闭合时，车号显示器根据内置的控制电路板旋转开关的设定及列车信息控制系统发出的加挂（车辆）指令显示车号。开关的设定和显示内容如表 8－6 所示。

表 8-6 设定车厢号及显示

波段开关 SW3 设定值	无加挂车辆指令时的显示内容	有加挂车辆指令时的显示内容
0	（无显示）	（无显示）
1	1	9
2	2	10
3	3	11
4	4	12
5	5	13
6	6	14
7	7	15
8	8	16
9	试验显示	试验显示

5. 车内信息显示设备

CRH_2 型动车组向旅客提供相关车内信息显示的设备主要是设置在客室两端拉门上方的乘客信息显示器，如图 8-23 所示。乘客信息显示器为 64×512 mm 的 3 色图形 LED，显示方式为滚动或固定显示，显示内容包括当前到站、中途停车站、前方到站、正晚点情况、当前时间、运行速度、实时新闻、禁烟标志和厕所有人/无人等旅客信息。

图 8-23 乘客信息显示器

乘客信息显示器由文字显示部分、控制部分和电源部分构成。显示器构成及规格如表 8-7 所示。

表 8-7 乘客信息显示器的构成及规格

构成	文字显示部分	• 显示面积：64 mm×512 mm • 显示 LED 点阵数：16×128 • 显示颜色：红、绿、琥珀色（红、绿灯同时亮） • 最大固定显示文字数：8 个
	控制部分	• 对列车信息终端装置的接口以及 LED 显示器进行显示控制 • 把特殊文字等数据记忆保存在内部的存储 IC 上
	电源部分	包括显示部分及控制部分的电源，电源规格为： • 输入电压：DC 100 V±10 V • 输出电压：DC 5 V±0.25 V

续表

规格	额定输入电压	AC 100 V
	输入电压变动	AC 90 ~ AC 110 V
	运行温度	0℃ ~50℃
	运行湿度	30% ~90% RH（没有结露水）
	绝缘电阻	500 V 兆欧表 20 MΩ 以上（整个充电部分和框体间）

通过传送信号接口可以从列车信息终端装置接收串行故障检查数据、实时文本显示指令、插入显示指令、文本交替显示指令、显示文本（先）指令、显示文本（后）指令、显示文本消除指令、时刻指令和稀用字登录文字存储指令等显示指令。各显示指令具有的每个传送定时内，列车信息终端装置都会把显示指令传送给乘客信息显示器；乘客信息显示器有异常以及有外文字符等都会传送给列车信息终端装置。列车信息终端装置会以这些情报为依据、进行异常显示、记录和外文字符的传送。信号传送规格如表 8 - 8 所示。

表 8 - 8 乘客信息显示器信号传送规格

项目	规格
电线	双绞屏蔽线
通信方式	4 线式、半双工
通信速率	9 600 bps
线路电流	标记（“1”），17 ~ 23 mA；空闲（“0”），0 ~ 2 mA；
线路电压	DC 24 V ± 1.2 V
同步方式	同步
字符长	启动位，1 b；数据，8 b；校验位，1 b（偶校验）；停止位，1 b
接收信息方式	光耦合器接收信息

乘客信息显示器所显示文本的内容依赖于列车信息终端装置的传送信息，可以通过库内读取 IC 卡数据或手动设定界面输入。乘客信息显示器的显示文字以 16 × 16 点阵构成的文字为基础，有全角和半角文字显示，颜色和文本数据一起根据指定的颜色显示。滚动或固定显示模式下有实时文本显示、插入显示、交替显示和时刻显示等，显示内容和文本的格式如表 8 - 9 所示。

表 8-9　乘客信息显示器显示内容和文本格式

文本类别	显示文本格式	显示方式
始发站信息	本列车 列车名称 车号 号 终点站为 目的地 。停车站为 停车站 、……、 停车站 。	无限滚动显示
发车信息	本列车 列车名称 车号 号 终点站为 目的地 。下一停车站为 停车站 。	滚动显示 2 次
	下一站为 下一站	固定显示 10 s，站名 6 个文字以上时，滚动显示 5 次
预告到站信息	列车马上就要到达 下一站了 。	滚动显示
站内停车时信息	现在列车正在 当前站	滚动显示
经过站时信息	现在列车正在通过 当前站 附近。	滚动显示 2 次
终点站信息	终点站 当前站	滚动显示
车内设施信息	车内信息…洗手间、洗漱间在 1·3·5·7 号车厢。	滚动显示 2 次
广告文	（根据在地面数据编辑电脑上输入的内容）	滚动显示 1 次

注：______显示绿色，其他显示橙色；□—半角空格；列车名称 — 设定的列车名称中文文字；车号 —设定的车号数字；目的地 、停车站 、当前站 、下一站 —显示当前情况的各车站站名的中文文字。

乘客信息显示器的显示内容是由 MON（监控器）发送相应指令来实现的，表 8-10 为乘客信息显示器指令一览表。其中，主要包括：运行信息指令（根据公里里程信息、门的信息、速度及停车站信息，判断并传输始发站信息、次站信息、到达站信息等显示指令）、广告文指令（根据公里里程信息，判断并传输从 IC 卡读写装置读取到的文字信息）和紧急文指令（根据 IC 卡读写装置读取到的里程等显示条件传输的紧急信息）。

表 8-10　乘客信息显示器指令一览表

序号	传输指令	说 明
1	实时显示指令	将广告文等信息转换成文字代码进行传输，当车内监视器部接收到此指令后，如果现在正在显示的内容结束，就会显示收到的信息
2	中断显示指令	将需紧急显示的内容转换成文字代码进行传输，当车内监视器部接收到此指令后，会消除现在正在显示的内容，而显示接收到的紧急显示内容
3	文章交互显示指令	交互地显示指定的多个显示内容
4	消除显示指令	消除现在正在显示的内容
5	英文文字存储指令	登录英文文字代码

IC 卡中的数据在地面计算机进行编辑后进行存储，通过司机室 IC 卡读写装置读出，再输入到列车信息控制装置中。读取方法如下。

① 进入检修模式页面，按[读取 IC 卡]，显示图 8－24 所示 IC 卡读取菜单页面。

② 将要读取的 IC 卡插入 IC 卡控制装置插口。

③ 在 IC 卡读取画面上，读取广告文时，按[广告文]＋[读取]键；读取停车站时，按[停车站]＋[读取]键；读取公里数时，按[公里]＋[读取]键。

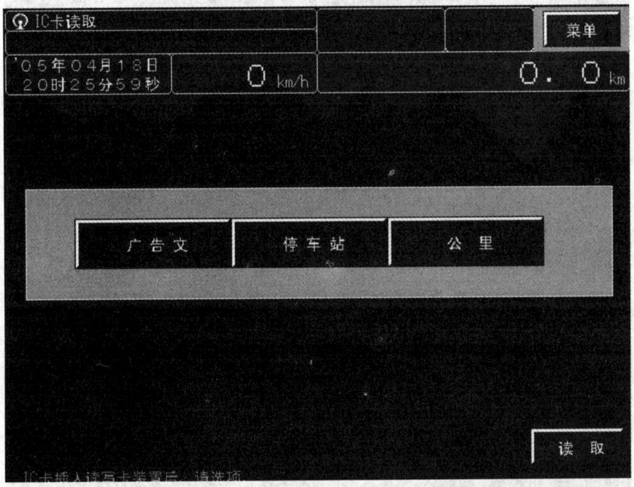

图 8－24　IC 卡读取菜单页面

通过手动界面输入时，可通过进入列车员模式，按[手动设定]，依次进入列车分类设定页面（如图 8－25 所示）、停车站方式设定页面、联解信息设定页面、联解编组车站设定页面、车厢号设定页面和手动设定确认页面（如图 8－26 所示）完成相关信息的设定。

图 8－27 所示为服务设备控制页面，在此可设定各车厢乘客信息显示器的开关。

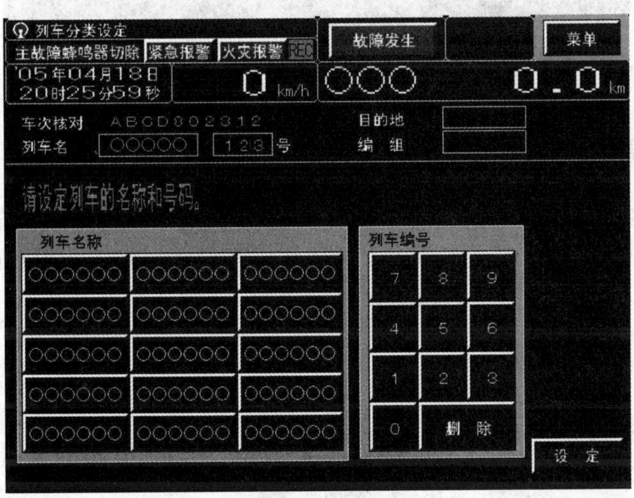

图 8－25　列车分类设定页面

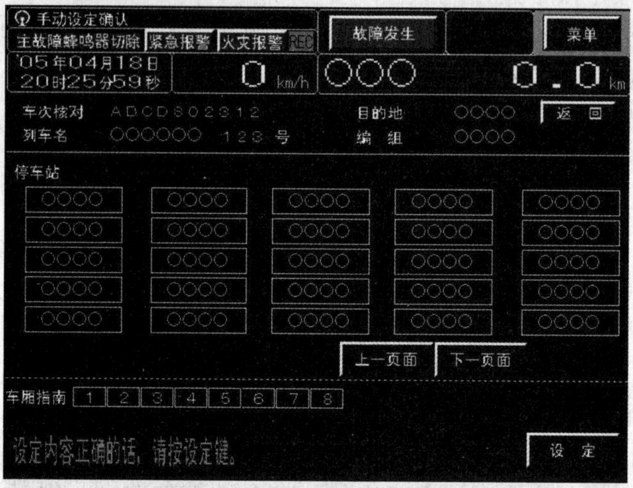

图 8-26　手动设定确认页面

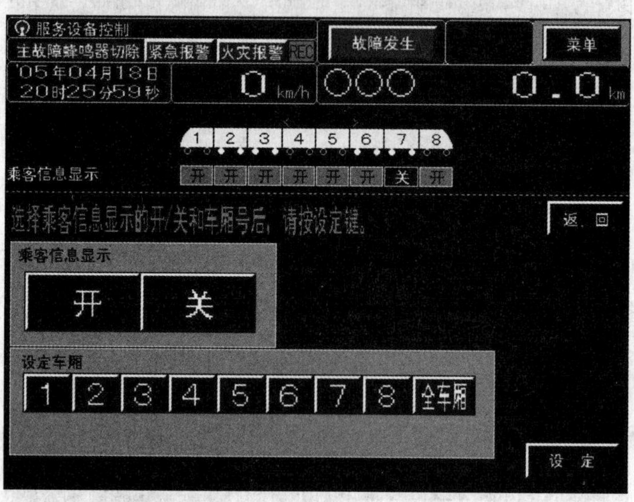

图 8-27　服务设备控制页面

8.4.2　CRH_1 型动车组旅客信息显示系统

CRH_1 型动车组的旅客信息系统（PIS）主要用来提供与旅行相关的信息，完成通过信息显示器和扩音器公布来传递旅行相关信息给旅客，实现旅客与司机间的对话交流和信息系统与其他计算机系统间的资料传递，以及通过 GSM（鹅颈麦克风）系统传递信息等工作。

1. 系统概况

旅客信息系统（PIS）是一个独立运行的系统，可由乘务室控制单元（Crew Cabin Control Unit，CCCU）和司机室的 PIS 司机室控制单元（PIS Cab Control Unit）来控制。它与 TCMS 和视频娱乐系统（Video Entertainment System，VES）之间各有一个信号接口，用于在 IDU 上对其进行监控和将 PIS 系统的信息显示于 VES 监视器上。

旅客信息系统主要组成单元包括系统控制器（包括数字声音广播及GPS，每列车一套）和座车单元（包括扬声器，每车厢一套）。

旅客信息系统发布信息的方式有屏幕显示和音频广播两种。电子信息显示屏有内部显示和外部显示两种。其中，内部显示屏置于每辆车的乘客区，向车内乘客发布文字信息；外部显示屏置于每辆车外车门的外侧，向车外人员提供列车信息。所有电子信息显示和扬声器的数字声音广播均采用英文和中文两种。除应急通信单元以外，旅客信息系统采用单向广播方式，没有信息查询终端。

旅客信息系统的外部设备如图8－28所示，包括天线、NMT 450 GSM转发器、GSM/GPS天线、FM天线和外部信息显示器；旅客信息系统的内部设备如图8－29所示，包括内部显示器、通信接口盒、手持机和扬声器等。

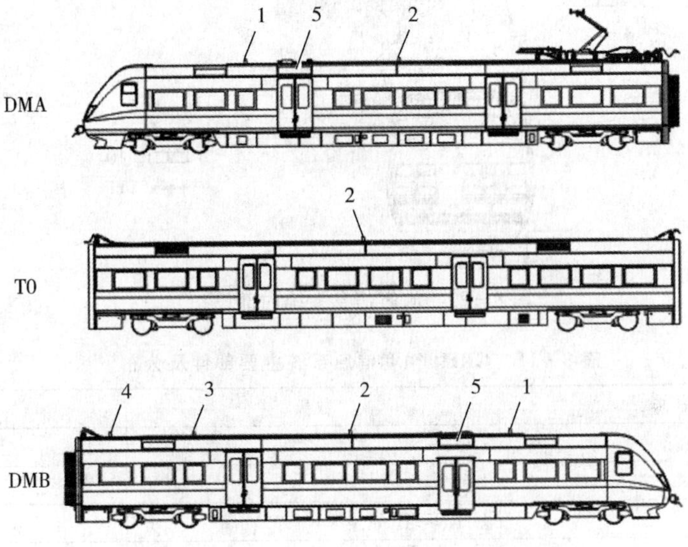

图8－28 旅客信息系统外部设备

1—天线；2—NMT 450 GSM转发器；3—GSM/GPS天线；4—FM天线；5—外部信息显示器

2. 旅客信息系统的构成与功能

表8－11为CRH_1乘客信息系统的主要部件和分布情况，其中，每辆车有一个车辆控制器；Tb车带有餐饮部和乘务员室，其上有两个车辆控制器，一个接口架；Mc车带司机室，有司机控制装置。

乘客信息系统的操作界面包括：手持机（Handset，集成有人机接口—键盘与显示器）、鹅颈麦克风（Gooseneck Microphone）、司机室扬声器（Cab Loudspeaker）、司机台按钮和指示灯、司机室智能显示单元CDU（Cab Display Unit）和乘客紧急装置PECU_ B（带有制动手柄的乘客紧急单元）。

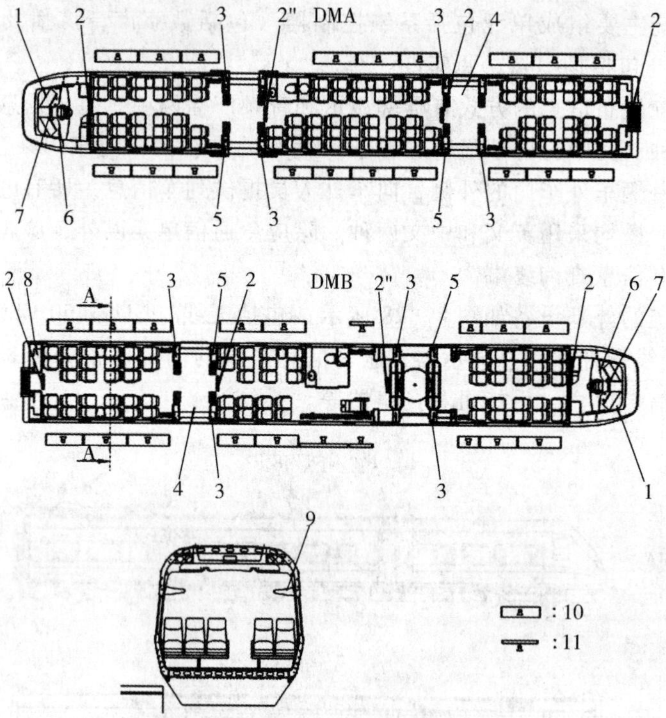

图 8-29　旅客信息系统内部设备

表 8-11　CRH1 乘客信息系统主要部件及分布

名称	数量	备注
车辆控制器 CC	1 台/车厢	
接口架 IR	1 台/车组	
数字声音广播 DVA	1 台/车组	
司机室显示器单元 CDU	1 台/司机室	
乘务员室显示器单元 CDU	1 台/乘务员室	
司机室手持机 HS	1 台/司机室	
乘务员室手持机 HS	1 台/乘务员室	
通过台手持机 HS	1 台/车厢	
司机室鹅颈麦克风 GNM	1 台/司机室	
乘务员室鹅颈麦克风 GNM	1 台/乘务员室	
司机室扬声器 LS	1 台/司机室	
乘务员室扬声器 LS	1 台/乘务员	
通过台扬声器 LS	2 台/车厢	
通信接口盒 CIB	1 台/手持机	
厕所扬声器 LS	1 台/厕所	13/车组
行李架扬声器 LS	1 台/行李架	154/车组
功能单扬声器 LS	16/车组	

续表

名称	数量	备注
PECU/B	1 台/车厢	
LED 外部显示器 ED	2 台/车厢	
LED 内部显示器 ID	3 台/车厢	餐车仅具有 2 个
全球定位系统 GPS 接收器	1/车组	

1）车外信息显示

外部显示为旅客提供列车目的地、列车车号和停靠站台等信息。车外信息显示终端由每个车厢两块外部信息显示屏组成，分别位于左右外车门外侧的上方。显示屏采用 DC 110 V供电，32 × 160 矩阵 LED，长 1 200 mm，高 200 mm，双行英文加中文显示，如图 8 - 30 所示，A 区以静态文字方式持续显示 2 位数车号；B 区分两行显示目的地和站台信息等列车路径信息。列车行驶在两车站之间，外部显示屏为空白。

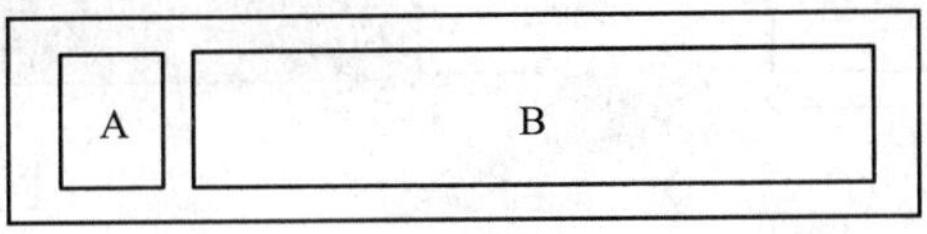

图 8 - 30　车外信息显示屏

2）车内信息显示

旅客信息系统内部显示终端由内部显示屏（ID，Internal Display）和扬声器组成。

扬声器用于提供旅行信息的语音服务和音频娱乐服务，其中，行李架扬声器（Luggage rack speaker），每个行李架一个；功能单扬声器（Function List Speaker），Tb 车一个；厕所扬声器，每个厕所有一个；通过台扬声器（Vestibule Speaker），每个通过台两个。

内部显示屏为乘客提供目的地、下个停靠站、车号、站台信息、厕所图标、当前室温、当前时间、当前车速、估计达到时间、延迟信息和预先设置信息，每辆车有 3 个。内部显示屏为两行 LED 显示屏，形状如图 8 - 31 所示，A 区以持续的静态文字显示两位数“车号”；B 区自动用中英文显示目的地，下一站和站台信息等列车路径信息；C 区显示厕所占用情况，红色“厕所图符”表示厕所使用中，绿色表示厕所无人使用。此外，在车站与车站之间，内部显示屏的上部将以持续的静态方式显示“目前时间”，内部显示屏的底部，将以滚动方式显示“目前速度”和“内部/外部温度”；司机/乘务员还可以选择“预定义消息”，将自定义信息在内部显示屏的底部滚动显示。

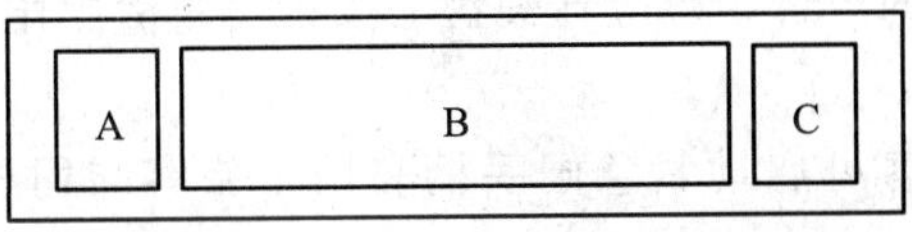

图 8 - 31　车内信息显示屏

3. 控制单元功能

1）中央单元

中央单元位于 DMB 车的 K13 柜，能实现对信息系统其他单元的监视和控制、与列车计算机联系、接收并扩大门廊和卫生间扬声器的声音、数字化存储和播放已记录声音信息等功能，其外形结构如图 8－32 所示。

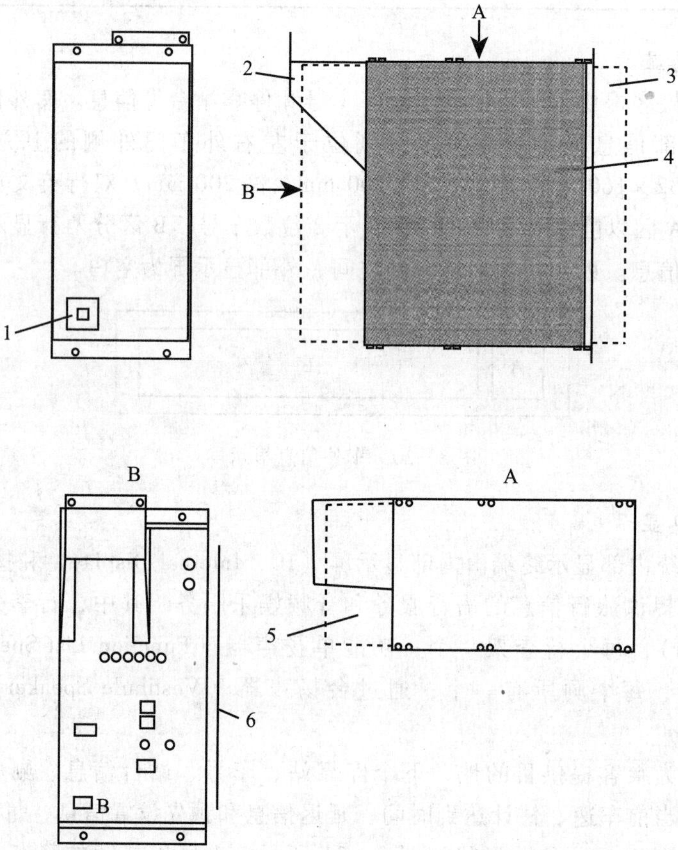

图 8－32　中央单元

1—手提电脑连接端口（R145）；2—斜坡角度；3、5—配线车厢；4—通风口；6—连接器

2）驾驶室里的控制器

驾驶室里的控制器用来在列车内部和列车之间，通过自动配合来传递声音和资料、接收并放大麦克风和对讲机的声音、感应驾驶盘上按钮的激活操作和控制紧急通信单元。

3）紧急通信系统

紧急通信系统包括旅客可启动紧急闸手柄和用于旅客与司机的口头交流设备，如图 8－33所示。

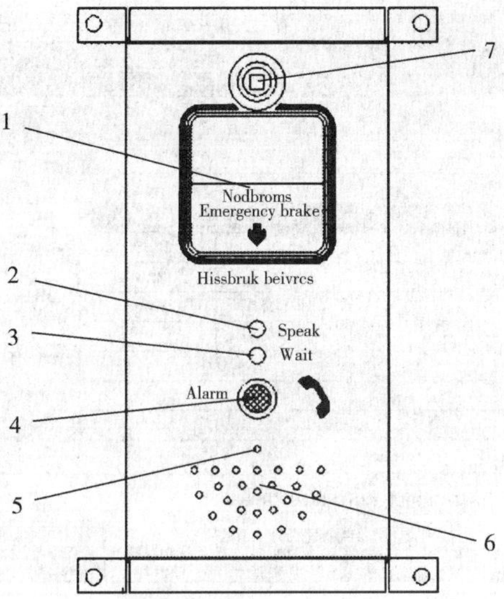

图 8－33　紧急通信系统

1—旅客可启动紧急闸手柄；2—发光二极管说话指示；3—发光二极管等待指示；4—警告（红）按钮；5—麦克风，扩音器；6—方型锁眼

4. 旅客信息系统的实现与激活

1）总体说明

当车辆开始内部信息显示时，外部信息显示关闭。且只有当某一中央单元被确定为控制单元时，旅客信息系统才会启动。启动时，通过司机的钥匙启动驾驶室再由列车计算机系统来实现。

2）实现步骤

当驾驶室被启动时，列车计算机系统传递启动指令和列车的状况信息给旅客信息系统。对于种类多样的列车设备来讲，列车结构信息通过计算机系统传递到所有具有能传输激活指令控制单元的装置上。

当驾驶室被解除激活时，被选中的中央单元保持其控制情况信息，直到有驾驶室被激活来保存系统功能（传输、旅客通告和紧急通告等）；被选中的中央单元能调整所有列车结构状况被指定的中央单元。图 8－34 所示为信息系统菜单，通过此菜单可以进入旅客信息系统，通过点击“打开内部显示”和“关闭信息”按钮打开和关闭信息显示，每次点击按钮后系统在打开与关闭之间切换，当关闭信息显示时，按钮呈黄色显示。

3）实现扩音器传达旅客广播

按下在驾驶盘前面嵌板上的旅客广播按钮：声响时，指示灯指示旅客公告和靠近驾驶盘上桌灯的“紧急通信”按钮；声停时，司机通过麦克风讲话；需要通过扩音器讲话时，按住“旅客广播”按钮；放开按钮中止公告，指示灯熄灭，广播结束。

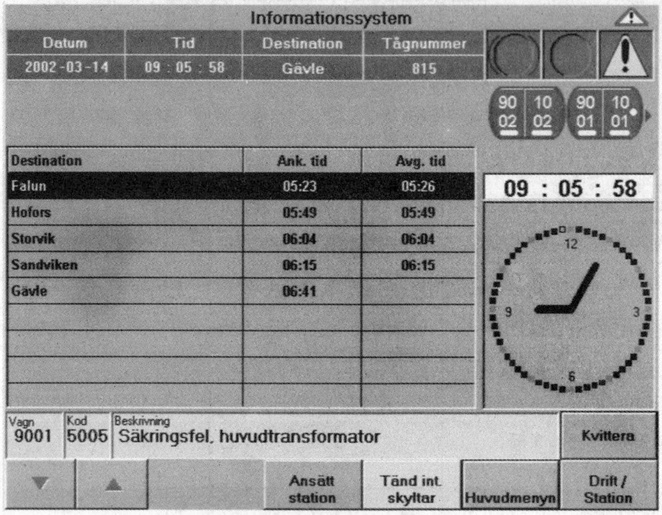

图 8－34　信息系统菜单

4）实现对讲机传达旅客广播

按下对讲机的[#]按钮，接着按[◁]按钮，就会有短信号音提示；传达旅客广播，结束时按[☎]即可；只要旅客广播还在继续，驾驶盘嵌板上的灯[☏]会一直照亮。

5）实现指定车厢旅客广播的对讲机

按下按钮[◁+]，通过数字按钮选择车厢；按下按钮[#]，短信号音提示；传达旅客广播，结束时按[☎]即可；只要旅客广播还在继续，驾驶盘嵌板上的灯[☏]会一直被照亮。

6）实现数字化广播的自动化（选择项）

旅客信息系统包括声音数字化广播，称为 DVA（Digital Voice Announcement）。在列车行程中，该系统可以实现旅客广播自动化，包括为旅客组织语序和措词。这些信息在GPS 系统提前指定的特殊位置被自动播出，为了防止卫星传出的 GPS 信号在某些特殊条件下（如：在隧道里）不能传到列车上，这些位置也可通过列车速度计算出来，中央单元的数据库将确定列车位置和应该传达给旅客的信息。所有的声音文件将被存储为波形表格格式（声音资源文件），通过连接手提电脑传给中央单元中的一个界面。

7）实现列车员工之间的通信

按下按钮[☎]，选择要连接上的对讲机号码（例如，单元 1 中 2 号列车的 21 号，如图8－35所示）；按下按钮[#]，被选择的对讲机就会呼叫；两个对讲机中的任何一个按下按钮[☎]都可以结束对话。如果出现占线情况，对讲机将会有语音提示而且屏幕显示“占线”。

图 8－35　列车设备室及驾驶室的编号方式

8）实现员工中优先对话

按下按钮，选择要对话的对讲机号码（例如，单元 1 中 2 号列车的 21 号，如图 8－35所示）；按下按钮，被选择的对讲机就会呼叫；两个对讲机中的任何一个按下按钮都可以结束对话，如果出现占线情况，对讲机将会有语音提示而且屏幕显示“占线”。

9）实现旅客的车站信息

内部和外部信息系统都会通过扩音器系统显示车站信息，信息随着列车位置的改变而改变。如果列车超过了应停的车站，系统将会自动更正。当列车刚好处在车站时，外部信息栏显示列车的目的地；如果列车出现故障，目的地将会随列车设备情况而定，内部信息栏将静态显示列车的目的地，扩音器系统此时不为车站信息服务。当列车离开车站时，内部信息栏将显示列车的目的地，并且滚动栏显示时间表；如果列车出现故障，时间表将随列车设备情况而定，外部信息栏不显示，扩音器系统也不为车站信息服务。当列车处于车站之间时，内部信息栏显示时间，预先准备好的信息将被显示；当卫生间正在使用时，WC 信息显示右上角的发光二极管为红色；外部信息栏不显示，扩音器系统也不为车站信息服务。列车到达车站之前（离车站 1 000 m），内部信息栏显示：“下一站 <车站名>”。此信息被重复两遍，外部信息栏显示目的地。

10）实现预先确定信息

信息文件可以在内部信息栏展示，如图 8－36 所示，每行展示两遍，以后同样的信息都像先前那样被展示。对于旅客来讲，车站信息比预先确定的信息文件更加重要，如果两者出现冲突，信息文件将被推迟。

编辑项目（选择项）可以编写新的预先确定信息文件，其步骤如下：①在主菜单选择内部信息栏；②在菜单中选择文本信息；③选择“编辑显示栏”按钮；④文本信息将会在内部信息栏里显示。

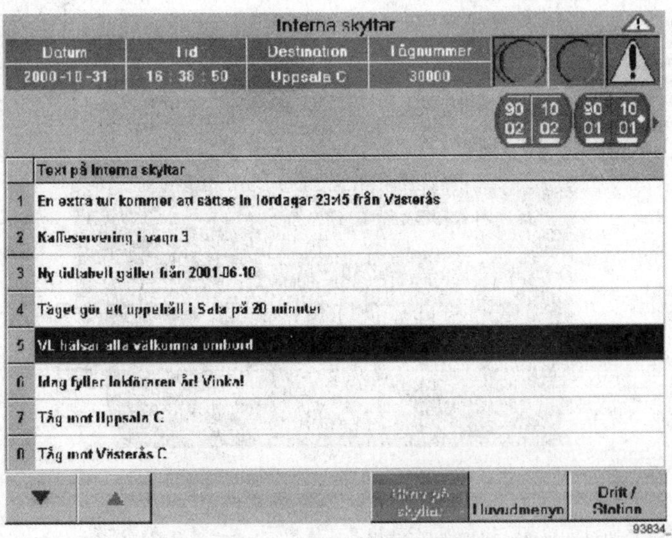

图 8－36　内部信息栏菜单

11）实现司机与旅客之间的紧急通信

紧急通信单元配有警报按钮，旅客可以通过以下步骤与司机进行交谈。

① 当旅客按下紧急通信单元中的“警报”按钮（如图 8－37 所示），驾驶室将会有警报提示。

② 紧急通话单元的红色“等待”提示灯（如图 8－38 所示）被点亮，驾驶桌上“紧急通信”按钮闪亮，司机显示器上会显示警报从哪个单元传过来，如图 8－39 及图 8－40 所示。

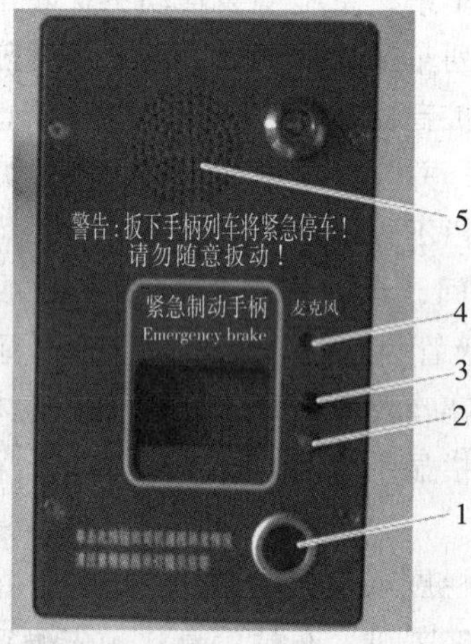

图 8－37　紧急通话单元

1—与司机进行通信连接的按钮（红）；2—指示 LED“讲话”（绿）；
3—指示 LED“等候”（红）；4—麦克风；5—扬声器

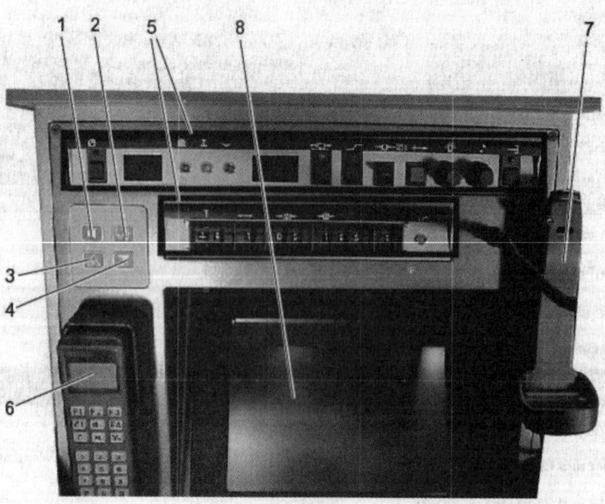

图 8－38　驾驶桌面板

1—旅客广播按钮；2—旅客广播指示；3—紧急通信按钮；
4—旅客可启动的紧急制动器指示；5—ATC 面板；6—旅客信息系统对讲机；
7—移动电话；8—司机的显示器（IDU）

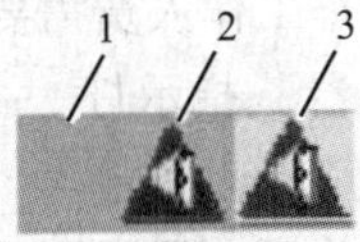

图 8-39 紧急通信单元状态显示

1—紧急通信单元没启动（没反应）；2—紧急通信单元启动（灰色背景）；

3—紧急通信单元启动且被要求通话的司机已联系上（黄色背景）

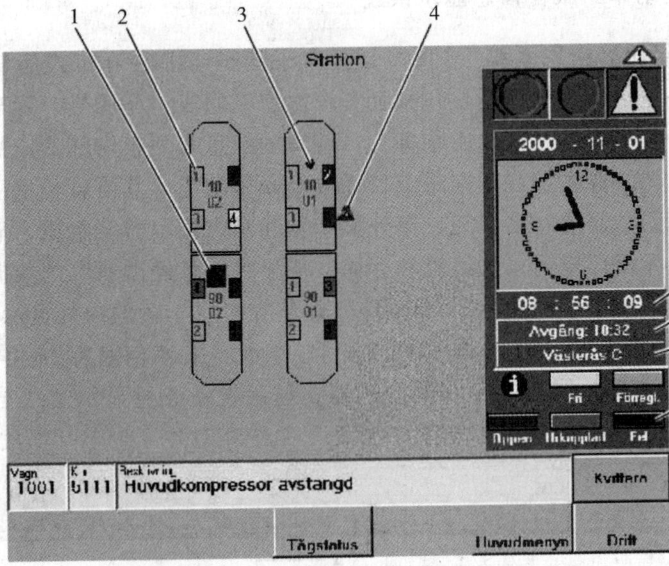

图 8-40 车站菜单

1—轮椅提升按钮；2—通道位状指示信号；3—技术室指示；

4—紧急通信单元位状指示信号；5—指针和数字时间显示；6—出发时间；

7—车站名；8—通道位状颜色代码

③ 司机按下“紧急通信”按钮应答乘客的紧急通话请求，按钮指示灯变为一直亮。“等待”指示灯熄灭，绿色的“通话”指示灯亮起，此时旅客可以同司机交谈。

④ 按下“旅客广播”转换按钮，司机可通过扩音器系统与旅客交谈，紧急通信单元中的“通话”指示灯熄灭，“等待”指示灯发亮。

⑤ 交谈完毕时，放开“旅客广播”按钮，紧急通信单元中“通话”指示灯发亮，此时旅客可继续与司机交谈。

⑥ 如果另有紧急警报传进来，紧急通信灯开始闪亮，重复以上步骤，否则，紧急通信指示灯熄灭。

⑦ 司机再次按下“紧急通信”按钮可以关闭紧急通信。

12）旅客启动紧急制动情况下的紧急通信

紧急通信单元中有旅客可启动的紧急制动器，拖动手柄会启动紧急制动系统，司机将被要求紧急通信。

旅客可启动制动器被启动后，列车工作人员需要通过方形钥匙手动将其复位，因为通道被打开才能切断“旅客可启动制动器”指示灯。

13）实现与计算机连接

手提电脑通过因特网连接到中央单元，即可用编辑的程序向中央单元安装预先确定的文本、声音源文件和外围设备的驱动程序（包括内、外部信息显示器和紧急通信单元等），也可以将信息系统的资料传到手提电脑上。

8.4.3 CRH3 型动车组旅客信息显示系统

CRH3 型动车组旅客信息系统（PIS）是分布于动车组上的分布式信息服务系统，主要作用是通过内外显示器为旅客提供包括列车车次、时间表、车厢号、列车速度、位置和到达车站等行车信、车内外温度、由乘务人员编辑的信息和列车内部的广播、对讲、通信功能以及提供给旅客的音频、视频娱乐节目播放等娱乐功能。其信息显示主要由系统总控单元、车辆控制单元、通信网络单元、车外显示器和车内显示器等组成，显示信息可由系统总控单元的人机界面环境输入、编辑和存储，待显示信息经由系统的数据通信总线，从系统总控单元传输到客车车辆控制器（CCT），最终在对应车辆的内外显示器上显示。

旅客信息显示系统的总体组成如图 8－41 所示。旅客信息系统由系统总控设备（STC）控制，通过信息总线连接于车辆控制器，显示设备通过显示总线与车辆控制器连接，内部电话通过 UIC 总线连接。音/视频娱乐子系统相对独立，包括播放设备和接收终

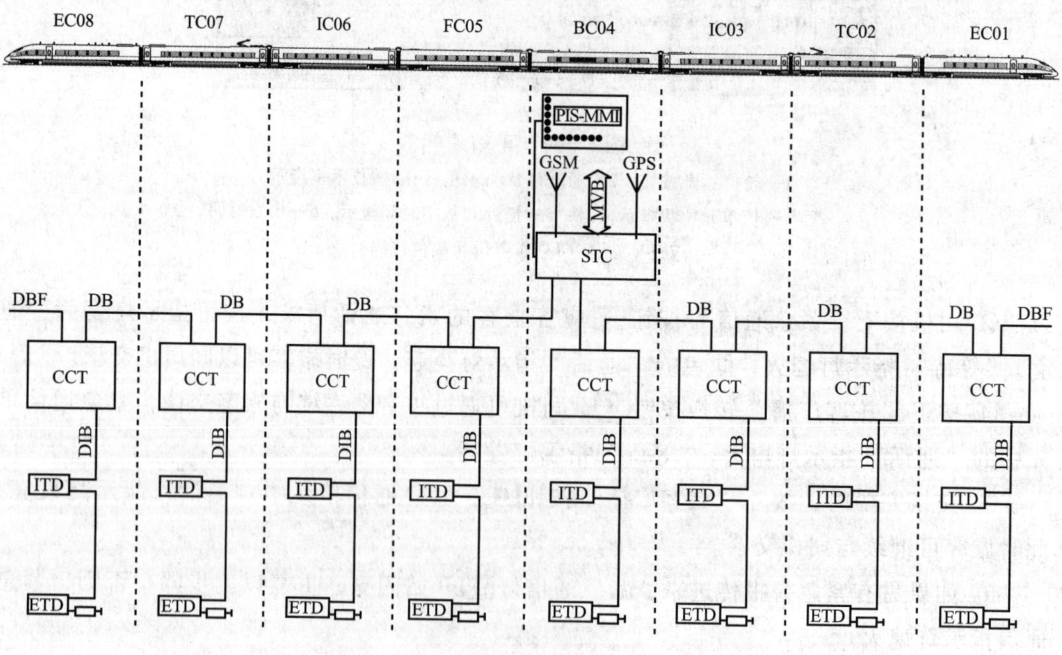

图 8－41 CRH3 型动车组旅客信息显示系统框图

DB—数据总线；ITD—内部列车信息显示器；DBF—至前车钩的数据总线；GPS—GPS 天线；DIB—显示器总线；MVB—多功能车辆总线；CCT—车辆控制器；PIS－MMI—PIS 人机界面；ETD—外部列车信息显示器；STC—系统控制器；GSM—GSM 天线

端，它们之间采用音视频同轴电缆连接。

每列车安装的设备有：显示设备、扬声器和车辆控制单元（包括带音量控制的音频功放单元用于扬声器扩音）、带有耳机、频道选择器和音量控制的坐席音视频播放系统（仅 FC05 车）、视频分配柜、视频监视器和视频播放单元（仅 BC04 车）、系统总控单元和人机界面。

旅客信息显示控制具有自动显示控制（正常模式）和手动显示控制（仅为列车内容信息显示）两种模式。其中，在自动显示控制模式下，系统控制器（STC）通过 PIS - MMI 完成初始化之后，显示器上的内容会自动显示，显示内容取决于位置、开门信号或进程信号，所需数据和显示信息保存在系统控制器的数据库中。位置信息可通过 GPS 坐标定位获取，当 GPS 系统出现故障时，则通过 MVB 从 CCU 获取列车进路信息。在手动显示控制模式下，乘务员可在 PIS - MMI 上选择预定且已保存的英文和中文信息，并将这些信息显示在列车内部信息显示器（ITD）上，供乘客浏览。

1. 系统控制器（STC）

STC 是整个 PIS 的控制核心和与列车控制网络连接的桥梁，其外形如图 8 - 42 所示。

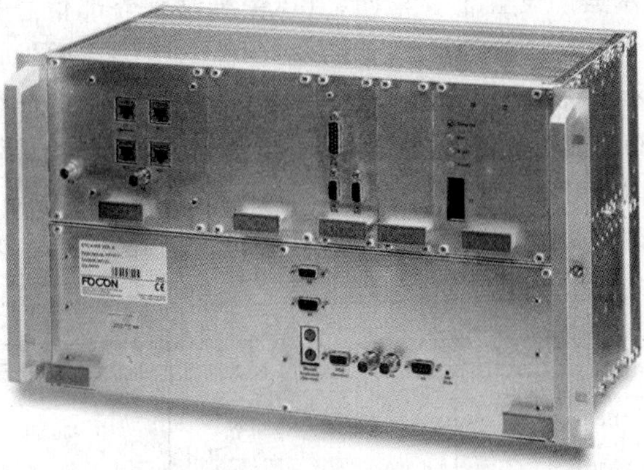

图 8 - 42　PIS 系统控制器（STC）

STC 包含有全部配置和操作列车所需数据，包括：与运行日期相关的列车数据、车厢号码、列车编组数据、CCT 地址上的信息和每个车厢显示器的号码/类型/地址信息、用于自动通告的预先存储文件、改变显示信息的时刻、出口侧的信息、列车运行过程中的数据和外部温度。

2. 人机交互界面（PIS - MMI）

主 PIS - MMI 位于乘客服务室内，连接到 STC 上，其前端包括一个彩色 10.4” LCD - TFT 显示屏。PIS - MMI 是 PIS 与人实时交流的主要接口，负责把 PIS 或控制网络传来的信息反馈给操作人员，同时也把操作人员的命令传给 PIS 系统。可以通过 PIS - MMI 单独控制各节车厢或设置整列车的背景音乐和调节各节车厢的吸顶式扬声器背景声音系统的音量。

3. 车辆控制器（CCT）

每个车厢都装有 CCT，能通过唯一的地址经由 PIS 数据总线和 STC 通信，用来接收控制可选通告的转换命令、把 STC 发送的显示数据输出、转发通告、根据列车运行速度自动调整通告的音量、发送自身及其附属器件的诊断数据给 STC，还可以通过 PIS－MMI 和 STC 人工激活特殊的测试程序。CCT 的外形如图 8－43 所示。

图 8－43　PIS 的车辆控制器（CCT）

4. 车外显示器

列车外部信息显示器，设置于上车门，BC04 车没有外部信息显示。车外显示屏为 LED 电子显示屏，显示屏显示的内容在阳光直射条件下具有很高的可读性。

列车外部信息显示系统在站台上告知旅客列车的终点站和车厢号码，这些信息是用 3 行文字显示的：第 1 行显示列车和车厢号码；第 2 行显示起点站；第 3 行显示终点站。如果字符个数超过一行时，起点站和终点站将滚动显示。

显示的内容依据列车当前所处的位置决定，列车离开站点以后，列车外部信息停止显示，在到达另一个车站之前马上恢复显示。图 8－44 所示为外部信息显示样式示例。

（a）列车外部信息显示（英文）　（b）列车外部信息显示（中文）

图 8－44　车外显示器显示样式

5. 车内显示终端

列车内部信息显示器为 LED 电子显示屏（单线发光二极管型），安装在隔离门上方，每个客室配备两个车内 LED 显示屏，三排、滚动式显示。车内信息显示内容有以下几方面。

① 来自播放列表的内容：到达目的地、中间站、时刻表、车次编号、车厢编号、时间和日期、车内外温度、车速等，此外还有固定显示的信息（如欢迎，告别，服务信息等）。

② 实时重要新闻和一些现场编辑的信息。用中英文两种语言交替显示，显示方式有静态、滚动、打字，滚动方式有左移、右移、上滚、下滚等。

显示器上面的三分之一部分不间断地为乘客提供车次号、车厢号、列车名和时间等信息；显示器下面的三分之二部分为乘客提供包括始发站、终点站及所有的中途车站等列车路线信息，如果中途站不能完全显示，则让它们从右向左滚动显示。

6. GPS 天线、GSM 天线

GPS 天线和 GSM 天线用于接收必要的信号，并将其传到 STC 中做进一步处理。GPS 传输的信息保证到达或经过指定行车位置时触发广播和必要的信息显示，GSM 可以接收数字语音通知（DVA）及广告文字信息，并将其传送至 STC 供其处理。

7. 信息总线

分布式的各个 PIS 单元通过不同的总线相连接，完成其相应的功能。具体如下。

MVB 总线是多功能车辆总线（Multifunction Vehicle Bus）的简称，是一种串行数据通信总线，主要用于固定编组车辆的内部通信，是动车组中车辆级的控制总线，是旅客信息系统中的系统总控单元（STC）与列车控制系统交互信息的通道。

旅客信息系统（PIS）数据通信总线用于实现系统总控单元（STC）和车辆控制器（CCT）之间的通信，把配置、显示和控制数据从 CCT 传到 STC，同时把 CCT 的诊断数据传输给 STC。在重联的动车组上，两个动车组的 STC 通过 PIS 数据总线进行信息的交换。

显示总线用于车辆控制器和车内外显示器间的通信，传输的信息包括显示信息和显示器的诊断信息。

8. 音/视频娱乐子系统

该系统主要是为一等车（FC05）中的乘客在旅途中提供音乐或视频方面的娱乐功能，分为音频和视频两个子系统。

1）视频系统

视频系统包括中央视频娱乐播放机（VER，包括一个 DVD 播放机和一个 DVD 遥控器，如图 8－45 所示）、视频分配器（VDR）、车厢顶部视频显示屏（图 8－46）和相关的线缆。

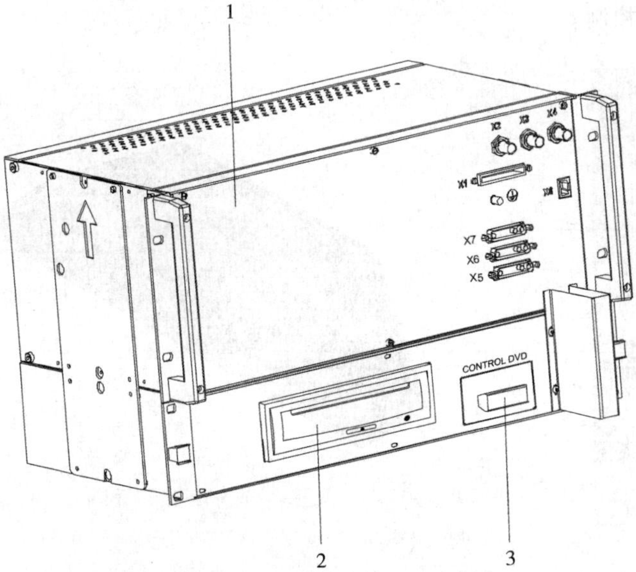

图 8－45　DVD 播放器和遥控器的位置

1—视频娱乐机架；2—DVD 播放机；3—DVD 遥控器

图 8-46　车厢内的视频显示屏

2）音频系统

音频娱乐装置外形如图 8-47 所示，该系统包括两个 MP3 播放器、两个 FM 无线电接收器、视频系统声音通道和声音播放的必要元件、座椅里的控制单元和耳机插座及相关线缆。通过 STC 的控制，MP3 播放器和 FM 无线电广播可作为背景音乐，通过车内扬声器播放，背景音乐的选择通过 PIS-MMI 来控制。影音系统音频信号的输入、输出及控制都通过 FC05 车的 CCT 控制。

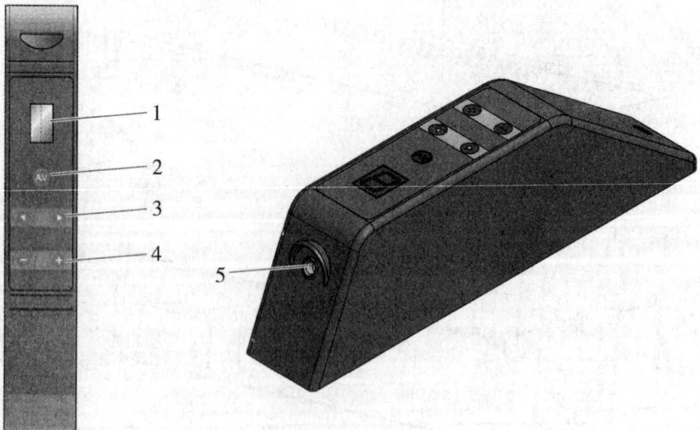

图 8-47　音频娱乐装置（AEU）

1—显示屏；2—视频伴音选择按钮；3—节目选择开关；4—音量调节开关；5—立体声耳机插孔

8.4.4 CRH5 型动车组旅客信息系统

CRH5 型动车组旅客信息系统（PIS）是分布于动车组上的分布式信息服务系统，通过内外显示器为旅客提供列车的行车信息（列车车次、时间表、车厢号、列车速度、列车位置、到达车站等）、车内外温度以及可由乘务人员编辑的信息，列车内部的广播及通信功能，以及提供给旅客的娱乐功能（音频、视频娱乐节目播放等）。

1. 旅客信息系统构成与功能

旅客信息系统由旅客信息显示系统、公共播音系统、列车内部对讲通信系统和音频及视频娱乐节目播放系统四个子系统构成，采用集中控制方式。各子系统功能如下。

① 通告广播系统：通过本车音频控制器（ACU/APU）与全列相连，实现 GPS 自动定位广播和乘务员播报。控制器（ACU/APU）内含音频控制单元（ACU）、音频放大单元（APU）和电话（PHONE）三个既独立又联系的单元。

② 信息显示系统：可与 ACU 通信，位于乘客上车门附近和车厢内部，能够向上车的乘客显示列车和相关服务方面的必要信息。

③ 列车电话系统：电话（PHONE）与 ACU 组合使用可实现列车司乘人员间通话。

④ 音视频娱乐系统：在一等车和吧车上的乘客可欣赏到一套可经列车长选择的 DVD 视频节目，并可在座位接收器（ASA）上收听到 5 套独立的音乐或视频伴音。

旅客信息系统主要包括中央管理单元（PMU）、各车厢内音频控制器（ACU/APU）及扬声器、电话（PHONE）、音视频播放单元（AVRU）、音视频控制单元（FCU）、座位接收器（ASA）、车载 LCD 视频播放器（CTV）和内外显示器（IDIS/EDIS）等硬件设备。相关术语表如表 8－12 所示。

表 8－12 CRH5 型动车组旅客信息系统术语表

简写	英文全称	汉语
PIS	Passenger Info System	旅客信息系统
ACU	Audio Control Unit	音频控制单元
APU	Audio Power Unit	声频功率单元
GPS	Global Position System	全球定位系统
DVA	Digital Voice Announcement	数字语音通告
ASA	Audio At Seat	座位接收器
IDIS	Internal Display	内部显示器
EDIS	External Display	外部显示器
PMU	PIS Management Unit	旅客信息系统管理单元
DVD	Digital Video Decoded	数字视频解码
AVRU	Audio Video Reader Unit	声频/视频读出器单元
PA	Public Address	播音系统
IC	Intercom	内部对讲通信系统

续表

简写	英文全称	汉语
LRU	Line Replaceable Unit	线路运行替换单元
PCB	Printed Circuit Board	印刷电路板
TGR	Train Ground Radio	地面广播
TBC	To Be Confirmed	证实
FBD	Functional BlocDiagram	功能组图

(1) 系统功能描述

如图 8－48 所示，旅客信息系统建立在 UIC568 总线基础上，通过 RS485 列车总线建立各车厢 ACU/APU 之间的通信，并通过整列车唯一的 PMU 集中控制。PMU 还可通过 CAN 获取 PIS 需要的信息，车厢内部采用 RS485 进行通信。

PMU 位于列车长室的基于触摸屏的系统控制单元，作为系统的控制中心，通过多层菜单（图形和字母数字）的人机接口实现以下功能：触摸屏人机界面（HMI）、管理音视频播放单元（AVRU）、自动和手动语音通告、背景音乐（MP3 格式），GPS 和 GPRS 信息接收、CAN 接口、RS485 接口、手动编辑显示文字信息、自动触发文字信息及可供本地下载或上传的 USB 通信接口。PMU 提供中文或英文两种语言选择，可以用两种语言控制及发送信息，在屏幕接口中相应地预留两种语言。

通过 GPRS 模块，可将播放列表（收音机频道的选择、MP3 节目的选择和自动语音通告）和文本信息（如要闻播报和车内外显示内容等）输入到 PMU 事件表中。自动语音通告（如：到站广播 DVA）和 MP3 播放用的内容也可通过 USB 接口更新。播放列表通过地面站的编辑软件整理。通过 PMU 的 HMI 可实现视频节目预览和选择播放，如图8－49所示。

文本内容以英文及中文形式储存，在触摸屏上可以手动选择已储存的显示文本内容和显示花样并指定显示时间（例如，左移，15 s）。

收音机用于广播的频段，能够根据 GPS 信息自动调整，但需预先将运行线路上的频率录制为播放列表可选择的格式，通过地面站编辑软件编辑。

PIS 系统具有自动故障诊断功能，可诊断出与实现本文件中指定功能相关的部件和设备的错误，达到检测到最小可更换单元的水平。故障诊断信息可由 PMU 通过 CAN 总线上传至 TCMS。

(2) 系统组成

CRH5 型动车组每列车安装的设备有：面向公众的通告系统和对讲系统（ACU）、客室内的扬声器（布置在靠近上车门的通过台和厕所中）、带音量控制的扬声扩音器（APU）、通告所使用的电话听筒（在每节车厢的电子架内，司机室另有听筒；吧车只有一个听筒，安装在车长室内）、司机及车长使用的备用扬声器、带有耳机及频道选择器和音量控制的坐席音乐播放系统（仅限于 1 等车）、平面 TFT 彩色液晶的图像可视系统（仅限于 1 等车）以及带有附属扬声器的吧车视频单元（TPB 车）。司机室的收音机不在 PIS 的范围之内。

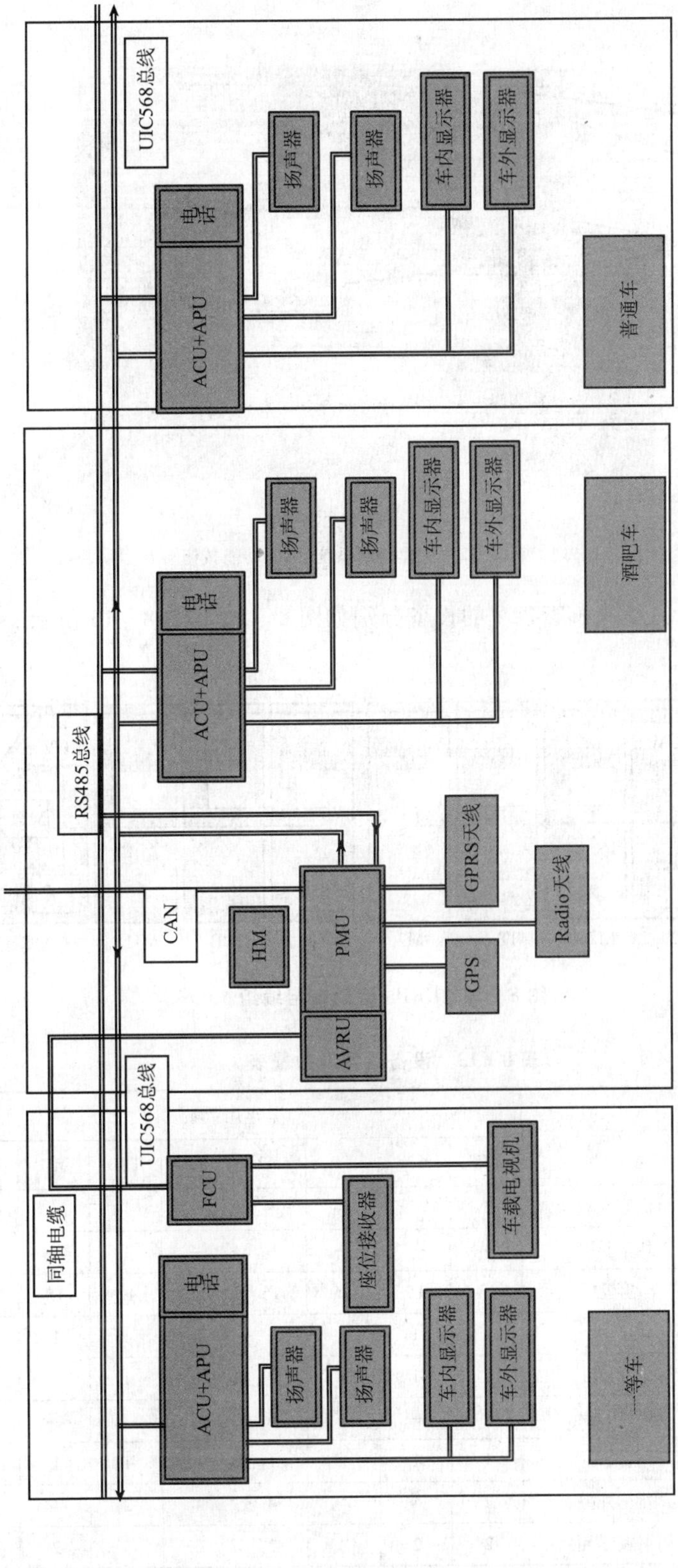

图8-48　CRH5型动车组PIS系统示意图

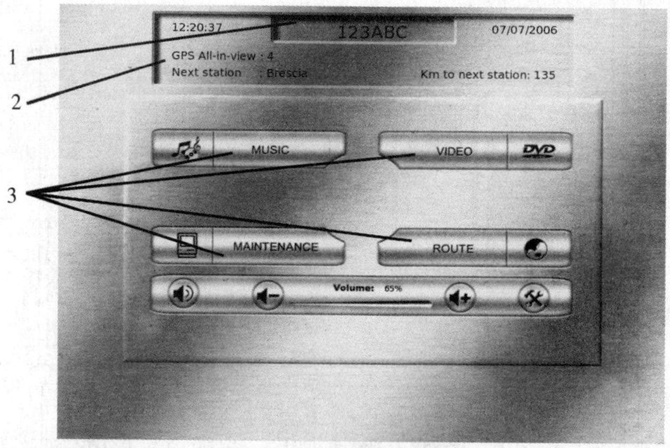

图 8－49　HMI 显示界面

1—列车车次；2—快速诊断系统；3—功能按钮

动车组的编组情况及分布于各车的设备分别如图 8－50 和表 8－13 所示。

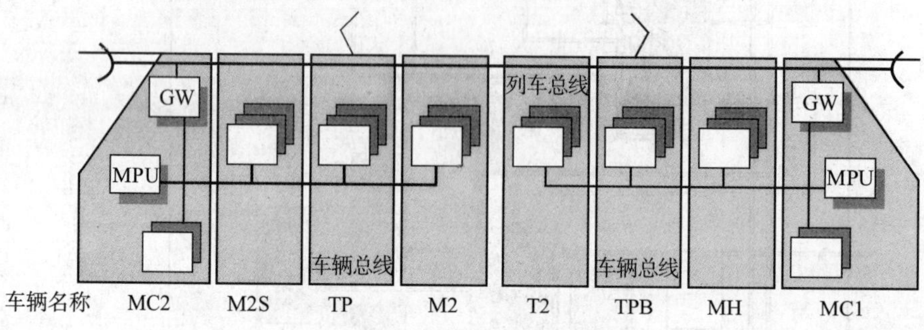

图 8－50　CRH5 型动车组编组

表 8－13　设备位置及数量表

设备	位置	单车内数量								总数量
		MC2	M2S	TP	M2	T2	TPB	MH	MC1	
司机扬声器	司机室天花板	1	—	—	—	—	—	—	1	2
列车长扬声器	列车长室	—	—	—	—	—	1	—	—	1
旅客区扬声器	客室	13	15	15	15	15	13	15	13	114
APU	电气柜	1	1	1	1	1	1	1	1	8
ACU	电气柜	1	1	1	1	1	1	1	1	8
司机听筒	司机操纵台	1	—	—	—	—	—	—	—	2
乘务员听筒	电气柜	1	1	1	1	1	1	1	1	8
EDIS	列车外壁	2	4	4	4	4	2	4	2	26
IDIS	乘客车厢	2	2	2	2	2	3	2	2	17

续表

设备	位置	单车内数量								总数量
		MC2	M2S	TP	M2	T2	TPB	MH	MC1	
ASA 单元	一等车客室	—	—	—	—	—	—	—	60	60
液晶视频监视器	一等车客室	—	—	—	—	—	—	—	8	8
AVRU	列车长室	—	—	—	—	—	1	—	—	1
声频/视频控制单元	一等车客室	—	—	—	—	—	—	—	1	1
吧车视频单元	吧车	—	—	—	—	—	1	—	—	1
GPS	TPB	—	—	—	—	—	1	—	—	1
PMU 工作站及相关装置	列车长室	—	—	—	—	—	1	—	—	1
地面工作站	地面（车辆段）									1

旅客信息系统需配备前面提到的设备，包括操作所需的全部电气及机械附件和用于运行安全和达到执行目的所需的全部附件。除非另有规定，所有包含电子设备的模块都将安装在底架上。旅客信息系统设备在各车内的连接情况如图 8－51 所示。

① 播音（PA）/内部对讲(IC）系统

与司机室无线电（TGR）的接口基于 UIC558 标准，每车配置用于 PA/IC 功能的听筒、PA/IC 网络及其管理设备 ACU/APU、客室扬声器、司机室扬声器、能手动或自动通告的 DVA 系统，由列车自动定位单元（具有 GPS 特点）驱动。

② 内部显示器

每个客室配备有 2 个车内单排、滚动式 LED（单线发光二极管型）显示屏，外形尺寸为 570 mm×92 mm（最大机械高度≤135 mm)，可视面积约为 480 mm×80 mm，如图 8－52 所示，在 DC 24 V 电池电压下工作。显示器与客室相接并固定在显示器箱架子的一面须具有 IP54 的防护特性。内部显示器由 PMU 通过列车串联电路管理。每个指示器面板的诊断装置采用串联线路向 PMU 发送故障代码。

图 8－52　车内显示器外形图

车内显示内容包括两种，一种是来自播放列表的内容，包括到达目的地、中间站、时刻表、车次编号、车厢编号、时间和日期、车内外温度、车速以及固定显示的信息（如：欢迎、告别和服务信息等)；另一种是实时重要新闻和一些现场编辑的信息。显示内容以中英文两种语言交替显示，以静态、滚动和打字 3 种方式显示，滚动方式包括左移、右移、上滚和下滚等。厕所有无人指示通过开关信号直接接到车内显示屏的厕所服务图形指示器。

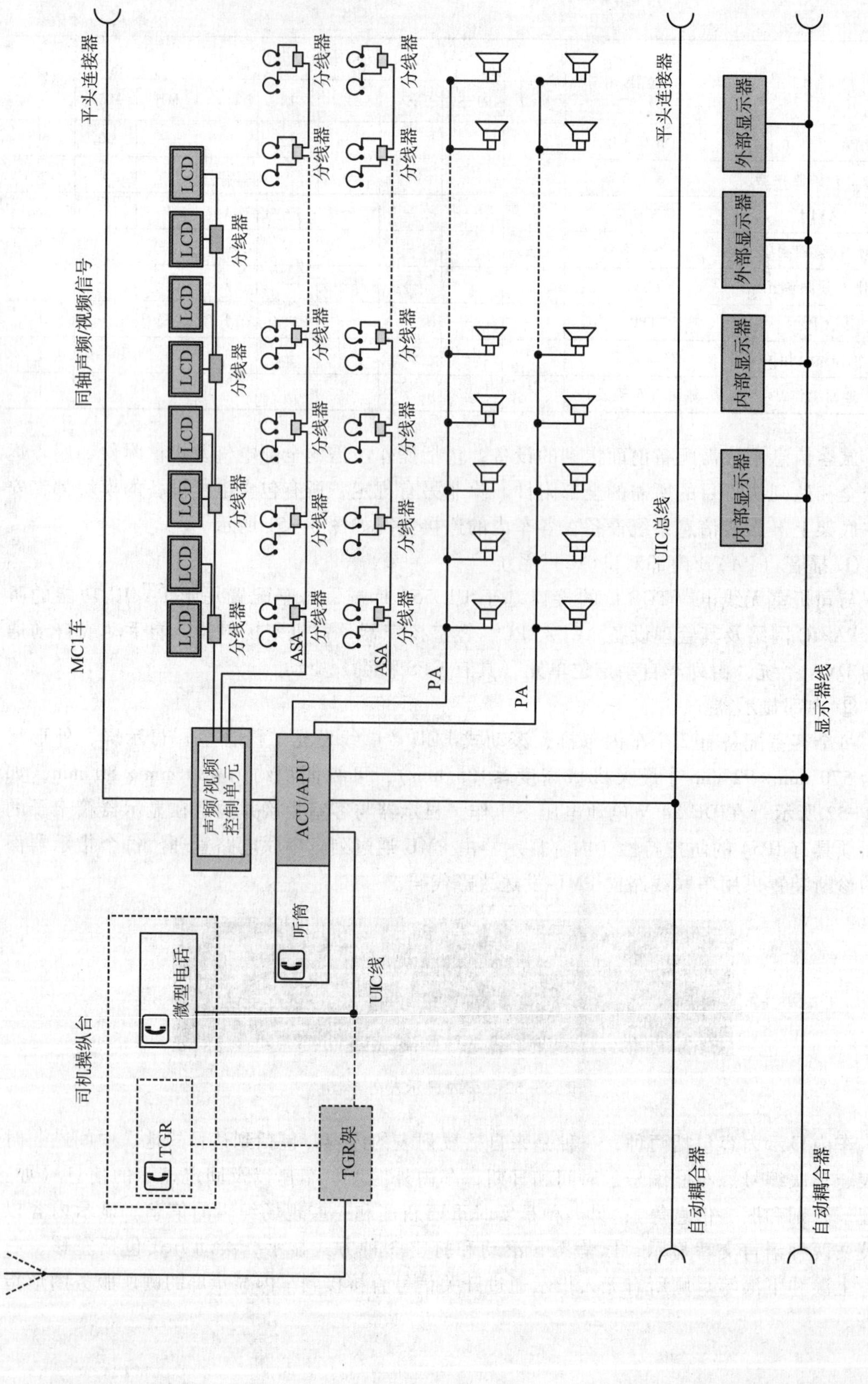

图8-51 旅客信息系统设备在各车辆内的连接情况

对车内显示器的最低特性要求如表 8-14 所示。

表 8-14 车内显示器的最低特性要求

项目	要求
可视角（水平）	±60°
光强	300 mm cd/m^2（自动调节到一般亮度）
对比度	≥0.8
字符标准尺寸（发光二极管）	24 像素×24 像素
底色	黑色
发光二极管可能显示的颜色	黄或绿
车次和车厢号的字符高度	≥92 mm
字符的可见范围距离	≥10 m

③ 外部显示器

外部显示器为发光二极管类型，安装在每个旅客车门附近的车体外壁上，尺寸为 547 mm×371 mm（指示深度为 42 mm），如图 8-53 所示。

车外显示器显示的内容如图 8-54 所示，包括始发站、终点站、车次编号（由 6 个字母数字字符构成）和车厢编号（1～16）等，用中英文两种语言交替静态显示，切换时间一般为 5 s。显示内容在制作播放列表时就已用（中英）两种语言定义好，显示持续时间可通过车上服务软件来调整。

图 8-53 车外显示器外形图

当列车时速超过 45 km/h 时，外部显示器被关闭。外部显示器由 PMU 通过列车串联电路进行管理，每个指示器面板的诊断装置将使用串联线路向 PMU 发送故障代码。显示器能够在列车的 DC 24 V 电池电压、外部温度的全范围且有可能没有加热装置的条件下工作。

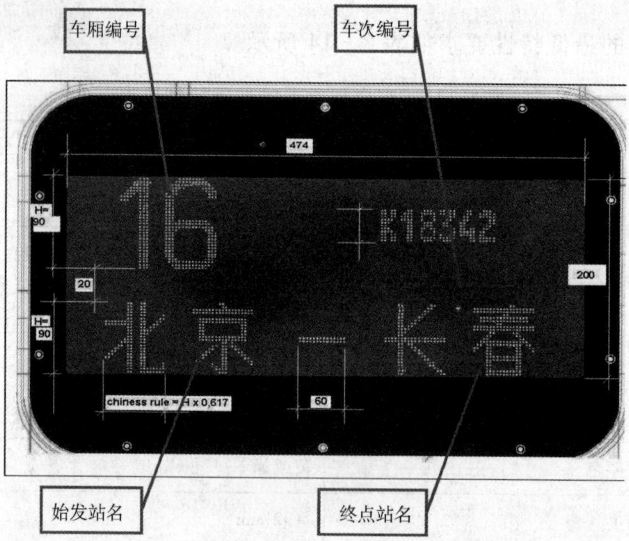

图 8－54　车外显示器的显示内容

外部显示器所要求的最低特性如表 8－15 所示。

表 8－15　车外显示器的最低特性要求

项目	要求
可视角（水平）	±60°
光强	800 mm cd/m^2（自动调节到一般亮度）
对比度	≥0.6
字符标准尺寸（发光二极管）	24 像素 ×24 像素
底色	黑色
发光二极管可能显示的颜色	黄或绿
字符的可见范围距离	≥10 m

④ 车长室内 PMU

车长室内的 PMU 主要用于 DVA、外部及内部显示器的信息和吧车的声频—视频系统的管理。

⑤ 一等车本地 ASA 及室内视频系统

一等车本地 ASA 及室内视频系统包括声频/视频读出器 AVRU、坐席声频控制单元和室内视频液晶监视器。

⑥ 吧车声频—视频

吧车视频单元与室内视频系统相连。

⑦ 信息输入设备

信息输入设备采用地面服务设备 GSE 硬件和软件工具，编辑一些显示列表和预存信息，如：到站信息、欢迎信息、告别信息、车次、车厢号、始发站、终点站、中间站等常用信息和临时要显示的中英文和符号。

其中，GPS 信号自动触发报站信息，显示到站信息并自动语音广播；实时信息包括温度信息、速度信息、时间等。

如果确认要进行以上信息的显示，中央管理单元 PMU 先将这些字符信息通过列车级 RS485 总线发送到各车本地的控制单元 ACU，ACU 通过车辆级 RS485 总线发送到车内外显示器，采用多种显示方式以中英文两种语言交替显示，如图 8－55 所示。

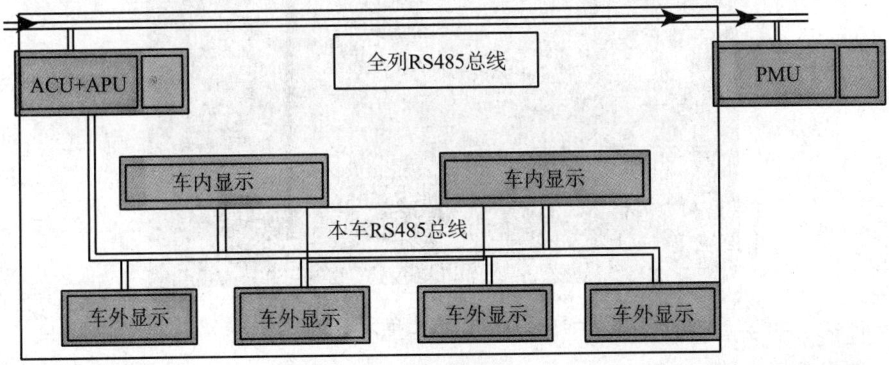

图 8－55　车内外显示示意图

信息输入功能主要由 PMU 工作站完成，PMU 工作站包含键盘、触摸屏或用于控制单元管理的视频和 USB 2.0 接口等信息输入设备和途径。其中，USB 2.0 接口可连接列车计算机和手提电脑，用于维修、诊断、更新 SW 等事务及文件录入等。

PMU 提供中文或英文两种语言选择，可以用这两种语言控制及发送信息（关于信息，将提供双语选项），在屏幕接口中相应地预留两种语言。

要求 PMU 工作站提供可以为路由信息管理系统创建进入列车路由数据库相匹配的 MMI 接口所需的工具，用于创建/修改/删除显示信息或通告数据内容。同时，要求系统能够从手提电脑上传或下载语音及文字信息。特殊服务信息也可手动录入或直接传送到内部显示器中。

（3）音视频设备

① 视频设备

音视频读出单元（AVRU）内安装有两个 CD 机和一个 DVD 机。PMU 内置一块至少 120 GB 的硬盘，用来存储数字音视频节目。AVRU 通过以太网与 PMU 相连，将收到的数字音视频节目的数码流解码还原为音视频信号进行播放。

AVRU 的外形如图 8－56 所示。通过 PMU 或音视频服务器实现一路 DVD 节目的双语播放、两路 CD 音频的播放和一路收音机的播放，并将音视频信号调制为 5 路视听信号，通过同轴电缆传输到其他车厢。

音视频服务器通过播放软件选择需要播放的各路音视频，然后分别调制为不同的射频信号，混合后送至邻车的音频控制单元。加上一路收音机的调制信号，共 5 路可同时播放，在服务器而不是在电视机选择播放的节目。当需要将列车广播通告优先于其他 5 路音频播出时，需经过一个切换器进行自动或手动切换。

图 8－56　音视频读出单元（AVRU）

② 音视频控制单元（FCU）

FCU 用来实现视频信号的解码和音频信号的处理，实现座位接收器的供电和音视频信号的分配和放大。

③ 座位接收器（ASA）

ASA 系统安装于座位扶手上，提供音量控制器、频道选择器及耳机接口，可以实现 5 路音频的耳机接收，每一个旅客都可以随意切换频道并可以调节音量。一等车的 60 个座位都装有 ASA 立体声系统的耳机，插上耳机自动供电，拔下耳机自动断电。ASA 的外形如图 8－57 所示。

每一个 ASA 设备至少有 5 个频道可供选择，典型配置为一个中英文双语电影频道、2 个 CD 音乐频道和一个广播节目。音频设备应适用于耳机，当插入耳机后，外部音量自动设为最小，ASA 设置为低功耗模式，所有节目都是立体声播放，系统的频率响应应在 200 Hz～12 kHz 范围内。

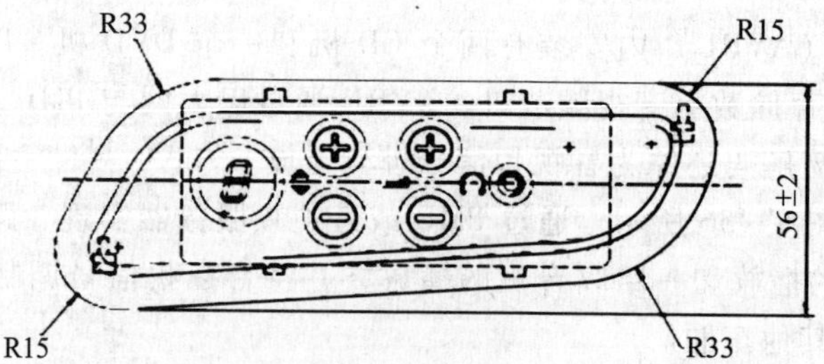

图 8－57　座位接收器（ASA）

视频显示器是 15 英寸 TFT 可折叠式的液晶显示器，24 V 直流电压供电。视频数据和声音数据同步匹配发送给 ASA 单元，图像的品质要达到 DVD 级别的要求。旅客信息系统管理单元管理 AVRU 的声音和图像，选择的节目通过 AVRU 发送到 ASA 系统和液晶显示器，并启动声音和图像播放。图 8－58 和图 8－59 为液晶显示器的显示界面示例。

图 8－58　影片预览示例

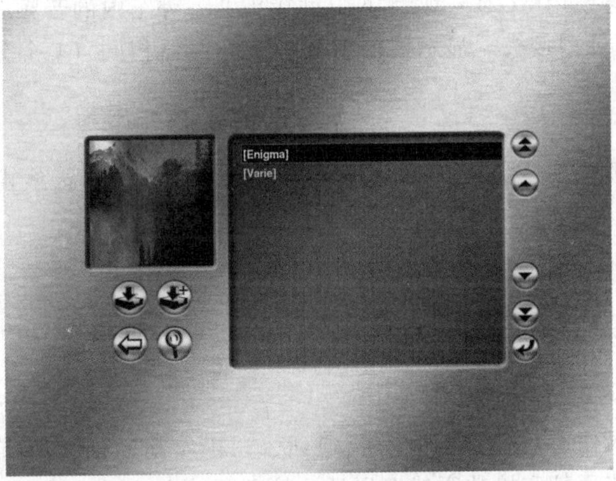

图 8－59　播放列表选择示例

（4）信息传播设备连接

受 PMU 的控制，AVRU 将选择 DVD 和 VCD 播放机输出的 PAL 制式视频信号中的一路，调制成射频（RF）电视信号，并将其中英文伴音音频信号、CD 播放机的音频信号、数字音频信号和收音机音频信号分别通过 AVRU 调制成 5 个不同波段的 FM 信号，并与 RF 电视信号一同混频为 RF 信号通过 2 路同轴电缆进行列车级传输，头等车厢（MC1）的 FCU 通过同轴电缆接收到来自 AVRU 的 RF 信号，将其中的电视节目和 FM 节目分离，经分配器（SPLITTER）和同轴电缆送达各个座位接收器，FCU 将其中的视频节目解调还原成视频信号并通过同轴电缆送至 8 台 LCD 液晶显示器。TPB 车的 LCD 音视频由 AVRU 提供，并接受 AVRU 的开关控制。

传输介质主要有以下几种电缆。

① 旅客信息系统（PIS）列车总线

列车 PIS 总线是基于 UIC568 的四对线，加上一对 RS485 串口通信线，共 5 对线，全列贯通，外形如图 8-60 所示。广播车和一等车之间还铺设有一根同轴电缆。UIC568 四对线承载所有音频信号（播音和对讲机功能），其中一对用于播放音频信号，一对用于电话对讲，一对用于功放控制，一对用于司机优先级控制。RS485 通信线负责两车间的通信及驱动车内外显示器。PIS 系统中，车内线按照 UIC568 标准执行。车内使用一根电缆将 4 车端连接器联络起来，在车端有分线端子排。分出一根 8 × 1 mm^2 多股低烟无卤屏蔽铜绞线至本车的控制单元，作为音频和电话通信用；另外两根 2 × 0.75 mm^2 多股低烟无卤屏蔽铜绞线将 4 车端连接器分别联络起来，在车体分为一、二路，作为 RS485 通信总线。

图 8-60　UIC568 总线示意图

② 同轴电缆

列车干线同轴电缆用 RG213 型，“N” 型接头。一等车内的音频/视频系统采用 RG58 同轴电缆，“BNC” 针型接头。显示器的射频分支分配器相同（1 个分支分配器带 4 个显示器电视）。

③ 其他线缆

GPS 天线由车顶引下；GSM 天线由车顶引下；FM/AM 收音天线由车顶引下；CAN 接口线一根，3 × 0.75 屏蔽线在广播车内与 PMU 接口。

2. 旅客信息系统的使用和维护

1）旅客信息系统的使用

车辆运行期间的列车管理由列车司机和列车长完成。

（1）与列车司机有关的操作

与司机有关的操作有广播、与列车长通话、司机室间通信、所有列车对讲系统的通信、选择性对讲系统通信和接地无线电通话，按下听筒上的适当键可完成以上操作。

（2）与列车长有关的操作

与列车长有关的操作有：①使用 PIS 的 PMU 进行行程初始设置、车次号（定义进行选择）、识别停用车站、娱乐信息管理、选择影片并进行语言设置、选择音乐播放列表并进行播放、选择 FM/AM 无线电广播和选择服务信息并进行播放等操作。②广播（对整列车或单节车）。③所有列车对讲系统通话。④选择性对讲系统通话。⑤列车司机通过按下 “CT” 按钮进行通话，在广播扬声器内产生 5 个 “dong” 音频信号。⑥与维护人员有关的上载新的软件版本、更新行程数据库、上载服务信息和进行诊断验证等操作。

通过位于列车长室的 PMU 的多层菜单（图形和字母数字），可实现行程功能管理，娱乐功能管理，维护和诊断作业等功能。

PMU 的行程功能管理包括：系统启动时输入车次号，GPS 故障条件下，一旦发生系统重启可输入当前位置，选择和播放服务信息，行程数据的运行时间修改，如始发站—终点站—进路车站列表中的有效车站。

PMU 的娱乐功能管理包括：音频 MP3 播放列表选择，从硬盘上存储的文件列表中选择要放映的影片，从 AVRU DVD 播放器中直接播放 DVD 节目，视听节目预览，从 AM/FM 无线系统选择广播频道。

2）旅客信息系统的维护

旅客信息系统的诊断系统应该使故障识别率达到最小可换单元级别。故障诊断设备应该达到以下要求。

（1）每台 PC 都可以通过以太网来连接。

（2）在行李架的前面，每一个广播栏都应有一组 LED 显示当时的机车运行状况（工作正常或者是出现故障）。

（3）必须存在一个潜在的、自由的连接在设备没有通知诊断系统的时候能够发挥作用（通知系统的故障可以通过机车上的诊断系统来联系，而这一系统在出现故障时会被关闭）。

（4）在每一个设备的前面提供一个 RS232 的串口插槽，可方便地通过笔记本电脑来进行日常的维护。内部和外部的独立单元具备自诊断的能力，故障信息也可以通过 CAN 传递给 TPB 车厢的 PC。

维护目标为 20 年，预防性分析和相关的维修计划与维修手册一致。预防性维修制度的基本频率为 60.000 km。

维修频率可以分成两类，如表 8－16 所示。

表 8－16　维修频率

按公里	按时间	按公里	按时间
30 000 km	1 星期	480 000 km	3 年
60 000 km	1 个月	600 000 km	6 年
120 000 km	3 个月	1 200 000 km	12 年
180 000 km	6 个月	2 400 000 km	
240 000 km	12 个月	4 800 000 km	
360 000 km	24 个月		

中央管理单元（PMU）的维护和诊断作业包括：软件更新、数据库更新和从 PC 上装载预录制的音频服务信息。设备诊断显示包括：司机室听筒、外部显示屏和内部显示屏。

思考题

1. 简述 CRH_2 型动车组冷热饮水机电气控制回路的组成和工作原理。
2. 试分析 CRH_1 型动车组广播系统的组成及功能。
3. 试分析 CRH_2 型动车组广播系统的组成及功能。
4. 试分析 CRH_5 型动车组广播系统的组成及功能。
5. 试分析 CRH_1、CRH_2、CRH_3 和 CRH_5 型动车组旅客信息显示系统的组成及功能特点。

附录A　动车组辅助电气系统与设备模拟试题

一、填空题（每空2分，共32分）

1. 辅助供电系统的电力主要来自牵引供电电网，当电力不能来自牵引供电电网时，采用__________或者__________供电。

2. 按照车体配线的用途，有__________、__________、__________三个电气系统；按照车体配线在车辆中所在的部位，可分为车内和车下配线两部分。

3. CRH_1 型动车组在每一个__________和__________车上设有一个辅助逆变器和滤波装置。

4. 根据__________和__________所用物质的不同，蓄电池一般分为酸性蓄电池和碱性蓄电池。

5. CRH_2 型动车组照明包括__________照明、通过台照明、厕所及洗脸间的照明、__________照明等部分。

6. CRH_3 型动车组配备的灭火器主要有__________和__________两种。

7. 动车组配电系统的作用是将__________、__________以及__________等联成一个完整的电气系统，并将电能予以输送和分配。

二、判断题（每题2分，共8分）

1. CRH_1 型动车组的辅助供电系统输出三相 AC 380 V 和 DC 110 V 两路电源。（对/错）

2. CRH_3 型动车组辅助供电系统中，辅助变流器分单辅助变流器和双辅助变流器。（对/错）

3. CRH_5 型动车组辅助供电系统由牵引变压器辅助供电绕组提供电源。（对/错）

4. 镉镍碱性蓄电池可以依据电解液的比重来判断电池充放电的程度。（对/错）

三、简答题（共60分）

1. CRH_2 型动车组配电系统的线号格式是什么？每位代表什么含义？（8分）

2. 试说明 CRH_1 型动车组 DC 110 V 辅助供电系统的工作原理。（10分）

3. 试说明 CRH_1 型动车组乘客区域紧急照明的组成。（10分）

4. 简述 CRH_2 型动车组车内信息显示系统的组成。（10分）

5. 试画图并结合文字说明：CRH_2 型动车组辅助电源装置（APU）的工作原理。（12分）

6. 试简要说明 CRH_1 型动车组烟火报警系统的组成及工作原理。（10分）

参考文献

[1] 张曙光 . CRH_1 型动车组 . 北京：中国铁道出版社，2008.

[2] 张曙光 . CRH_2 型动车组 . 北京：中国铁道出版社，2008.

[3] 张曙光 . CRH_5 型动车组 . 北京：中国铁道出版社，2008.

[4] 张曙光 . CRH_3 型动车组 . 北京：中国铁道出版社，2009.

[5] 刘志明，史红梅 . 动车组装备 . 北京：中国铁道出版社，2007.

[6] 刘志明，杨美传 . 动车组设备 . 北京：中国铁道出版社，2009.

[7] 钱立新 . 世界高速铁路技术 . 北京：中国铁道出版社，2003.

[8] 刘海波 . 铁路集中供电客车电气装置 . 北京：中国铁道出版社，2004.

[9] 陈春青 . 电力机车电器 . 北京：中国铁道出版社，1989.

[10] 谢步明 . 韶山 7 型电力机车 . 北京：中国铁道出版社，2000.

[11] 刘友梅 . 韶山 3 型 4000 系电力机车 . 北京：中国铁道出版社，1996.

[12] 王德志 . 蓄电池原理及使用 . 北京：中国铁道出版社，1989.

[13] 唐山樵 . 配电线路及动力与照明 . 北京：中国铁道出版社，2002.

[14] 中华人民共和国铁道部 . TB/T 2839—2003 铁道客车用电热开水器 . 北京：中国铁道出版社，2003.

[15] 黄厚舵 . 蓄电池安装及试验方案 . 化工建设工程，2001（6）：35－38.

[16] 秦科雁 . 第五代火灾自动报警技术革命 . 消防技术与产品信息，2000（6）：10－18.

[17] 陈晓英，魏玲 . 四总线火灾自动报警控制器 . 辽宁工学院学报，2000（6）：18－20.

[18] 李国平 . 国内外高速列车辅助供电系统 . 机车电传动，2003（5）：57－61.

[19] 徐强 . 动力分散交流传动电动车组电器设备布置及电气系统 . 铁道车辆，2001（12）：14－16.

[20] 黄采伦 . 列车故障在线诊断技术及应用 . 北京：国防工业出版社，2006.